Practical MLOps

MLOps 실전 가이드

| 표지 설명 |

이 책의 표지에 그려진 동물은 달마시안(*Canis lupus familiaris*)이다. 이 견종은 현재는 전 세계적으로 발견되지만 그 기원은 크로아티아의 달마티아 지역으로 거슬러 올라간다. 달마시안은 흰색과 검은 점이 특징인 중형 근육질 개로, 키는 보통 48에서 58cm에 이른다. 이 품종은 잘 양육되어 가족들 사이에서 인기를 끄는 반려동물이자 켄넬 클럽 도그 쇼에 자주 등장하는 개다. 달마시안은 번식과 관련된 건강 문제(청각 장애, 알레르기, 요로 결석 등)에 취약한 편이고 일반적으로 11~13년 정도의 수명을 갖는다. 달마시안은 원래 사냥용으로 길러졌지만, 후에 부유한 사람들의 마차를 보호하며 나란히 달려가는 '마차 개'로 사용되며, 영국의 섭정 시대 당시에는 사회적 지위의 상징으로 여겨지기도 했다. 달마시안은 양조장의 말과 마차, 로마니 마차(Romani wagon), 소방관들의 말과 마차를 보호하기도 했다. O'Reilly 출판사의 표지에 그려진 동물 중 많은 종이 멸종 위기에 처해 있다. 이들은 모두 세상에서 중요한 존재다. 표지 일러스트는 카렌 몽고메리(Karen Montgomery)의 작품으로, 우드 애니메이트 크리에이션(Wood's Animate Creation)의 흑백 판화를 모티프로 삼았다.

MLOps 실전 가이드

DevOps와 MLOps의 이론과 실습부터 클라우드 컴퓨팅, AutoML, 엣지 컴퓨팅까지

초판 1쇄 발행 2023년 7월 7일

지은이 노아 기프트, 알프레도 데자 / **옮긴이** 이장후, 이일섭, 서기원 / **감수** 카논그룹(맹윤호) / **펴낸이** 김태헌
펴낸곳 한빛미디어(주) / **주소** 서울시 서대문구 연희로2길 62 한빛미디어(주) IT출판2부
전화 02-325-5544 / **팩스** 02-336-7124
등록 1999년 6월 24일 제25100-2017-000058호 / **ISBN** 979-11-6921-121-5 93000

총괄 송경석 / **책임편집** 박민아 / **기획** 김지은 / **편집** 김민경
디자인 표지 박정우 내지 박정화 / **전산편집** 이경숙
영업 김형진, 장경환, 조유미 / **마케팅** 박상용, 한종진, 이행은, 김선아, 고광일, 성화정, 김한솔 / **제작** 박성우, 김정우

이 책에 대한 의견이나 오탈자 및 잘못된 내용에 대한 수정 정보는 한빛미디어(주)의 홈페이지나 아래 이메일로 알려주십시오. 잘못된 책은 구입하신 서점에서 교환해드립니다. 책값은 뒤표지에 표시되어 있습니다.

한빛미디어 홈페이지 www.hanbit.co.kr / 이메일 ask@hanbit.co.kr

지금 하지 않으면 할 수 없는 일이 있습니다.
책으로 펴내고 싶은 아이디어나 원고를 메일(**writer@hanbit.co.kr**)로 보내주세요.
한빛미디어(주)는 여러분의 소중한 경험과 지식을 기다리고 있습니다.

Practical MLOps

MLOps 실전 가이드

O'REILLY® **HB** 한빛미디어
Hanbit Media, Inc.

ChatGPT 시대에 역자들의 정성이 담겨있는 귀중한 서적, 『MLOps 실전 가이드』

다른 어느 때보다 인공지능이 우리 일상에 깊숙이 스며들고 있습니다. GPT-4와 같은 거대한 언어모델(LLM)의 등장은 많은 사람들에게 일찍이 경험해보지 못한 대규모 모델을 사용하거나 이를 개발해야 하는 과제를 남겼습니다. 이런 시대적 흐름 속에서 MLOps 방법론에 대한 이해와 효율적인 활용법이 절실히 요구되고 있습니다.

이 책은 사람의 손길이 많이 담겨있고 세심하게 다듬어진 책입니다. 마치 산업혁명의 시작과 함께 대량 생산의 시대가 시작되었음에도 불구하고, 고객만족을 위한 핸드메이드 제품을 만드는 직공의 노력이 담겨져 있는 것 같습니다. ChatGPT를 활용한 쉬운 번역의 유혹, 돌아가지 않는 코드를 남겨두고 싶은 마음에 흔들리지 않고, 역자들이 베타 리더들과 함께 오랜 기간 동안 다듬어 냈습니다. 이와 같은 노력의 흔적은 최신 내용에 기반한 역자 주와 역자가 리팩토링한 원문의 소스 코드 등을 통해 알 수 있습니다. 이러한 특징은 이 책이 이론적인 정보를 제공하는 것을 넘어, 실무에 활용할 수 있는 지식을 담아냈음을 의미합니다.

『MLOps 실전 가이드』는 실용성과 학문적 성격이 잘 조화를 이룬 책입니다. 이 책을 통해 이쪽 분야에 대한 깊은 이해를 얻을 수 있기를 바랍니다.

카논그룹(맹윤호), 『머신러닝 디자인 패턴』(한빛미디어, 2021) 역자

카논그룹(맹윤호)
이화여대 신산업융합대학 겸임교수로 데이터 분석 및 AI 강의를 하고 있으며, 카논그룹의 CTO로 재직 중이다. SK C&C, KISTI, NRF, DBpia 등에서 프로젝트를 진행하였으며 Apache Zeppelin, Qiskit, KoGPT-2 등 오픈소스 프로젝트에 기여했다. 삼성, 현대, LG, 딜로이트 등 기업을 대상으로 강연하거나 연세대학교, 이화여대, 중앙대학교 등에서도 강연했다. 『머신러닝 디자인 패턴』(한빛미디어, 2021), 『Do it 강화 학습 입문』(이지스퍼블리싱, 2021), 『코딩진로』(호모루덴스, 2021) 도서 번역에 참여했다. 깃허브에서 @YUNHO0130으로 활동하고 기술 블로그와 유튜브 채널을 운영하고 있다.

이 책에는 MLOps를 시작할 때 필요한 지식이 모두 들어있습니다. 기본적인 개념은 물론이고 클라우드별 MLOps 실습과 함께 실제 MLOps 서비스를 제공할 때 고려해야 할 사안들까지 정리하여 알려줍니다.

문예완, 기아 인공지능 플랫폼 엔지니어

MLOps의 철학적인 개념과 이유, 실전 내용까지 독자가 이해하고 따라 할 수 있도록 단계별로 구성되어 있습니다. 클라우드 플랫폼별 사용 방법부터 마이크로서비스, 실전 사례 소개까지 MLOps를 이해하고 실천하는 데 도움 되는 주제를 담고 있습니다. MLOps를 공부하고자 한다면 이 책이 좋은 가이드가 될 것입니다.

조용재, 프리랜서

MLOps에 대해 고민한다면 이 책을 추천합니다. 머신러닝에 대한 사회적 관심이 깊어지는 현재에 MLOps를 위한 기초 개념뿐만 아니라 어떻게 머신러닝 모델을 효과적으로 배포하고 관리할 것인지를 알 수 있습니다.

유효나, 카카오 머신러닝 엔지니어

MLOps 시대를 살고 있는 우리에게 꼭 필요한 책입니다. 이 책은 MLOps에 대한 개념을 통찰력 있게 설명하고 사례별 Hands-on 실습 코드를 제공함으로써 독자가 MLOps의 본질을 명확히 이해하고, 현업에 바로 적용할 수 있도록 도와줍니다. 특히 클라우드 플랫폼별로 MLOps를 구축하는 방법과 실제 사례가 포함되어 있어 실무 활용도가 매우 높습니다.

조우철, 포스코이앤씨

이 책은 머신러닝 엔지니어링과 MLOps의 이론과 실습을 모두 포함하여, 실무자가 실제 작업 프로젝트에 기여하기 위해 필요한 지식을 제공합니다. 머신러닝 엔지니어링과 클라우드의 MLOps에 초점을 맞추고 있어 데이터 과학, 클라우드 서비스, 그리고 DevOps에 대한 기본 지식이 필요하지만 다양한 기술 전문가의 경력과 실용적인 팁을 함께 제공합니다.

조현석, 컨스택츠 코리아

이 책을 통해 MLOps에 대해서 실제로 어떻게 접근할 수 있는가를 알 수 있습니다. 다양한 분야(셸 스크립트, 파이썬, 쿠버네티스, 컨테이너 등)의 많은 내용을 다루기 때문에 클라우드나 AI 분석 등에 대해서 아무것도 모르는 초심자에게는 어려울 수 있습니다. 하지만 현업이나 실제로 클라우드, AI 등에 대한 지식이 조금 있다면 이 책은 분명히 많은 인사이트를 줄 수 있는 책임이 틀림없습니다.

이기하, 오픈플랫폼 개발자 커뮤니티

이 책은 MLOps의 기본 개념부터 시작하여 테스팅, 린팅, CI/CD와 같은 DevOps 관련 개념과 예시, AWS/GCP/애저에서의 구성 및 실제 예시들, 깃허브 액션과 쿠버네티스를 이용한 구축 방법을 다루고 있습니다. 또한 다양한 플랫폼의 실제 예시를 설명하고 소개하는 실용적인 책입니다. MLOps 자체가 아우르는 개념과 영역이 광범위하기 때문에 MLOps 관련하여 전반적인 시야를 넓히고 다양한 플랫폼의 실제 예시를 살펴보기에 좋은 책이라고 생각합니다.

이기용, Growdle AI개발팀

이 책의 전반부에는 MLOps 개념과 모범 사례들을 통해 뼈대를 튼튼하게 잡고, 후반부에서 3대 클라우드 플랫폼(AWS/GCP/애저)을 활용해 MLOps를 적용하는 방법과 최신 버전에 맞게 개정된 예제 코드들을 통해 정교하게 살을 붙여 나갑니다. 이러한 구성 덕분에 MLOps와 그 주변 개념들을 꼼꼼하게 이해하고 실전에 적용할 수 있는 다양한 인사이트를 얻을 수 있었습니다. MLOps에 입문하려고 한다면 고민 없이 이 책을 추천합니다.

윤상원, 국민대학교 소프트웨어학과

한 권으로 배우는 넓고 얕은 MLOps를 원한다면 필요한 내용별 다이빙포인트를 잘 안내하는 이 책을 추천합니다.

김상영, 카카오엔터프라이즈

DevOps가 개발의 생산성과 운영의 안정성을 최적화하기 위한 문화이자 방법론이라고 한다면, MLOps는 DevOps의 문화, 철학, 방법론을 시스템에 적용한 것이라고 할 수 있습니다. 따라서 MLOps를 다루려면 개발과 운영부터 클라우드를 포함한 시스템 그리고 머신러닝까지 알아야 합니다. 이 책은 어느 것 하나 버릴 것 없이 마치 퍼즐 조각처럼, MLOps라는 완성된 그림을 향해 시행착오 없이 목적지까지 잘 도착할 수 있도록 훌륭한 지도처럼 독자를 이끌고 있습니다.

복종순, 메가존클라우드

이 책은 MLOps 개념과 원칙, 실제 사례를 다룹니다. MLOps는 머신러닝 모델을 연구 영역에서 비즈니스 영역으로 끌어올리기 위해 반드시 고민해야 할 화두입니다. 이 책은 MLOps 개념과 원칙뿐만 아니라 AWS, GCP, 애저 등 다양한 클라우드에서 실질적인 적용 방법에 대해 다루고 있으며, 클라우드 서비스별 MLOps 구현에 필요한 정보를 소개합니다. MLOps 구현을 위해 클라우드 선택을 앞두거나 클라우드별 기능과 특성을 파악하고자 한다면 이 책이 좋은 길잡이를 해줄 것입니다.

우수연, 공공데이터분석

MLOps는 현업에서 머신러닝 기반 제품을 성공적으로 상용화하기 위한 필수적인 시스템입니다. 특히, 이미 제품을 보유한 회사에서는 수작업으로 진행되던 자동화 가능한 업무를 대체함으로써 다른 영역에 더 많은 리소스를 할당하고 제품을 신속하게 고도화할 수 있는 기반이 됩니다. MLOps 시스템을 처음부터 구축하기는 어려운 일이지만, 이 책은 다양한 예시를 포함하고 개괄적으로 설명하고 있어 입문자에게는 소요 시간과 시행착오를 크게 줄여주는 책으로 여겨집니다.

박창현, VUNO

이 책은 머신러닝 운영 노하우와 다양한 클라우드 환경에서의 운영 노하우를 알려줍니다. 머신러닝 운영에 필요한 요소를 고민한다면 이 책을 추천합니다.

배윤성, 지에이랩

지은이 **노아 기프트** Noah Gift

Pragmatic A.I. Labs의 창업가다. 노아는 몇몇 주요 대학의 학생 및 교수진을 대상으로 머신 러닝 및 클라우드 아키텍처 컨설팅을 제공하고 있다. 대학원 기계 학습, MLOps, AI, 데이터 과학 과정을 가르치고 설계한다.

지은이 **알프레도 데자** Alfredo Deza

열정적인 소프트웨어 엔지니어이자 연설가 겸 작가로 활동하고 있다. DevOps와 소프트웨어 엔지니어링 경험을 지닌 전직 올림픽 출전 선수이기도 하다. 현재 머신러닝 엔지니어링을 가르치고 있으며 소프트웨어 개발, 개인 프로젝트, 운동에 대해 전 세계를 돌아다니며 강연하고 있다. DevOps와 파이썬에 관한 책을 여러 권 저술했으며 인프라, 테스트, 강력한 개발 사례에 대한 자신의 생각을 계속 공유하고 있다.

옮긴이 **이장후**

대학교에서 컴퓨터공학을 공부하다가 갑자기 휴학 후 창업에 도전해 칵테일 바를 열어보기도 하고, 자율주행 킥보드를 만드는 일에 1년 6개월간 뛰어들었다가 최근에는 AI MSP를 다루는 회사에서 데이터 사이언티스트로 일하기도 했다. 이 소개를 쓰는 순간에는 학생 신분으로 프랑스에서 경험을 쌓고 있다. "아 그렇구나!"라는 말을 가장 좋아한다. 무언가를 새로 알게 되거나 아이디어가 번쩍일 때 행복한 마음으로 "오! 그렇구나!", 누군가가 훌륭한 피드백을 줄 때마다 겸손한 자세로 "아! 그렇구나!", 누군가와 대화를 나눌 때 진심 어린 마음으로 상대의 이야기에 "아… 그렇구나!"를 외치곤 한다. 살아가며 배우고 느낀 것들을 광적으로 쓰고 기록하며 롤모델의 이름을 딴 개인 블로그 다빈치 작업실(https://davincijang.space)에 포스팅하고 있다.

옮긴이 **이일섭**

데이터 분석 전공으로 석사과정을 졸업하고 현재 신한카드 AI솔루션팀에서 근무하고 있다. 데이터 커뮤니티 데이터야놀자에서 활동하고 있으며, 『데이터 품질의 비밀』(디코딩, 2023)을 번역하였다.

옮긴이 **서기원**

GS리테일에서 머신러닝 엔지니어 및 데이터 플랫폼 엔지니어로 근무하고 있으며, 2022년 하반기에는 GS리테일 우수사원상을 수상하였다. 클라우드 기반 MLOps 파이프라인 설계 및 구현에 전문성을 갖추고 있으며, 효율적이고 현대적인 아키텍처를 구축하는 데 관심이 있다. 최근에는 데이터 분석 플랫폼의 개선과 기술 지원을 담당하며 아키텍처 고도화, IaC, 데이터 저장 정책 및 메커니즘, 비용 최적화, 모니터링, 분석 환경 정책 등 다양한 영역의 업무를 수행하고 있다. 2018년 IITP의 지원을 받아 퍼듀 대학교에서 빅데이터와 관련된 연구와 프로젝트를 수행하면서 데이터에 대한 관심을 키웠다.

처음 MLOps에 관심을 가지게 된 것은 자율주행 킥보드를 만들기 위해 고군분투하던 2020년 이었습니다. 머신러닝 모델이 학습되는 플랫폼은 구글 클라우드였고, 머신러닝 모델이 실행되는 플랫폼은 NVIDIA 사의 젯슨Jetson이라는 작은 컴퓨터였습니다. 데이터를 고르고, 하이퍼파라미터를 선택하고, 모델을 학습시키고, 모델을 저장하는 이 모든 과정을 추적하고 관리하는 일은 수작업으로 이루어졌습니다. 모델 파일을 엣지로 옮기는 과정마저도 수작업이었습니다. 학습 환경은 물론이거니와 젯슨에 구성된 파이썬 패키지 의존성은 툭하면 망가졌습니다. 실험을 통해 생성된 모델을 배포 환경으로 옮기는 일은 일련의 노동이었습니다. 환경 문제가 한번 나타나면 하루 이틀이 삽질로 점철되었고 리눅스를 초기화하고 기나긴 명령어 매뉴얼을 따라 하나하나 실행하며 환경을 다시 구축하는 일은 일상이었습니다. 더 이상 이 고통을 감내할 수 없었습니다. 사수도 없던 저는 고민 끝에 이 문제를 해결할 수 있는 열쇠가 MLOps라는 것을 알게 되었습니다.

하지만 당시에는 물론이고 오늘날에도 'MLOps를 어디서부터 어떻게 시작해야 할까요?'라는 질문에 명쾌히 답을 줄 수 있는 분들은 많지 않습니다. 왜일까요? MLOps는 머신러닝을 이용한 서비스에 더욱 잘 돌아가게 만들어 주는 행위입니다. 이 말은 MLOps가 서비스와 비즈니스에 의존적이라는 말이기도 합니다. 당연히 MLOps를 구축하는 방법과 요구사항이 회사마다 같을리 없습니다. MLOps 개념의 중요성이 수면 위로 떠오르고 기업들이 머신러닝을 포함한 작업 흐름을 정립하고자 노력한 시간이 소프트웨어 역사에서 보면 상당히 짧은 편이기 때문입니다. 즉, MLOps 구축 사례들은 많지만, 범용적으로 적용 가능한 모범 사례가 확립되지 않았다는 말이기도 합니다. 다른 회사의 구축 사례를 여러분의 회사에 적용하려다가는 난무하는 용어와 제품들로 인해 시작도 전에 압도당하는 느낌이 들 것입니다.

이러한 머신러닝 운영의 복잡성을 추상화해 줄 수 있는 수많은 MLOps 제품이 저마다의 철학을 가지고 경쟁하고 있어 2020년 초는 MLOps 춘추 전국 시대라고 불리기도 했습니다. 이들의 수준에 한참 미치지 못하는 저는 처음 이 책을 맡게 되었을 때는 걱정이 덜컥 앞섰습니다. 이 방대하고 민감한 분야에 대한 책을 경험이 없는 내가 잘 번역할 수 있을까? 정말 다행히도 이 책은 MLOps에 대한 개념을 어느 정도 이해하고 있는 사람들에게 모범 사례를 제공하고자 하는 책이 아니었습니다. 저자가 이 책을 집필하던 시기는 MLOps 개념이 부상하던 2019~2020년이었습니다. 이 책의 목표는 모범 사례를 적용한 MLOps 제품 구축에 초점을 맞추기보다 저자가 정의한 시각으로 MLOps의 기초적인 키워드와 기술 스택을 가벼운 실습으로 톺아보는 것이었습니다.

깊이가 깊지 않아 조금은 아쉽지만, 그런데도 머신러닝에 관심이 있는 대학생, 머신러닝 분야로 눈길을 돌리는 다른 도메인의 개발자, 랩실에서 분석 업무에 열중한 뒤 졸업하여 MLOps에 대해 생소한 대학원생들이 여지껏 만나보지 못한 새로운 세상에 첫발을 내딛는 것에 도움이 될 수 있는 책입니다. MLOps 엔지니어가 알아야 하는 키워드와 실습 내용을 다루고 있어, 이를 통해 거대한 MLOps 시스템에 압도당하지 않고 익숙해지도록 도움을 받을 수 있습니다. 이 책은 여러분들이 MLOps라고 불리는 제품을 선택하거나, 오픈 소스들을 묶어 MLOps 제품을 구축할 때 기본적인 길라잡이가 되어줄 수 있다고 생각합니다.

물론 원서에 아쉬운 점도 있었습니다. MLOps 개념이 태동하던 시기에 집필되고 다양한 분야를 다루다 보니 설명이 부족하기도 했고, 빠르게 변화되어 더이상 돌지 않는 실습 코드도 있었습니다. 단순한 번역을 넘어 원서의 이런 문제들을 보완하기 위해 역자들과 검토진은 이 부분에 정말 많은 시간과 공을 들였습니다. 저희는 이 책이 MLOps 춘추 전국 시대의 혼란에서 조금이라도 이정표가 되길 바라며, 한국 MLOps 생태계에 조금이라도 기여할 수 있기를 바랐습니다.

- **매끄럽게 번역하기**: 번역서를 읽다 보면 형편없는 번역에 마주하는 경우가 많습니다. 역자진은 훌륭하게 읽힐 수 있는 글을 작성하려고 노력했습니다. 소스 코드 중에서도 한국 독자가 이해하기 어려운 내용을 모두 개선했습니다.
- **부족한 부분 채우기**: 원문에서 설명이 부족한 부분은 함께 역자와 검토자가 모두 나서 역주를 추가하며 독자에게 조금이라도 더 나은 책을 제공하기 위해 머리를 맞대었습니다. 돌지 않는 실습 코드 중 중요한 것들은 모두 고쳐서 더 이상 유효하지 않은 내용들을 다수 덜어냈습니다.

마지막으로 6개월이 넘는 시간 동안 함께 단순한 번역을 넘어 책을 개조하는 작업에 마음을 모아 동참해 주신 이일섭 역자님과 기술적인 문제들을 잡아주신 서기원 역자님께 감사 인사를 드립니다. 특히, 원문 내용을 다듬으면서 생긴 기술적 오개념들을 놀라울 만큼 꼼꼼히 지적해 주신 베타리더분들과 이 책을 시간 내어 검토해 주신 유효나, 조용재, 문예완님께 감사 인사를 전합니다. 역자들이 조금이라도 더 나은 책을 내기 위한 욕심을 부릴 수 있도록 배려해 주신 한빛미디어 김민경 편집자님께 감사 인사를 전합니다. 하나의 책을 출판하는 데 이렇게 많은 노고가 들어가는지 알지 못했습니다.

이장후

감사의 글

마이크 루카이디스가 푸 캠프에 나를 초대하고 팀 오라일리와 함께 멋진 토론을 나눌 기회가 없었다면 이 책이 출판되는 일은 없었을 것입니다.

그리고 나의 공동 저자인 알프레도에게 감사의 말을 전하고 싶습니다. 나는 약 2년 반 동안 알프레도와 함께 두 권의 오라일리 책과 세 권의 자체 출판된 책을 합쳐 총 다섯 권의 책을 출간했습니다. 이러한 성과는 알프레도의 일 처리 능력 덕분입니다. 그는 근면성실함이라는 중요한 능력을 갖추고 있습니다.

우리의 편집자인 멜리사 포터는 이 책을 정리하는 데 엄청난 일을 해내 주셨습니다. 그녀가 편집하기 전과 후의 책은 거의 다른 책이나 다름없습니다. 이렇게 재능 있는 편집자와 함께 일할 수 있어서 행운이었다고 생각합니다.

스티브 뎁, 니바스 두라이라즈, 슈밤 사부는 언제 어디로 향해야 하는지에 대한 훌륭한 피드백을 주는 중요한 기술 자문가들이었습니다. 특히 스티브의 철저한 피드백 덕분에 많은 개선이 이루어졌습니다. 또한, 줄리엔 시몬과 피에로 몰리노에게 MLOps에 대한 현실적인 생각으로 우리 책을 향상하게 도움을 준 것에 대해 감사의 말씀을 전합니다.

나는 우리 가족들 리암, 리아, 테오도어에게도 고마움을 전합니다. 그들은 팬데믹이라는 악재와 타이트한 마감일이 닥쳐 옴에도 이 책을 마음 놓고 완성할 수 있는 따뜻한 공간을 나에게 제공해 주었습니다. 또 다른 큰 감사의 마음을 북웨스턴, 듀크, UC 데이비스 및 기타 학교에서 가르쳤던 모든 학생에게 전합니다. 그들의 많은 질문과 피드백이 이 책에 녹아 있습니다.

마지막으로 인공지능과 뇌과학 분야의 초기 개척자인 조셉 보겐 박사에게 감사의 말을 전하고 싶습니다. 만약 조셉 보겐 박사를 학교에서 우연히 만나지 않았더라면, 이 책이 존재하지도 못했을 것입니다. 그는 내 인생에 정말 거대한 영향을 미쳤습니다.

노아

이 책을 쓰는 동안 나를 지원해 준 가족들에게 고마운 마음을 전하고 싶습니다. 클라우디아, 에프라임, 이그나시오, 알라나 가족들의 지원과 인내심 덕분이었습니다.

또한 노아와 함께 일할 수 있어서 행운이었습니다. 노아와 일하는 것은 언제나 놀라웠습니다. 또한 내가 함께 일한 편집자 중 단연 최고였던 멜리사 포터의 작업에 감사드립니다. 기술 편집자들도 문제를 찾고 정교함이 필요한 부분을 강조함으로써 훌륭한 역할을 해내 주셨습니다. 잘 마무리 짓기가 정말 어려운 일이라는 것을 잘 알고 있습니다.

큰 도움을 주신 리 스톳님께도 매우 감사드립니다. 그의 도움 없이는 애저와 관련된 내용을 이렇게 구성하지 못했으리라 생각합니다. 이 책에 대해 도움을 주셨던 프란체스카 라제리, 마이크 맥코이, 마이크로소프트의 직원 여러분들께도 감사 인사를 드립니다. 여러분 모두 큰 도움이 되었습니다.

알프레도

이 책을 쓴 이유

노아와 알프레도가 처음 만났을 때 알프레도는 파이썬을 전혀 몰랐다. 그런 알프레도에게 노아는 매주 한 가지 작업씩 자동화해 볼 것을 제안했다. 자동화는 이 책 전체를 관통하는 핵심 개념이라고도 할 수 있다. 노아가 2000년부터 2020년까지 어떤 일들에 몰두하며 시간을 보냈는지 요약할 수 있다면, 파이프라인부터 소프트웨어 설치, 기계 학습 파이프라인까지 가능한 모든 것을 자동화했다고 할 수 있다. 노아와 알프레도는 커리어 대부분 동안 무엇인가를 자동화하는 일에 집중해 왔다. 이 책의 모든 예제와 의견들은 미래의 자동화 측면에서 받아들여져야 한다.

엔지니어링 매니저 및 베이 지역 스타트업의 CTO로 일했던 노아는 인공지능이 만드는 혁명의 초기 단계에서 머신러닝이 프로덕션 환경으로 나오는 과정에서 나타나는 핵심 문제들을 많이 보았다. 지난 몇 년간 노아는 듀크 대학교, 노스웨스턴 대학교 및 UC 데이비스에서 겸임 교수로 활동했으며, 클라우드 컴퓨팅, 데이터 과학, 머신러닝 엔지니어링을 주제로 학생들을 가르쳤다. 이러한 교육 및 업무 머신러닝 솔루션의 실제 배포와 관련된 문제에 대한 독특한 관점을 제공할 수 있을 것이다.

알프레도는 시스템 관리자 시절의 경험으로 탄탄한 옵스^{Ops} 배경을 가지고 있으며, 자동화에 대한 비슷한 열정을 가지고 있다. 버튼 하나만 남겨두고 모든 것들을 자동화하겠다는 철학 없이는 견고한 인프라를 구축할 수 없다고 생각했다. 알프레도에게 문제가 발생했을 때 스크립트나 파이프라인을 다시 실행하여 문제 이전의 상황을 완벽하게 복원해 내는 것보다 더 만족스러운 일은 없을 것이다.

COVID-19가 찾아왔을 때 우리는 이런 질문을 마음에 품고 있었다. 왜 더 많은 머신러닝 모델을 문제해결을 위한 프로덕션 환경에 투입하지 않는가? 이 질문에 대한 의구심은 시간이 갈수록 더욱 커졌다. 노아가 포브스에 작성한 기사[1]에서는 이러한 문제의식 중 일부를 다룬다.

---

1 https://oreil.ly/Qj8ut

그 기사는 데이터 과학 산업에 문제가 있어 투자에 비해 성과를 내지 못하는 점을 지적하고 있다.

이 책의 구성

장마다 배운 내용을 상기하고 비판적으로 접근해 볼 만한 질문들이 있다. 연습해보기와 생각해보기는 데이터 과학, 컴퓨터 과학, MBA 프로그램의 수업에서 사용하기에도 좋고 독학하는 사람들에게도 훌륭한 고민거리가 될 수 있다. 마지막 장에는 MLOps 포트폴리오를 구축하는 데 도움이 될 수 있는 여러 사례에 대한 연구가 녹아 있다. 책은 총 12장으로 나뉘어 있으며 끝에는 간단한 부록이 포함되어 있다.

장

처음 몇 장은 DevOps와 MLOps의 이론과 실습을 다룬다. 자동화와 함께 책에서 끊임없이 다루어지는 주제 중 하나는 지속적인 통합과 지속적인 배포를 구성하는 것이다. 또 다른 중요한 주제는 지속적인 개선이라는 뜻을 담고 있는 카이젠이라는 개념이다. 클라우드 컴퓨팅에 대한 내용을 담고 있는 7, 8, 9장은 각각 AWS, 애저, GCP를 조금씩 다룬다. 이 장들은 클라우드 기반 MLOps에 익숙해지기 위한 훌륭한 지름길이 되어줄 수 있으리라 생각한다. 다른 장들은 AutoML, 컨테이너, 엣지 컴퓨팅, 모델 이식성을 포함하여 머신러닝 운영에서 요구될 수 있는 중요한 기술 분야들에 대해 다룬다. 마지막 장에서는 노아의 소셜 미디어 스타트업에서의 경험을 바탕으로 MLOps를 수행하면서 마주했던 실제 사례에 대한 내용을 다룬다.

연습해보기

연습해보기는 따로 정답을 제공하지 않지만, 깃허브와 유튜브 플랫폼을 이용한 자료들을 다수 포함하고 있다. '백문이 불여일견'이라는 말이 있다. 재현 가능한 깃허브 소스 코드, 실습 진행 과정을 화면과 함께 보여주는 유튜브 동영상의 링크는 백 마디의 글 그 이상의 가치를 가질 수 있다.

각 장 서두에 있는 인용문의 기원

노아는 대학교 졸업 후 개인 트레이너로 일하면서 미국이나 유럽 마이너리그에서 프로 농구선수로 활동하기 위해 1년간 훈련했었다. 만일을 대비한 그의 두 번째 계획은 IT 분야에서 일을 구하는 것이었다. 노아는 캘리포니아 공과대학Caltech의 시스템 관리자로 지원했고, 우연히 맥 IT 전문가 자리를 얻었다. 위험 대비 보상이 그다지 좋지 않다고 생각하던 프로 운동선수에 비해 훨씬 훌륭하다고 생각했기 때문이다.

캘리포니아 공과대학이 노아의 인생을 바꾸었다는 말은 결코 과장이 아니다. 점심시간에는 얼티밋Ultimate Frisbee이라는 스포츠를 즐기며 파이썬이라는 프로그래밍 언어에 대해 주워들을 수 있었다. 얼티밋을 즐기는 학교의 교직원과 학생들과 어울리기 위해 파이썬에 대해 공부했다. 나중에는 학교 행정부와 직접 일하거나 30대에 노벨상을 받은 데이비드 볼티모어David Baltimore 박사의 개인 맥 전문가로 일해 볼 기회도 얻을 수 있었다. 이런 방식으로 유명한 사람들과 예상치 못한 방식으로 상호작용할 기회들을 얻어 노아는 자신감을 키우고 네트워크를 확장할 수 있었다.

이렇게 노아가 우연히 만난 사람 중 가장 각별했던 사람은 신경외과 의사인 조셉 보겐Joseph Bogen 박사였다. 조셉 보겐 박사는 노아의 인생에 가장 큰 영향을 미쳤다. 2000년쯤부터 조셉 보겐 박사가 세상을 떠날 때까지 그는 노아의 친구이자 멘토였다.

당시 노아는 인공지능에 관심이 많았다. 하지만 컴퓨터 과학 교수들이 인공지능은 사장된 분야이며, 그쪽을 연구하는 일에 리소스를 낭비하지 말아야 한다고 말했다. 그런 조언들에도 불구하고, 노아는 40세까지 인공지능 프로그램을 작성할 능력을 갖추겠다는 계획을 세웠다. 놀랍게도, 노아의 계획이 이루어졌다.

노아가 조셉 보겐 박사를 만나지 않았다면 오늘날의 노아는 없었을 것이라고 말할 수 있다. 그 박사는 중증 발작 증세를 가진 환자를 돕기 위해 처음으로 뇌의 반쪽을 제거하는 수술을 진행한 적이 있다. 그 수술의 진행과 관련된 이야기를 노아에게 처음 전했을 때 노아의 마음은 한껏 들떴다. 노아와 박사는 의식의 기원, 1970년대 신경망을 사용하여 공군 파일럿이 될 사람을 미리 파악하는 것, 뇌의 좌반구와 우반구 양쪽에 '다른 자아'가 있는지 등에 대해 몇 시간 내내 이야기했다. 조셉 보겐 박사가 노아에게 주었던 것은 지적 능력에 대한 자신감이기도 했다. 조셉 보겐 박사가 노아의 인생에 얼마나 큰 영향을 미쳤는지 생각해보고, 노아와 상호작용하는 다른 학생들에게 이 생각들이 잘 전달되기를 바라는 마음에 박사의 말을 인용해 넣었다. 조셉 보겐 박사의 캘리포니아 공과대학 홈페이지[2] 및 그의 전기[3]에서 그가 했던 말들을 직접 확인해볼 수 있다.

코드 예제 사용하기

코드 예제는 역자의 저장소[4] 또는 저자의 저장소[5]에서 확인할 수 있다. 코드 예제를 사용하는 데 기술적인 질문이나 문제가 있으면 역자의 저장소에 이슈를 추가하거나 오라일리로 이메일[6]을 보낼 것을 권장한다.

2 https://oreil.ly/QPIIi
3 https://oreil.ly/EgZQO
4 https://github.com/ProtossDragoon/practical-mlops
5 https://github.com/paiml/practical-mlops-book
6 bookquestions@oreilly.com

CONTENTS

CHAPTER 1 **MLOps 세상으로 초대**

MLOps를 시작하기 위한 기본 개념

CONTENTS

CONTENTS

CHAPTER **8**　**애저 환경과 MLOps**

CONTENTS

CHAPTER 11 MLOps 명령줄 도구와 마이크로서비스 구축

CHAPTER 12 MLOps 실사례 연구

CONTENTS

MLOps 세상으로 초대

> 1986년 이후 내 인생은 몇 번이고 죽었다. 나의 부주의함에 의한 죽음도 있었지만, 대부분 한계를 넘어서지 못
> 해 맞이한 죽음이었다. 분재[1]를 가꾸는 행위도 일종의 목숨을 건 도전이다. 내 몸의 반쪽을 걸고 모험을 하는
> 셈이다. 성공이 보장된 도전은 없다. 그래서 위험에 노출될 각오 정도는 해야 최상의 결과를 얻을 수 있다.
>
> – 조셉 보겐 박사Dr. Joseph Bogen

공상과학 소설Science Fiction (SF)의 가장 큰 장점은 현실 세계의 제약 없이 미래를 상상할 수 있
도록 만들어 주는 것이다. 1960년대 중반 TV에 방영된 〈스타트렉Star Trek〉은 역사적으로 가장
영향력 있었다고 평가받는 공상과학 프로그램이다. 이 프로그램은 팜파일럿Palm Pilot (PDA)이
나 핸드폰 같은 제품을 발명한 설계자들에게 영감을 주었다. 또한 애플의 공동창업자 스티브
워즈니악Steve Wozniak도 컴퓨터를 만들 때 이 프로그램의 영향을 받았다고 한다.

4차 산업혁명 시대에 살고 있는 우리도 〈스타트렉〉 시리즈에서 MLOps Machine Learning Operations
에 적용할 수 있는 다양한 아이디어를 얻을 수 있다. 예를 들어 〈스타트렉〉의 휴대용 트라이코
더tricorder[2]는 사전학습pretrained된 다중 클래스 분류multiclass classification 모델을 사용하여 물체를 빠
르게 분류한다. 하지만 미래 세상에서의 과학 장교[3], 군의관, 우주선 선장같이 자기 일에 휴대
용 트라이코더를 사용하는 도메인 전문가들은 머신러닝 모델 훈련에 몇 달씩 시간을 소비하는
일에는 관심이 없다. 당연히 과학 우주선 엔터프라이즈호The Enterprise의 선원들을 데이터 과학자

---

1 옮긴이_ 나무나 풀을 화분에 심어 작게 가꾸는 취미 활동 또는 그러한 활동으로 가꾸어진 나무를 의미한다.

2 옮긴이_ 〈스타트렉〉 시리즈에 등장하는 다용도 휴대장치

3 옮긴이_ 〈스타트렉〉 속 과학 장교들은 스타플릿 우주선 또는 우주 정거장의 과학자로 근무한다.

라고 부르지도 않는다. 이들은 데이터 과학자가 아님에도 데이터 과학을 잘 이용할 뿐이다.

〈스타트렉〉의 트라이코더에 담긴 다중 클래스 분류 모델은 더 이상 상상 속의 기술이 아니다. 이 장에서는 이러한 머신러닝 모델기술에 대한 기본적인 이론을 소개할 것이다. 자, 출발해 보자!

1.1 머신러닝 엔지니어와 MLOps의 부상

2010년 후반부터 머신러닝^{machine learning}이 널리 사용되면서 머신러닝 시스템을 체계적이고 효율적으로 구축할 수 있는 접근법의 필요성이 대두되었다. 이에 따라 2020년경에는 머신러닝 엔지니어에 대한 수요가 급증했다. 머신러닝 엔지니어는 잘 정립된 DevOps 모범 사례를 머신러닝 기술에 적용한다. 주요 클라우드 공급업체들은 이러한 실무 엔지니어들을 대상으로 교육 프로그램과 인증 프로그램을 운영하고 있다. 필자는 아마존의 AWS, 마이크로소프트의 애저, 구글의 GCP에서 머신러닝 전문가로 일했으며, 머신러닝 자격증과 관련된 교육 자료를 만들거나 시험 문제를 내는 프로젝트에도 참여했다. 또한 듀크 대학교^{Duke University}와 노스웨스턴 대학교^{Northwestern University}의 데이터 과학 프로그램에서 머신러닝 엔지니어링과 클라우드 컴퓨팅을 가르쳤다. 현재는 필자가 지도한 많은 학생이 머신러닝 엔지니어가 되어 해당 분야에서 두각을 나타내고 있다.

구글은 전문 머신러닝 엔지니어 자격증^{Professional Machine Learning Engineer certification}[4]을 발급하고 있다. 자격증을 설명하는 내용에 따르면 머신러닝 엔지니어는 '비즈니스 문제를 해결하기 위해 모델을 설계하고 구축하는 사람'으로 정의된다. 마이크로소프트에는 애저 데이터 과학자 자격증^{Azure Data Scientist Associate}[5]이 있다. 애저는 이 자격증 소지자를 '머신러닝 워크로드를 구현하고 동작하도록 만들기 위해 데이터 과학 및 머신러닝에 대한 지식을 활용하는 사람'이라고 칭한다. 마지막으로 아마존은 AWS 공인 머신러닝 전문가 자격증^{AWS Certified Machine Learning specialist}[6]을 발급하고 있으며, 이 자격증을 보유한 전문가를 '비즈니스 문제를 해결하는 머신러닝 솔루션을 설계, 구현, 배포, 유지보수하는 사람'이라고 설명한다.

....

4 https://oreil.ly/83skz

5 https://oreil.ly/mtczl

6 https://oreil.ly/O0cLK

데이터 과학과 머신러닝 엔지니어링을 비교할 때 과학과 엔지니어링의 차이가 무엇인지 생각해보자. 과학은 연구에 초점을 맞추고, 엔지니어링은 상품을 통해 가치를 만드는 일에 집중한다. 이제 기업들은 머신러닝을 단순히 연구 대상으로 보지 않고, 머신러닝을 통해 가치를 만들기 시작했다. 동시에 직원 고용 및 기술 투자에 따른 수익^{Return On Investment}(ROI)도 기대하고 있다. 페이스케일[7]과 글래스도어[8]에 따르면 2020년 4분기 데이터 과학자, 데이터 엔지니어, 머신러닝 엔지니어의 연봉 중간값이 비슷했다. 또한 구인구직 플랫폼 링크드인에 따르면 2020년 4분기 구인공고 조사 결과에서 클라우드라는 단어가 19만 개, 데이터 엔지니어링이 7만 개, 머신러닝 엔지니어링이 5만 5천 개, 데이터 과학이 2만 개 수준으로, 연구자에 대한 수요보다 엔지니어의 수요가 더 많다는 사실을 확인할 수 있다(그림 1-1).

이러한 직업 트렌드가 기술의 하이프 사이클^{Hype Cycle}[9]을 따르고 있다고도 해석할 수 있다. 회사들은 ROI를 높이기 위해 클라우드 컴퓨팅, 데이터 엔지니어링, 머신러닝 같은 하드 스킬^{hard skill}을 갖춘 직원이 필요하다는 것을 알고 있다. 그리고 이런 직원들이 데이터 과학자보다 훨씬 더 많이 필요하다는 것도 알고 있다. 앞으로 10년간은 데이터 과학자라는 직업 타이틀과 상관없이 데이터 과학은 문제를 해결하거나 가치를 만들어내는 행위라는 본질에 집중하게 될 것이다.

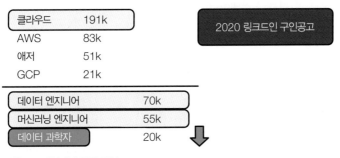

그림 1-1 머신러닝 관련 직업

---

7   payscale.com

8   glassdoor.com

9   옮긴이_IT분야 전문 리서치 그룹 가트너가 제안한 개념으로 기술의 성숙도를 표현하기 위한 그래프를 뜻한다. Hype는 '과장되거나 부풀려진 것'을 의미한다. 하이프 사이클에 따르면 대부분의 기술은 관심을 받기 시작하여 부풀려진 기대의 정점에 도달하게 되고, 이후 관심이 시들해졌다가 점차 시장의 주류에서 성과를 거두게 된다고 생각한다.

기업에서 머신러닝 엔지니어링 이니셔티브initiative[10]의 성공을 측정하기 위한 방법을 살펴보자.

첫째, 프로덕션 환경에 배포된 머신러닝 모델의 개수를 세어보는 방법이 있다.

둘째, 머신러닝 모델이 비즈니스 ROI에 미치는 영향을 측정해 보는 방법이 있다.

이러한 측정 방법들은 결국 모델의 운영 효율이 얼마나 높은지에 대한 논의로 귀결된다. 머신러닝 시스템을 유지하는 데 필요한 직원 수, 비용, 시간 등 운영효율 계산에 도움이 되는 지표들을 통해 머신러닝 엔지니어링 프로젝트의 성공 또는 실패를 판가름할 수 있다.

숙련된 기술 조직들은 머신러닝 프로젝트의 실패 위험을 줄일 수 있는 방법론들과 도구들을 활용해야 한다는 사실을 잘 알고 있다. 그렇다면 머신러닝 엔지니어링에서 실패를 줄이기 위해서는 어떤 도구들이 필요할까? 정말 다양한 것들이 있겠지만, 그중에서 일부분만 소개하면 다음과 같다.

클라우드 네이티브 머신러닝 플랫폼

AWS 세이지메이커AWS SageMaker, 애저 머신러닝 스튜디오, GCP AI 플랫폼

컨테이너형 워크플로

컨테이너, 쿠버네티스, 프라이빗/퍼블릭 컨테이너 레지스트리

서버리스 기술

AWS 람다AWS Lambda, AWS 아테나AWS Athena, 구글 클라우드 함수Google Cloud Functions, 애저 함수Azure Functions

머신러닝에 특화된 하드웨어

GPU, 구글 텐서 처리 장치Tensor Processing Unit(TPU), 애플 A14

빅데이터 플랫폼과 데이터 처리 도구

AWS S3AWS Simple Storage Service, GCSGoogle Cloud Storage, 데이터브릭스, 하둡/스파크, 스노우플레이크, 아마존 EMRElastic MapReduce, 구글 빅쿼리

----

10 옮긴이_조직이 기술 발전을 촉진하거나 문제를 해결하기 위해 방향성을 가지고 기존과 다른 특별한 과제를 수행하는 노력을 가리킨다.

이 도구 목록을 통해 머신러닝이 클라우드 컴퓨팅과 깊은 연관이 있다는 사실을 알 수 있다. 머신러닝에는 방대한 컴퓨팅, 방대한 데이터, 하드웨어 등 거대하고 전문적인 인프라가 필요하기 때문이다. 따라서 클라우드 플랫폼과 머신러닝 엔지니어링이 긴밀히 통합되면 자연스러운 시너지가 발생한다. 이를 뒷받침하듯 클라우드 플랫폼들은 머신러닝 시스템을 운용하는 일에 특화된 플랫폼을 구축하고 있다. 여러분이 2020년대의 머신러닝 엔지니어라면 아마 클라우드 플랫폼 위에서 많은 작업을 처리할 것이다. 이런 클라우드 작업들을 비롯해 머신러닝 시스템을 운용하는 MLOps의 일에 DevOps가 어떤 역할을 하는지 살펴보자.

1.2 MLOps란?

머신러닝이라는 강력한 기술을 사용한 시스템이 때로는 고전적인 소프트웨어 시스템만큼도 효용을 내지 못하는 경우가 많은 이유가 무엇일까? 머신러닝 시스템에서 문제를 일으키는 요소는 머신러닝 모델링이 아니다. 머신러닝을 이용해서 문제를 해결하는 것이 합리적인 생각인지 따져보는 일부터 비즈니스 문제를 정의하는 일이나 데이터 엔지니어링까지도 관련 있기 때문이기도 하다. 머신러닝 기술을 이용해 비즈니스 문제를 해결하는 것에는 크게 관심이 없고 세부적인 기술에만 초점을 맞추려고 하기 때문일지도 모른다. 상사가 높은 의사 결정력을 갖는데서 발생하는 오류Highest Paid Person's Opinion (HiPPO)[11]와 자동화 부족 문제도 빼놓을 수 없다. 그뿐만이 아니다. 지금까지 개발된 머신러닝 시스템의 상당 부분은 클라우드 환경에서 구동하기 어려운 구조로 개발되었을 뿐 아니라 현실의 대규모 문제에 어울리지 않는 학술 데이터셋을 사용했고, 문제 해결을 위해 학술 연구용 소프트웨어 패키지를 사용하기 때문이라고도 할 수 있다.

피드백 루프가 빠를수록 (다음 페이지의 NOTE의 카이젠Kaizen 개념을 참고) 머신러닝 기반의 코로나19 감염 의심자 검출, 마스크 미착용자를 식별하는 비전 솔루션, 마약 탐지 따위의 비즈니스 문제에 집중할 시간이 많아진다. 애초에 머신러닝 기술도 이러한 문제를 해결하기 위해 존재한다. 그런데 왜 아직도 현실 문제에는 머신러닝 기술을 훌륭하게 사용할 수 없는 것일까?

---

11 옮긴이_ HiPPO에 따라 Top-Down 방식으로 조직의 리더가 주장하는 것들만이 조직의 의사결정에 영향을 미치게 되면 건전한 조직이 아니며, 자동화와 멀어지는 길이라고 주장하고 있다.

머신러닝 모델이 실제 서비스를 통해 문제를 해결하는 단계로 자연스럽게 이동하지 못한다는 것은 업계에서 산업 표준으로 MLOps의 필요성을 요구하게 된 계기가 되었다. DevOps 철학이 자동화를 중요하게 여긴다는 측면으로 볼 때 MLOps는 DevOps의 계보를 잇는 것이다. DevOps의 자동화 철학을 잘 대변하는 표현으로 '자동화되지 않은 것은 고장난 것이다'가 있다. MLOps의 경우에도 마찬가지이다. 시스템의 구성 요소로써 단순히 버튼을 누르는 일에 인간이 힘쓰고 있으면 안 된다. 자동화의 역사는 인간이 반복적인 작업을 수행하는 단순 노동자로서 일하는 것보다 시스템 설계자로서 일하는 것이 훨씬 가치 있다는 것을 증명해왔다. 마찬가지로 개발자, 머신러닝 모델, 서비스 운영 사이의 작업 흐름 또한 투명한 팀워크와 건전한 협업을 통해 설계되어야 한다. MLOps는 DevOps 방법론을 사용하여 머신러닝을 자동화하는 프로세스라고 생각하면 된다.

소프트웨어 엔지니어링 프로세스뿐만 아니라 데이터나 모델링까지 자동화하는 행위를 MLOps라고 한다. 모델 학습과 모델 배포는 기존 DevOps 라이프 사이클에 새롭게 추가된 작업이다. 이렇게 새롭게 추가된 구성 요소들은 끊임없이 문제를 일으킬 수 있다. 예를 들어, 마지막으로 모델 학습을 진행했던 시점에서 시간이 흐르며 데이터가 변화하는 현상을 일컫는 데이터 드리프트data drift도 고려해야 한다. 이렇게 새롭게 추가된 작업들이 정상적으로 동작하는지 감시하는 일을 책임질 새로운 모니터링 도구들이 필요할 수 있다.

머신러닝 모델이 실제 운영에 투입되기 어려운 근본적인 이유는 데이터 과학 산업이 아직 충분히 성숙하지 못했기 때문이라고 정리할 수 있다. 소프트웨어 업계가 서비스 운영의 미성숙성을 타파하기 위해 DevOps를 채택했듯 이제는 머신러닝 커뮤니티가 MLOps를 수용하고 있다. MLOps가 어떻게 수용되고 있는지 알아보도록 하자.

1.3 DevOps와 MLOps

DevOps는 고품질 소프트웨어를 빠르게 출시하는 것을 조직의 목표로 삼는 곳에서 사용되는 일련의 기술 및 관리 전반을 일컫는다. 다음과 같은 모범 사례를 준수하는 DevOps를 통해 속도, 안정성, 확장성, 보안 등 다양한 이점들을 얻을 수 있다.

지속적 통합

지속적 통합Continuous Integration(CI)은 소프트웨어 프로젝트를 지속적으로 테스트하고, 테스트 결과를 바탕으로 소프트웨어의 품질을 향상시키는 프로세스이다. 테스트 자동화automated testing라고도 불리는 이 프로세스는 오픈 소스, SaaS 빌드 서버(예: 깃허브 액션GitHub Actions, 젠킨스Jenkins, 깃랩Gitlab, 서클CICircleCI), 클라우드 네이티브 빌드 시스템(예: AWS 코드 빌드Code Build)을 이용한다.

지속적 배포

다양한 지속적 배포Continuous Deployment(CD) 방법을 통해 사람의 개입 없이 새로운 환경에 코드를 전달할 수 있다. CD는 코드형 인프라를 사용하여 코드를 자동으로 배포하는 프로세스를 의미한다.

마이크로서비스

마이크로서비스는 의존성이 거의 없고 (심지어는 아예 없기도 한) 독립적인 기능을 가진 소프트웨어 서비스를 의미한다. 예를 들어 머신러닝 추론 엔드포인트endpoint는 마이크로서비스로 구성하기에 매우 적합하다. 대표적으로 플라스크Flask는 파이썬 기반 마이크로서비스 구현을 돕는 인기 있는 프레임워크 중 하나다. 이러한 마이크로서비스는 서비스형 함수Function as a Service(FaaS)를 포함한 다양한 기술을 사용할 수 있다. AWS 람다는 클라우드에서 제공되는 다양한 서비스형 함수를 대표한다. 마이크로서비스는 컨테이너 환경에서 즉시 실행 가능하도록 구성할 수 있다. 서비스형 컨테이너Container as a Service(CaaS)를 사용하여 도커파일과 함께 플라스크 애플리케이션을 AWS 파게이트AWS Fargate, 구글 클라우드 런Google Cloud Run, 애저 앱 서비스Azure App Services 등 서비스에 손쉽게 배포할 수 있다.

코드형 인프라

코드형 인프라Infrastructure as Code(IaC)는 인프라를 소스 코드의 형태로 보관하고 배포하는 프로세스를 의미한다. 인프라에 변경 사항이 있다면 코드를 변경하고 반영하면 된다. IaC 는 멱등성idempotent[12]을 가질 뿐만 아니라, 인프라를 구축하기 위해 추가적인 수작업이 필요하지 않도록 돕는다. IaC를 정의하거나 소스 코드 버전 관리 저장소에 체크인하여 자동으로 구성되는 클라우드 환경을 사용하는 것이 IaC의 대표 사례이다. 그중 많이 사용되는 기술은 AWS 클라우드 포메이션Cloud Formation이나 AWS SAMServerless Application Model 등의 클라우드 전용 IaC다. 풀루미Pulumi와 테라폼Terraform과 같은 멀티 클라우드를 지원하는 서비스도 고려해 볼 수 있다.

모니터링

모니터링은 조직이 현재 소프트웨어 시스템의 성능과 신뢰성에 대해 판단하고 적절한 의사결정을 내릴 수 있도록 돕는 프로세스 및 기법을 의미한다. 뉴렐릭New Relic, 데이터독DataDog, 스택드라이버Stackdriver와 같은 애플리케이션 성능 모니터링 도구들이나 간단한 로깅 라이브러리를 이용할 수 있다. 이들은 프로덕션 환경에 배포된 애플리케이션이나 데이터 과학 소프트웨어 시스템이 어떻게 작동하고 있는지와 관련된 데이터를 수집한다. 여기에 카이젠 철학이 적용된다. 데이터 중심으로 움직이는 조직은 매일 또는 매주 문제들을 조금씩 개선하기 위해 시스템과 측정항목을 모니터링한다.

효과적인 기술 소통

효과적인 기술 소통이란 기술적으로 단순하고, 강력하며, 여러 번 재사용 가능한 수단과 방법을 적절히 이용하는 것을 의미한다. 프로젝트 초기에 프로토타이핑을 위해 AutoML을 채

---

12 옮긴이_ 어떠한 연산을 여러 번 적용하더라도 결과가 달라지지 않는 성질을 의미한다. 본문의 맥락에서는 환경을 만드는 소스 코드를 연산이라고 보았을 때, 해당 연산을 여러 번 재사용하더라도 동일한 환경을 만들어낼 수 있음을 의미한다.

택하는 것이 효과적인 기술 소통의 좋은 예다. 물론 시스템이 고도화되는 도중 AutoML 모델이 폐기될 수 있다. 그럼에도 불구하고 이러한 자동화는 다루기 어려운 문제에 리소스가 낭비되는 것을 방지하는 좋은 도구다.

효과적인 기술 프로젝트 관리

효과적인 기술 프로젝트 관리는 인력과 도구를 적절히 사용하여 프로젝트를 관리하는 것을 의미한다. 예를 들어 티켓 시스템이나 스프레드시트와 같은 도구를 활용할 수 있다. 또한 기술 프로젝트를 훌륭하게 관리하기 위해 해결해야 하는 문제를 작은 단위로 세분화하여 점진적으로 발전하도록 구성해야 한다. 머신러닝 작업에서 흔히 나타나는 안티패턴[13]은 문제를 '완벽하게' 해결하는 딱 하나의 머신러닝 모델을 만들기 위해 팀 전체가 매달리는 것이다. 이런 형태의 문제 해결 방식보다 매일 또는 매주 작은 단위로 분해된 문제를 부여 받고 점진적으로 해결해나가는 방식을 채택하는 것이 모델 구축에 대한 성공 가능성을 높여준다.

DevOps의 다양한 요소 중 가장 중요한 두 가지만 고른다면 지속적 통합(CI)과 지속적 배포(CD)를 뽑을 수 있다. 지속적 통합은 소스 제어 저장소에 코드를 병합하고, 해당 저장소에서 테스트를 통해 코드의 품질을 자동으로 검사한다. 지속적 배포는 자동 테스팅을 마친 코드 변경 사항을 스테이징 환경이나 프로덕션 환경으로 배포한다. 두 요소 모두 카이젠 철학에서 강조하는 자동화 또는 지속적 개선의 다양한 형태다.

이쯤에서 질문을 하나 던져볼 수 있다. 우리 팀에서 누가 CI/CD를 구현해야 할까? 이 질문은 민주주의 국가에서 누가 세금을 납부해야 하는지를 묻는 것과 비슷하다. 민주주의 국가에서는 모든 사람이 도로, 항만, 법, 복지, 구급 서비스, 사회 기반 시설 등을 구축하고 유지보수하여 더 나은 사회를 만들기 위해 세금을 납부해야 한다. 마찬가지로 모든 MLOps 팀원은 CI/CD 시스템을 개발하고 유지하는 일에 기여해야 한다. CI/CD 시스템을 잘 유지하는 일은 팀과 회사의 미래에 대한 투자인 셈이다.

머신러닝 시스템도 소프트웨어 시스템이지만 머신러닝 모델이라는 고유한 구성 요소를 포함한다. DevOps를 통해 얻을 수 있는 다양한 이점을 머신러닝 시스템에도 적용해볼 수 있다. 데이터 버전 관리나 AutoML과 같은 새로운 접근들이 DevOps 사고 방식을 머신러닝 시스템에 받아들이는 데 도움을 주곤 한다. 이들은 모두 자동화를 중요하게 여긴다는 공통점이 있다.

----

13 옮긴이_ 실제로 많이 사용하는 문제 해결 패턴이지만 비효율적이거나 비생산적인 결과를 낳는 패턴을 의미한다.

1.4 MLOps 욕구 단계 이론

[그림 1-2]에 나타난 심리학자 매슬로Maslow의 욕구 단계 이론을 알고 있는가? 매슬로의 이론에 따르면 낮은 단계에서 인간은 단순히 '생존'이라는 목적에 치중한 욕구를 추구한다. 그리고 인간이 자아실현 욕구 등의 높은 단계 욕구를 추구하는 과정에서 발휘할 수 있는 잠재력은 매우 강력하다. 이러한 고차원적인 욕구는 생존과 정서적 욕구 같은 기본적인 욕구들이 충족된 뒤에야 추구할 수 있다.

매슬로의 욕구 단계 이론

그림 1-2 매슬로의 욕구 단계 이론

욕구를 계층적으로 나누고 하위 단계에 해당하는 욕구를 충족하면 상위 단계 욕구를 추구할 수 있다는 생각을 머신러닝 시스템에 동일하게 적용해볼 수 있다. 머신러닝 시스템은 소프트웨어 시스템이다. 모든 소프트웨어 시스템은 DevOps와 데이터 엔지니어링 모범 사례가 있을 때 효율적이고 안정적으로 운용할 수 있다. 그렇다면 DevOps의 아주 기본적인 원칙도 확립되지 않았거나 데이터 엔지니어링이 완전히 자동화되지 않았다면 조직에 머신러닝의 진정한 잠재성을 일깨울 수 있는 방법이 있을까? [그림 1-3]의 머신러닝 욕구 단계가 무조건적인 진리의 가이드라고 단언할 수는 없지만, 이것은 논의를 시작하기에 좋은 출발점이 된다.

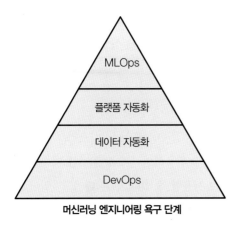

그림 1-3 머신러닝 엔지니어링의 욕구 단계

[그림 1-3]에서 볼 수 있듯이, DevOps는 필수적이고 기본적인 단계이므로 머신러닝 시스템을 구축할 때 이를 간과하면 나중에 프로젝트 진행의 발목을 잡을지도 모른다. DevOps 기틀을 완성해야만 그다음 단계인 데이터 자동화를 구축할 수 있다. 데이터를 자동화한 후에 플랫폼 자동화를 구축할 수 있고, 마지막에야 진정한 머신러닝 시스템 자동화(MLOps)를 구축할 수 있다. 실제로 MLOps의 완성체는 '잘 작동'하는 머신러닝 시스템이다. 이렇게 잘 동작하는 머신러닝 애플리케이션을 구축하고 운영하는 실무자는 머신러닝 엔지니어거나 데이터 엔지니어이다. 머신러닝 엔지니어링 욕구 단계의 각 단계를 가장 낮은 단계인 DevOps부터 살펴보자.

1.4.1 DevOps 구현

앞서 지속적 통합은 DevOps의 핵심 요소 중 하나라고 언급했었다. 테스트 자동화 없이는 DevOps를 완성할 수 없다. 다양한 최신 도구를 사용할 수 있는 파이썬 프로젝트의 경우에는 다른 언어로 구성된 프로젝트들에 비해 지속적 통합이 수월한 편에 속한다. 테스트 자동화의 첫 번째 단계는 [그림 1-4]와 같이 '스캐폴드scaffold'를 구성하는 것이다.

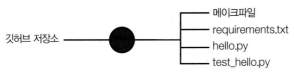

그림 1-4 파이썬 프로젝트 스캐폴딩

파이썬 기반 머신러닝 프로젝트의 런타임은 대부분 리눅스 운영체제를 사용하므로 다음과 같은 파이썬 프로젝트 구조를 채택하면 머신러닝 프로젝트 구현이 수월해진다. 파이썬 스캐폴드를 구성하는 요소들은 다음과 같다.[14]

메이크파일

메이크파일Makefile은 유닉스 기반 운영체제와 함께 제공되는 메이크make 시스템을 통해 파일에 작성된 명령을 실행한다. 따라서 메이크파일을 잘 활용하면 앞으로 살펴볼 지속적 통합과 관련된 단계들을 한데 묶어 단순화하는 도구로 사용할 수 있다. 물론 메이크파일이 프로젝트의 많은 부분을 자동화해주지만 새로운 파일이 추가되는 경우처럼 추가 기능이나 새로운 요소의 자동화가 필요할 때 종종 메이크파일을 업데이트해야 한다.

> **NOTE_** 프로젝트에서 파이썬 가상 환경을 사용하는 경우 메이크 시스템을 통해 메이크파일에 작성된 명령들을 실행하기 전에 사용하고자 하는 파이썬 가상 환경을 활성화해야 한다. 종종 파이썬 초보 사용자가 메이크파일을 가상 환경과 혼동하는데 둘은 엄연히 다른 것이다. 이해를 돕기 위해 마이크로소프트 비주얼 스튜디오 코드와 같은 편집기를 사용한다고 가정해보자. 이 경우 사용 가능한 파이썬 라이브러리를 인식할 수 있도록 코드 편집기에게 알려 주는 것은 파이썬 가상 환경이지 메이크파일이 아니다.

Make install

make install 명령어로 소프트웨어를 설치한다.

Make lint

make lint 명령어로 구문 오류를 확인한다.

Make test

make test 명령어로 테스트를 실행한다.

```
install:
    pip install --upgrade pip &&\
```

---

14 옮긴이_ 책의 실습에 필요한 소스 코드는 역자의 깃허브 저장소 https://github.com/ProtossDragoon/practical-mlops에서 확인할 수 있다.

```
        pip install -r requirements.txt

    lint:
        pylint --disable=R,C hello.py

    test:
        python -m pytest -vv --cov=hello test_hello.py
```

메이크파일을 사용하는 이유

파이썬 초보자들은 '메이크파일이 도대체 왜 필요할까?'라는 반응을 보이곤 한다. 지속적 통합
작업이라는 핵심에 역행하는 듯한 부수적인 작업들과 추가 파일들의 등장에 대해 거부감을 느낄
수도 있다. 이러한 생각은 지극히 건전하기 때문에 여러분을 나무라는 것은 전혀 아니고, 여러분
의 걱정을 덜어보려고 한다. 메이크파일은 매번 기억하기 어렵고 복잡한 빌드 단계를 관리하기
때문에 궁극적으로는 복잡성을 줄여준다.[15]

예를 들어 pylint를 이용하여 파이썬 파일을 린팅linting해야 하는 상황[16]을 생각해보자. 메이크
파일을 사용하면 make lint만 사용하여 지속적 통합(CI) 서버 내에서 동일한 명령을 실행할 수
있다. 물론 메이크파일을 사용하지 않고 다음과 같이 전체 문장을 입력해도 상관없다.

```
pylint --disable=R,C *.py
```

하지만 이렇게 수동으로 문장을 입력하면 오류가 발생하기 쉬울 뿐 아니라 프로젝트 수명 내내
반복적으로 동일한 명령을 입력해야 하므로 상당히 번거롭다.

하지만 다음과 같이 입력하면 작업이 훨씬 더 간단해지므로 실수를 줄일 수 있다.

```
make lint
```

---

15 옮긴이_ C와 같은 컴파일 언어에서는 컴파일과 링크의 순서가 중요하다. 메이크파일은 복잡한 빌드 의존관계를 작성해 두고 매번 빌드
스크립트를 다시 작성하는 일을 자동화하기 위해 만들어졌다. 파이썬은 스크립트 언어이기 때문에 복잡한 빌드 과정이 필요하지 않지만,
저자는 여전히 메이크파일을 스크립트 단순화 목적으로 사용하려고 한다. 예를 들어, 테스팅을 실행하기 전에 린팅을 자동으로 실행하고
자 한다면 본문의 메이크파일의 test:를 test: lint로 변경하면 된다. 이 경우 make test를 실행했을 때 make lint에 해당하는
작업이 자동으로 실행되도록 만들 수 있다.

16 옮긴이_ 소스 코드를 분석하여 프로그램 오류, 소스 코드 스타일 규약 문제 등을 자동으로 찾아내는 도구를 의미한다.

메이크파일을 사용하면 이처럼 워크플로를 간소화하고, 프로젝트를 지속적 통합 시스템으로 쉽게 통합할 수 있다. 입력해야 하는 코드의 양이 줄어들면 자동화 측면에서 좋다. 또한 메이크파일 명령이 셸shell 자동 완성에서 인식되는 덕에 각 단계를 쉽게 탭tab 키로 완성할 수 있다는 장점도 있다.

requirements.txt

requirements.txt 파일은 파이썬의 패키지 설치 기본 도구인 **pip**에서 사용하는 규약이다. 서로 다른 환경에 서로 다른 패키지를 설치해야 하는 경우 프로젝트에 이 파일을 여러 개 포함할 수 있다.

소스 코드와 테스트

파이썬 프로젝트 스캐폴딩에는 소스 코드 파일뿐 아니라 테스트 파일도 포함된다. 아래 스크립트는 hello.py 파일에 작성되어 있다.

```
def add(x, y):
    """This is an add function"""

    return x + y

print(add(1, 1))
```

테스트 파일은 **pytest** 프레임워크로 만든다. test_hello.py 파일에 작성된 아래 스크립트의 from hello import add가 문제없이 동작하려면 hello.py와 같은 디렉토리에 위치해야 한다.

```
from hello import add

def test_add():
    assert 2 == add(1, 1)
```

지속적 통합을 시작하기 위해 필요한 파일은 Makefile, requirements.txt, hello.py, test_hello.py가 전부다. 마지막으로 다음 명령어를 실행하여 파이썬 가상 환경을 만들어보자.

```
python3 -m venv ~/.your-repo-name
```

가상 환경을 생성하는 방법은 크게 두 가지가 있다. 위와 같이 python3 -m venv를 이용하는 방법과 동일한 작업을 수행하면서도 많은 리눅스 배포판에 포함된 프로그램 virtualenv를 사용하는 방법이 있다.

그다음 source 커맨드를 사용하여 가상 환경을 활성화한다.

```
source ~/.your-repo-name/bin/activate
```

> **NOTE_** 파이썬을 처음 접한다면 가상 환경을 사용해야 하는 이유에 대해 궁금해할 수 있다. 파이썬 가상 환경을 이용하면 서드파티 패키지를 특정 디렉터리에 고립시킬 수 있다는 장점이 있다.[17] 앞서 소개한 venv 나 virtualenv와 같이 파이썬 가상 환경 구축을 돕는 개발 도구들은 다양하지만[18] 이들이 가상 환경을 통해 하고자 하는 일은 본질적으로 동일하다.

이렇게 스캐폴딩을 설정하고 나면 다음과 같은 로컬 지속적 통합 단계를 수행할 수 있다.

1. make install을 사용하여 프로젝트에 사용할 라이브러리를 설치한다. 이 예제는 깃허브 코드스페이스[19]의 실행을 보여준다.

```
$ make install
pip install --upgrade pip &&\
    pip install -r requirements.txt
Collecting pip
  Using cached pip-20.2.4-py2.py3-none-any.whl (1.5 MB)
[.....more output suppressed here.        ]
```

---

17 옮긴이_ 예를 들어 애플리케이션이 두 개의 머신러닝 모델을 사용한다고 생각해보자. 둘 중 하나는 텐서플로, 나머지는 파이토치를 사용한다. 하지만 텐서플로는 넘파이1을 의존성으로 요구하고, 파이토치는 넘파이2를 의존성으로 요구하는 상황이라면 두 모델을 하나의 환경에서 동시에 실행할 수 없다 (텐서플로, 파이토치, 넘파이는 이해를 돕기 위한 예시이다). 이런 상황에서 가상 환경을 사용하면 두 애플리케이션이 실행되는 파이썬 환경을 분리할 수 있다. 둘 중 어느 환경에 문제가 발생하더라도, 모든 시스템을 제거하는 대신 특정 모델과 관련된 환경만 제거할 수 있다는 이점도 있다.

18 옮긴이_ 흔히 사용되는 가상 환경 관리 프로그램으로 아나콘다(Anaconda)가 있다.

19 https://oreil.ly/xmqlm

2. make lint를 실행하여 프로젝트에 린트를 적용한다.

```
$ make lint
pylint --disable=R,C hello.py

------------------------------------
Your code has been rated at 10.00/10
```

3. make test를 실행해서 테스트한다.

```
$ make test
python -m pytest -vv --cov=hello test_hello.py
===== test session starts ====
platform linux -- Python 3.8.3, pytest-6.1.2,\
/home/codespace/.venv/bin/python
cachedir: .pytest_cache
rootdir: /home/codespace/workspace/github-actions-demo
plugins: cov-2.10.1
collected 1 item

test_hello.py::test_add PASSED

----------- coverage: platform linux, python 3.8.3-final-0 -----------
Name         Stmts   Miss   Cover
------------------------------------
hello.py       3       0     100%
```

로컬에서 위 프로세스가 성공하면 동일한 프로세스를 원격 SaaS 빌드 서버와 통합하는 것은 어렵지 않다. 원격 SaaS 빌드 서버의 선택지는 다양하다. 대표적으로는 깃허브 액션, 클라우드 네이티브 빌드 서버의 일종인 AWS 코드빌드, GCP 클라우드빌드CloudBuild, 애저 DevOps 파이프라인Azure DevOps Pipeline, 자체 호스팅 빌드 서버이자 오픈 소스 기반의 젠킨스가 있다.

1.4.2 깃허브 액션을 사용하여 지속적 통합 구성하기

깃허브 액션은 파이썬 스캐폴딩 프로젝트에 지속적 통합을 빠르게 적용해볼 수 있는 가장 간단한 도구다.[20] 액션은 깃허브 프로젝트 웹 UI에서 'Actions'를 클릭하여 만들거나 .github/

---

20 옮긴이_깃허브 액션과 같은 지속적 통합 도구들이 어떤 역할을 수행하는지는 이 책에서 끊임없이 다루기 때문에 이번 절에서는 따라하면서 익혀보도록 하자.

workflows/ 디렉토리를 생성한 후 해당 폴더 내부에 파일을 직접 작성하여 액션을 만들 수 있다.

```
.github/workflows/<yourfilename>.yml
```

깃허브 액션 파일을 만드는 것은 어렵지 않다. 아래는 액션 파일의 예시이다. 파일에는 프로젝트의 인터프리터 요구 사항에 맞는 파이썬의 버전을 명시해야 한다. 예시에는 애저 클라우드에서 실행되는 상황을 가정하고 파이썬의 특정 버전을 사용하도록 설정되어 있다. 이전 단계에서 미리 메이크파일을 작성해두어서 지속적 통합 단계를 깃허브 액션 파일을 통해 연결하기가 매우 수월하다.

```
name: Azure Python 3.5
on: [push]
jobs:
  build:
  runs-on: ubuntu-latest
  steps:
  - uses: actions/checkout@v2
  - name: Set up Python 3.5.10
    uses: actions/setup-python@v1
    with:
      python-version: 3.5.10
  - name: Install dependencies
    run: |
      make install
  - name: Lint
    run: |
      make lint
  - name: Test
    run: |
      make test
```

깃허브 저장소의 푸시push 이벤트가 발생했을 때 어떤 깃허브 액션이 발생하는지에 대한 개요는 [그림 1-5]와 같이 깃허브 웹 UI에서 확인할 수 있다.

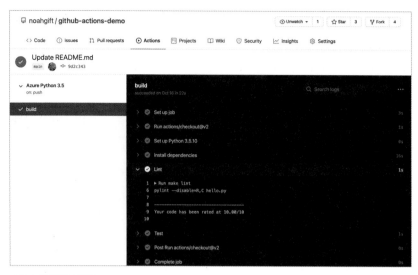

그림 1-5 깃허브 액션

이렇게 지속적 통합과 관련된 설정이 끝났다. 논리적으로만 본다면 지속적 통합을 구성한 후 지속적 배포(예를 들어, 머신러닝 프로젝트를 프로덕션 환경으로 보내는 일)를 구성할 차례 이다. 특정 위치에 코드를 배포하기 위해 지속적 배포 프로세스와 코드형 인프라Infrastructure as Code(IaC)를 사용한다. 이러한 프로세스는 [그림 1-6]에도 잘 나타나 있다.

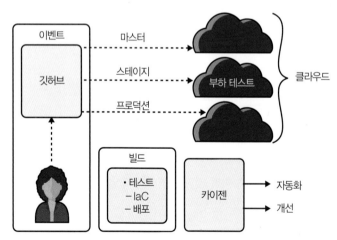

그림 1-6 지속적 배포

1.4.3 DataOps와 데이터 엔지니어링

지금까지 머신러닝 욕구 단계에서 가장 아래층에 해당하는 DevOps에 대해 살펴보았다. 다음 단계는 데이터의 흐름을 자동화하는 것이다. 데이터의 흐름을 자동화하는 일이 머신러닝 엔지니어링을 위해 반드시 필요한 이유가 무엇일지 생각해보자. 예를 들어 거대한 도시의 상수원이 도시 전체에 딱 하나밖에 없다면 어떻게 될까? 물이 필요할 때마다 물을 길어 와야 하는 번거로움 때문에 일상생활이 순탄치 않을 것이다. 평소 당연하게 누려오던 온수 샤워, 식기세척기 사용 등을 더 이상 편하게 사용할 수 없다. 비슷한 이치로, 필자는 데이터의 흐름이 자동화되지 않은 조직은 안정적인 MLOps를 수행할 수 없다고 생각한다.

DataOps를 수행하기 위해 다양한 상용 도구가 많이 출시되기 시작했다. 에어비앤비가 개발한 데이터 처리 워크플로 예약, 관리, 모니터링 도구 아파치 에어플로$^{Apache\ AirFlow}$[21]를 오픈 소스로 공개했다. AWS는 AWS 데이터 파이프라인과 AWS 글루^{Glue}를 제공하고 있다. AWS 글루는 데이터 소스의 스키마를 감지한 뒤 데이터 소스의 메타데이터를 저장하고, 서버리스 ETL$^{Extract,\ Load,\ Transform}$을 수행할 수 있는 제품이다. AWS의 DataOps와 관련된 또 다른 제품으로는 아테나$^{AWS\ Athena}$, AWS 퀵사이트^{QuickSight}와 같은 것들이 있다. 이들은 데이터를 쿼리하고 시각화하는 기능을 제공한다.

데이터의 크기, 데이터가 변경되는 빈도, 데이터의 품질 및 정제 수준 등을 고려해 알맞은 데이터 저장소와 제품을 선택하는 것도 중요하다. 많은 회사에서 중앙 집중식 저장소인 데이터 레이크$^{data\ lake}$를 데이터 엔지니어링과 관련된 모든 활동의 허브로 사용한다. 데이터 레이크가 자동화에 도움이 되는 이유는 높은 내구성과 가용성뿐 아니라 높은 빈도의 I/O$^{Input/Output}$ 작업에서도 '무한에 가까운' 확장성을 제공하기 때문이다.

> **NOTE_** 데이터 레이크는 아마존 S3와 같은 클라우드 기반 객체 스토리지 시스템의 동의어처럼 사용되곤 한다. 데이터 레이크를 사용하면 데이터를 이동할 필요 없이 하나의 저장소에서 모든 것을 처리할 수 있다. 거의 무한대에 가까울 정도로 확장할 수 있는 데이터 레이크의 특성을 이용한 것이다. 필자가 영화 산업에서 〈아바타〉[22] 같은 영화를 만들 당시 방대한 양의 데이터를 처리할 수 있는 컴퓨팅 리소스가 필요했다. 이 문제를 해결하기 위해 정말 복잡한 시스템을 구성해야 했는데, 시스템을 구축하는 일만큼 복잡한 시스템을 다루는 것 또한 매우 까다로웠다. 하지만 오늘날에는 클라우드 덕분에 이런 복잡한 문제들이 대부분 사라졌다.

---

21 https://oreil.ly/p55kD
22 https://oreil.ly/MSh29

[그림 1-7]은 클라우드 데이터 레이크의 워크플로를 보여준다. 데이터 이동 없이 단일 저장소에서 다양한 작업을 수행할 수 있다는 특성이 잘 표현되어 있다.

데이터 엔지니어라는 직군에서 일하는 사람들은 다음과 같은 다양한 유즈케이스에 대응하는 시스템을 설계하고 구축한다.

- 주기적인 데이터 수집, 스케줄링된 작업 실행
- 스트리밍 데이터 처리
- 서버리스와 이벤트 기반event-driven 데이터 처리
- 빅데이터 관련 작업
- 머신러닝 엔지니어링 작업을 위한 데이터 및 모델 버전 관리

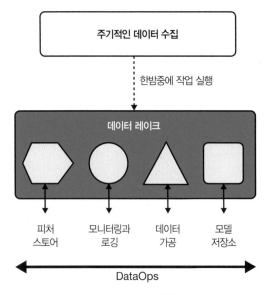

그림 1-7 클라우드 데이터 레이크를 활용한 데이터 엔지니어링

상수원이 하나밖에 없는 마을의 가정집에 식기세척기를 설치할 수 없는 것처럼 데이터 자동화를 이루어내지 못한 조직은 더 나은 머신러닝 관련 기법들을 사용할 수 없다. 따라서 데이터 처리에도 자동화와 적절한 운영에 대한 고민이 필요하다. 그래야만 데이터와 깊게 관련이 있는 머신러닝 작업도 자동화하여 유연하게 운영할 수 있다.

1.4.4 플랫폼 자동화

데이터의 흐름을 자동화한 이후에는 머신러닝 솔루션 구축을 위해 조직이 높은 추상화 수준high-level의 플랫폼을 잘 다루고 있는지 점검해볼 필요가 있다. 예를 들어 조직이 이미 아마존 S3같은 클라우드 플랫폼의 데이터 레이크에 데이터를 적재하고 있다면 머신러닝 워크플로를 아마존 세이지메이커에 연결하는 것이 당연하다. 마찬가지로 조직에서 구글 클라우드 플랫폼 기반의 작업이 주로 이루어진다면 구글 AI 플랫폼을 이용하는 편이 좋고, 애저 기반의 작업이 이루어지고 있는 경우 애저 머신러닝 스튜디오를 이용하는 편이 좋다. 쿠브플로Kubeflow[23]는 쿠버네티스를 사용하는 조직에 적합하다.

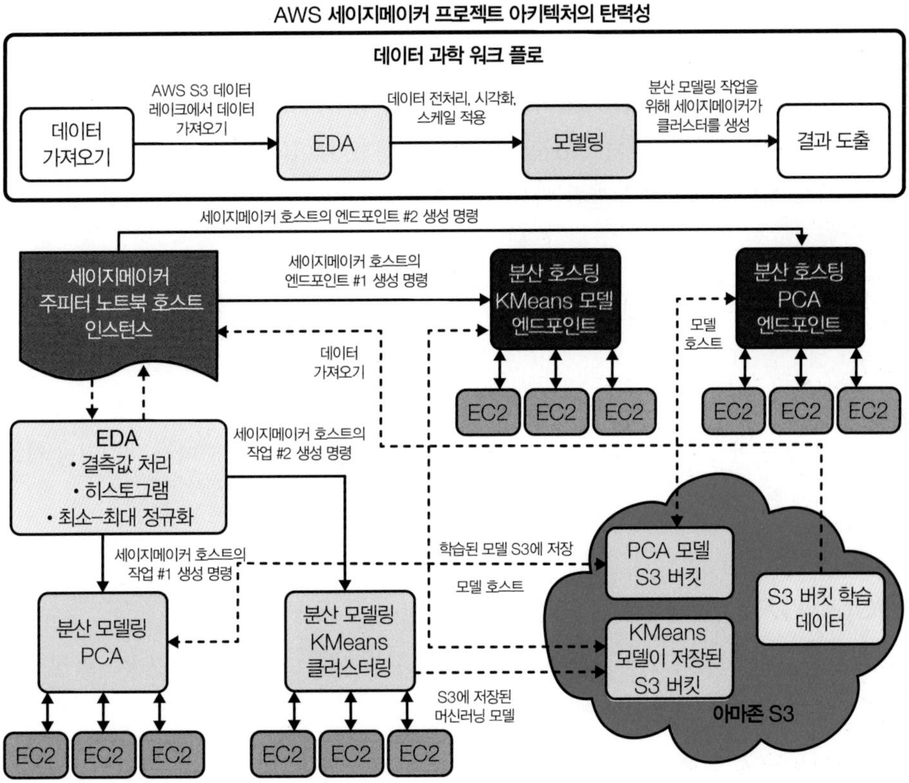

그림 1-8 세이지메이커 MLOps 파이프라인

---

23 https://kubeflow.org

[그림 1-8]은 이러한 문제를 다루는 머신러닝 플랫폼의 보편적인 예제를 보여준다. AWS 세이지메이커는 가상 머신 생성, S3 읽기 및 쓰기, 프로덕션 엔드포인트 프로비저닝 등 현실 세상에서 동작하는 머신러닝에 대한 복잡한 MLOps 흐름을 관리하고 조정한다. 실제로 서비스되는 제품의 시나리오에서 이러한 인프라를 자동화 없이 직접 구축하는 일이 설사 가능할지라도, 필자는 이 방법에 대해 굉장히 회의적이다. 필수적인 기능들이 이미 구현되어 있는 고수준(높은 추상화 수준) 플랫폼들을 적절히 이용하는 것도 현실의 다양한 운영 복잡성을 감추는 좋은 방법이 될 수 있다.

1.4.5 MLOps

머신러닝 엔지니어링 욕구 단계의 아래층에 해당하는 DevOps부터 데이터 자동화, 플랫폼 자동화까지를 모두 구축해야 MLOps를 다룰 자격이 생긴다. DevOps 방법론을 사용하여 머신러닝을 자동화하는 프로세스가 MLOps라는 것을 명심하자. 데이터 수집, 피처 엔지니어링, 모델 평가, 배포, 유지보수 전반에 걸친 머신러닝 시스템을 구축하는 방법을 머신러닝 엔지니어링이라고 부른다.

DevOps를 단순한 직무가 아닌 서비스 배포 및 운영을 위한 행위로 보는 것처럼 MLOps도 어떠한 목표 달성을 위한 행위로 보는 것이 옳다. 몇몇 사람들이 DevOps 엔지니어라는 직군으로 근무하고 있음에도 불구하고 대부분의 소프트웨어 엔지니어들도 DevOps 모범 사례를 끊임없이 고려한다. 마찬가지로 머신러닝 엔지니어도 MLOps 모범 사례에 따라 머신러닝 시스템을 구축해야 한다.

DevOps와 MLOps가 결합된 모범 사례

이 장의 앞부분에서 설명한 DevOps의 모범 사례를 떠올려보자. MLOps는 DevOps 방법론을 사용하여 머신러닝을 자동화하는 행위다.

이러한 모범 사례가 잘 준수되고 있는지 확인해볼 수 있는 방법들로 머신러닝 모델이 강력하게 패키징되어 있는지, 견고한 모델 검증validation 및 배포 프로세스를 갖추었는지, 이 요소들이 재현 가능reproducible한지 등을 점검해볼 수 있다. 이렇게 잘 정립되어 있는 MLOps 모범 사례를 따르면 모델의 성능을 감시하는 데 유리해지고, 설명력이 높아진다는 장점이 있다(그림 1-9).

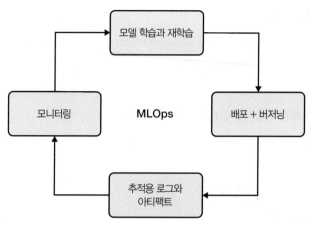

그림 1-9 MLOps 피드백 루프

MLOps 피드백 루프는 다음과 같은 요소들을 포함한다.

재사용 가능한 머신러닝 파이프라인을 이용한 모델 생성 및 재학습

모델은 한 번 만들었다고 끝나는 것이 아니다. 데이터가 변하거나 고객의 특성이 변할 수 있으며, 심지어 모델을 만드는 사람도 변할 수 있다. 따라서 버전화되고 재사용 가능한 머신러닝 파이프라인을 갖춰야 한다.

머신러닝 모델의 지속적 배포

머신러닝 모델의 지속적 배포는 소프트웨어의 지속적 배포와 유사하다. 인프라를 포함한 모든 단계가 자동화되면 코드형 인프라를 사용해 모델을 프로덕션에 사용되는 새로운 환경까지 언제든 배포할 수 있게 된다.

MLOps 파이프라인에 대한 추적 로그

머신러닝 모델뿐 아니라 파이프라인 전반에 걸친 다양한 사건들을 추적하는 일은 필수적이다. 머신러닝 시스템에는 보안, 편향, 정확성 등 수많은 문제가 도사리고 있다. 프로덕션 소프트웨어에서 로깅이 중요한 것처럼 머신러닝 엔지니어링에서도 추적 로깅 시스템을 갖추는 것이 매우 중요하다. 이러한 추적 로그는 문제에 접근하는 방식은 물론, 문제를 해결하는 방식에 대한 피드백 루프의 일부로써 기능할 수도 있다.

미래에 대비하기 위한 모델 드리프트 모니터링

프로덕션 환경의 머신러닝 시스템에는 끊임없이 새로운 데이터가 주어진다. 이때 새롭게 주어지는 데이터의 분포가 기존에 학습된 모델에게 불리하게 작용할 수 있다. 이를 달리 말하면 2년 전 고객을 대상으로 유용하게 동작하던 모델이 오늘날에도 문제없이 동작하는 것을 보장할 수 없다는 것이다. 최종적으로 모델을 학습시킨 이후의 다양한 변화^{delta}를 모니터링하여 모델의 정확도로 인한 제품에 중대한 문제가 발생하기 전에 대응할 수 있다.

배포 타깃

클라우드를 이용하면 클라우드 네이티브 플랫폼에서 모델을 만든 후 다양한 타깃에 배포할 수 있도록 만들 수 있다(그림 1-10). 머신러닝 운영에서 한 번 구축된 모델을 다양한 타깃 플랫폼에 반복적으로 재배포하는 기능은 매우 중요하다. 탄력적으로 확장 가능한 HTTP 엔드포인트에 모델을 배포하는 것이 가장 일반적인 패턴이지만, 모든 머신러닝 운영 시나리오에서 HTTP 엔드포인트가 모든 것을 도맡는 것은 불가능하다. 엣지 머신러닝으로 대두되는 새로운 패러다임은 **머신러닝 작업에 특화된 전문 프로세서**[24]를 사용한다. 대표적으로 구글의 TPU와 애플의 A14가 이에 해당한다.

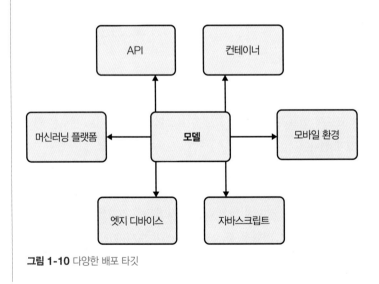

그림 1-10 다양한 배포 타깃

---

24 옮긴이_머신러닝 작업뿐 아니라 특정한 작업을 잘 수행하도록 맞춤 설계된 프로세서를 Application Specific Integrated Circuit(ASIC)이라고 부른다.

구글 AutoML 비전[25]과 같은 고수준 제품들을 포함하고 있는 구글 클라우드 플랫폼[GCP]은 텐서플로 라이트[TF Lite], 텐서플로.js[TensorFlow.js], 코랄[Coral][26]과 같이 다양한 디바이스에 텐서플로[TensorFlow] 모델을 배포할 수 있도록 제공한다(그림 1-11).

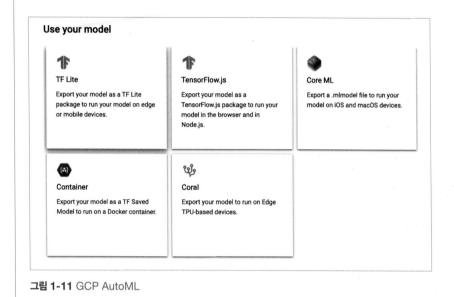

그림 1-11 GCP AutoML

1.5 마치며

이 장에서는 머신러닝 기술을 다루는 경우에도 DevOps 원칙을 적용하는 것이 똑같이 중요한 이유에 대해 설명했다. 그리고 기존의 간단한 소프트웨어를 넘어 머신러닝 기술은 데이터와 모델까지 전부 관리해야 한다는 복잡성까지 추가로 다뤘다. 이러한 복잡성에 대한 해결책은 소프트웨어 엔지니어링 커뮤니티가 DevOps에서 했던 방식으로 자동화를 도입하는 것이다.

이미 멋지게 디자인된 책꽂이는 설계도면을 따라 조립만 하면 된다. 하지만 책꽂이의 기반이

---

25 옮긴이_ 구글 AutoML 비전은 이 책의 5장에서 다룬다.
26 TPU를 사용하는 엣지 하드웨어

되는 나무를 기르는 일은 그리 단순하지 않다. 성공적인 MLOps도 여러 재료가 필요하다는 점에서 나무를 키우는 일과 비슷하다. 머신러닝 기술을 포함하는 복잡한 소프트웨어 시스템을 만드는 일은 책꽂이를 제작하는 일보다 나무를 키우는 일에 가깝다.

나무를 키우는 일처럼 성공적인 MLOps에도 여러 재료가 필요하다. 필자는 이러한 특징을 25%의 법칙이라고 부른다. [그림 1-12]는 소프트웨어 엔지니어링, 데이터 엔지니어링, 모델링, 비즈니스 문제가 균등하게 중요하다는 점을 나타낸다. 이와 같은 다학제적 특징이 MLOps를 어렵게 만드는 주요한 원인이다. 이러한 어려움을 극복하고 25%의 법칙에 따라 성공한 MLOps 기업들의 사례를 찾을 수 있다.

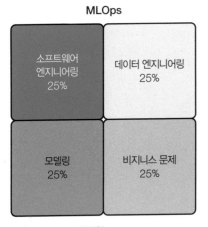

그림 1-12 25%의 법칙

이에 대한 좋은 예로 테슬라가 있다. 테슬라는 반자율주행차 형태로 고객들이 원하는 기능을 제공한다. 또한 꾸준히 업데이트를 제공한다는 측면에서 소프트웨어 엔지니어링 모범 사례를 준수한다고 볼 수 있다. 뿐만 아니라, 테슬라는 차량으로부터 수신한 새로운 데이터를 기반으로 모델을 지속적으로 재학습한다. 아마존에서 개발한 인공지능 비서 알렉사Amazon Alexa도 25%의 법칙을 따르는 제품의 또 다른 예다.

다음 장에서는 MLOps에 필요한 기본적인 기술을 살펴본다. 프로그래머를 위한 수학, 데이터 과학 프로젝트 예제, MLOps의 엔드투엔드end-to-end 프로세스를 짚어볼 것이다. 마지막으로 연습 문제를 풀어보며 이번 장의 내용을 복습해보자.

- 메이크파일, 린팅, 테스트와 같이 파이썬 프로젝트 스캐폴딩에 필수적인 요소가 포함된 깃허브 저장소를 생성해보자. 그리고 간단하게 코드 포매팅formatting을 수행하도록 메이크파일 스크립트를 작성해보자.

- 깃허브 액션을 사용하여 두 개 이상의 파이썬 버전에 대해 깃허브 프로젝트 테스트를 수행해보자.

- 클라우드 네이티브 빌드 서버(AWS 코드빌드, GCP 클라우드 빌드, 애저 DevOps 파이프라인)를 사용하여 지속적 통합을 수행해보자.

- 깃허브 프로젝트를 도커파일로 컨테이너화하고, 자동으로 컨테이너 레지스트리에 새로운 컨테이너가 등록되도록 만들어보자.

- locust 또는 loader io와 같은 부하 테스트 프레임워크를 사용하여 애플리케이션에 대한 간단한 부하 테스트 코드를 작성한다. 그리고 스테이징 브랜치에 변경 사항을 푸시할 때 이 테스트가 자동으로 수행되도록 만들어보자.

- 지속적 통합(CI) 시스템은 어떤 문제를 해결하는가?

- 지속적 통합 시스템이 SaaS 소프트웨어 제품과 머신러닝 시스템 모두에 필수적인 요소인 이유가 무엇인가?

- 데이터 분석 애플리케이션을 구축할 때 클라우드 플랫폼을 이용하는 것이 이상적인 이유가 무엇인가? 클라우드 기반 데이터 분석 애플리케이션 구축에 데이터 엔지니어링과 DataOps가 어떤 도움을 줄 수 있는가?

- 딥러닝이 클라우드로부터 어떤 도움을 받을 수 있는가? 클라우드 컴퓨팅 없이 딥러닝이 가능한가?

- MLOps는 무엇이고, 이것을 이용하여 어떻게 머신러닝 엔지니어링 프로젝트를 향상시킬 수 있는가?

## CHAPTER 2

MLOps를 시작하기 위한 기본 개념

의과대학에서 지식을 습득하는 과정은 어떤 의학적 발견의 역사나 유용성에 대해 고민하지 않고 무작정 마법 주문을 외우는 것같이 느껴졌다. 그래서 암기식 학습에 대한 아쉬운 마음을 반 친구들에게 털어놓고 싶었지만, 96명의 같은 반 친구들은 수업 도중 질문하는 나의 존재를 매우 탐탁지 않게 여겼기에 아쉬운 마음을 털어놓을 수는 없었다. 나를 싫어하는 반 친구들의 감정이 정점에 도달한 것은 생화학 강사가 네른스트Nernst 방정식을 유도한답시고 형편없는 설명을 늘어놓은 날이었다. 학생들은 강사가 칠판에 적은 내용을 맹목적으로 따라 적고 있었다. UCLA에서 화학 전공을 위한 물리화학 과정을 수강하기 딱 1년 전까지만 하더라도 나는 정말이지 그 강사가 허세를 부린다고 생각했다.

내가 "k 값을 어디서 구했어요?"

라고 묻자

"그냥 베껴 써!"
라고 강의실에 있는 모든 학생이 입을 모아 소리쳤다.

– 조셉 보겐 박사

어떠한 기술이든 탄탄한 기반을 다지기 위한 노력은 항상 중요하다. 이번 장에서 배우는 몇 가지 핵심 요소들은 이 책의 나머지 부분을 이해하기 위한 토대를 마련해준다. 그리고 데이터 과학과 머신러닝을 처음 접하는 학생들을 만나면서 알게 된 몇 가지 흔한 오해들을 이 장에서 풀어볼 것이다. 이제 MLOps 방법론을 사용하기 위한 중요한 기반을 다져보자.

2.1 배시와 리눅스 커맨드 라인

대부분의 머신러닝 기술은 클라우드를 기반으로 동작한다. 클라우드 플랫폼들은 모두 예쁜 웹 그래픽 콘솔을 제공하지만 여러분이 어느 정도 수준까지는 터미널terminal을 통해 클라우드를 조작할 수 있을 것이라고 상정한다. 이는 MLOps를 수행하려면 리눅스 커맨드 라인command line 의 기본 사항을 숙지하고 있어야 한다는 말이기도 하다. 이번 절에서는 터미널에 익숙하지 않 은 사람을 위해 MLOps를 성공적으로 수행할 수 있는 수준의 기초 지식을 습득해볼 것이다.

커맨드 라인을 이용해 컴퓨터를 제어하는 일에 익숙하지 않은 사람에게 터미널을 소개하면 새 로운 분야를 접하는 것과 같은 거부감을 보이곤 한다. 이러한 커맨드 라인 사용자 인터페이 스Command Line user Interface(CLI)는 오늘날의 맥OS 운영체제나 윈도우와 같은 그래픽 사용자 인 터페이스Graphic User Interface(GUI)를 이용해 컴퓨터를 제어하는 환경에 익숙한 사람들이 충분 히 가질 수 있는 당연한 거부감이다. 하지만 터미널을 이용한다면 클라우드, 가상 환경, 컨테이 너 등 다양한 개발 환경들이 제공하는 고급advanced 기능들을 이용할 수 있다는 장점이 있다. 달 리 말해 당신이 고급 기능들을 제어해야 하는 상황에 봉착한다면, 터미널을 사용할 수밖에 없 다는 말이기도 하다. 필자는 리눅스 터미널을 다루는 역량은 어떤 기술이든 그 효용을 크게 높 일 수 있다고 생각한다. 클라우드도 배시Bash와 리눅스Linux에 익숙하다면 클라우드 셸[1] 환경에 서 개발하는 것이 더 강력하다.

수많은 서버에서 이미 리눅스 환경을 사용하고 있다. 새롭게 배포되는 많은 서비스도 리눅스 환경의 컨테이너[2]를 사용한다. 그러니 커맨드 라인에 대한 거부감은 잠시 내려놓도록 하자. 맥OS 운영체제의 터미널 같은 경우 리눅스와 대부분의 명령어가 상당히 비슷하고, 개발자들 사이에서 많이 사용하는 홈브루Homebrew[3]와 같은 도구를 설치해서 함께 사용하면 더욱 좋다. 앞으로 등장할 내용들을 통해 배시 터미널을 사용할 수 있는 수준의 지식을 쌓아볼 것이다.

터미널을 배울 때 중요한 주제들이 무엇일까? 필자는 클라우드 셸 개발 환경, 배시 셸 및 명령 어, 파일 탐색, 입/출력, CLI 구성configuration, 셸 스크립트 작성이 중요한 주제들이라고 생각한 다. 이제 각 주제에 대해 자세히 살펴보자.

---

1 옮긴이_ 엄밀히 말해 터미널과 셸은 다른 개념이다. 하지만 지금은 클라우드 서비스 제공자가 CLI를 이용해 클라우드 관련 명령들을 사 용할 수 있도록 제공하는 터미널이라고 생각해도 좋다.

2 옮긴이_ 컨테이너가 익숙하지 않은 독자들은 이 책의 뒷부분에 관련 내용이 준비되어 있으니 너무 걱정하지 말자. 지금은 GUI 환경이 지원되지 않는 리눅스 운영체제를 사용한다는 것 정도로 이해해도 좋다.

3 https://brew.sh

2.2 클라우드 셸 개발 환경

매일 저녁 해변에서 서핑을 즐기는 서퍼가 있다고 상상해보자. 하지만 이 서퍼는 바다와 인접한 곳에 살고 있지 않기 때문에 저녁마다 서핑을 즐기기 위해 해변까지 편도 80km를 매일매일 운전해야 한다. 이건 노동량 측면에서 보면 매우 비효율적이다. 경제적으로 여유가 된다면 해변 근처로 이사해서 매일 아침 해변까지 걸어가는 것이 훨씬 더 효율적일 것이다.

클라우드 컴퓨팅을 처음 접한 사람이든 아니든, 개인이 로컬에 직접 구축해 사용하던 워크스테이션 기반 개발 환경을 웹 기반 클라우드 셸 개발 환경으로 전환해보는 것은 값진 경험이 될 것이다. 클라우드 환경은 개발 도중 직면할 수 있는 여러 문제를 신경 쓰지 않도록 도와준다. 가령 클라우드 환경에서는 보안을 걱정하며 다양한 키와 인증 정보들을 직접 주고받을 필요가 없다. 작업 흐름에 로컬 컴퓨터가 포함되어 있으면 다양한 종류의 데이터를 자연스럽게 주고받을 수 있도록 시스템을 구성하기가 상당히 어렵다.

클라우드 환경은 개발 도중 직면할 수 있는 여러 문제들을 신경 쓰지 않도록 도와준다. 가령 클라우드 환경에서는 보안을 걱정하며 다양한 키와 인증 정보들을 직접 주고받을 필요가 없다. 작업 흐름에 **로컬 컴퓨터**가 포함되어 있으면 다양한 종류의 데이터를 자연스럽게 주고받을 수 있도록 시스템을 구성하기가 상당히 어렵다. 반면 클라우드 환경에서는 마음껏 사용할 수 있는 다양한 개발 도구들이 서로 긴밀하게 통합되어 있다. 이러한 도구를 적절히 이용하면 작업 효율을 높이고 까다로운 문제로부터 벗어날 수 있다. 매일 해변을 오가는 서퍼와 달리 클라우드 개발 환경은 그야말로 서핑 보드만 챙겨서 밖으로 나가기만 하면 되는 셈이다. 잘 알려진 클라우드 서비스들은 클라우드 개발 환경의 일부분을 무료로 사용할 수 있는 프리티어 요금제를 제공하니 한번 시도해보자. 클라우드 환경을 처음 접한다면 AWS 클라우드 플랫폼부터 시작해보는 것을 추천한다. AWS를 시작하는 방법에는 크게 두 가지가 있다. 첫 번째는 AWS 클라우드 셸CloudShell을 이용하는 방법이다(그림 2-1).

AWS 클라우드 셸은 AWS 고유 명령어에 대한 자동완성 기능이 내장된 배시 셸이다. AWS 클라우드 셸을 자주 사용하는 경우 `~/.bashrc`를 수정하여 입맛에 맞게 사용하는 것이 좋다. 파일을 수정하기 위해 클라우드 셸이 기본으로 제공하는 `vim` 편집기를 사용할 수 있다. 많은 사람이 `vim`을 배우는 것을 꺼려하지만 클라우드의 셸을 다루는 오늘날에는 `vim`을 다루는 것에 능숙해져야 한다. 구체적인 사용법은 공식 vim FAQ[4]를 참조하길 바란다.

---

4 https://oreil.ly/wNXdm

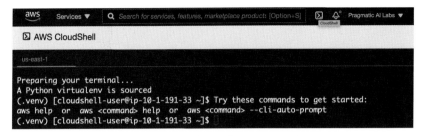

그림 2-1 AWS 클라우드 셸

두 번째는 AWS 클라우드9Cloud9 개발 환경을 이용하는 것이다. AWS 클라우드9에서는 셸 뿐 아니라 그래픽 유저 인터페이스 코드 편집기를 사용할 수 있다(그림 2-2). 편집기는 파이 썬Python, 고Go, 노드Node 등 다양한 언어의 구문 강조syntax highlighting를 지원한다. 이러한 기능 들을 이용하면 AWS 클라우드 셸의 vim과 같은 편집기를 사용하는 것에 비해 훨씬 더 편리하 게 거대한 소프트웨어를 개발할 수 있다.

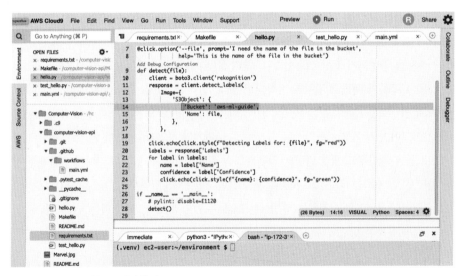

그림 2-2 AWS 클라우드9 개발 환경

머신러닝 마이크로서비스를 개발하는 경우를 상상해보자. 클라우드9 환경에 탑재돼 있는 콘솔 을 이용하면 배포된 머신러닝 웹 서비스에 간단한 추론 요청을 보내려고 할 때 화면 전환이 필 요 없다. 앞서 언급했듯 클라우드 환경에서 자유롭게 사용할 수 있는 AWS 람다Lambda와 같은 도구들과 긴밀하게 통합되어 있어서 복잡한 과정 없이 곧바로 원하는 동작을 수행할 수 있다. 꼭 AWS 환경이 아니고 애저 혹은 구글 클라우드같이 다른 플랫폼을 사용 중이더라도, 머신러 닝 서비스를 구축하기에는 클라우드가 이상적인 위치에 있다.

> **NOTE_** 오라일리 홈페이지[5]나 'Pragmatic AI Labs' 유튜브 채널[6]에서 '클라우드 컴퓨팅을 위한 주요 배시 기능(Bash Essentials for Cloud Computing)' 영상을 참고하면 앞서 설명한 내용을 이해하는 데 도움이 될 것이다.

2.3 배시 셸과 명령어

셸shell은 쉽게 말해 프롬프트Prompt[7]와 명령어를 실행할 수 있는 기능이 포함된 대화형 환경이 다. 오늘날 대부분의 셸은 배시나 지셸ZSH이다.

사람들이 일반적으로 사용하는 개발 환경에서 셸과 친해지기 위해 시도해볼 수 있는 작업들은 다양하지만 필자는 지셸과 vim이 좋은 시작점이라고 생각한다. 지셸과 vim에는 사람들의 시 행착오를 통해 확립된 편의기능 및 설정들이 많이 존재하기 때문이다. 지셸의 경우 oh-my-zsh[8], vim의 경우 awesome vim[9] 같은 것이 이에 속한다. 이러한 편의 기능들을 이용하면 지 셸이나 vim의 진입장벽을 낮출 수 있을 것이다.

셸을 맥OS의 파인더finder 애플리케이션처럼 컴퓨터를 제어하는 사용자 인터페이스의 일종이 라고 생각해보자. 파인더는 그래픽 기반의 인터페이스로 컴퓨터를 제어하고, 셸은 커맨드 라인 기반의 인터페이스로 컴퓨터를 제어한다는 차이만 있을 뿐, 하는 일은 동일하다. 앞서 클라우 드는 기본적으로 어느 정도의 커맨드 라인을 알고 있다고 전제로 하기 때문에 데이터를 다루는 MLOps 실무자는 강력한 인터페이스인 커맨드 라인을 사용하는 방법을 알아야 한다.

---

5 https://oreil.ly/jEWr2

6 https://oreil.ly/shtb9

7 옮긴이_ 터미널의 사용자 입력 대기 모드를 의미한다.

8 https://ohmyz.sh

9 https://oreil.ly/HChFQ

2.3.1 파일 목록

ls 명령으로 해당 폴더의 파일 목록을 나열할 수 있다. -l 플래그는 추가 정보를 포함한 목록을 보여준다.

```
bash-3.2$ ls -l
total 11
drwxrwxr-x 130 root admin 4160 Jan 20 22:00 Applications
drwxr-xr-x 75 root wheel 2400 Dec 14 23:13 Library
drwxr-xr-x@ 9 root wheel 288 Jan 1 2020 System
drwxr-xr-x 6 root admin 192 Jan 1 2020 Users
```

2.3.2 실행 명령

GUI에서는 버튼을 '클릭'하거나 애플리케이션을 '열어서' 특정 작업을 실행한다. 셸에서는 명령어를 입력한 다음 작업을 실행한다. 셸에는 유용한 명령어가 많이 내장되어 있다. 재미있는 것은 이렇게 유용한 명령어 여러 개를 한 줄의 커맨드 라인에서 동시에 사용할 수 있다는 점이다.

예를 들어보자. 셸의 실행 파일이나 애플리케이션의 위치를 알아내는 명령어로는 which가 있다. ls 명령어도 하나의 프로그램이다. ls 프로그램의 실행 파일은 /bin 디렉터리에 위치해 있다. which 명령어가 우리에게 유용한 힌트를 주고 있다.

```
bash-3.2$ which ls
/bin/ls
```

그렇다면 /bin 디렉터리에 ls의 실행 파일뿐 아니라 다른 실행 파일들도 많이 존재하지 않을까? /bin/에 있는 실행 파일들과 디렉터리들의 개수를 확인해보자. 이런 작업을 수행하기 위해 파이프 연산자 |를 사용할 수 있다. 연산자 |는 비트 연산을 수행하는 코드를 작성하며 한 번쯤은 마주친 경험이 있을 것이다. 셸에서 |는 이전 명령어 출력을 다음 명령어의 입력으로 넘겨받고 싶을 때 사용한다.

```
bash-3.2$ ls /bin/ | wc -l
37
```

2.3.3 파일 탐색

GUI에서 폴더나 파일을 열어볼 수 있듯이 셸에서도 명령어를 통해 동일한 작업을 수행할 수 있다.

pwd 명령어는 현재 작업 중인 디렉터리의 전체 경로를 출력한다.

```
bash-3.2$ pwd
/Users/noahgift
```

cd 명령어는 지정한 경로의 디렉터리로 작업 디렉터리를 옮긴다.

```
bash-3.2$ cd /tmp
```

2.3.4 셸 입출력

앞선 예제에서 ls 명령어 출력이 파이프 연산자를 통해 다음 명령어의 입력으로 전달되는 것을 확인할 수 있었다. 하나의 명령을 다른 명령으로 파이핑piping하는 것은 입력이나 출력의 결과에 정교한 작업을 추가할 목적으로 셸에서 자주 사용하는 테크닉이다. 비슷한 역할을 수행하는 연산으로 리다이렉션redirection이 있다.

아래 코드는 리다이렉션과 파이프가 모두 있는 워크플로를 보여준다. 먼저, 'foo bar baz'라는 문장의 echo 명령어를 통한 출력을 out.txt라는 파일에 쓴다. cat 명령어를 통해 출력되는 파일 내용물은 파이프를 통해 wc 명령어의 입력에 연결된다. wc 명령어의 -w 옵션은 입력된 문장에서 단어의 수를 세고, -c 옵션은 문자의 수를 세어 출력한다.

```
bash-3.2$ cd /tmp
bash-3.2$ echo "foo bar baz" > out.txt
bash-3.2$ cat out.txt | wc -c
    12
bash-3.2$ cat out.txt | wc -w
    3
```

다음은 shuf 명령어의 출력을 새로운 파일에 작성하는 배시 스크립트이다. shuf 명령어는 파일에서 지정된 행까지 모든 행을 무작위로 섞은 뒤 출력한다. 아래 스크립트의 경우 약 1GB에 달하는 파일의 첫 100,000개의 행을 사용하여 무작위로 행을 재배치하고 그 출력값을 > 연산자를 통해 새로운 파일에 작성한다.

```
bash-3.2$ time shuf -n 100000 en.openfoodfacts.org.products.tsv > 10k.sample.en.
openfoodfacts.org.products.tsv
1.89s user 0.80s system 97% cpu 2.748 total
```

이처럼 셸을 사용하면 데이터 사이언스 라이브러리로 처리하기에 너무 큰 CSV 파일까지도 간단한 명령어들을 조합해서 작업하는 시간을 크게 절약할 수 있다.

2.3.5 셸 설정

앞서 언급했듯 클라우드 기반 개발 환경에서는 배시 환경을 개발 편의에 맞게 개인화하는 것이 좋다. 셸 설정 파일을 이용하면 개인화된 환경을 쉽게 구성할 수 있다. 지셸과 배시 셸 설정 파일은 터미널이 새로 열릴 때마다 자동으로 실행하는 내용을 저장하고 있다. 설정 파일은 여러분이 사용하는 셸마다 다르다. 지셸은 .zshrc 파일, 배시는 .bashrc 파일을 설정 파일로 사용한다. 아래 스크립트는 필자가 맥 OS의 .zshrc 파일에 작성한 개인화된 설정의 일부분이다. 스크립트의 첫 번째 부분은 flask-azure-ml 명령어를 사용했을 때 자동으로 cd 명령어를 이용해 작업 디렉토리를 옮기고 source 명령어를 이용해 파이썬 가상 환경을 활성화하도록 설정하는 역할을 수행한다. 나머지 부분은 AWS의 도구들이 제공하는 API를 호출할 때 참조할 변수를 환경 변수로 미리 선언하는 역할을 수행한다.

```
## Flask ML Azure
alias flask-azure-ml="cd /Users/noahgift/src/flask-ml-azure-serverless &&\
source ~/.flask-ml-azure/bin/activate"

## AWS CLI
export AWS_SECRET_ACCESS_KEY="<key>"
export AWS_ACCESS_KEY_ID="<key>"
export AWS_DEFAULT_REGION="us-east-1"
```

개인 노트북과 클라우드 개발 환경 양쪽 모두 설정 파일을 통해 셸을 개인화해서 사용하라. 단순하고 반복적인 워크플로를 자동화하는 일에 약간의 시간만 투자하면 미래에 그 이상의 가치를 만들어줄 것이다.

2.3.6 셸 스크립트 작성

셸 스크립트를 처음 작성한다면 조금 어렵게 느껴질 수 있다. 셸 스크립트의 문법을 익히는 것도 일이지만 파이썬 같은 고수준 언어들에 비해 훨씬 복잡해 보인다는 것이 거부감을 가지게 하는 데 한몫을 한다. 다행히 간단한 셸 스크립트를 작성하고 실행하는 일은 고수준 언어의 스크립트를 작성하고 실행 환경을 구축하여 실행하는 것보다 쉽고 빠르다. 그냥 파일에 명령어를 넣고 실행하면 끝이기 때문이다.

아래의 두 줄짜리 스크립트 파일을 살펴보자. '셔뱅shebang' 라인이라고 불리는 첫 번째 줄은 스크립트가 배시 셸을 통해 실행되도록 만든다. 두 번째 줄은 배시 명령어 echo를 이용해 문장 출력을 명령한다. 배시 스크립트를 사용하면 배시에서 제공하는 기능과 명령어를 사용할 수 있다는 장점이 있다. 간단한 셸 스크립트는 프로그래밍에 대한 별다른 준비 작업이나 환경 구성 없어도 간단한 논리의 수작업들을 빠르게 자동화할 수 있도록 돕는다.

```
#!/usr/bin/env bash

echo "Hello World"
```

다음은 chmod 명령어를 이용해 스크립트를 실행 가능한 파일로 만들어줄 차례이다. 실행 파일 플래그 +x를 chmod 명령어에 추가한다. 마지막으로 ./hello.sh을 입력하여 스크립트를 실행한다.

```
bash-3.2$ chmod +x hello.sh
bash-3.2$ ./hello.sh
Hello World
```

필자는 MLOps를 공부하기 위해서는 최소한 지금까지 소개한 수준 정도의 셸 스크립트는 작성할 수 있어야 한다고 이야기했다. 하지만 꼭 MLOps를 배우기 위한 목적이 아니더라도, 간단한 셸 스크립트를 이해하고 작성할 수 있는 능력은 매일 반복적으로 수행해야 하는 작업들을 간단하게 자동화할 수 있다는 점에서 강력하고 유용하다.

2.4 클라우드 컴퓨팅 기반과 구성 요소

거의 모든 형태의 머신러닝은 클라우드 컴퓨팅이 필요하다고 해도 과언이 아니다. 「the Clouds: A Berkeley View of Cloud Computing」[10] 논문에 따르면 클라우드 컴퓨팅의 핵심 개념은 '무한에 가까운 리소스'라고 할 수 있다. 클라우드가 없다면 수많은 머신러닝 모델을 학습하거나 운영하는 것은 불가능할 것이다. 「미적분의 힘」(해나무, 2021)[11]의 저자 스티븐 스트로가츠Steven Strogatz는 무한이라는 개념을 다루는 미적분학은 우주의 비밀을 풀어내는 열쇠라고 말한다. 무한을 다루는 미적분학 없이는 원의 면적을 구하는 문제를 풀어낼 수 없었을 것이다. 클라우드 컴퓨팅도 마찬가지다. 머신러닝 모델을 운영하는 문제는 클라우드가 없을 때 수많은 문제에 봉착할 것이다. 클라우드는 거의 무한에 가까운 연산 자원과 저장소를 제공한다. 여러분이 사용하고 있는 컴퓨터 하드웨어의 성능을 높이고자 할 때에도 데이터를 옮기는 일에 대한 고민을 할 필요가 없다.

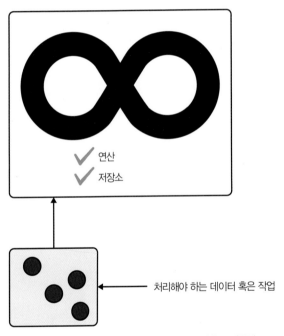

그림 2-3 무한한 연산 자원과 데이터를 다루는 클라우드 컴퓨팅

----

10 https:// oreil.ly/Ug8kx

11 「Infinite Powers」(Mariner, 2020)

AWS 세이지메이커나 애저 머신러닝 스튜디오^ML Studio 등 머신러닝 플랫폼들을 이용하면 무한하게 확장 가능한 컴퓨팅 자원들로 데이터 이동 없이 컴퓨팅 성능을 활용할 수 있다. 당연하게도 그러한 머신러닝 플랫폼들이 클라우드를 기반으로 작동하기 때문이다. 다시 강조하지만 무한한 확장성이 클라우드를 통한 힘의 본질이다. 클라우드의 이러한 특징과 관련해 필자가 정의한 개념을 소개한다. 일반 대중들이 자율주행차, IT, 공장, 머신러닝 등 그 무엇이든 자동화에 대해 언급한다는 것은 언젠가 그것이 자동화될 것이라는 강력한 증거이다. 필자는 이를 '자동화의 법칙^Automator's law'이라고 부른다.

그렇다고 자동화의 법칙이 진행 중인 프로젝트에 갑자기 요정처럼 나타나 마법의 가루를 뿌려 모든 것을 자동화한다는 것을 의미하지는 않는다. 인간 집단은 생각보다 트렌드를 잘 포착해낸다는 의미에 가깝다. 필자가 방송편집업계에서 일하던 10대 때에는 '선형^linear' 편집이라는 기술을 이용해 동영상을 편집했다. 선형 편집으로 어떤 비디오의 중간중간에 검은색 화면을 추가하기 위해서는 원본 비디오 테이프, 편집 마스터 테이프, 검정색 영상이 들어 있는 총 세 개의 테이프가 필요했다. 원본 비디오 테이프를 재생하면 동시에 편집 마스터 테이프에 그 내용이 기록된다. 검은색 화면을 추가하고 싶을 때 원본 비디오 테이프 재생을 중단하고, 검정색 영상이 들어 있는 비디오 테이프를 재생한다. 이때도 마찬가지로 편집 마스터 테이프에 검정색 화면이 기록된다. 마스터 비디오 테이프는 교체하지 않으므로 검정색 화면을 추가하고 싶을 때마다 이 과정을 반복하면 된다.

최종 결과물에 추가될 비디오 테이프를 하나씩 선택하고 교체하는 일련의 작업이 얼마나 번거로운지, 이 과정이 자동화된다면 얼마나 편할지에 대해 동료들과 이야기를 나누었던 기억들이 떠오른다. 실제로 이렇게 번거로운 작업들은 1970년대 초 '비선형^nonlinear' 편집 기술이 도입되면서 결국 자동화되었다. 이 기술 덕분에 선형 테이프에 새로운 재료를 삽입하는 대신 영상을 디지털로 조작할 수 있게 되었다. 발전은 여기서 끝나지 않았다. 1990년대 초반에는 비선형 편집 시스템이 수천 만원을 호가했지만, 오늘날에는 수천 개의 테이프를 디지털 형태로 보관할 수 있는 저장소를 내재한 수백 만원짜리 노트북에서 무료 동영상 편집 프로그램만 이용하더라도 당시보다 훨씬 더 복잡하고 정교한 비선형 편집을 빠르게 수행할 수 있게 되었다.

2000년대 초반의 데이터 센터 및 클라우드 컴퓨팅 분야에서도 비슷한 에피소드를 찾을 수 있다. 필자가 일했던 회사들은 대부분 자체 데이터 센터를 갖추고 있었고 이를 유지 관리하는 사람들을 고용했다. 클라우드 컴퓨팅의 초기 구성 요소가 막 등장하기 시작했을 때 생각보다 많은 사람이 '미래의 기업들은 노트북 하나만으로도 데이터 센터 전체를 제어할 수 있게 될 것이다' 라고 떠들었다. 그 당시 대부분의 데이터 센터 전문가는 자신이 자동화의 희생양이 될 리가 있 겠냐며 이런 아이디어들을 비웃어 넘기곤 했다. 하지만 자동화의 법칙은 그러한 전문가들에게 큰 충격을 안겨주었다. 오늘날의 기업 중 클라우드 컴퓨팅을 사용하지 않는 회사들은 찾아보기 어렵다.

머신러닝 분야도 자동화의 법칙을 피해갈 수는 없다. AutoML은 정확도와 설명력explainability이 높은 모델을 지금보다 더 빠르게 만들 수 있도록 모델링을 자동화하는 기술이다. 동영상 편집 자나 데이터 센터 운영자의 직무에 지각 변동이 생기고 수행하는 업무의 변화가 생겨난 것처럼 데이터 과학 산업 분야의 직무와 업무도 기술에 맞춰 변화할 것이다.

> **NOTE_** AutoML은 머신러닝 모델링 측면의 자동화이다. 쉽게 말해 AutoML은 데이터가 포함된 엑셀에 서 어떤 열이 모델이 추론해야 하는 값이고 어떤 열이 피처값인지에 대한 정보만 전달하면 특징값을 입력 받 아 추론값을 반환하는[12] 머신러닝 모델을 자동으로 만든다.
>
> 복잡하고 정교한 AutoML 시스템이라고 할지라도 결국 특징값들을 바탕으로 적절한 머신러닝 모델을 만들 어낸다는 점에서는 동일하다. 이미지 분류, 시계열 데이터의 추세 변화, 문장 분류, 데이터 군집 등 얻어내고 싶은 결과물의 형태를 선택하고 데이터를 제공하면 AutoML 시스템은 하이퍼파라미터와 알고리즘을 자동 으로 선택해 모델을 학습한다. 그리고 결과에 대한 설명을 보고하는 일까지 도맡는다. 오늘날 데이터 과학자 가 하는 일들과 상당히 비슷한 역할을 수행한다는 사실을 알 수 있다.
>
> 대부분의 클라우드 플랫폼에는 MLOps 플랫폼이 있고, 이들은 모두 AutoML 도구를 포함하고 있다. AutoML을 이용하면 프로젝트 초기에 모델링을 위해 사용해야 리소스를 절약할 수 있어 AutoML의 발전과 함께 클라우드 기반의 머신러닝 프로젝트 생산성이 조금씩 향상되고 있다.

경제학자이자 작가 겸 블룸버그의 칼럼니스트인 타일러 코웬Tyler Cowen은 어릴 때부터 체스를 좋아했다. 「4차 산업혁명 강력한 인간의 시대」(마일스톤, 2017)에서 코웬은 체스 소프트웨어가 결국 인간을 이겼다고 언급하는데, 이는 자동화의 법칙이 실재함을 증명하는 말이기도 하다. 하 지만 코웬은 인간의 역량 부족을 지적하고자 글을 썼다고는 할 수 없다. 책 끝부분에는 인간이 체스 소프트웨어와 함께 팀을 이루어 체스 소프트웨어를 이긴다는 내용이 담겨 있다. 필자는 이 렇게 소프트웨어와 인간이 합을 맞추며 더욱 유용한 시스템을 구성하는 일이 머신러닝과 데이 터 과학 분야에서도 충분히 일어날 수 있다고 생각한다. 미래에는 간단한 머신러닝 작업들이 모

---

12 옮긴이_ 이 경우 AutoML은 지도학습을 수행한다고 볼 수 있다.

두 자동화되면서, 도메인 전문가들이 머신러닝 자동화 규모와 수준을 효율적으로 선택할 수 있게 될 것이다.

2.5 클라우드 컴퓨팅 시작하기

클라우드 컴퓨팅을 시작할 때 'Multi Cloud Onboarding With Cloud Computing'[13] 강의에서 소개하는 것처럼 멀티 클라우드multicloud 개발 환경을 구성하기를 권한다. 물론 이번 장을 학습하는 데 위 강의에서 소개하는 환경을 반드시 구축할 필요는 없다. 하지만 적어도 멀티 클라우드 환경에서는 모든 클라우드가 공통적으로 셸을 가지고 있기에 기본적으로 셸 환경의 중요성이 더욱 부각된다는 사실은 인지하자(그림 2-4).

깃허브 같은 소스 코드 저장소는 클라우드 환경과 처음 맞닿는 곳이다. 애저, AWS, GCP는 모두 저마다의 클라우드 셸을 통해 클라우드에 접근할 수 있다. 1장에서는 클라우드 셸에서 파이썬 프로젝트 스캐폴딩scaffolding이 테스트가 간편하고 재활용 가능한 프로젝트를 구성하는 데 주는 장점을 간단히 설명했다. 여기에 깃허브 액션을 통해 CI/CD 프로세스를 추가하면 코드의 작동 여부, 코드 스타일, 품질까지도 자동으로 보증하도록 만들 수 있다.

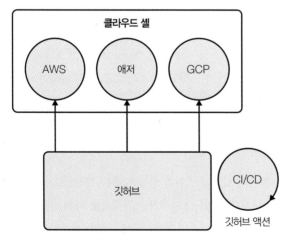

그림 2-4 클라우드 컴퓨팅 시작

---

13 https://www.youtube.com/watch?v=zznvjk0zsVg

NOTE_ 파이썬 코드를 테스트하고 린팅하는 프로세스는 소프트웨어 품질을 자동으로 보증하는 프로세스라고도 볼 수 있다. 방 구석구석을 돌아다니며 먼지를 빨아들이는 로봇 청소기를 생각해보자. 테스트와 린팅은 개발자가 소프트웨어 품질을 조금 더 쉽게 좋은 상태로 유지할 수 있도록 도와준다.

CI/CD 파이프라인은 잘 통제된 환경에서 이러한 품질 관리 검사를 한 번 더 실행하고 배포한다. 이 과정에서 프로그램이 프로덕션 환경으로 배포되기 전에 소프트웨어가 정상적으로 작동하는지 확인할 수 있다. CI/CD는 신뢰할 수 있는 방식으로 반복적으로 소프트웨어를 검사하고 배포하는 소프트웨어 엔지니어링의 모범 사례.

클라우드를 배우는 입장에서 빠르게 클라우드 환경에 익숙해지고 싶다면 세 가지 주요 클라우드를 모두 사용해보는 것도 좋은 방법이다. 클라우드를 오가며 다양한 작업을 구성해보면 각 서비스 기능의 이름은 다르지만 기능이 제공하는 개념은 동일하다는 것을 깨닫게 된다.

2.6 파이썬 벼락치기

이번 절에서는 DevOps, 클라우드 컴퓨팅, 데이터 과학, 머신러닝의 핵심 언어인 파이썬에 대해 살펴본다. 최근 파이썬 언어가 독점적인 이유는 결국 컴퓨터가 아닌 사람이 이해하기 쉬운 고수준(높은 추상화 수준) 언어이기 때문이다. 반대로 C나 C++ 같은 언어는 하드웨어 명령어들에 가까운 '저수준(낮은 추상화 수준)' 언어라서 뛰어난 성능을 가지는 대신 개발자가 어떤 문제를 해결하기 위해 훨씬 더 많은 시간과 노력을 들여야 한다. 예를 들어 C 프로그래머는 타입을 명시적으로 선언하고, 때로는 직접 메모리에 접근하고, 소스 코드를 컴파일하여 실행 파일을 직접 생성해야 한다. 동일한 문제를 해결하기 위해 파이썬 프로그래머가 준비해야 하는 것은 몇 줄의 추상화된 스크립트가 전부다. 그래서 파이썬으로 작성한 프로그램은 C와 같은 저수준 언어로 작성한 프로그램보다 훨씬 간결하고 읽기 쉽다.

앞서 언급했듯 파이썬은 고수준 언어라는 장점이 있지만 언어의 성능 자체는 형편없다. 실제로 파이썬은 C, C#, 자바, 고랭golang보다 훨씬 느리다. 언어 그 자체가 고질적으로 가지고 있는 문제들도 있다. 부실한 스레딩threading, JITJust in Time 컴파일러의 부재, 동적 타입을 지원하는 언어에서 발견되는 타입 추론 문제 등이 이에 해당한다. 그러나 필자는 클라우드 컴퓨팅에서는 언어의 성능이 크게 중요하지 않다고 생각한다. 클라우드에서는 AWS 람다와 AWS SQS^{Simple}

Queuing Service와 같은 기술을 사용하여 분산 컴퓨팅 구현이 가능하기 때문이다. 도커, 쿠버네티스 등 컨테이너 기술이 분산 시스템을 구축하고 운용하는 것을 쉽게 만드는 데 기여하고 있다. 운 좋게도 파이썬의 가장 큰 문제라고도 할 수 있는 성능적 한계가 클라우드 컴퓨팅과 컨테이너, 분산처리 기술이 부상하면서 상당 부분 해결되어 버린 셈이다.

NOTE_ AWS 람다는 AWS 플랫폼에서 실행되는 서비스형 함수(FaaS) 기술이다. 함수라는 단어가 내포하듯 몇 줄의 코드만으로도 함수도 AWS 람다 함수가 되어 동작할 수 있어서 FaaS라는 이름이 붙었다. 람다에 등록된 함수들은 예를 들어 아마존 심플 큐 서비스(SQS) 같은 클라우드 큐 시스템에서 동작하거나, 아마존 S3 객체 스토리지에 업로드되는 이미지에 적용된 기능으로 동작할 수도 있다.

클라우드를 운영체제로 볼 수도 있다. 1980년대 중반에 선 컴퓨터는 '네트워크가 곧 컴퓨터다'라는 슬로건을 내세웠다. 1980년에 이런 문구를 사용하는 것은 시기상조였지만 2020년대에는 충분히 설득력이 있는 문구다. 예를 들어 단일 시스템에서 스레드를 생성하는 대신 클라우드에서 동일한 AWS 람다 함수를 여러 개 생성하는 상황을 생각해보자. 함수들이 무한정 복제되는 클라우드를 무한한 컴퓨팅 리소스를 사용하는 운영체제라고 이해할 수도 있다.

구글 강연에서 버클리 대학교 컴퓨터 사이언스와의 전직 교수이자 TPU$^{TensorFlow\ Processing\ Unit}$의 공동 개발자 패터슨 Patterson 박사는 행렬 연산 시 파이썬이 C보다 64,000배 느리다는 부분을 지적했다.

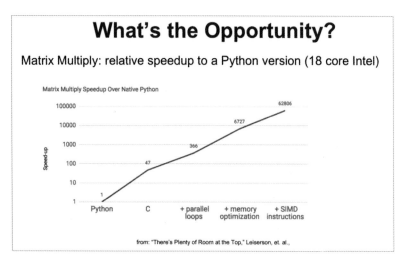

그림 2-5 행렬 연산에서 C보다 64,000배 느린 파이썬

「Energy Efficiency across Programming Languages」[14] 논문에 따르면 동등한 연산에서는 파이썬이 C보다 50배 더 많은 에너지를 요구한다. [그림 2-6]과 같이 에너지 효율 연구에서 파이썬은 다른 언어에 비해 작업을 수행하는 데 필요한 전력 면에서 최악의 언어로 꼽힌다. 파이썬이 전 세계에서 가장 인기 있는 언어로 급성장한 것이 태양광 발전소를 두고 화력 발전을 위해 석탄을 태우는 꼴이 아니냐는 우려도 있었다. 궁극적으로 파이썬은 에너지 소비 측면에서 문제를 해결할 필요가 있다. 필자가 생각하기에는 주요 클라우드 벤더가 나서서 현대 컴퓨터 과학 기술을 활용하여 JIT 컴파일러 같은 새로운 파이썬 런타임을 구축하는 것이 다양한 해결책 중 하나가 될 것이다.

binary-trees				
	Energy	Time	Ratio	Mb
(c) C	39.80	1125	0.035	131
(c) C++	41.23	1129	0.037	132
(c) Rust $\Downarrow_2$	49.07	1263	0.039	180
(c) Fortran $\Uparrow_1$	69.82	2112	0.033	133
(c) Ada $\Downarrow_1$	95.02	2822	0.034	197
(c) Ocaml $\downarrow_1 \Uparrow_2$	100.74	3525	0.029	148
(v) Java $\uparrow_1 \Downarrow_{16}$	111.84	3306	0.034	1120
(v) Lisp $\downarrow_3 \Downarrow_3$	149.55	10570	0.014	373
(v) Racket $\downarrow_4 \Downarrow_6$	155.81	11261	0.014	467
(i) Hack $\uparrow_2 \Downarrow_9$	156.71	4497	0.035	502
(v) C# $\downarrow_1 \Downarrow_1$	189.74	10797	0.018	427
(v) F# $\downarrow_3 \Downarrow_1$	207.13	15637	0.013	432
(c) Pascal $\downarrow_3 \Uparrow_5$	214.64	16079	0.013	256
(c) Chapel $\uparrow_5 \Uparrow_4$	237.29	7265	0.033	335
(v) Erlang $\uparrow_5 \Uparrow_1$	266.14	7327	0.036	433
(c) Haskell $\uparrow_2 \Downarrow_2$	270.15	11582	0.023	494
(i) Dart $\downarrow_1 \Uparrow_1$	290.27	17197	0.017	475
(i) JavaScript $\downarrow_2 \Downarrow_4$	312.14	21349	0.015	916
(i) TypeScript $\downarrow_2 \Downarrow_2$	315.10	21686	0.015	915
(c) Go $\uparrow_3 \Uparrow_{13}$	636.71	16292	0.039	228
(i) Jruby $\uparrow_2 \Downarrow_3$	720.53	19276	0.037	1671
(i) Ruby $\Uparrow_5$	855.12	26634	0.032	482
(i) PHP $\Uparrow_3$	1,397.51	42316	0.033	786
(i) Python $\Uparrow_{15}$	1,793.46	45003	0.040	275
(i) Lua $\downarrow_1$	2,452.04	209217	0.012	1961
(i) Perl $\uparrow_1$	3,542.20	96097	0.037	2148
(c) Swift		n.e.		

그림 2-6 파이썬은 에너지 소비 측면에서 가장 나쁜 영향을 미치는 언어

필자가 보기에 데이터 과학 프로그래밍 분야에 처음 발을 딛는 사람들이 겪는 마지막 난관은 전통적인 소프트웨어 공학에서 권장되는 방식으로 데이터 과학 소스 코드를 작성하는 것이다. 객체 지향형 코드를 작성하는 기술은 데이터 과학 분야에 갓 입문한 신입생들을 좌절시키곤 한다.

---

14 https://oreil.ly/4g5u2

하지만 다행히도 기존의 소프트웨어 엔지니어링 프로젝트의 프로그래밍과 데이터 과학 프로젝트의 프로그래밍은 매우 다르다. 클라우드와 머신러닝 세계에서는 간단한 함수나 작은 단위의 기능들을 구현하는 경우가 훨씬 많다. 이렇게 전통적인 프로그래밍 방식으로 데이터 과학을 하려는 노력은 특히나 초보자들에게 더더욱 필수적이지 않다.

전통적 컴퓨터 과학은 동시성 문제, 객체 지향 프로그래밍, 메타프로그래밍, 알고리즘 이론 같은 것들을 중요하게 다룬다. 아쉽게도 이러한 주제들은 클라우드 컴퓨팅과 데이터 과학에서 필요한 프로그래밍과 깊은 연관성은 없다. 그렇다고 해서 모두에게 이런 주제가 무의미하다는 것은 아니다. 플랫폼, 라이브러리 및 도구의 제작자들에게는 매우 중요한 지식이다. 하지만 우리는 대부분 라이브러리 및 프레임워크를 구현하는 것이 아니라 사용하게 된다. 이런 경우 이렇게 어려운 내용들을 신경 쓰지 않고 기능을 구현하는 일에 집중할 수 있다.

이러한 벼락치기 접근 방식은 '다른 사람들에게 사용되는 코드'를 만드는 일에 대해서는 생각하지 않는다. 대신, 데이터 과학자들이나 MLOps 실무자들이 하는 것처럼 '코드를 소비하는 방법'을 배운다. 이 내용들을 배우고 난 다음 당신이 정말 컴퓨터 과학에서 다루는 주제가 궁금하다면 그때 공부해도 늦지 않다. 이제부터 소개할 내용들은 입문자에게 좋은 기반 지식이 될 것이다. 거듭 강조하지만 지금 당장 MLOps에서 생산적인 일을 하는 데에 소프트웨어 공학적 소스 코드 작성과 전통적 컴퓨터 과학 지식은 별로 도움이 되지 않는다.

2.7 미니멀리스트를 위한 파이썬 튜토리얼

MLOps를 시작하기 위해 파이썬을 최소한으로만 배우고 싶다면 무엇부터 알아야 할까? 파이썬에서 가장 중요한 두 가지는 구문statement과 함수function다. 파이썬 구문에 대해 먼저 살펴보자. 파이썬 구문은 컴퓨터에 대한 명령이다. 예를 들면 컴퓨터에게 '안녕이라고 출력해'라고 명령할 수 있다. 아래는 파이썬 인터프리터의 동작 예시다. 여기서 `print("Hello World")`은 파이썬 구문에 해당한다.

```
Python 3.9.0 (default, Nov 14 2020, 16:06:43)
[Clang 12.0.0 (clang-1200.0.32.27)] on darwin
Type "help", "copyright", "credits" or "license" for more information.
>>> print("Hello World")
Hello World
```

os 모듈에서 제공하는 os.listdir 함수로 예를 들어보자. os.listdir 함수는 함수의 파라미터로 전달받은 경로에 있는 모든 파일 및 디렉토리의 이름을 반환한다. 예제에서는 현재 작업 디렉토리의 경로를 입력해서 모든 파일의 이름 목록을 가져온다.

```
>>> import os
>>> os.listdir(".")
['chapter11', 'README.md', 'chapter2', '.git', 'chapter3']
```

위 예제는 데이터 과학 문제를 다루는 주피터 노트북에서 자주 사용되는 패턴이다. 파이썬과 친해지기 위해 단순히 파이썬 파일을 작성하는 것을 넘어 아이파이썬IPython이나 주피터 REPLread-eval-print loop도 적극적으로 사용해보는 것을 추천한다. 파이썬을 시작하기 위해 알아야 할 것은 이게 전부다.

앞서 언급했듯 구문을 작성하는 방법과 더불어 함수를 작성하는 방법도 알아야 한다. 우리가 이번 예시에서 살펴봐야 하는 것은 함수의 사용 목적이다. x와 y 변수에 숫자를 넣고 더하는 간단한 함수로 살펴보자. 어렵게 생각할 것 없이 파이썬 함수는 단순히 하나의 '작업 묶음unit of work'이라고 생각하면 된다. 주방에 있는 토스터를 한번 생각해보자. 토스터는 작업들을 묶어서 단위로 일을 한다. 빵을 입력받고, 빵을 데우고, 일정 시간이 지나면 잘 구워진 빵을 전달해주는 일까지 하나로 묶어서 수행한다. 함수도 마찬가지다. 한번 만들어진 add라는 작업 묶음은 새로운 입력값과 함께 얼마든지 재사용될 수 있다.

```
>>> def add(x,y):
... return x+y
...
>>> add(1,1)
2
>>> add(3,4)
7
>>>
```

파이썬 스크립트를 만들어보자. 시작부에는 배시 스크립트처럼 셔뱅shebang줄이 있다. 그 다음 줄에서 choices 모듈을 가져온다. 이 모듈은 반복문 속에서 무작위하게 선택한 숫자를 add 함수의 파라미터로 전달하기 위해 사용된다.

```
#!/usr/bin/env python3
from random import choices
def add(x,y):
    print(f"함수가 실행됩니다. {x} + {y} 연산 결과를 반환합니다.")
    return x+y

numbers = range(1,10)
for num in numbers:
    xx = choices(numbers)[0]
    yy = choices(numbers)[0]
print(add(xx,yy))
```

실행하기 전에 배시 스크립트처럼 chmod +x add.py 명령어를 통해 권한을 부여해야 한다.

```
bash-3.2$ ./add.py
함수가 실행됩니다. 5 + 7 연산 결과를 반환합니다.
12
함수가 실행됩니다. 6 + 5 연산 결과를 반환합니다.
11
함수가 실행됩니다. 3 + 8 연산 결과를 반환합니다.
11
함수가 실행됩니다. 8 + 1 연산 결과를 반환합니다.
9
함수가 실행됩니다. 1 + 4 연산 결과를 반환합니다.
5
함수가 실행됩니다. 4 + 8 연산 결과를 반환합니다.
12
함수가 실행됩니다. 9 + 1 연산 결과를 반환합니다.
10
함수가 실행됩니다. 8 + 4 연산 결과를 반환합니다.
12
함수가 실행됩니다. 3 + 4 연산 결과를 반환합니다.
7
```

당연히 파이썬에 대해 알면 좋을 것들은 정말 많다. 하지만 여기서 소개한 예시는 0에서 1로 도약하기 위해서만 존재한다고 생각하라. 파이썬을 모르는 사람들은 이 내용을 숙지하는 것만 으로도 어느 정도 원하는 작업을 할 수 있다.

2.8 프로그래머를 위한 수학 벼락치기

다음으로 살펴볼 주제는 수학이다. 수학은 우리를 힘들고 짜증나게 만들곤 하지만 머신러닝과 수학이 분리되는 것은 불가능하다. 적어도 기본 개념에 대한 이해 정도는 필요하므로 몇 가지 본질적인 개념의 핵심을 살펴보도록 하자.

2.8.1 기술 통계학과 정규분포

세상의 많은 것이 '정규[normally]' 분포를 따른다. 여러분은 길을 가다가 평균 키를 훌쩍 넘는 사람을 마주치면 적잖이 놀라곤 한다. 직관적으로 생각해볼 때 사람들의 키나 몸무게는 평균과 많은 차이가 날수록 점점 희귀해지므로, 이들은 '종 모양[bell shaped]' 분포를 따른다고 볼 수 있다. 다음은 19살 25,000명의 키와 몸무게 데이터 분포를 시각화해보는 실습이다.[15]

```
In [0]:
import pandas as pd

In [7]:
df = pd.read_csv("https://raw.githubusercontent.com/noahgift/\
regression-concepts/master/height-weight-25k.csv")

Out[7]:
Index  Height-Inches  Weight-Pounds
01     65.78331       112.9925
12     71.51521       136.4873
23     69.39874       153.0269
34     68.21660       142.3354
45     67.78781       144.2971
```

[그림 2-7]은 우리가 경험적으로 알고 있는 키와 몸무게 사이의 선형 관계를 보여준다. 데이터를 통해서도 키가 큰 사람이 몸무게가 더 무거운 경향이 있다는 것을 알 수 있다.

```
In [0]:
import seaborn as sns
import numpy as np
```

---

15 https://oreil.ly/i5NF3

```
In [9]:
sns.lmplot(x="Height-Inches", y="Weight-Pounds", data=df)
```

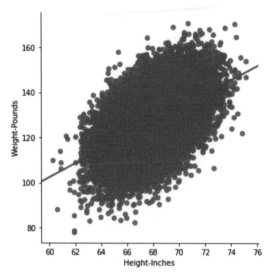

그림 2-7 키와 몸무게 데이터 시각화

데이터를 다방면에서 더욱 잘 이해하려고 노력하는 과정을 탐색적 데이터 분석Exploratory Data Analysis(EDA)이라고 한다. 일반적으로 수학적 개념과 시각화 방법을 이용하여 데이터를 둘러보는 작업이 이에 속한다. 때로는 정규분포의 기술 통계descriptive statistic를 살펴보기도 한다.

판다스Pandas의 `DataFrame` 클래스에 주목해보자. `DataFrame` 객체의 `describe()` 메소드를 사용하여 데이터의 기술 통계를 쉽게 얻을 수 있다. 기술 통계에서 나타나는 수치들을 통해 다양한 직관을 얻어낼 수 있다. 예를 들어 백분위 50%에 해당하는 데이터의 값 또는 중앙값은 모든 사람을 키나 몸무게 순서대로 줄을 세웠을 때 정확히 가운데에 있는 사람의 숫자를 나타내며, 이 값은 약 68인치(172cm)이다. 신장 데이터의 최댓값은 75인치(190.5cm)이다. 데이터가 정규분포를 따른다는 가정이 있다면, 최댓값과 최솟값은 흔하지 않은 경우일 것이다. 데이터의 기술 통계는 [그림 2-8]에서 확인할 수 있다.

```
In [10]: df.describe()
```

	Index	Height-Inches	Weight-Pounds
count	25000.000000	25000.000000	25000.000000
mean	12500.500000	67.993114	127.079421
std	7217.022701	1.901679	11.660898
min	1.000000	60.278360	78.014760
25%	6250.750000	66.704397	119.308675
50%	12500.500000	67.995700	127.157750
75%	18750.250000	69.272958	134.892850
max	25000.000000	75.152800	170.924000

그림 2-8 키와 몸무게 데이터의 기술 통계

아래 스크립트는 키와 몸무게를 한눈에 시각화하는 결합 커널 밀도 그래프kernel density plot를 그린다. 일반적으로 이러한 형태의 그래프는 정규분포를 시각화하기에 적합하다.

```
In [11]:
sns.jointplot(x="Height-Inches", y="Weight-Pounds", data=df, kind="kde")
```

데이터를 시각화하기 위해 시각화 라이브러리 seaborn을 사용했다. [그림 2-9]에 나타나 있듯 몸무게와 키 둘 다 '종 모양 분포'를 보여준다. 종 모양 분포에서는 최댓값, 최솟값 근처에는 데이터의 밀도가 낮고 대부분 중앙에 몰려있다.

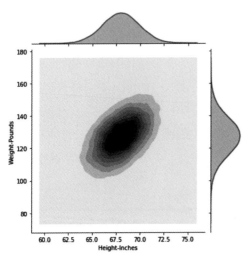

그림 2-9 키와 몸무게의 커널 밀도 그래프

머신러닝의 많은 기술은 습관적으로 데이터가 정규분포를 따를 것이라고 전제하곤 한다. 물론 이러한 직관을 바탕으로 사고를 전개하는 것은 모델을 훈련하고 유지하는 데 도움이 된다. 그러나 데이터가 나타낼 수 있는 분포의 종류는 정말 다양하고 이들의 모습은 정규분포의 모습과 크게 다르기도 하다. 통계학자이자 경영자인 나심 탈 레브$^{Nassim Taleb}$가 지적하듯 종종 현실에서는 '뚱뚱한 꼬리$^{fat tails}$'를 가진 분포가 나타날 수 있다. 우리의 모델이 상호작용하는 데이터가 실제로 어떤 분포를 따르는지 모르는 경우가 많아서 세상을 모델링 하는 것이 생각보다 간단하지만은 않다는 사실을 유념해야 한다.

> **NOTE_** 세상을 모델링하는 일에 너무 확신하는 태도의 위험성에 대한 사례는 스티븐 쿠닌 박사의 책, 『Unsettled』(BenBella Books, 2021)에서도 찾을 수 있다. 다음은 그의 책에서 현실을 모델링에 대한 표현을 인용한 것이다.
>
> 인간이라는 존재가 물질과 에너지를 지배하는 물리 법칙을 잘 이해하고 있기 때문에 대기와 해양의 현재 상태, 인간과 자연이 대기와 해양에 개입하는 영향에 대한 몇 가지 가정을 컴퓨터에 입력하면, 수십 년 후의 기후를 정확하게 예측할 수 있을 것이라고 착각한다. 하지만 그러한 생각은 단지 환상일 뿐이다. 기상청의 일기예보가 일주일 이후의 미래조차 정확히 내다보기 어려운 것도 이 때문이다.[16]

2.8.2 최적화

머신러닝의 본질은 최적화이다. 최적화는 문제에 대한 최선의 또는 충분히 좋은 해결책을 찾는 행위이다. 경사 하강법$^{gradient descent}$은 딥러닝에서 핵심적으로 사용되는 최적화 알고리즘이다. 경사 하강법의 목표는 지역 최소점$^{local minumum}$에 빠지지 않고 전역 최소점$^{global minimum}$에 도달하는 것이다. 이 알고리즘의 작동원리를 쉽게 이해하기 위해 한밤중에 해발고도 1,000미터 정상에서 어두운 산을 더듬으며 내려가는 상황을 상상해보자. 시각 정보에 의존하지 않고 산을 내려갈 때 다양한 전략을 선택할 수 있다. 가장 기본적으로는 자신이 서 있는 장소를 기준으로 땅의 기울기를 계산해서, 산의 아래 방향으로 한 발짝 내딛는 전략이 있다. 전역 최소점은 해발

---

16 옮긴이_ 과학자들은 일기예보의 정확도를 높이기 어려운 본질적인 원인을 자연의 카오스적 특성으로 보고 있다. 하지만 카오스적 현상의 핵심은 주어진 상태를 기반으로 먼 미래를 추론하는 경우 오차가 누적되어 현실과 동떨어지게 된다는 것이다. 즉, 본문에서 저자가 제시하는 상황은 데이터 분포에 대한 가설을 잘못 수립하는 '뚱뚱한 꼬리' 문제와 결이 다르다고 할 수 있다. 카오스 문제는 추후 살펴볼 지속적 개선을 통해 보완해야 하고, '뚱뚱한 꼬리' 문제는 EDA와 모델링을 다시 함으로써 해결해야 한다. 저자는 현실 세계에 머신러닝을 적용하는 일이 어렵다는 점을 지적하고 있다.

0미터에 도달해 무사히 산을 빠져나가는 것이다. 하지만 불행히도 해발 0미터는 아니지만 주변보다 고도가 낮은 산의 골짜기에 갇혀버릴 수도 있다. 지역 최소점은 이렇게 해발 500미터 정도의 호수를 맴돌게 되는 것을 의미한다.

최적화 문제의 예를 살펴보기 전에 먼저 최적화와 관련된 표기법을 알아두는 것이 좋다. 모델 소스 코드는 수식을 파이썬 메소드로 옮긴 경우가 많기 때문이다. [그림 2-10]은 스프레드시트, 대수, 파이썬 간의 표현들을 비교해서 보여준다. 칠판에 적힌 모든 수식은 엑셀 함수와 파이썬 메소드로 옮길 수 있다.

Assume $A_{1,...,}$ A_{10} are **parameters** and $X_1, ..., X_{10}$ are **decision variables:**

Spreadsheet	Algebra	Python
sum(X1:X6)	$\sum_{i=1}^{6} X_i$	sum(range(1,6))
sum(A3:A7)	$\sum_{j=3}^{7} A_j$	sum(range(3,7))
sumproduct(A1:A5,X1:X5)	$\sum_{i=1}^{5} A_i X_i$	sum(reduce(operator.mul,data)
sumproduct(A3:A10,X3:X10)	$\sum_{j=3}^{10} A_j X_j$	sum(reduce(operator.mul,data)

그림 2-10 다양한 표기법

최적화에 대한 이해를 돕기 위해 다양한 최적화 알고리즘의 일종인 탐욕 알고리즘^{greedy algorithm}으로 문제를 해결해보자. 마트 계산대의 점원이 거스름돈을 줄 때 가장 적은 개수의 동전을 지급하는 방법을 찾아내는 문제로 예를 들어 본다. 소스 코드는 깃허브[17]를 참고하기 바란다.

탐욕 알고리즘은 여러 선택지 중 하나를 골라야 할 때 미래를 고민하지 않고 그 순간마다 가장 좋다고 생각되는 것을 선택하는 방식이다. 완벽한 솔루션을 찾는 것은 불가능할지라도 '충분히 괜찮은' 솔루션으로도 충분한 경우 사용할 수 있다. 이 코드는 액면가가 가장 큰 동전을 최대한 많이 사용하며 목표 금액을 초과하지 않으면서 가장 근접할 수 있는 방법을 찾아본다. 1590원을 500원, 100원, 50원, 10원짜리 동전들로 구성할 때 최대한 적은 개수의 동전을 사용하려면 어떻게 해야 할까? 탐욕 알고리즘은 500원은 3개, 100원 0개, 50원은 1개, 10원은 4개를 사용해야 한다고 계산한다.

```
$ python3 change.py 1590 --print
500원 짜리 동전 3개
```

---

17 https://github.com/ProtossDragoon/greedy-change

```
100원 짜리 동전 0개
50원 짜리 동전 1개
10원 짜리 동전 4개
```

아래는 탐욕 알고리즘 기반의 탐색을 수행하는 코드의 핵심부이다. 사용할 수 있는 동전의 종류 중에서 가장 높은 액면가의 동전을 최대한 많이 사용하여 잔액을 초과하지 않을 때까지 재귀함수를 호출한다. 가장 높은 액면가의 동전을 더 이상 사용할 수 없다면, 그 다음으로 높은 액면가의 동전들을 최대한 많이 사용하면 된다. 잔액을 정확히 맞출 수 있을 때까지 이 과정을 반복한다.

```python
def _recursive_change(self, remainder):
    if len(self.coin_types) == 0:
        return []
    max_face_value = max(self.coin_types)
    self.coin_types.remove(max_face_value)
    n, remainder = divmod(remainder, max_face_value)
    if self.verbose:
        print(f'{max_face_value}원 짜리 동전 {n}개')
    return [n] + self._recursive_change(remainder)
```

테스트를 통해 알고리즘이 어떻게 동작하는지 살펴보자.

```python
import change
import unittest

class TestChange(unittest.TestCase):
    def test_get_c500(self):
        alg = change.Algorithm(5000, coin_types={10, 50, 100, 500})
        c500, c100, c50, c10 = alg.calculate()
        self.assertEqual(c500, 10)
        self.assertEqual(c100, 0)
        self.assertEqual(c50, 0)
        self.assertEqual(c10, 0)
    def test_get_c100(self):
        alg = change.Algorithm(200, coin_types={10, 50, 100, 500})
        c500, c100, c50, c10 = alg.calculate()
        self.assertEqual(c500, 0)
        self.assertEqual(c100, 2)
        self.assertEqual(c50, 0)
```

```
            self.assertEqual(c10, 0)
        def test_get_c50(self):
            alg = change.Algorithm(50, coin_types={10, 50, 100, 500})
            c500, c100, c50, c10 = alg.calculate()
            self.assertEqual(c500, 0)
            self.assertEqual(c100, 0)
            self.assertEqual(c50, 1)
            self.assertEqual(c10, 0)
        def test_get_c10(self):
            alg = change.Algorithm(40, coin_types={10, 50, 100, 500})
            c500, c100, c50, c10 = alg.calculate()
            self.assertEqual(c500, 0)
            self.assertEqual(c100, 0)
            self.assertEqual(c50, 0)
            self.assertEqual(c10, 4)
        def test_complex(self):
            alg = change.Algorithm(4290, coin_types={10, 50, 100, 500})
            c500, c100, c50, c10 = alg.calculate()
            self.assertEqual(c500, 8)
            self.assertEqual(c100, 2)
            self.assertEqual(c50, 1)
            self.assertEqual(c10, 4)

if __name__ == "__main__":
    unittest.main()
```

역자 노트

우리도 보통 이런 상황에서 가장 큰 단위의 금액부터 사용해야 한다고 생각할 것이다. 본문에 제시된 상황에서는 이러한 일반적인 사고가 놓치기 쉬운 예외 상황이 잘 드러나지 않지만 탐욕 알고리즘은 분명히 '완벽한' 솔루션을 찾지 못한다는 문제점을 내포하고 있다. 예를 들어 어떤 국가에는 100원, 60원(50원이 아니다!), 10원 총 세 종류의 동전이 있다고 가정해본다. 이 세 종류의 동전으로 120원을 만들어보자. 세 종류 중 가장 큰 단위부터 사용하면 100원 1개, 10원 2개를 사용해야 하므로 동전은 총 3개가 필요하다. 하지만 60원짜리 동전을 사용한다면 필요한 동전은 단 2개뿐이다. 이처럼 탐욕 알고리즘은 모든 상황을 고려한 최적의 해를 찾지 못할 가능성이 있다는 한계가 있다.

이 내용을 테스트 코드에 추가해보자.

```
class TestChange(unittest.TestCase):
    # ...
```

```python
    def test_not_ideal(self):
        alg = change.Algorithm(120, coin_types={10, 60, 100})
        c100, c60, c10 = alg.calculate()
        with self.subTest('우리의 알고리즘'):
            self.assertEqual(c100, 1)
            self.assertEqual(c60, 0)
            self.assertEqual(c10, 2)
        with self.subTest('이상적인 경우'):
            self.assertEqual(c100, 0)
            self.assertEqual(c60, 2)
            self.assertEqual(c10, 0)
```

탐욕 알고리즘을 통해서는 이상적인 해를 구할 수 없어서 테스트를 실행하면 다음과 같은 오류가 발생한다.

```
$ python3 change_test.py
.....
======================================================================
FAIL: test_not_ideal (__main__.TestChange) [이상적인 경우]
----------------------------------------------------------------------
Traceback (most recent call last):
  File "/Users/janghoo/dev/PracticalMLOps/greedy-change/change_test.py", line 49,
in test_not_ideal
    self.assertEqual(c100, 0)
AssertionError: 1 != 0


----------------------------------------------------------------------
Ran 6 tests in 0.000s
FAILED (failures=1)
```

최적화와 탐욕 알고리즘은 큰 틀에서 머신러닝을 이해하는 데 꽤 유용하기 때문에 하나 더 예를 들어보도록 하자. 이번에는 여러 회사를 오가며 상품을 판매하는 영업사원의 최단 동선을 찾는 외판원 문제Traveling Salesperson Problem (TSP)이다. 외판원에게 오늘 방문해야 하는 회사들의 목록과 그 위치가 주어졌을 때 외판원들은 경로 거리를 어떻게 계산해서 최단 거리를 찾을 수 있을까? 이 소스 코드도 마찬가지로 깃허브[18]에서 확인할 수 있다. 다음 스크립트는 routes.py 파일에 담겨 있는 두 도시 간 거리의 목록이다. values 리스트에 있는 튜플은 베이 에어리어Bay

---

18 https://github.com/ProtossDragoon/greedy-tsp

Area에 있는 두 회사 사이의 거리를 나타낸다.

```python
values = [
("AAPL", "CSCO", 14),
("AAPL", "CVX", 44),
("AAPL", "EBAY", 14),
[...]
("WFC", "SFO", 18),
("WFC", "SWY", 54),
("WFC", "URS", 0),
]
```

우리가 구해야 하는 것은 '어떻게 하면 가능한 한 짧은 거리만 이동하고 목록에 있는 도시들을 모두 방문할 수 있을지'에 대한 답이다. 이 문제를 해결할 수 있는 다양한 방법이 있지만 아래 스크립트에서도 잔돈 문제와 마찬가지로 탐욕 알고리즘을 사용한다. 앞서 언급했듯 탐욕 알고리즘은 완벽한 정답을 찾아내지 못할지도 모르지만 충분히 좋은 경로를 선택하는 데 좋은 길라잡이가 되어줄 것이다.

필자가 작성한 스크립트는 알고리즘 전체를 여러 번 반복해서 시뮬레이션할 수 있도록 구성되어 있다. 시뮬레이션을 시작할 때마다 경로 탐색 시작점도 무작위로 선택된다. 시뮬레이션을 두 번 이상 실행하는 경우 모든 반복에서 찾은 경로의 길이 중 가장 짧은 길이의 경로만 저장되고 나머지는 버려진다. 프로그램 사용자는 시간이 허락하는 만큼 시뮬레이션을 반복 실행하면 된다.

```python
#!/usr/bin/env python3

import sys
import random
import numpy as np
from routes import values

dt = np.dtype([("corp_start", "S10"), ("corp_end", "S10"), ("distance", int)])
data_set = np.array(values, dtype=dt)

def all_corps():
    corps = {}
    corp_set = set(data_set["corp_end"])
    for corp in corp_set:
```

```python
        corps[corp] = ""
    return corps


def randomize_corp_start(corps):
    return random.choice(corps)


def get_shortest_route(routes):
    route = sorted(routes, key=lambda dist: dist[2]).pop(0)
    return route


def greedy_path(verbose=False):
    start_corp = randomize_corp_start(list(all_corps().keys()))
    print(f"시작회사: {start_corp}")

    itinerary = []
    corps_visited = {}
    count = 1
    while True:
        possible_routes = []
        if verbose:
            print('------')
            print(f"회사 {start_corp} 에서 갈 수 있는 회사들:")
        for path in data_set:
            if start_corp in path["corp_start"]:
                # 한 번 방문했던 회사는 다시 방문할 수 없음.
                if path["corp_end"] in corps_visited:
                    continue
                else:
                    if verbose:
                        print(f"{path}", end=", ")
                    possible_routes.append(path)
        if not possible_routes:
            if verbose:
                print('더 이상 갈 수 있는 회사가 없습니다. 여행을 종료합니다.')
                print('------')
            break
        # 다음으로 방문할 수 있는 회사들 중에서 가장 짧은 거리의 회사를 선택합니다.
        route = get_shortest_route(possible_routes)
        if verbose:
            print(f"\n다음 여정: {route} ({count} 번째 동선입니다)")
        count += 1
        itinerary.append(route)
        # 방문한 회사를 기록합니다.
        corps_visited[route[0]] = count
```

```python
            if verbose:
                print(f"방문한 회사들: {corps_visited}")
                print(f"현재까지의 여정: {itinerary}")
            start_corp = route[1]

        return itinerary

    def get_total_distance(complete_itinerary):
        distance = sum(z for x, y, z in complete_itinerary)
        return distance

    def lowest_simulation(num):
        routes = {}
        for _ in range(num):
            itinerary = greedy_path()
            distance = get_total_distance(itinerary)
            print(f"총 거리: {distance}")
            routes[distance] = itinerary
        shortest_distance = min(routes.keys())
        route = routes[shortest_distance]
        return shortest_distance, route

    def main():
        # print(f"전체 경로:\n{data_set}")
        if len(sys.argv) == 2:
            iterations = int(sys.argv[1])
            print(f"{iterations}회 시뮬레이션을 실행합니다.")
            distance, route = lowest_simulation(iterations)
            print(f"최단거리: {distance}")
            print(f"최적경로: {route}")
        else:
            itinerary = greedy_path(verbose=True)
            print(f"동선: {itinerary}")
            print(f"총거리: {get_total_distance(itinerary)}")

    if __name__ == "__main__":
        main()
```

시뮬레이션을 한 번만 실행해보려면 다음과 같이 입력한다.

```
$ ./greedy.py
시작회사: b'ORCL'
```

```
------
회사 b'ORCL' 에서 갈 수 있는 회사들:
(b'ORCL', b'AAPL', 22), (b'ORCL', b'CSCO', 37), (b'ORCL', b'CVX', 39), (b'ORCL',
b'EBAY', 37), (b'ORCL', b'GOOG', 16), (b'ORCL', b'GPS', 34), (b'ORCL', b'HPQ', 12),
(b'ORCL', b'INTC', 31), (b'ORCL', b'MCK', 34), (b'ORCL', b'PCG', 35), (b'ORCL', b'SFO',
20), (b'ORCL', b'SWY', 40), (b'ORCL', b'URS', 35), (b'ORCL', b'WFC', 35),
다음 여정: (b'ORCL', b'HPQ', 12) (1 번째 동선입니다)
방문한 회사들: {b'ORCL': 2}
현재까지의 여정: [(b'ORCL', b'HPQ', 12)]
-----
[...]
------
회사 b'SFO' 에서 갈 수 있는 회사들:
더 이상 갈 수 있는 회사가 없습니다. 여행을 종료합니다.
------
동선: [(b'ORCL', b'HPQ', 12), (b'HPQ', b'GOOG', 6), (b'GOOG', b'AAPL', 11), (b'AAPL',
b'INTC', 8), (b'INTC', b'CSCO', 6), (b'CSCO', b'EBAY', 0), (b'EBAY', b'SWY', 32),
(b'SWY', b'CVX', 13), (b'CVX', b'GPS', 43), (b'GPS', b'PCG', 1), (b'PCG', b'URS', 1),
(b'URS', b'WFC', 0), (b'WFC', b'MCK', 2), (b'MCK', b'SFO', 16)]
총거리: 151
```

시뮬레이션을 한 번만 실행했을 때 탐욕 알고리즘이 찾아낼 수 있는 가장 짧은 거리는 151이
다. 시뮬레이션을 5번 반복 실행해보려면 다음과 같이 입력한다.

```
$ ./greedy.py 5
5회 시뮬레이션을 실행합니다.
시작회사: b'HPQ'
총 거리: 155
시작회사: b'EBAY'
총 거리: 143
시작회사: b'GOOG'
총 거리: 161
시작회사: b'CSCO'
총 거리: 143
시작회사: b'EBAY'
총 거리: 143
최단거리: 143
최적경로: [(b'EBAY', b'CSCO', 0), (b'CSCO', b'INTC', 6), (b'INTC', b'AAPL', 8),
(b'AAPL', b'GOOG', 14), (b'GOOG', b'HPQ', 6), (b'HPQ', b'ORCL', 12), (b'ORCL', b'SFO',
20), (b'SFO', b'MCK', 16), (b'MCK', b'WFC', 2), (b'WFC', b'URS', 0), (b'URS', b'GPS',
1), (b'GPS', b'PCG', 1), (b'PCG', b'CVX', 44), (b'CVX', b'SWY', 13)]
```

탐욕 알고리즘 기반의 시뮬레이션을 25번 반복 실행했을 때 발견된 가장 짧은 경로는 129임을 알 수 있다.[19] 필자의 경우에는 5번의 반복을 통해 찾아낸 동선(143)이 한 번의 탐색을 통해 얻어낸 동선(151)보다 확연히 짧아졌다. 하지만 시뮬레이션을 한 번만 실행하고 얻은 결과보다 5번 반복해서 찾아낸 결과가 더 좋아질 수 있었듯, 5번의 반복을 통해 찾아낸 경로가 세상에서 가장 좋은 경로일 것이라는 점도 확신 할 수 없다.

[그림 2-11]은 시뮬레이션을 반복적으로 실행하는 모습을 보여준다. 데이터가 방대지만 주어진 시간은 한정적이라면 시뮬레이션을 몇 번 돌려보지 못할 것이다. 하지만 하루 정도의 시간이 주어진다면 시뮬레이션을 1,000번은 거뜬히 실행할 것이고, 다음날 아침에 충분히 좋은 결과물과 함께 완료되어 있는 모습을 확인할 수 있을 것이다.

앞선 두 예제에서 사용했던 탐욕 알고리즘 기반의 최적화를 포함하여 다양한 최적화 알고리즘은 수많은 지역 최소점에 빠질 수 있다. 시뮬레이션을 아무리 많이 반복하더라도 세상에서 가장 좋은 경로를 발견하지 못할 수 있다. 즉 전역 최소점에 도달하지 못했을지도 모른다는 말이다.

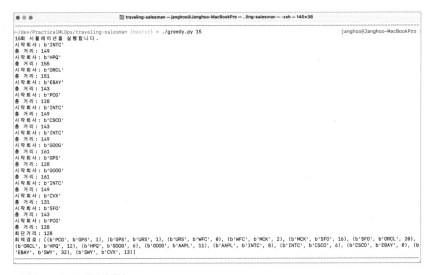

그림 2-11 TSP 시뮬레이션

생활 속의 문제를 해결할 때 우리도 모르게 사용 중인 최적화 알고리즘은 우리 삶의 일부라고도 할 수 있다. 최적화 알고리즘들은 탐욕 알고리즘처럼 논리가 직관적이기 때문이다. 머신러

---

19 옮긴이_실행마다 결과가 달라질 수 있다.

닝에서 자주 사용되는 경사 하강법도 최적화 알고리즘의 일종이다. 머신러닝 모델들은 경사 하강 알고리즘을 이용해 손실을 최소화하는 방향으로 학습된다. 학습 중인 모델의 손실은 지역 최소점이나 전역 최소점을 향해 한 발짝씩 반복적으로 나아간다(그림 2-12).

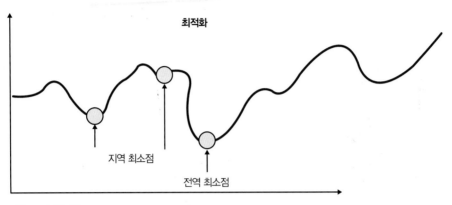

그림 2-12 최적화

딥러닝에서 얻으면 좋은 직관

경사 하강 알고리즘의 시각적 이해를 돕는 도구로 텐서플로 플레이그라운드playground[20]가 있다 (그림 2-13). 텐서플로 플레이그라운드에서는 학습률 변화에 따라 모델의 학습 결과가 어떻게 달라지는지를 시각화해볼 수 있다.

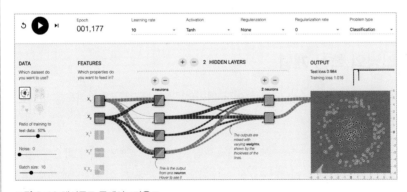

그림 2-13 텐서플로 플레이그라운드

---

20 https://oreil.ly/2N9DI

[그림 2-13]의 머신러닝 모델은 학습률이 너무 높게 설정되어 미세한 수렴이 일어나지 않아 손실loss이 더 이상 감소하지 않고 0.984에 머물러 있다. 반대로 학습률을 너무 낮게 설정하면 수렴이 완료되기까지 오랜 시간이 걸리거나 지역 최소점[21]으로 수렴할 수 있다는 사실을 알 수 있다. 경사 하강 메커니즘을 조금 더 수학적으로 표현하면 [그림 2-14]와 같다.

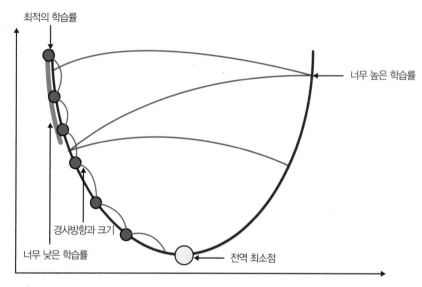

그림 2-14 학습률 차이에 따른 수렴결과 비교

2.9 머신러닝의 핵심 개념

머신러닝은 컴퓨터가 명시적인 소스 코드 없이도 데이터로부터 규칙을 학습하도록 만드는 것이라고도 볼 수 있다.

머신러닝은 크게 지도 학습supervised training, 비지도 학습unsupervised training, 강화 학습reinforcement learning으로 나눈다. 지도 학습은 '레이블label'이 제공되는 경우 사용할 수 있고, 과거에 수집된

---

21 옮긴이_ 경사 하강법을 포함한 최적화 기법들은 전역 최소점이 존재할 것이라는 믿음을 바탕으로 수행된다. 다르게 말하면 전역 최소점이 정확히 어디에 위치하는지 알 수 없다는 의미이기도 하다. 해당 지점이 전역 최적인지 간접적으로 확인하려면 실험을 많이 해봐야 한다.

데이터를 기반으로 학습한다. 그리고 모든 머신러닝 모델은 스케일링된 숫자 형식의 데이터로 학습한다는 사실을 유념하자. 어느날 친구가 당신에게 '나 오늘 50만큼 뛰었어'라고 자랑했다고 상상해보자. 이때 숫자 50은 50km를 의미하는가? 아니면 50m를 의미하는가? 데이터의 단위 혹은 형식이 다르면 그 숫자가 내포하는 진짜 크기를 올바르게 해석할 수 없어서 데이터 스케일링이 요구된다.

비지도 학습은 레이블을 '발견discover'하는 데 사용되기도 한다. 레이블을 발견한다는 것이 무슨 의미인지 NBA 농구경기 시즌으로 예를 들어보자. [그림 2-15]에 나타난 시각화에는 2015년부터 2016년까지 2년간의 데이터를 바탕으로 머신러닝 모델이 NBA 선수들을 분류하는 기준을 학습한 결과가 나타났다. 머신러닝 모델은 다양한 기준에 따라 여러 군집을 생성하고, 군집은 레이블이 없는 데이터의 분류 기준으로 삼을 수 있다. 이중에서 적절히 군집화된 결과물을 '발견'하고 분류 기준을 선택하는 것은 온전히 도메인 전문가의 몫이다. 이러한 알고리즘을 '군집화clustering'라고 부르며 이러한 군집 중 하나를 '최고best'의 선수라는 레이블을 붙였다.

NOTE_ 비지도 학습의 특성상 생성된 군집 중 하나에 '최고'라는 레이블을 만들어 붙인 필자와 달리 어떤 농구 전문가는 이런 식으로 군집화하는 일 자체에 반대할지도 모른다. 혹은 특정 군집에 '최고'라고 레이블을 붙이는 대신 '모든 포지션을 소화해낼 수 있는 엘리트'라는 레이블을 만들어 붙일 수도 있다. 필자는 군집화가 과학인 동시에 예술이라고 생각한다. 이처럼 군집화 결과물 중 어떤 것을 선택할지, 군집화 결과물을 어떻게 해석할 것인지를 결정하는 도메인 전문가의 실력에 따라 비지도 학습 모델의 유용성이 좌우될 수 있기 때문이다.

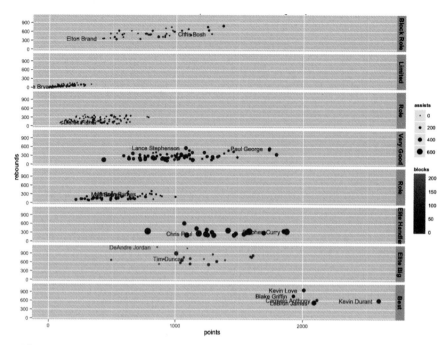

그림 2-15 NBA 농구선수들의 K-평균 군집화

위 알고리즘은 득점, 리바운드, 블로킹, 어시스트 네 가지 기준으로 NBA 선수들을 분류한다. 이 군집화 알고리즘을 통해 르브론 제임스^LeBron James^과 케빈 듀란트^Kevin Durant^가 동일한 군집에 배치된 이유는 머신러닝 모델이 보기에 둘은 서로 유사한 강점을 가지고 있기 때문일 것이다. 스테픈 커리^Steph Curry^와 크리스 폴^Chris Paul^도 고득점을 내는 선수라는 특징 때문에 가깝게 군집화될 것이라고 예상할 수 있다.

> **NOTE_** K-평균 군집화 알고리즘에서 도메인 전문가는 알고리즘이 생성할 군집의 개수(K)를 적절히 설정
> 해야 한다. 앞서 언급했듯이 과학의 문제인 동시에 예술의 문제이기도 한 만큼 정확한 답이 있는 것은 아니다.
> 대신 사이킷런의 옐로우브릭[22]과 같은 프레임워크로 꺾은선 그래프를 시각화해보면 적절한 값을 설정하는
> 데 도움을 받을 수 있다. 앞으로 이 책에서 종종 언급되는 AutoML을 이용하는 것도 좋은 방법이 될 수도 있
> 다. AWS 세이지메이커 등의 MLOps 플랫폼에서 제공하는 하이퍼파라미터 자동 튜닝[23] 기능을 이용해 K-
> 평균 군집화 알고리즘에서 적절한 K 값을 자동으로 찾아내는 작업을 수행할 수 있다.

---

22 https://oreil.ly/wwu35

23 https://oreil.ly/XKJc2

마지막으로 강화 학습은 '에이전트agent'가 지시 받은 작업을 수행하기 위해 반복적으로 주어진 환경에서 도전과 실패를 반복한다. 우리의 어린 시절을 떠올려보자. 어릴 적 우리가 환경을 구석구석 반복적으로 탐험하면서 세상과 상호작용하는 방법을 배워나가듯이, AWS 딥레이서DeepRacer는 [그림 2-16]처럼 자동차 에이전트가 트랙 환경을 주행하며 학습하기 위한 목적으로 만들어진 플랫폼이다.

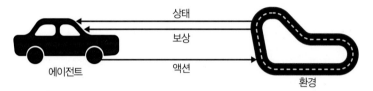

그림 2-16 AWS 딥레이서

자동차는 트랙의 일정 구간들을 이동하고 플랫폼은 자동차가 트랙의 어느 구간에 있는지를 기록한다. 보상reward 함수는 자동차가 트랙의 특정 구간을 통과할 때마다 앞서 저장한 기록들을 바탕으로 에이전트에게 주는 보상을 달리하여 적절한 액션을 유도한다. 보상 함수의 전략이 다르다면 완전히 다른 결과가 나올 수 있기 때문에 이러한 유형의 모델을 훈련할 때는 무작위성이 큰 역할을 한다.

아래는 트랙의 중심에 가까운 정도에 따라 보상의 양을 달리하는 AWS 딥레이서용 보상 함수이다.

```python
def reward_function(params):
    '''
    자동차 에이전트가 트랙의 중심에 가까울 때 보상을 주는 방법의 예시
    '''

    # 파라미터 읽어오기
    track_width = params['track_width']
    distance_from_center = params['distance_from_center']

    # 트랙의 중심에서 멀어진 정도를 추적하는 마커 3개 생성
    marker_1 = 0.1 * track_width
    marker_2 = 0.25 * track_width
    marker_3 = 0.5 * track_width
```

```
    # 자동차가 트랙의 중앙에 가까울수록 더 큰 보상 지급
    if distance_from_center <= marker_1:
        reward = 1.0
    elif distance_from_center <= marker_2:
        reward = 0.5
    elif distance_from_center <= marker_3:
        reward = 0.1
    else:
        reward = 1e-3 # likely crashed/ close to off track

    # 항상 실수 형식을 반환하도록 형변환
    return float(reward)
```

다음은 트랙의 외곽선 밖으로 벗어나지 않도록 보상을 주는 함수다. 이 접근 방식은 앞에서 살펴본 보상 함수의 전략과 약간의 차이가 있다. 앞서 언급했듯 전략이 조금만 달라져도 자동차 에이전트의 주행 테스트 결과가 크게 달라질 수 있다.

```
def reward_function(params):
    '''
    자동차 에이전트가 트랙의 양쪽 경계를 벗어나지 않도록 보상을 주는 방법의 예시
    '''

    # 파라미터 읽어오기
    all_wheels_on_track = params['all_wheels_on_track']
    distance_from_center = params['distance_from_center']
    track_width = params['track_width']

    # 기본적으로는 거의 0에 가까운 보상 지급
    reward = 1e-3

    # 에이전트가 트랙의 경계에 너무 딱 붙어 가지 않는 경우를 포함하여
    # 네 개의 바퀴 중 어느 하나도 트랙을 벗어나지 않는 경우 높은 보상을 지급
    if all_wheels_on_track and (0.5*track_width - distance_from_center) >= 0.05:
        reward = 1.0

    # 항상 실수 형식을 반환하도록 형변환
    return float(reward)
```

상용 서비스에 머신러닝을 적용하려면 적어도 앞선 세 가지 부류 중 어떤 접근 방식을 활용해야 문제를 해결할 수 있는지 정확히 파악할 수 있어야 한다. 예를 들어 다음 분기에 판매될 제

품의 판매량을 예측해야 하는 상황이라면, 비지도 학습이나 강화 학습이 아니라 과거 데이터를 바탕으로 추이를 학습하여 미래의 상황을 추론하는 지도 학습 방식을 사용해야 한다.

2.10 데이터 과학 해보기

우리가 앞서 살펴본 내용들과 더불어 '데이터 과학'을 하는 방법에 대해 알 필요가 있다. 데이터 과학은 보통 주피터나 구글 코랩 같은 '노트북' 형태의 파이썬 실행 환경에서 이루어진다. 이러한 노트북을 작성할 때 필자가 제안하고 싶은 구조가 있다. 데이터 가져오기, 탐색적 데이터 분석(EDA), 모델링, 결론으로 구성하라. 이렇게 정형화된 구조를 갖추면 머신러닝 프로젝트에 대한 맥락을 온전히 이해하지 못하고 있더라도 그 사람에게 도움이 될 만한 내용이 포함된 섹션으로 빠르게 이동해 내용을 참고할 수 있게 된다(그림 2-17). 특히 프로덕션 서비스에 사용되는 모델의 경우 모델을 배포하는 소스 코드를 담은 저장소에 프로젝트에 대한 이야기를 담아 README 파일처럼 기능할 수 있는 노트북 파일을 동봉하면 추후 소스 코드와 모델을 이해하는 데 도움이 된다.

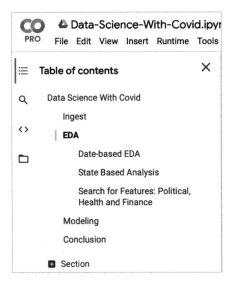

그림 2-17 코랩 노트북

이 구조는 필자가 작성한 코랩 노트북 'Covid 시나리오에 적용한 데이터 과학'[24]에서 살펴볼 수 있다.

이렇게 노트북에 영역들이 구조에 맞게 잘 분해되어 있다는 것은 책에서 '목차'가 충분히 잘 정리되어 있는 것과 마찬가지다. [그림 2-17]의 목차를 보자. '데이터 가져오기Ingest'에 해당하는 부분에서는 데이터를 웹에서 불러와 판다스 라이브러리 등이 제공하는 데이터 컨테이너에 저장하는 작업을 수행한다(그림 2-18).

그림 2-18 데이터 가져오기를 수행하는 영역

EDA 영역은 말 그대로 데이터를 탐색하며 분석하는 일에 사용되는 영역이다. 데이터의 생김새, 모양, 분포도 등을 시각화하는 영역에서 데이터에 무슨 일이 일어나고 있는지 확인한다. 플로틀리Plotly를 사용하면 [그림 2-19]와 같이 데이터를 시각적으로 아름답게 표현할 수 있다.

---

24 https://oreil.ly/1iQps

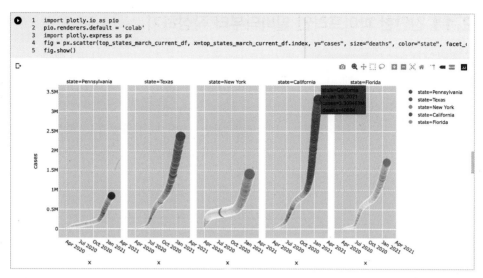

그림 2-19 EDA를 수행하는 영역

모델링^{modeling} 영역도 말 그대로 모델을 만드는 작업에 사용된다. 예를 들어 자동차 연비를 추론하기 위해 딥러닝 모델을 만드는 영역이 이에 해당한다.[25] 모델링과 학습을 통해 생성된 머신러닝 모델은 클라우드와 플라스크^{Flask} API를 이용해 배포할 수 있다.[26] 결론^{conclusion} 영역에서는 비즈니스 리더의 의사결정에 도움을 줄 수 있도록 요약된 핵심 인사이트를 전달하는 목적으로 사용된다.

마지막으로 깃허브 등 소스 코드 저장소에 프로젝트를 업로드한다. MLOps 포트폴리오 하나를 추가하는 것이다. 이 작업은 머신러닝 프로젝트를 성공시키는 것만큼 중요하다. 운영팀 입장에서는 모델이 개발된 배경과 관련된 초기 아이디어들을 이해할 수 있으므로, 프로덕션 서비스에서 모델 존속 여부를 결정하는 데 크게 도움을 받을 수 있을 것이다.

25 https://github.com/ProtossDragoon/flask-docker-tf-azure/blob/main/notebooks/auto-mpg.ipynb

26 https://github.com/ProtossDragoon/flask-ml-azure-serverless

2.11 간단한 파이프라인 밑바닥부터 작성하기

이 장의 모든 내용을 종합하여 애저 앱 서비스Azure App Service에 플라스크 머신러닝 애플리케이션을 배포하는 작업을 진행해보도록 하자. 깃허브 이벤트는 애저 파이프라인 빌드 프로세스가 빌드 작업을 시작하도록 트리거하고, 빌드가 끝나면 서버리스 플랫폼에 변경된 사항을 배포한다(그림 2-20). 동일한 역할을 하는 서비스라도 애저, AWS, GCP에서 각각 이름이 조금씩 다를 수는 있겠지만 대응되는 서비스끼리의 역할은 결국 비슷하므로 지금 하는 작업이 특정 클라우드에 국한되는 이야기는 아니다.

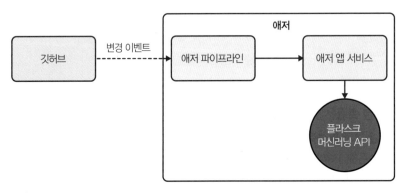

그림 2-20 MLOps 개요

클라우드에 업로드하기 전에 로컬에서 테스트해볼 수 있는 작업은 다음과 같다.

1. 가상 환경을 생성하고 source 명령으로 활성화한다.

```
python3 -m venv ~/.flask-ml-azure
source ~/.flask-ml-azure/bin/activate
```

2. make install 명령을 실행한다.

3. python app.py 명령을 실행한다.

4. 새로운 터미널을 열고 작업 경로로 이동해서 ./make_prediction.sh 명령을 실행한다.

로컬에서 입력한 명령들이 문제없이 동작한다면 이제 애저 클라우드에서 실행할 차례이다. 애저 파이프라인에서 동일한 작업을 실행하도록 만들 것이다(애저 공식 문서[27]).

1. 애저 클라우드 셸을 실행한다(그림 2-21).

그림 2-21 애저 클라우드 셸

2. 애저 파이프라인이 활성화된 깃허브 저장소를 만든다(그림 2-22).

◉ 🖥 **Public**
    Anyone on the internet can see this repository. You choose who can commit.

○ 🔒 **Private**
    You choose who can see and commit to this repository.

Initialize this repository with:
Skip this step if you're importing an existing repository.

☐ **Add a README file**
    This is where you can write a long description for your project. Learn more.

Add .gitignore
Choose which files not to track from a list of templates. Learn more.

    .gitignore template: None ▾

Choose a license
A license tells others what they can and can't do with your code. Learn more.

    License: None ▾

Grant your Marketplace apps access to this repository
You are subscribed to 1 Marketplace app

☑ 🚀 **Azure Pipelines**
    Continuously build, test, and deploy to any platform and cloud

ⓘ You are creating a public repository in your personal account.

    Create repository

그림 2-22 애저 파이프라인을 사용하는 깃허브 저장소 생성

---

27 https://oreil.ly/OLM8d
옮긴이_ 간단한 소스 코드라고 할지라도, 서드파티 라이브러리의 버전 문제나 클라우드 환경 업데이트 이슈 등에 의해 역자가 제공한 소스 코드가 동작하지 않는 문제가 발생할 수 있다. 이 경우에는 꼭 공식 문서를 확인하길 권한다. 내용이 어렵지 않고 저자가 책에 옮긴 소스 코드와 유사한 부분이 충분히 많다.

3. 프로젝트 디렉토리를 깃허브 저장소에 푸시한다.

4. 애저 클라우드 셸에서 애저 파이프라인이 활성화된 깃허브 저장소를 클론한다.

5. 가상 환경을 생성하고 source 명령어로 가상 환경을 활성화한다.

```
python3 -m venv ~/.flask-ml-azure
source ~/.flask-ml-azure/bin/activate
```

6. make install 명령어를 실행한다.

7. 아래 명령어를 이용해 클라우드 셸에서 앱을 배포[28]한다(그림 2-23).

```
az webapp up -n <your-appservice>
```

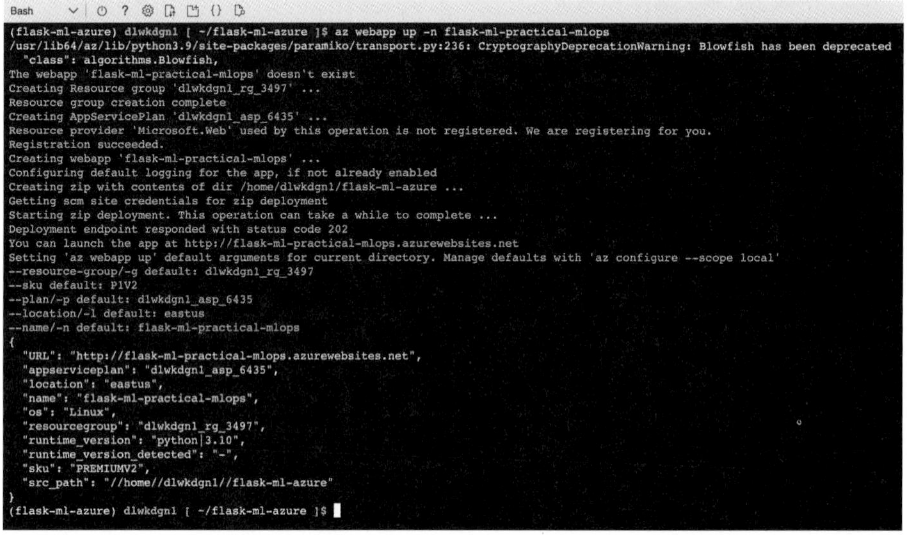

그림 2-23 플라스크 머신러닝 서비스

8. URL(https://<your-appservice>.azurewebsites.net/)에 접속하여[29] 배포된 애플리케이션이 잘 작동하는지 확인한다. 정상적으로 동작하는 경우 [그림 2-24]와 같은 화면을 확인할 수 있다.

---

28 옮긴이_ 여러분이 선택한 앱서비스 이름 <your-appservice>이 너무 흔하면 오류가 발생할 수 있다. 작업이 완료되기까지는 몇 분에서 몇십 분 정도 기다려야 한다.

29 옮긴이_ 그림에 나타난 주소는 https://flask-ml-practical-mlops.azurewebsites.net/이다.

그림 2-24 배포된 플라스크 애플리케이션

9. 머신러닝 모델에 추론 작업 요청이 가능한지 확인한다(그림 2-25). make_display_azure_app.sh 파일의 내용을 복사하여 -X POST https://<yourappname>.azurewebsites.net:$PORT/predict 행만을 앞서 사용했던 URL에 맞춰 변경한다. 클라우드 셸을 다시 열고 복사한 내용을 터미널에 입력한다.[30]

그림 2-25 추론 요청 성공

10. [그림 2-26]과 같이 애저 DevOps 프로젝트를 생성하고 애저에 연결한다. 자세한 내용은 애저 공식 문서[31]를 참고하라.

그림 2-26 애저 DevOps 프로젝트 생성

---

30 옮긴이_ 그림에는 네 개의 문장을 입력받고, 각각의 문장이 스팸 광고성 문장(SPAM)인지 평범한 대화(HAM)인지를 판단하고 있다.

31 https://oreil.ly/YmpSY

11. 애저 리소스 매니저에 연결한다(그림 2–27).

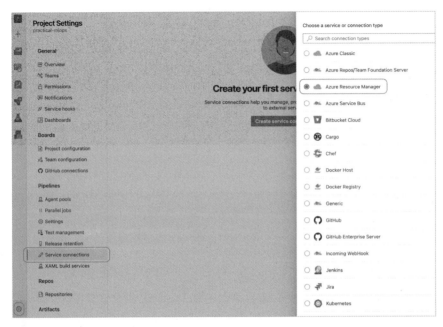

그림 2-27 서비스 연결 메뉴

12. az webapp up 명령어를 사용했을 때 자동
으로 생성된 리소스 그룹에 연결한다(그림
2–28).

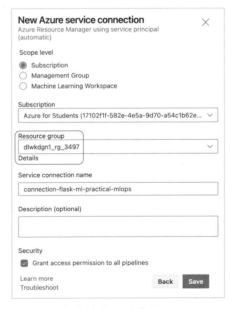

그림 2-28 새로운 서비스 연결 화면

13. [그림 2-29]와 같이 깃허브와 연동된 파이썬 리눅스 웹 애플리케이션 파이프라인을 생성한다(그림 2-30).

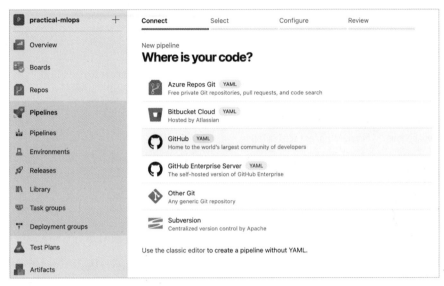

그림 2-29 애저 파이프라인 깃허브 연동

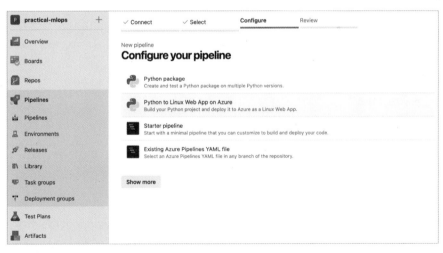

그림 2-30 파이썬 리눅스 웹 애플리케이션 파이프라인

이 절차를 무사히 따라왔다면 아래와 비슷한 YAML 파일이 자동으로 생성된다. YAML 파일의 각 부분이

구체적으로 무엇을 의미하는지는 애저 파이프라인 공식 문서를 참조하기 바란다.[32] 아래는 YAML 파일의 앞부분이다.[33]

```yaml
trigger:
- main

variables:
  # Azure Resource Manager connection created during pipeline creation
  azureServiceConnectionId: '16de46d0-07f9-4712-a247-f0870425e5e0'

  # Web app name
  webAppName: 'flask-ml-practical-mlops'

  # Agent VM image name
  vmImageName: 'ubuntu-latest'

  # Environment name
  environmentName: 'flask-ml-practical-mlops'

  # Project root folder. Point to the folder containing manage.py file.
  projectRoot: $(System.DefaultWorkingDirectory)

  # Python version: 3.7
  pythonVersion: '3.7'

stages:
- stage: Build
  displayName: Build stage
  jobs:
  - job: BuildJob
    pool:
      vmImage: $(vmImageName)
    steps:
    - task: UsePythonVersion@0
      inputs:
        versionSpec: '$(pythonVersion)'
      displayName: 'Use Python $(pythonVersion)'

    - script: ¦
```

----

32 https://oreil.ly/mU5rS

33 옮긴이_ 지속적 통합과 지속적 배포라는 개념이 아직 생소하다면 파일이 어떤 일을 하는 것일지 생각해보는 것만으로도 충분하다. 책의 중반부에서 이와 관련된 내용을 계속 다시 다룬다.

```
        python -m venv antenv
        source antenv/bin/activate
        python -m pip install --upgrade pip
        pip install setup
        pip install -r requirements.txt
    workingDirectory: $(projectRoot)
    displayName: "Install requirements"
```

14. 이제 app.py를 약간 수정한 커밋을 깃허브 저장소에 푸시하고 애저 파이프라인을 이용한 지속적 배포가 정상적으로 작동하는지 확인해본다. 올바르게 작동하는 경우 어떤 모습을 볼 수 있는지는 유튜브[34]에서도 확인할 수 있다.

15. YAML 파일에 코드 구문 오류를 방지해주는 린트 스텝을 추가해보고, 린트의 정상 작동을 확인해본다.

```
- script: |
    python -m venv antenv
    source antenv/bin/activate
    make install
    make lint
  workingDirectory: $(projectRoot)
  displayName: 'Run lint tests'
```

> **NOTE_** 이 예제에 대한 자세한 해설은 필자의 'MLOps 도입 프로세스' 유튜브 영상에서도 확인할 수 있다.[35]

2.12 마치며

이번 장에서는 머신러닝을 프로덕션 환경까지 끌어오는 데 필요한 기본적인 지식들을 살펴봤다. 앞서 MLOps는 목표 달성을 위한 행위의 일종이라고 했다. MLOps을 실천할 수 있기까지 넘어야 하는 장애물에는 여러 가지가 있겠지만, 그중 하나는 이 분야가 너무 다양한 분야의

---

34 https://oreil.ly/3Qczi
35 https://oreil.ly/I3si7

기술과 지식을 요구하기 때문에 복잡도가 크게 상승한다는 점이다. 이렇게 다양한 기술들이 복잡하게 얽힌 내용을 다룰 때는 항상 작은 것부터 시작하는 게 좋다. 가장 간단하고 작은 솔루션이 잘 작동하도록 만들고 난 이후에 조금씩 복잡성을 더하며 확장해나가야 한다.

MLOps 도입을 희망한다면 당연히 앞서 설명한 리눅스 터미널 사용법과 클라우드 컴퓨팅의 기본 개념을 알고 있어야 한다. 앞서 언급했듯 MLOps를 수행하려면 DevOps(CI/CD 설정 및 사용 방법)에 대해서도 심도 깊게 이해하고 있어야 한다. 이 장의 마지막에 제공하는 연습 문제는 책의 후반부에서 등장하는 복잡한 주제들을 살펴보기 전에 기술을 시험해볼 수 있는 좋은 테스트가 될 것이다. 또한 이 장에서 소개한 모든 기본 요소를 MLOps 프로젝트로 통합해보는 연습이기도 하다.

3장에서는 컨테이너와 엣지 디바이스에 대해 살펴볼 것이다. 이는 AWS 세이지메이커나 애저 머신러닝 스튜디오와 같은 MLOps 플랫폼의 필수적인 구성 요소이다. 이번 장에서 짚고 넘어간 내용들이 다음 장을 학습하는 데 도움이 될 것이다.

> ## 연습해보기
>
> - AWS, 애저, GCP 모두에서 hello world 파이썬 깃허브 프로젝트를 실행해보자.
> - 플라스크 기반의 머신러닝 애플리케이션이 포함된 저장소[36]를 포크하고 AWS Elastic Beanstalk와 AWS 코드 파이프라인Code Pipeline을 사용하여 AWS에 지속적 배포 시스템을 구축해보자.
> - 플라스크 기반의 머신러닝 애플리케이션이 포함된 저장소[37]를 포크하고 구글 앱 엔진(GAE), 구글 클라우드 빌드, 구글 클라우드 런, 클라우드 빌드를 사용하여 GCP에 지속적 배포 시스템을 구축해보자.
> - 플라스크 기반의 머신러닝 애플리케이션이 포함된 저장소[38]를 포크한다. 그다음 애저 앱 서비스Azure App Service와 애저 DevOps 파이프라인을 사용하여 애저에 지속적 배포 시스템을 구축해보자.
> - 텐서플로 플레이그라운드[39]에서 다양한 데이터셋에 걸쳐 하이퍼파라미터를 변경해가며 모델을 학습시켜 본다. 그리고 은닉 계층, 학습률, 일반화 속도 등을 데이터셋과 상관없이 일관되게 사용할 수 있는지를 확인해보자.

---

36 https://oreil.ly/IItEr
37 https://oreil.ly/JSsEQ
38 https://oreil.ly/F2uBk
39 https://oreil.ly/ojebX

생각해보기

- 미국의 어느 GPU 데이터베이스 전문 기업에는 365일 24시간 가동되는 GPU 하드웨어를 구입하는 것이 훨씬 더 실용적이기 때문에 클라우드 사용을 중단해야 한다고 생각하는 기술자가 있다. 직접 하드웨어 환경을 구축하면 GPU 자원에 훨씬 빨리 접근하고 쾌적하게 학습을 실시할 수 있게 된다. 한편 AWS의 모든 자격증을 가지고 있는 다른 팀원은 클라우드에 이미 충분히 많은 투자가 되었으며, 온프레미스 GPU 도입을 시도한다면 그를 해고해 버리겠다고 말했다. 온프레미스 GPU 도입 문제에 대해 찬성 또는 반대 입장을 제시해보자.

- '레드햇 인증' 엔지니어가 직원이 100명 남짓인 회사를 위해 남동부 지역에서 가장 성공적인 데이터 센터를 구축했다. 이 회사가 클라우드 회사가 아니라 전자상거래 회사임에도 불구하고, 그 엔지니어는 데이터 센터가 회사에 큰 이점을 준다고 주장한다. 한편 '구글 인증' 아키텍트나 듀크 대학교 데이터 과학과 석사 졸업생은 회사가 직접 운영하는 데이터 센터는 클라우드와 달리 재해에 대한 복구 계획이나 장애에 대한 대처 방안이 없기 때문에 위험하다고 주장한다. 이 제안에 찬성하는 입장이나 반대하는 입장이 되어 논의해보자.

- AWS 람다와 AWS Elastic Beanstalk의 차이점은 무엇이고, 각각의 장단점은 무엇인가?

- AWS EFS 또는 구글 파일스토어^{Filestore} 같은 관리형 파일 시스템이 MLOps 워크플로에 도움이 되는 이유는 무엇일까?

- 머신러닝 프로젝트에 카이젠을 어떻게 적용할 수 있을까?

## CHAPTER 3

컨테이너와 엣지 디바이스를 위한 MLOps

스플릿 브레인Split Brain 실험은 양쪽 눈 사이에 신호 전달과 관련된 것들부터 분석하기 시작했다. 한쪽 눈만 이용해 어떤 문제를 해결하는 방법을 터득한 사람이 반대쪽 눈을 가지고 문제를 해결할 수 있는지를 실험하는 것이다. 물론 학습이 일어나는 물리적 위치가 눈은 아니지만 과학자들은 이를 '안구간 학습 전이interocular transfer of learning'라고 부른다. 학습 전이 현상이 대수롭지 않게 느껴질 수 있지만, 이렇게 당연하게 느껴지는 것들에 대한 질문은 종종 훌륭한 발견을 유도하곤 한다. 안구간 학습 전이 실험의 경우 '어떻게 한쪽 눈으로 배운 내용을 반대쪽 눈이 배우지 않고도 써먹을 수 있을까?'와 같은 황당한 질문에서 출발했을 것이다. 이런 황당하고 단순한 질문은 '각 안구는 어디에서 어떻게 연결되는가?'같이 잘 정제된 질문으로 이어질 수 있다. 이 질문에 대한 훌륭한 답으로 과학자들은 '뇌의 좌반구와 우반구 사이의 뇌량callosum을 통해 학습 전이가 일어나는 것이다'라고 답했다.

– 조셉 보겐 박사

필자가 IT 업계에서 일하기 시작할 때는 이미 가상 머신virtual machine(물리적인 컴퓨팅 리소스에 올려 사용할 수 있는 가상의 서버)이 널리 보급되어 있었다. 컴퓨팅 리소스에 가상 머신을 올리는 일을 대신해주는 호스팅 업체부터 전산실에 거대한 규모의 서버를 구축해두고 직접 운영하는 기업들에 이르기까지 가상 머신을 사용하는 사례들을 주위에서 쉽게 찾을 수 있었다. 가상 머신을 임의의 호스트에 올려 사용할 수 있는 기술은 다양한 환경에 구애를 받지 않고도 프로그램을 실행하는 높은 유연성을 제공했다. 이런 시대적 배경 속에서 필자는 가상화에 관해 최대한 많이 배우려고 노력했던 기억이 있다.

새로운 기술은 중요한 문제를 해결하기도 하지만 새로운 문제를 만들어내기도 한다. 가상 머신

기술에서 발생하는 문제 중 하나는 가상 머신을 옮기는 일이 어렵다는 점이다. 예를 들어 호스트 서버 A에 새 운영체제를 설치해야 하는 경우 시스템 관리자는 가상 머신을 호스트 서버 B로 잠깐 옮겨 두었다가 다시 A로 옮겨야 한다. 한번 구성이 완료된 가상 머신은 굉장히 무겁다. 호스트에서 가상 머신이 디스크를 차지하는 용량은 가상 머신에 할당된 디스크 용량과 동일하다. 가령 가상 머신에 50GB의 디스크가 할당된다는 것은 호스트 입장에서 50GB에 달하는 거대한 파일이 하나 존재하는 셈이다. 네트워크를 통해 서버 A에서 B로 파일을 이동시키려면 파일의 용량에 비례하는 시간이 필요하게 된다. 약 50GB의 파일을 반복적으로 이동하는 일에는 매우 긴 시간이 소요될 것이다. 따라서 가상 머신을 기반으로 동작하는 중요한 서비스를 다른 호스트 머신으로 옮겨야 하는 경우 서비스 중단을 최소화할 수 있는 방법이 무엇인지 고민해봐야 한다.

이러한 문제를 해결하기 위해 다운타임downtime을[1] 최소화하고 안정성을 높이기 위해 대부분의 가상 머신 솔루션은 스냅샷, 복구, 백업 등 전략들을 이용한다. 젠 프로젝트Xen Project 및 VM웨어VMWare와 같은 소프트웨어는 이러한 문제를 경감시키는 일에 특화되어 있다. 심지어 클라우드 공급자들은 이러한 문제를 거의 제거하는 수준까지 이르렀다.

오늘날에도 여전히 클라우드 제품에서 가상 머신은 중요한 위치를 차지하고 있다. 예를 들어 구글 클라우드Google Cloud는 가상 머신 서비스를 컴퓨트 엔진Compute Engine이라고 부른다. 구글 클라우드뿐 아니라 다른 클라우드 공급자들도 비슷한 기능을 지원한다. 이러한 가상 머신들은 머신러닝 작업의 성능 향상을 목적으로 강력한 GPU를 추가해 사용할 수 있도록 만들어져 있다는 점을 기억해두자.

앞으로도 가상 머신을 계속 사용하겠지만, 머신러닝 기술을 개발하고 배포하기 위한 컴퓨팅 환경을 구성하는 일에 있어서 가상 머신을 잘 활용하는 것만으로는 해결하기 어려운 부분들이 분명히 존재한다. 컨테이너 그리고 엣지 디바이스라는 주제가 있다는 사실을 미리 알고 있는 것이 좋다. 아직까지도 가상 머신 기술은 스마트폰과 같은(심지어는 훨씬 더 연산 성능이 열악한) 엣지 디바이스를 호스트로 삼아 실행되기에는 어려움이 많다. 가상 머신 기술은 컨테이너 기술과 달리 개발 과정에서 '언제, 어떤 환경에서 사용하든 상관없이 동일한 결과를 재현하기 위한 도구'로써 사용되기에는 너무 무겁고 느리기 때문이다. 컨테이너 기술이나 엣지 디바이스 기술, 둘 중 어느 한쪽을 반드시 사용할 필요는 없을지도 모른다. 하지만 필자는 당신이 이용할

---

1 옮긴이_ 시스템 혹은 서비스가 중단되는 시간을 의미한다.

수 있는 선택지들의 동작 방식을 이해하고 해결해야 하는 문제에 적절히 활용할 수 있다면 더 나은 머신러닝 엔지니어가 되는 데 도움이 될 것이라고 생각한다.

3.1 컨테이너

우선 가상 머신의 장점을 갖추면서도 가상 머신이 무겁다는 문제를 상당부분 해결한 컨테이너 기술의 전반을 파악하는 것이 중요하다. 필자는 2013년 도커Docker가 처음 발표됐던 파이콘PyCon 행사에 참석했었다. 그 행사에서 도커 데모를 접하는 순간 정말 엄청난 전율을 느꼈다. 리눅스 운영체제에서 컨테이너 기술은 이미 존재했지만 컨테이너 기술을 다루는 도구가 혁명적으로 발전했음을 느꼈던 것이다. 리눅스에는 리눅스 컨테이너Linux Container(LXC)라는 도구가 있었다. LXC는 오늘날의 컨테이너에서 주로 사용하는 기능을 이미 갖추고 있었지만, 사용성 면에서는 형편없었다. 도커는 최근까지도 컨테이너 레지스트리를 이용한 간편한 협업 및 공유 기능을 앞세우며 컨테이너 기술의 활성화를 이끌고 있다.

> **TIP_** 다음 내용을 학습하기 전에 실습 컴퓨터에 컨테이너 런타임이 설치되어 있는지 확인하라. 이 장에서는 도커[2]가 제공하는 컨테이너 런타임을 사용할 것이다. 도커는 공식 홈페이지에서 쉽게 다운로드할 수 있다. 터미널에 docker 명령을 실행하여 컨테이너 도구가 정상적으로 설치되었는지 확인한다.

필자는 레드햇 홈페이지[3] 문서보다 가상 머신과 컨테이너의 차이를 잘 설명하는 글이 없다고 생각한다. 레드햇 문서 내용을 요약해보면 컨테이너는 애플리케이션에 필요한 소스 코드나 실행에 필요한 파일들만 포함하고 있어 가벼운 데 반해 가상 머신은 데이터베이스처럼 애플리케이션 실행에 필요한 모든 구성 요소를 전부 포함하고 있어 무거운 경향이 있다. 엔지니어는 데이터베이스, 웹서버, 시스템 서비스 등을 하나의 가상 머신에 전부 설치하고 그 가상 머신 안에서 모든 것이 잘 동작하도록 시스템을 구성하는 경우가 많았기 때문이다. 이러한 유형의 일체형 애플리케이션은 모놀리식monolithic으로 결합되어 상호의존성이 높다는 특징이 있다.

----

2 https://oreil.ly/iEX4x
3 https://oreil.ly/SQUjS

반면 마이크로서비스microservice는 데이터베이스 같은 시스템 요구사항에서 완전히 분리되어 독립적으로 실행할 수 있는 애플리케이션이다. 물론 마이크로서비스를 위해 가상 머신을 사용할 수도 있지만, 마이크로서비스에는 컨테이너 기술을 사용하는 것이 그 도구의 취지에 더욱 적합하다고 할 수 있다.

컨테이너 작성 및 실행에 익숙하다면 4.2절을 먼저 확인해도 좋다. 4.2절에서는 사전학습된 머신러닝 모델을 담은 컨테이너를 '소스 코드 형태'로 구축하는 방법을 실습하며 자동화 개념과 연관 지어 고민해보는 시간을 가진다.

3.1.1 컨테이너 런타임

필자는 앞서 컨테이너, 도커, 컨테이너 런타임container runtime이라는 단어들을 사용했다. 이들 개념이 익숙하지 않을 때 이러한 용어들을 혼용해 설명하는 이야기를 들으면 아주 혼란스러울 것이다. 용어들을 정리해보자. 처음에 도커는 컨테이너를 생성, 관리, 실행하는 도구로 개발되었기 때문에 이 도구를 통해 생성되고 실행되는 컨테이너를 '도커 컨테이너Docker container'라고 불렀다. 시스템에서 컨테이너를 생성, 관리, 실행하는 일 중에서도 특히 실행하는 데 필요한 소프트웨어를 컨테이너 런타임이라고 부른다. 몇 년이 지나고, RHEL 운영체제로 잘 알려진 레드햇은 컨테이너를 실행하는 새로운 방식의 런타임을 만드는 일에 기여했다. 새로운 런타임과 함께 사용될 수 있는 새로운 컨테이너 도구들이 만들어지고 있으며, 이들은 도커에서 제공하는 도구들과 상당 부분이 호환된다. 이처럼 컨테이너 런타임은 유일하지 않고, 도커는 런타임 그 자체가 아니라는 사실을 인지하도록 하자.

수많은 오픈 소스 커뮤니티에서 컨테이너를 다루는 도구들을 지속적으로 발전시켜 왔음에도 불구하고 리눅스가 아닌 다른 운영체제에서 이들을 실행하기는 여전히 까다로운 편이다. 반면 도커의 경우 리눅스는 물론 맥OS나 윈도우까지 지원하여 운영체제를 가리지 않고 잘 동작한다는 평가를 받는다.

3.1.2 컨테이너 생성하기

도커 컨테이너를 만드는 데 필요한 과정을 살펴보자. 도커파일Dockerfile은 컨테이너 생성의 핵심이다. 도커파일에는 컨테이너 이미지 생성과 관련된 여러 명령문들을 작성할 수 있다. 새 파일을 열어 파일명을 **Dockerfile**로 지정하고 다음 내용을 추가해보자.

```
FROM centos:8
RUN dnf install -y python38
```

이 도커파일은 두 개의 문장으로 구성되어 있다. 각 문장은 **FROM**이나 **RUN** 같은 고유한 키워드로 시작한다. 이러한 키워드를 인스트럭션instruction이라고 부른다. 첫째 줄에는 컨테이너 기반의 이미지를 지정하는 **FROM** 명령이 있다. 이 예제에서 사용하는 베이스 이미지는 CentOS 배포판 버전8이다. 이 경우 콜론으로 지정된 태그값 8은 CentOS의 버전을 의미한다. 컨테이너의 태그에는 일반적으로 버전같이 시간적 순서를 의미하는 정보가 기록되어 있다. 정의된 태그가 없다면 자동으로 'latest' 태그가 사용된다.

컨테이너 하나가 여러 개의 작은 레이어로 구성되어 있는 것은 큰 장점이다. 각각의 레이어는 다른 컨테이너를 만드는 일에도 사용될 수 있다. 이 레이어 기반의 워크플로 덕분에 베이스 레이어 이미지를 컨테이너를 만들 때마다 다운로드받지 않을 수 있는 것이다. 실제로 당신은 베이스 이미지를 한 번 저장해두고 계속 재활용하게 된다. 이러한 특징은 레이어라는 개념이 존재하지 않아서 조금이라도 구성 요소가 다르면 반드시 전체를 다시 다운로드받아야 하는 가상 머신 기술에 비해 두드러지는 장점이라고 할 수 있다.

둘째 줄의 **RUN** 명령은 시스템 명령을 실행한다. 두 번째 문장은 CentOS 버전8 이미지에 기본적으로 포함되어 있지 않은 파이썬을 설치한다. 패키지 관리자 **dnf**을 실행할 때 **-y** 플래그를 함께 사용하여 사람이 키보드 입력을 통해 확인을 할 필요가 없이 진행되도록 만든다는 점에 주목해보자. 설치 중 사용자 입력 대기 상태가 이미지 빌드를 정지시킬 수 있으므로 명령어 실행 시 사용자 입력 대기 상태를 자동으로 넘어가도록 설정하는 것이 중요하다.

이제 도커파일이 존재하는 디렉터리에서 컨테이너 이미지를 빌드한다.

```
$ docker build .
[+] Building 11.2s (6/6) FINISHED
=> => transferring context: 2B
=> => transferring dockerfile: 83B
=> CACHED [1/2] FROM docker.io/library/centos:8
=> [2/2] RUN dnf install -y python38
=> exporting to image
=> => exporting layers
```

```
=> => writing
image sha256:3ca470de8dbd5cb865da679ff805a3bf17de9b34ac6a7236dbf0c367e1fb4610
```

출력 결과를 확인해보면 CentOS 버전8의 레이어가 이미 로컬에 존재하므로 다시 다운로드받지 않았음을 확인할 수 있다(CACHED [1/2] FROM docker.io/library/centos:8). 그리고 파이썬3을 설치하여 이미지 빌드를 완료했음을 알 수 있다. 빌드할 때는 도커파일의 위치를 입력해야 한다. 앞의 실습 상황 경우, 도커파일이 존재하는 디렉토리와 같은 디렉토리에서 작업 중이므로 현재 디렉토리가 빌드 시작점임을 알리기 위해 마침표(.)를 사용했다.

하지만 이렇게 도커파일의 위치만 전달하는 이미지 작성 방법은 여러 문제를 내포한다. 가장 먼저 눈에 띄는 문제점은 생성된 이미지에 대한 정보가 너무 부족하다는 것이다. 이미지에 대한 정보와 관련하여 sha256 다이제스트만 확인할 수 있을 뿐이다. 빌드하는 이미지가 많아진다면 어떤 이미지가 무엇을 의미하는 것인지 도무지 알 수 없게 될지도 모른다. docker images 명령어를 입력하면 방금 빌드를 통해 생성된 이미지에 대한 정보를 확인할 수 있다.

```
$ docker images
docker images
REPOSITORY       TAG          IMAGE ID        CREATED          SIZE
<none>           <none>       3ca470de8dbd    15 minutes ago   294MB
```

출력 결과에서 볼 수 있듯이, 현재 빌드된 이미지에는 저장소^{repository}나 태그 정보가 전혀 기록되어 있지 않다. IMAGE ID에는 이미지를 생성할 때 자동으로 부여되는 sha256 다이제스트가 기록되어 있는 데 12자까지밖에 확인할 수 없다. 따라서 이미지를 빌드할 때는 태그를 붙이는 것을 권장한다. 이미지를 작성하고 태그를 붙이는 방법은 아래와 같다.

```
$ docker build -t localbuild:removeme .
[+] Building 0.3s (6/6) FINISHED
[...]
=> => writing
image sha256:4c5d79f448647e0ff234923d8f542eea6938e0199440dfc75b8d7d0d10d5ca9a
=> => naming to docker.io/library/localbuild:removeme
```

다음과 같은 방법으로 특정 저장소의 이미지 목록을 확인할 수 있다. 이제는 localbuild에 removeme라는 태그가 지정돼 있음을 확인할 수 있다.

```
$ docker images localbuild
REPOSITORY     TAG        IMAGE ID        CREATED          SIZE
localbuild     removeme   3ca470de8dbd    22 minutes ago   294MB
```

이미지에 변경 사항이 없다면 빌드 과정은 매우 빠르게 진행되었을 것이다. 빌드 시스템이 이미 빌드된 이미지에 저장소와 태그 정보를 지정할 뿐, 빌드를 처음부터 다시 진행하지 않기 때문이다.

특히 빌드한 이미지에 저장소를 지정하는 일은 컨테이너 이미지 레지스트리를 사용할 때 필수적이다. 아래 명령어를 이용해 내 컴퓨터에 있는 localbuild:removeme 이미지를 컨테이너 이미지 레지스트리의 localbuild 저장소에 푸시할 수 있다.

```
$ docker push localbuild:removeme
The push refers to repository [docker.io/library/localbuild]
denied: requested access to the resource is denied
```

컨테이너 레지스트리의 localbuild라는 저장소에 이미지를 푸시하려면 당연히 해당 원격 저장소에 이미지를 푸시할 권한을 가지고 있어야 한다. 필자는 레지스트리의 localbuild 저장소 소유주가 아니므로 푸시가 거부됐다. 따라서 레지스트리에 존재하는 필자 소유의 저장소 alfredodeza에 푸시하면 권한 문제없이 명령어를 실행할 수 있다. 아래와 같이 docker tag 명령어를 이용해 푸시 대상 이미지 localbuild:removeme의 참조 이미지를 만들어야 한다. 참조 이미지는 도커 허브Docker Hub[4] 계정(alfredodeza)과 저장소(removeme)를 저장소 이름으로 가져야 한다. 필자의 경우 alfredodeza/removeme에 해당한다.

```
$ docker tag localbuild:removeme alfredodeza/removeme
$ docker push alfredodeza/removeme
The push refers to repository [docker.io/alfredodeza/removeme]
958488a3c11e: Pushed
291f6e44771a: Pushed
latest: digest: sha256:a022eea71ca955cafb4d38b12c28b9de59dbb3d9fcb54b size: 741
```

현재 필자의 계정 'alfredodeza'의 'removeme' 저장소가 공개되어 있고 레지스트리 접근 제한이 없어서 누구나 docker pull alfredodeza/removeme를 실행하여 컨테이너 이미지를

---

4   https://hub.docker.com

pull할 수 있다. 도커 허브 홈페이지에서 'alfredodeza/removeme'를 검색하면 필자가 업로드한 컨테이너 이미지들을 확인할 수 있다(그림 3-1). 컨테이너나 레지스트리를 처음 접한다면 이 내용이 굉장히 혁신적으로 다가올 것이다. 앞서 언급했듯 컨테이너 기술을 쉽게 사용하도록 도와주는 도구들 덕분에 개발자 커뮤니티에서 컨테이너 기술과 도커가 입소문을 타게 된 것이다. 누군가 '그 소프트웨어를 어떻게 설치할 수 있나요?'라고 물었을 때 '그냥 컨테이너를 풀pull해서 실행하세요'라고 답할 수 있는 세상이 멀지 않았다.

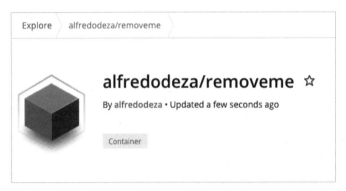

그림 3-1 도커 허브

3.1.3 컨테이너 실행하기

지금까지 도커파일로 컨테이너 이미지를 빌드하는 일을 진행했다. 이제는 컨테이너를 실행하고 실행 중인 컨테이너에 접속해볼 차례이다. 가상 머신을 사용할 때는 시큐어 셸Secure SHell(SSH) 데몬을 사용하도록 설정하고, 특정 포트를 열어서 원격 접속이 가능하도록 외부에 노출시킨 뒤, SSH 연결을 시도할 때마다 사용자의 암호 입력을 대기하지 않도록 기본 SSH 키를 추가하는 경우가 일반적이었다. 가상 머신과 마찬가지로 컨테이너 인스턴스에 접속할 때에도 SSH를 이용할 수 있다. 하지만 컨테이너에 접속하기 위해서 꼭 SSH를 이용할 필요는 없다. 실행 중인 컨테이너에 접속할 때 권장되는 방법은 따로 있다.

다음 명령어를 통해 CentOS 버전8 이미지 기반의 컨테이너를 만들고 실행할 수 있다.

```
$ docker run -it -d --name centos-test --rm centos:8 /bin/bash 1bb9cc3112ed661511663517
249898bfc9524fc02dedc3ce40b5c4cb982d7bcd
```

명령어에는 유용한 기능들을 가진 플래그들이 몇 포함되어 있다. -it 플래그를 사용하면 TTY(터미널 에뮬레이터)가 컨테이너에 할당되고, 할당된 TTY에 stdin이 연결된다. 쉽게 말해 우리가 사용하는 터미널과 TTY가 상호작용할 수 있는 상태가 된다. -d 플래그는 컨테이너를 백그라운드에서 작동시킨다. --name 플래그를 이용해 컨테이너에 centos-test라는 이름을 붙여 주고, --rm 플래그를 이용해 컨테이너가 종료되는 경우 해당 컨테이너가 완전히 제거되도록 설정한다. 명령을 실행하면 컨테이너가 시작되었음을 나타내는 다이제스트가 출력된다. 아래 명령어를 통해 컨테이너가 잘 실행되고 있는지 한번 더 확인해보자.

```
$ docker ps
CONTAINER ID    IMAGE           COMMAND         NAMES
1bb9cc3112ed    centos:8 "/bin/bash"           centos-test
```

도커파일에 ENTRYPOINT(또는 CMD) 명령을 사용하는 경우도 있다. 이러한 명령어들은 해당 도커파일을 통해 빌드된 컨테이너가 실행될 때마다 자동으로 해당 명령을 실행하도록 만든다. 이러한 기능을 응용하면 특정한 작업을 수행하는 컨테이너를 만들 수 있다. 방금 전 CentOS 버전8 이미지 기반의 컨테이너를 실행할 때 컨테이너가 자동으로 종료되지 않고 배시 셸 작업을 실행할 수 있도록 /bin/bash 실행 파일을 지정해 주었어야만 했다.[5] ENTRYPOINT 명령어를 이용해 컨테이너를 실행할 때마다 /bin/bash를 명시적으로 입력하지 않아도 되도록 만들어보자. 도커파일을 아래와 같이 수정한다.

```
FROM centos:8

RUN dnf install -y python38

ENTRYPOINT ["/bin/bash"]
```

---

5 옮긴이_ CentOS 버전8 이미지 레이어의 가장 마지막은 CMD ["/bin/bash"]이기 때문에 --it 명령어와 함께 /bin/bash를 명시적으로 지정하지 않아도 자동으로 배시 셸을 실행한다. 하지만 /bin/bash 실행 명령이 이미지 레이어에 포함되지 않은 서드파티 이미지를 사용하거나, 직접 작성한 도커파일을 빌드하여 컨테이너를 실행하는 경우 컨테이너가 시작되고 사용자의 입력을 대기하는 프로그램이나 실행을 마치기까지 오랜 시간이 걸리는 프로그램을 실행하지 않으면 컨테이너가 곧바로 종료될 수 있다.

수정된 도커파일로 빌드된 이미지는 이제 /bin/bash 실행을 명령하지 않고도 컨테이너가 실행될 때 자동으로 배시 셸을 실행하게 된다.

```
$ docker build -t localbuild:removeme .
$ docker run --rm -it -d localbuild:removeme
023c8e67d91f3bb3998e7ac1b9b335fe20ca13f140b6728644fd45fb6ccb9132
$ docker ps
CONTAINER ID    IMAGE     COMMAND       NAMES
023c8e67d91f    removeme  "/bin/bash"   romantic_khayyam
```

앞서 가상 머신에 접속하기 위해 일반적으로 사용되는 방법(SSH)과 실행 중인 컨테이너에 접속하기 위해 일반적으로 사용되는 방법이 사뭇 다르고, 컨테이너에도 SSH를 이용한 접속이 가능하지만 권장하지 않는다고 이야기했다. 대신 아래와 같이 컨테이너 ID와 **docker exec** 명령어를 사용하면 실행 중인 컨테이너에 접속할 수 있다.

```
$ docker exec -it 023c8e67d91f bash

[root@023c8e67d91f /]# whoami
root
```

가상 머신을 사용하듯 셸을 통해 실행 명령을 입력할 수 있는 컨테이너를 사용하고 싶었기 때문에 **exec** 명령어를 통해 배시 실행 명령을 전달했다. 컨테이너의 배시 셸에 터미널을 연결하면 명령어를 컨테이너에 편리하게 전달할 수 있기 때문이다.

당연히 완전히 반대로 컨테이너의 셸을 실시간으로 제어할 필요가 없고 컨테이너를 통해 단지 명령어 한두개 정도만 실행하면 되는 경우도 있다. **exec** 명령어로 실행 중인 컨테이너에 아래와 같이 일회성 명령을 전달한다. 명령을 한 번만 전달할 때는 **-it** 플래그를 생략할 수 있다.

```
$ docker exec 023c8e67d91f tail /var/log/dnf.log

python38-setuptools-wheel-41.6.0-4.module_el8.2.0+317+61fa6e7d.noarch

2020-12-02T13:00:04Z INFO Complete!
2020-12-02T13:00:04Z DDEBUG Cleaning up.
```

3.1.4 컨테이너 모범 사례

첫 번째 모범 사례는 린터linter **사용이다.** 새로운 언어나 도구를 배우기 시작할 때 사용 규칙이나 패턴을 익히는 일은 누구에게나 어렵다. 이런 경우 여러분에게 추천하고 싶은 방법은 그 언어나 도구의 린터를 찾아보는 것이다. 도커파일을 작성하여 컨테이너를 만드는 것을 배워나갈 때에도 도움을 줄 수 있는 몇몇 린터가 있다. 대표적으로 hadolint 같은 린터가 있다. 이 린터는 사용하기 편하도록 컨테이너 이미지로 패키징되어 있다. 앞서 사용했던 도커파일 예제를 아래와 같이 수정한다.

```
FROM centos:8
RUN dnf install -y python38
RUN pip install pytest
ENTRYPOINT ["/bin/bash"]
```

이제 린터를 실행하여 수정 권고 사항이 있는지 확인해본다.

```
$ docker run --rm -i hadolint/hadolint < Dockerfile
DL3013 Pin versions in pip.
Instead of 'pip install <package>' use 'pip install <package>==<version>'
```

이처럼 린터를 이용하면 도커파일을 작성하면서 놓쳤던 것들에 대한 괜찮은 제안을 받아볼 수 있다는 장점이 있다. 린터가 알려준 내용을 다시 한번 생각해보자. 환경에 대한 정보를 명시할 때 패키지 버전을 고정시키는 것은 좋은 습관이다. 패키지 업데이트들이 이미 잘 작동하는 프로그램의 작동을 의도치 않게 망가뜨릴 수 있기 때문이다.[6] 하지만 이는 꼭 도커파일에 국한된

---

6   옮긴이_ 종속성을 고정시켰다고 해서 지속적으로 업데이트하지 않는 것도 좋은 생각이 아니다. 고정된 패키지 종속성에서 시작하여 프로그램을 구성하는 개별 패키지들의 업데이트를 진행하는 것이 유용할지 아닐지 종종 확인해야 한다.

이야기는 아니다. 린터를 이용하면 책 전반에서 필자가 강조하는 내용 중 하나인 '자동화'의 측면에서도 노동량을 절약할 기회를 얻을 수 있다는 장점이 있다. 자동화된 린팅은 반복적인 배포 작업 시 버그 발생 위험을 줄이고 배포 프로세스의 중요한 부분에 온전히 신경쓸 수 있도록 도울 것이다.

두 번째 모범 사례는 명령어 통합이다. 앞서 컨테이너 기반 개발에서는 최대한 컨테이너를 작게 유지하려고 노력하는 경향이 있다고 언급했다. 모든 컨테이너 도구도 마찬가지로 컨테이너 크기를 최대한 작게 유지하기 위해 노력한다. 컨테이너 도구를 사용하는 입장에서는 도커파일을 작성할 때 몇 가지만 유념해도 모두의 목표를 달성하는 데 큰 도움을 줄 수 있다. 도커파일에서는 **RUN** 명령이 등장할 때마다 하나의 새로운 레이어가 생성된다. 당연히 컨테이너 이미지를 만드는 데 사용되는 레이어가 적어야 컨테이너의 크기가 작아질 것이다.

```
RUN apk add --no-cache python3 && python3 -m ensurepip && pip3 install pytest
```

명령의 끝에 **&&**을 사용해서 여러 명령어를 하나로 묶어 단일 레이어로 만들 수 있다. 위 설치 명령어를 여러 줄의 **RUN** 명령어로 분할하면 컨테이너는 훨씬 커질 것이다. 물론, 우리가 이번에 실습하면서 만든 컨테이너 이미지 파일들은 너무 작고 간단하기 때문에 둘 중에 어떤 방법을 사용하든 크기에 큰 차이가 나타나지 않는다. 하지만 의존하는 패키지가 많아질수록 그 차이를 실감할 수 있을 것이다.

세 번째 모범 사례는 취약성 분석이다. 컨테이너 이미지를 빌드할 때 설치할 소프트웨어와 연관된 취약성이 있지는 않은지 확인하는 일도 앞서 소개한 요소들 못지않게 중요하다. 대부분의 개발자는 고품질의 코드를 작성하려고 노력하기 때문에 자신의 프로그램에 보안 취약점이 발견되지 않을 것이라고 생각한다. 하지만 컨테이너는 내가 직접 작성한 프로그램뿐 아니라 컨테이너가 빌드될 때 설치되었던 라이브러리들을 함께 구성한다는 사실을 잊지 말자. 컨테이너는 빌드될 때 애플리케이션 구동에 필요한 의존성들을 풀pull하는 일종의 운영체제와 같다. 예를 들어 당신이 컨테이너에서 플라스크와 같은 웹 프레임워크를 이용해서 모델을 서비스하는 경우 플라스크 자체뿐 아니라 플라스크의 수많은 종속성을 다운로드받게 된다. 이중 하나 때문에 보안 취약점Common Vulnerabilities and Exposures (CVE)이 생길 수 있다는 사실을 알고 있어야 한다. 예를 들어 플라스크 1.1.2의 종속성은 다음과 같다.

```
click==7.1.2
itsdangerous==1.1.0
Jinja2==2.11.2
MarkupSafe==1.1.1
Werkzeug==1.0.1
```

CVE는 언제든지 보고될 수 있기 때문에 취약성 경고에 사용되는 소프트웨어 시스템은 보고 시 늦지 않게 알릴 수 있도록 하루에도 여러 번 업데이트되어야 한다. 물론 최신 버전 플라스크를 이용해 작성된 핵심 소스 코드가 지금 당장에는 취약하지 않을 가능성이 매우 높지만, 다음 날 아침에 새로운 CVE가 보고될 가능성이 정확히 0%가 아니라는 사실을 잊지 말자. 많은 보안 솔루션이 이러한 취약점들로 인해 발생하는 위험을 줄이기 위해 컨테이너의 취약성을 검사하고 보고하는 작업에 특화되어 있다. 이러한 보안 도구들은 애플리케이션을 실행하기 위해 설치하는 각종 라이브러리들과 운영체제의 패키지들을 살펴보며 취약성 보고서를 제공한다.

Anchore 사가 공개한 **grype**는 쉽게 설치하여 빠르게 사용해볼 수 있는 컨테이너 이미지 보안 도구이다. 리눅스나 맥OS의 경우 아래 명령어를 이용해 설치할 수 있다.[7]

```
$ curl -sSfL
https://raw.githubusercontent.com/anchore/grype/main/install.sh | sh -s
```

물론, 맥OS의 경우 아래와 같은 명령어를 이용해 설치할 수 있다.

```
$ brew tap anchore/grype
$ brew install grype
```

맥OS의 홈브루[brew]와 같은 패키지 관리자를 이용하는 대신 **curl**을 이용해 설치하면 **grpye** 실행 파일이 현재 작업 디렉토리의 bin/ 경로에 배치된다는 장점이 있다. 이 **grpye** 실행 파일을 지속적 통합 시스템에 배치하면 취약성을 자동으로 보고하도록 만들 수 있을 것이다. 다시 돌아와서 **grpye** 설치가 완료되면 다음과 같이 파이썬 버전 3.8 컨테이너에 대해 취약점 분석을 실행해본다.[8]

---

7 옮긴이_ 2022년 10월 기준 grype는 윈도우 운영체제 설치를 지원하지 않는다.
8 옮긴이_ curl을 이용해 설치한 경우 ./bin/grype을 사용해 grype를 실행한다.

```
$ grype python:3.8
✔ Vulnerability DB        [no update available]
.:. Loading image         ──────────────── [requesting image from docker]
✔ Loaded image
✔ Parsed image
✔ Cataloged image         [433 packages]
✔ Scanned image             [1540 vulnerabilities]
```

놀랍게도 1,000개가 넘는 취약점이 발견됐다. 실제 출력 결과는 너무 길어서 심각성이 높은 결과만 골라냈다.

```
$ grype python:3.8 ¦ grep High
[...]
python2.7       2.7.16-2+deb10u1  CVE-2020-8492     High
```

심각성이 높은 취약점들만 추려낸 결과가 보고된 문제들은 처음에 비해서 많이 줄었다. 하지만 여전히 적은 양은 아니기에 그중 하나만 살펴보도록 하자. 해커가 CVE[9]를 이용해 공격하는 경우 시스템이 완전히 멈춰버릴 가능성이 있어서 굉장히 위험하다. 이 컨테이너 이미지는 파이썬 버전 3.8을 실행하기 위해 만들어졌지만 개발자의 편의를 위해 과거 버전을 포함하고 있으므로 파이썬 버전 2의 취약점이 함께 보고된 것이다. 물론 컨테이너에서 실행되는 우리의 애플리케이션이 파이썬 버전 2.7을 사용하지 않는 경우에는 이 컨테이너를 사용한다고 하더라도 시스템이 위험하지는 않다.[10] 중요한 것은 이제 서비스를 프로덕션 환경으로 배포하기 전에 취약점을 보고받을 수 있고, 이를 검토하여 적절한 판단을 내릴 수 있게 되었다는 것이다.

```
$ grype --fail-on=high centos:8
 [...]
discovered vulnerabilities at or above the severity threshold!
```

마지막으로 위와 같이 심각성이 높은 취약점이 발견될 때 취약성 검사를 실패로 간주하도록 만드는 방법을 알아두도록 하자. 견고한 도커파일 작성을 돕는 린팅과 마찬가지로 자동화된 컨테이너 이미지 취약점 분석은 견고한 이미지를 빌드하는 데 도움을 줄 수 있을 것이다.

---

9 https://oreil.ly/6Q1O2

10 옮긴이_ 2022년 10월 기준 python:3.8 컨테이너 이미지에서 python 2.7과 관련된 취약점은 발견되지 않았다. CVE는 언제든지 새로 발견될 수도 있을 뿐 아니라 소프트웨어나 이미지가 업데이트되며 해결될 수도 있다.

3.1.5 HTTP로 모델 서빙하기

지금까지 컨테이너를 생성하는 데 필요한 핵심 개념을 정리했다. 이제 배운 내용을 응용해볼 차례이다. 플라스크 웹 프레임워크 기반의 간단한 HTTP API를 통해 훈련된 모델을 서빙하는 컨테이너를 만들어보자. requirements.txt 파일이 현재 작업 디렉터리에 있다고 가정하고 파일을 작성한다.[11]

```
FROM python:3.8

ARG VERSION

LABEL org.label-schema.version=${VERSION}

RUN python3 -m pip install --upgrade pip

COPY ./requirements.txt /ws/requirements.txt

WORKDIR /ws

RUN pip install -r requirements.txt

COPY ./webapp/ /ws

ENTRYPOINT [ "python3" ]

CMD [ "app.py" ]
```

이 파일에는 앞서 다루지 않았던 몇 가지 새로운 명령어가 있다. 우선 **ARG** 명령어를 통해 **VERSION**이라는 인수를 정의한다. 이 인수는 **LABEL** 명령어에서 변수로 쓰인다. **LABEL** 명령어를 이용하면 컨테이너에 레이블을 지정할 수 있다. 이때 레이블 스키마 컨벤션[12]을 이용하면 레이블 형식을 정규화할 수 있다. 컨테이너 이미지의 레이블에 다양한 종류의 정보를 기록해둘 수 있겠지만, 필자는 모델 버전을 기록하는 상황을 모사해볼 것이다. 모델이 학습되어 컨테이너 이미지에 포함된 날로부터 오랜 시간이 지나서 컨테이너에서 실행되고 있는 모델을 교체하거나 재학습하는 상황을 떠올려보자. 이런 경우 도커 컨테이너에 직접 접속해서 모델 파일을 확인해보는 등의 복잡한 작업 없이도 빠르게 컨테이너에서 실행되고 있는 모델에 대한 정보를

---

11 옮긴이_ 파일 디렉터리 구조는 https://github.com/ProtossDragoon/flask-docker을 참고하라.

12 https://oreil.ly/PtOSK

담고 있는 레이블은 큰 도움이 될 수 있다.

그리고 COPY 명령을 실행하면 requirements.txt 파일이 컨테이너에 복사될 것이다. 아래와 같은 종속성을 가진 설치될 파이썬 패키지 정보와 버전 정보가 포함된 요구 사항 파일을 생성하자.

```
Flask==2.1.0
tensorflow<=2.10
```

이제 작업 디렉토리에 새로운 폴더 webapp을 생성하고 다음과 같은 app.py 파일을 추가한다.

```python
from flask import Flask, request, jsonify
import tensorflow as tf
import numpy as np

app = Flask(__name__)

def preprocess(payload):
    country = {
        'Europe': 0.,
        'Japan': 0.,
        'USA': 0.,
    }
    if payload['Country'] == 'Europe':
        country['Europe'] = 1
    if payload['Country'] == 'Japan':
        country['Japan'] = 1
    if payload['Country'] == 'USA':
        country['USA'] = 1

    return np.array([
        float(payload['Cylinders']),
        float(payload['Displacement']),
        float(payload['Horsepower']),
        float(payload['Weight']),
        float(payload['Acceleration']),
        float(payload['ModelYear']),
        float(country['Europe']),
        float(country['Japan']),
        float(country['USA']),
    ])
```

```python
@app.route("/")
def home():
    return "<h3>텐서플로 자동차 연비 예측 플라스크 서비스 컨테이너</h3>"

@app.route("/predict", methods=['POST'])
def predict():
    """
    Input sample:
    {
        "Cylinders": 8,
        "Displacement": 390.0,
        "Horsepower": 190,
        "Weight": 3850,
        "Acceleration": 8.5,
        "ModelYear": 2019,
        "Country": "USA",
    }

    Output sample:
    {
        "MPG": [ 16.075947 ]
    }
    """
    model = tf.keras.models.load_model('./mlp-model')
    preprocessed_payload = preprocess(request.json)
    prediction = list(model(preprocessed_payload)[0].numpy())
    prediction = [float(x) for x in prediction]
    return jsonify({'MPG': prediction})

if __name__ == "__main__":
    app.run(host='0.0.0.0', port=5000, debug=True)
```

마지막으로 필요한 것은 사전학습된 모델 파일이다. 위 플라스크 API는 자동차 연비 예측 데이터셋AutoMPG[13]으로 학습한 모델을 서빙할 목적으로 만들어졌다. webapp 디렉토리에 mlp-model이라는 이름으로 텐서플로 savedmodel을 저장한다. 텐서플로 savedmodel을 직접 생성해보고 싶은 경우 깃허브 저장소의 노트북[14]을 참고하라. 사전학습된 텐서플로 savedmodel

13 옮긴이_ https://archive.ics.uci.edu/ml/datasets/auto+mpg
14 옮긴이_ https://github.com/ProtossDragoon/flask-docker/blob/master/notebooks/auto-mpg.ipynb

파일도 깃허브 저장소[15]에서 확인할 수 있다.

```
.
├── Dockerfile
├── notebooks
├── webapp
├── predict.py
└── requirements.txt
```

준비를 모두 마쳤으면 이제 컨테이너 이미지를 빌드할 차례이다. 앞서 언급했던 모델의 버전 정보를 레이블로 추가하여 빌드를 시작한다. 당연히 아래 작성되어 있는 것처럼 꼭 AutoMPGDNNv1일 필요는 없다. 해당 값을 기록하고 싶은 정보로 자유롭게 바꿔도 좋다. --build-arg 옵션을 아예 사용하지 않아도 상관없다.

```
$ docker build . -t flask-docker:v1 --build-arg VERSION=AutoMPGDNNv1
[+] Building 236.7s (11/11) FINISHED
 => [internal] load build definition from Dockerfile
 => => transferring dockerfile: 37B
 => [internal] load .dockerignore
 => => transferring context: 2B
 => [internal] load metadata for docker.io/library/python:3.8
 => [1/6] FROM docker.io/library/python:3.8
 => [internal] load build context
 => => transferring context: 1.06kB
 => CACHED [2/6] RUN python3 -m pip install --upgrade pip
 => CACHED [3/6] COPY ./requirements.txt /ws/requirements.txt
 => CACHED [4/6] WORKDIR /ws
 => CACHED [5/6] RUN pip install -r requirements.txt
 => CACHED [6/6] COPY ./webapp/ /ws
 => exporting to image
 => => exporting layers
 => => writing image sha256:7428cf054d669e1d65be7d8781ce22fa428235d3fd9884f82760582d9a7
70dfb
 => => naming to docker.io/library/flask-docker:v1
```

빌드 후 이미지가 잘 만들어졌는지 다시 확인한다.

----

15 옮긴이_ https://github.com/ProtossDragoon/flask-docker

```
$ docker images flask-docker
```

-p 옵션을 이용해 컨테이너의 5000번 포트를 노출시키는 동시에 호스트 컴퓨터의 5001번 포트에 컨테이너의 5000번 포트를 매핑한다. --name 옵션을 이용해 컨테이너 이름을 자동으로 생성하는 대신 flask-docker로 명시한다. 앞서 배웠던 -d 플래그를 사용하여 컨테이너가 백그라운드에서 실행되도록 한다. 컨테이너가 잘 실행되고 있는지 확인해본다.

```
$ docker run --rm -p 5001:5000 -d --name flask-docker flask-docker:v1
c9c0a7c2c3c666ad46e43873ad73662fe9ea6c49539746ef562a3c9f1146d2bb
$ docker ps
CONTAINER ID IMAGE          COMMAND         ...   PORTS                 NAMES
c9c0a7c2c3c6 flask-docker:v1 "python3 app.py" ... 0.0.0.0:5001->5000/tcp flask-docker
```

웹 브라우저의 주소창에 http://localhost:5001을 입력하면 app.py의 home() 함수가 반환하는 HTML 문서 "〈h3〉텐서플로 자동차 연비 예측 플라스크 서비스 컨테이너〈/h3〉"를 확인할 수 있다. 당연히 브라우저를 통해 접속하는 대신 curl 명령줄 도구를 사용해도 좋다.

```
$ curl localhost:5001
<h3>텐서플로 자동차 연비 예측 플라스크 서비스 컨테이너</h3>%
```

웹 브라우저나 curl을 포함해서 HTTP 요청과 응답을 처리할 수 있는 그 어떠한 프로그래밍 언어나 도구든 상관없이 머신러닝 추론 서비스를 이용할 수 있게 되었다. 이번 실습에서는 JSON 데이터와 함께 POST 요청을 보내기 위해 파이썬과 requests[16] 라이브러리를 사용한다.

```
import requests
import json

url = "http://localhost:5001/predict"

data = {
    "Cylinders": 8,
    "Displacement": 390.0,
    "Horsepower": 190,
    "Weight": 3850,
```

---

16 옮긴이_ 가상 환경을 생성하고 pip 패키지 관리자를 이용해 requests 라이브러리를 설치할 수 있다.

```
    "Acceleration": 8.5,
    "ModelYear": 2019,
    "Country": "USA",
}

input_data = json.dumps(data)
headers = {"Content-Type": "application/json"}
response = requests.post(url, input_data, headers=headers)
print(response.text)
```

작업 디렉토리의 **predict.py** 파일을 생성하고 위 스크립트를 작성한다. 스크립트를 실행하면
아래와 같은 결과를 얻을 수 있다.

```
$ python3 predict.py
{
  "MPG": [
    15.871747970581055
  ]
}
```

컨테이너화된 배포는 프로그램 사용 시 실행 환경을 구성하며 발생할 수 있는 수많은 문제를
생략해 줄 수 있다는 점에서 특히 훌륭하다. 게다가 컨테이너화된 배포는 반복적으로 재사용
가능한 시스템을 구성하는 데 도움을 주기도 한다. 이번 절에서는 머신러닝 모델을 서빙하는
컨테이너를 생성, 실행, 배포하는 방법에 대해 살펴보았다. 이를 응용하여 아직 컨테이너 기반
으로 작동되고 있지 않은 머신러닝 프로젝트 환경 구성을 자동화해보자. 이를 통해 개발 속도
와 안정성 모두를 향상시킬 수 있을 것이다.

지금까지 살펴본 컨테이너 기술 외에도 엣지 디바이스를 이용해 사용자에게 가까이 다가가려
는 움직임이 있다고 했다. 이어지는 절에서 엣지 디바이스에 대해 자세히 알아보자.

3.2 엣지 디바이스

불과 몇 년 전까지만 하더라도 머신러닝 추론 작업을 빠르게 계산하는 데 들어가는 비용은 천
문학적이었다. 오늘날에는 머신러닝의 복잡한 기능들도 개인 컴퓨터에서 어렵지 않게 실행할

수 있을 정도로 연산 가능한 수준의 역치가 높아졌다. 프로세서가 강력해지면서 가격은 꾸준히 내려갔기 때문이다. 심지어 몇몇 프로세서는 머신러닝 작업 처리를 주요 목표로 설계 및 제작되고 있다. 스마트폰같이 작은 장치에도 이러한 머신러닝 전용 프로세서가 요구되곤 했는데, 프로세서를 탑재하기 위해서는 아주 빠르면서도 더 작아질 필요가 있었다. '엣지 디바이스에 배포한다'라는 이야기는 한 번쯤 들어봤으리라 생각한다. '엣지 디바이스'란 쉽게 말해 사용자와 물리적으로 가깝지만 연산자원이 제한적인 스마트폰, 라즈베리 파이, 마이크로컨트롤러와 같은 기기를 의미한다. 엣지 디바이스 머신러닝 시스템 구축의 목표는 사용자의 요청을 데이터 센터까지 전송하고 값비싼 연산을 거친 뒤 결괏값을 반환하는 대신 사용자의 요청에 훨씬 빠른 응답을 제공하는 것이다.

엣지 컴퓨팅은 연산 자원이 사용자에게 가까울수록 사용자의 요청에 대한 응답이 빨라질 것이라는 당연한 아이디어에서 출발한다. 오늘날에는 엣지 디바이스와 데이터 센터 중 어느 위치에 머신러닝 모델을 배포할지는 어느 정도 정해져 있다고도 할 수 있다. 하지만 앞서 언급했듯 프로세서는 점점 더 작아지고 빨라지며 머신러닝에 특화된 프로세서도 빠른 속도로 개발되고 있다. 그래서 미래에는 엣지 디바이스에서 더 많은 머신러닝 작업을 수행할 수 있게 될 것이라고 예상한다. 머신러닝 작업을 수행할 수 있는 엣지 디바이스의 영역 또한 크게 확장될 것이다.

애플리케이션 데이터를 호스팅하는 데이터 센터가 전국 곳곳에 설치된 국가의 사람들이라면 흔히 말하는 '렉 걸림' 현상을 잘 겪지 않는다. 반면 그렇지 못한 국가들의 사정은 다르다. 예를 들어 페루는 같은 남미 대륙의 다른 국가들과 연결되는 몇 개의 해저 케이블을 가지고 있지만 북미 대륙의 미국과 이어 주는 케이블은 없다. 이는 페루에서 미국의 클라우드 데이터 센터로 사진을 전송하는 경우, 중앙아메리카에 위치해 북미 대륙으로 이어지는 통신망을 갖춘 파나마보다 기하급수적으로 더 오래 걸린다는 것을 의미한다. 사진 업로드뿐만 아니라 전송된 데이터에 대해 머신러닝 예측과 같은 계산 연산이 수행되어야 한다면 상황은 더욱 악화된다. 스마트팜, 자율주행차와 같이 인터넷이 동작하지 않는 원격지에서 머신러닝 모델이 작동해야 하거나 빠른 추론이 요구되는 경우 엣지에 머신러닝 모델을 배치하는 것이 데이터 센터에 배치하는 것보다 유리하다. 이번 절에서는 사용자 가까이에 위치한 엣지 디바이스에서 빠른 추론을 수행할 수 있는 방법들과 이를 통해 얻을 수 있는 이점에 대해 살펴본다.

3.2.1 구글 코랄

엣지 배포의 본질은 빠르고, 사용자와 밀접하게 상호작용하고, 인터넷 없이도 잘 작동하도록 만드는 것이다. 코랄 프로젝트^{Coral Project}[17]는 엣지 배포의 본질을 지키며 엣지 디바이스에서 머신러닝 추론을 할 수 있도록 돕는 플랫폼이다.[18] 이번 절에서는 텐서플로 라이트 모델들을 실행할 수 있는 USB 형태의 가속기에 대해 다룬다. 대부분의 텐서플로 라이트 모델들을 컴파일하여 이 엣지 텐서 처리 장치^{Tensor Processing Unit}(TPU)에서 실행할 수 있다. 엣지 디바이스에서 머신러닝 모델이 실행되도록 만들 때 고려해야 하는 점들이 있다. 첫째, 실행하고자 하는 머신러닝 연산 및 가속이 지원되는 하드웨어인지 확인해야 한다. 둘째, 엣지 디바이스에 머신러닝 모델을 설치하는 방법이 잘 안내되어 있는지와 셋째, 엣지 배포 관련 소프트웨어 간의 호환성은 괜찮은지를 확인해야 한다. 코랄 엣지^{Coral Edge} TPU는 이 세 가지 측면을 모두 충족했다고 생각한다. 대부분의 텐서플로 라이트 모델들은 컴파일만 무사히 마치면 별다른 문제없이 TPU에서 실행이 가능하다.

간단한 코랄 예제를 실행하기 위해서는 코랄 TPU 런타임과 텐서플로 런타임이 필요하다. 먼저 코랄 TPU 런타임을 설치해보자. 필자의 경우 런타임 압축파일을 다운로드하고 설치 프로그램 스크립트를 실행하는 방식으로 설치했다.

```
$ curl -LO https://github.com/google-coral/libedgetpu/releases/download/release-grouper/
edgetpu_runtime_20221024.zip
[...]
$ unzip edgetpu_runtime_20221024.zip
Archive:  edgetpu_runtime_20221024.zip
   creating: edgetpu_runtime/
  inflating: edgetpu_runtime/uninstall.bat
  inflating: edgetpu_runtime/uninstall.sh
inflating: edgetpu_runtime/install.sh
[...]
$ cd edgetpu_runtime
$ sudo bash install.sh
[...]
Note: This question affects only USB-based Coral devices, and is irrelevant for PCIe
```

---

17 https://coral.ai
18 옮긴이_ 라즈베리 파이와 같은 엣지 컴퓨터들은 낮은 전력만으로 동작하며 머신러닝 모델의 실행을 고려하지 않는 경우가 많다. 라즈베리 파이에 USB 포트를 통해 구글 코랄을 연결하면, 머신러닝 연산을 위해 설계된 구글 코랄 TPU에서 모델을 실행한 뒤 결과값만을 받아오도록 만들 수 있다.

```
devices.
.........................................................................
Would you like to enable the maximum operating frequency for your Coral USB device? Y/N
Y
Using the maximum operating frequency for Coral USB devices.
Running 'brew update --auto-update'...
[...]
Installing Edge TPU runtime library [/usr/local/lib]...
Generating symlink [/usr/local/lib/libedgetpu.1.dylib]...
```

> **NOTE_** 이 책의 설치 스크립트는 맥OS[19]을 기준으로 작성되었으므로 다른 운영체제를 사용하는 경우 책
> 에 제시된 내용과 다를 수 있다. 지원이 필요한 경우 시작 설명서[20]를 참조하라.

코랄팀은 TPU가 정상적으로 작동하는지를 빠르게 확인할 수 있도록 작은 머신러닝 모델을
TPU에서 실행하는 파이썬 스크립트를 제공한다. 소스 코드를 저장할 폴더를 생성하고 코랄팀
이 제공하는 저장소를 복제한다.

```
$ mkdir google-coral && cd google-coral
$ git clone https://github.com/google-coral/tflite --depth 1
[...]
Resolving deltas: 100% (4/4), done.
$ cd tflite/python/examples/classification
```

> **NOTE_** git 명령은 얕은 복제를 수행하는 --depth 1 플래그를 사용한다. 이 예제에서는 저장소의 최신
> 변경 사항만 사용하므로 저장소의 소스 코드 변화 기록까지 컴퓨터에 복제할 필요가 없다.

아래의 명령을 사용하여 파이썬 가상 환경을 생성한다. 가상 환경을 활성화한 후 which 명령
어가 찾는 파이썬 인터프리터 실행 파일의 경로가 시스템 기본 경로가 아닌 가상 환경의 파이
썬 인터프리터인지 한번 더 확인한다.

---

19 옮긴이_ 필자는 인텔 CPU가 탑재된 맥OS 컴퓨터를 기준으로 코드를 작성했다. 애플의 M시리즈 CPU가 탑재된 컴퓨터에서는 실습
  이 불가능하다. 라즈베리파이 등 플랫폼을 이용할 것을 추천한다.
20 https://oreil.ly/B16Za

```
$ which python3
/usr/bin/python3
$ python3 -m venv coral-venv
$ source venv/bin/activate
$ which python
~/google-coral/tflite/python/examples/classification/coral-venv/bin/python
```

가상 환경이 활성화되었다면 두 개의 라이브러리 종속성과 텐서플로 라이트 런타임 지원을 설치한다.

```
$ pip install numpy Pillow
$ pip install https://github.com/google-coral/pycoral/releases/download/
release-frogfish/tflite_runtime-2.5.0-cp38-cp38-macosx_10_15_x86_64.whl
```

위 명령어대로 설치를 시도할 때 긴 URL 주소가 적혀 있는 줄을 그대로 입력하면 오류가 발생할 수 있다. 저 라이브러리는 운영체제나 CPU 아키텍처에 따라 얼마든지 달라질 수 있는 링크이기 때문이다. 텐서플로 라이트용 파이썬 설치 안내서[21]에 사용 중인 플랫폼에 대해 어떤 URL주소를 사용해야 하는지 확인해볼 수 있다. 이제 모든 설치는 끝났다. 스크립트를 실행하기 위해 아래와 같이 도움말을 확인해보자.

```
$ python3 classify_image.py -h
usage: classify_image.py [-h] -m MODEL -i INPUT [-l LABELS] [-k TOP_K] [-t THRESHOLD]
[-c COUNT]

optional arguments:
[...]
```

도움말을 통해 우리에게 필요한 내용이 무엇인지 간접적으로 확인할 수 있다. 코랄 AI 사이트[22]에서 이미지 분류용 사전 학습 모델을 찾아볼 수 있다. 천 가지 이상의 곤충을 인식할 수 있는 'iNat insects' 모델을 찾고 **tflite** 파일과 레이블을 다운로드받는다.

모델, 레이블, 이미지에 대한 디렉토리를 만들고, 필요한 파일을 디렉토리에 각각 배치한다. 이번 실습에서는 굳이 디렉토리를 만들어 각각의 파일들을 분류할 필요가 없지만 나중에 더 많은

---

21 https://oreil.ly/VjFoS
22 https://oreil.ly/VZAun

TPU 장치에 각종 분류 모델, 레이블, 이미지를 추가하기 시작하면 유용할 수 있다. 최종 디렉
토리 구조는 아래와 같다.

```
.
├── README.md
├── classify.py
├── classify_image.py
├── images
│   └── macro-1802322_640.jpg
├── install_requirements.sh
├── labels
│   └── inat_insect_labels.txt
└── models
    └── mobilenet_v2_1.0_224_inat_insect_quant_edgetpu.tflite

3 directories, 7 files
```

마지막으로 코랄 장치를 사용하여 분류 작업을 시도할 수 있다. 장치가 USB 케이블에 연결되
어 있는지 확인한다. 아래와 같은 에러 메시지가 출력되면 케이블에 연결되어 있지 않았을 가
능성이 높다.

```
Traceback (most recent call last):
  File "classify_image.py", line 122, in <module>
    main()
  File "classify_image.py", line 99, in main
    interpreter = make_interpreter(args.model)
  File "classify_image.py", line 72, in make_interpreter
    tflite.load_delegate(EDGETPU_SHARED_LIB,
  File "~/lib/python3.8/site-packages/tflite_runtime/interpreter.py",
    line 154, in load_delegate
        raise ValueError('Failed to load delegate from {}\n{}'.format(
  ValueError: Failed to load delegate from libedgetpu.1.dylib
```

장치를 연결하고 명령을 다시 실행해보자.

```
$ python3 classify_image.py \
--model models/mobilenet_v2_1.0_224_inat_insect_quant_edgetpu.tflite \
--labels labels/inat_insect_labels.txt \
--input images/macro-1802322_640.jpg
```

```
----INFERENCE TIME----
Note: The first inference on Edge TPU is slow because it includes loading the model
into Edge TPU memory.
11.9ms
2.6ms
2.5ms
2.5ms
2.4ms
-------RESULTS--------
Lucilia sericata (Common Green Bottle Fly): 0.43359
```

이미지가 '파리' 클래스로 올바르게 분류된다. 다른 곤충 사진을 사용하여 모델이 다른 입력값에는 어떻게 작동하는지 확인해보자.[23]

3.2.2 애저 퍼셉트

필자가 책을 집필할 당시 마이크로소프트는 애저 퍼셉트Azure Percept라는 플랫폼과 하드웨어를 출시했다. 비록 애저 퍼셉트의 다양한 기능을 직접 사용해볼 시간이 충분하지 않았지만 이 책의 주제에 맞춰 짧게 언급할 가치가 있다고 생각한다.

앞서 소개했던 코랄 엣지 TPU와 같은 엣지 디바이스에 머신러닝 모델을 배포하는 본질적인 이유가 애저 퍼셉트에도 동일하게 적용된다. 애저 퍼셉트도 머신러닝 작업들이 에저에서 원활하게 동작할 수 있도록 돕는다.

애저 퍼셉트가 하드웨어를 중심으로 홍보되는 경향이 있다. 하지만 필자는 애저 퍼셉트가 단순히 엣지 컴퓨팅을 지원하는 하드웨어를 넘어 애저 클라우드를 바탕으로 머신러닝 모델 학습, 배포, 관리가 가능한 일종의 플랫폼이라는 점을 강조하고 싶다.

---

23 옮긴이_ 코랄 디바이스와 라즈베리파이 등 준비물이 없어 실습하기 어렵다면 대신 동영상(https://youtu.be/QqTLkw1IenI)을 확인해보자. 엣지 디바이스의 일종인 라즈베리파이에 구글 코랄 엣지 TPU를 사용하는 경우와 사용하지 않는 경우의 퍼포먼스 차이를 간접적으로 확인해볼 수 있다.

3.2.3 텐서플로 허브

텐서플로 모델을 찾을 수 있는 훌륭한 리소스는 텐서플로 허브TensorFlow Hub[24]이다. 텐서플로 허브에는 사전학습된 텐서플로 모델 수천 개가 보관되어 있다. 하지만 텐서플로 허브에서 다운로드받은 모델을 코랄 엣지 TPU에 사용한다면 정상적으로 작동하지 않는 문제를 맞닥뜨릴지도 모른다. TPU의 특수한 명령들을 사용하기 위해 TPU가 실행 가능한 형태로 컴파일되지 않았기 때문이다.

그대신 텐서플로 허브는 컴파일 없이 TPU에서 곧바로 실행 가능한 형식의 사전학습 모델만을 골라볼 수 있는 기능을 제공한다. [그림 3-2]와 같이 코랄 형식을 클릭하면 엣지 TPU에 사용할 수 있는 모델들의 목록을 볼 수 있다.[25]

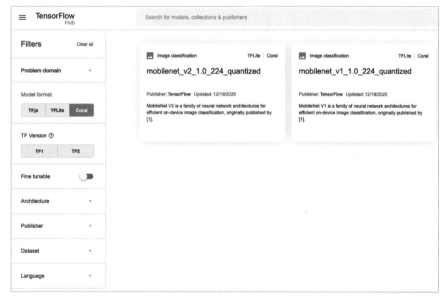

그림 3-2 텐서플로 허브 코랄 모델

MobileNet Quantized V2 분류모델은 천 종류의 물체를 분류해 낼 수 있도록 사전학습되어 있다. 머신러닝 모델의 출력값을 이해하기 위해 레이블 정보를 다운로드받아야 한다는 사실도 잊지 말자.

----

[24] https://tfhub.dev
[25] https://oreil.ly/mJv9N

3.2.4 구글 코랄 엣지 TPU 컴파일러

앞서 언급했듯 사용 목적에 부합하는 모델을 찾아냈음에도 TPU 장치에서 작동할 수 있는 형태로 컴파일되어 있지 않아서 코랄에서 사용하지 못할 수 있다. 이런 상황에 대응할 수 있도록 코랄팀은 엣지 TPU 컴파일러를 제공한다. 하지만 모든 운영체제에 대해 컴파일러 설치를 지원하지는 않는다. 창의적이면서도 자동화가 가능한 방법이 무엇인지 생각해보자. 공식 문서[26]에 따르면 컴파일러는 데비안^{Debian} 또는 우분투^{Ubuntu} 리눅스에만 설치할 수 있지만 평소 이들 운영체제를 사용하는 경우는 흔하지 않다. 대신 앞서 공부했던 컨테이너 기술을 사용하여 운영체제 호환성 문제를 회피할 수 있다.[27] 컴파일러 문제를 해결하기 위한 데비안 기반 컨테이너를 만들고 필요한 프로그램들을 설치해보자. 아래와 같이 새로운 도커파일을 만들어본다.

```
FROM debian:stable

RUN apt-get update && apt install -yq curl build-essential gnupg

RUN curl https://packages.cloud.google.com/apt/doc/apt-key.gpg | apt-key add -

RUN echo "deb https://packages.cloud.google.com/apt coral-edgetpu-stable main" | tee /
etc/apt/sources.list.d/coral-edgetpu.list

RUN apt-get update && apt-get install -yq edgetpu-compiler

CMD ["/bin/bash"]
```

---

26 옮긴이_ https://coral.ai/docs/edgetpu/compiler/

27 옮긴이_ 책 집필 당시와 다르게 2023년 1월 기준 엣지 TPU 컴파일러는 ARM 아키텍처를 지원하지 않는다. 2022년 말 코랄팀에 따르면 당분간은 ARM 아키텍처 지원이 없을 예정이라고 한다. 즉, M1 이상의 애플 실리콘이 탑재된 컴퓨터, 라즈베리파이, 젯슨 등의 플랫폼에서 컨테이너를 이용해 데비안 혹은 리눅스 운영체제를 사용하는 경우에도 실행이 불가능하다. 이 경우 구글 코랩을 이용하도록 하자. 책의 내용과 유사한 튜토리얼은 https://colab.research.google.com/github/google-coral/tutorials/blob/master/compile_for_edgetpu.ipynb에서 확인할 수 있다.

도커파일을 사용하여 컴파일러를 실행할 새 이미지를 만든다.

```
$ docker build -t tpu-compiler .
[+] Building 15.5s (10/10) FINISHED
=> => transferring dockerfile: 408B
[...]
=> [5/5] RUN apt update && apt install -yq edgetpu-compiler
=> exporting to image
=> => exporting layers
=> => writing image
 sha256:08078f8d7f7dd9002bd5a1377f24ad0d9dbf8f7b45c961232cf2cbf8f9f946e4
=> => naming to docker.io/library/tpu-compiler
```

아직 컴파일되지 않았지만 TPU에서 동작하기 위해 컴파일이 가능한 모델[28]을 찾는다.

> **NOTE_** 텐서플로 라이트용으로 사전 컴파일되고 양자화된 모델만 컴파일러와 함께 동작한다. 컴파일러로 변환하기 위해 모델을 다운로드하기 전에 모델이 tflite 형식이고 양자화[29]되었는지 확인해야 한다.[30]

터미널에서 아래 스크립트를 실행하면 도커파일이 저장된 디렉토리에 해당 모델파일을 다운로드한다.

```
$ wget -O mobilenet_v1_50_160_quantized.tflite \
https://tfhub.dev/tensorflow/lite-model/\
mobilenet_v1_0.50_160_quantized/1/default/1?\
lite-format=tflite
[...]
--2023-01-19 12:27:18--  https://tfhub.dev/tensorflow/lite-model/mobilenet_v1_0.50_160_
quantized/1/default/1?lite-format=tflite
[...]
2023-01-19 12:28:24 (22.1 KB/s) - 'mobilenet_v1_50_160_quantized.tflite' 저장함
[1364512/1364512]
```

---

28 https://oreil.ly/b7o64

29 옮긴이_ 양자화는 부동소수점 형식을 적절한 정수 형식으로 변환하는 과정을 의미한다.

30 옮긴이_ 두 조건을 만족하는 tflite 모델을 찾기 어려울 수 있다. 당시에 비해 8비트 정수로 양자화된 tflite 모델의 수가 크게 늘어나지 않았기 때문이다. 대신 일반적인 텐서플로 모델을 직접 양자화하여 tflite 모델로 변경한 뒤 TPU 컴파일러를 사용할 수 있다. 이 방법에 대해서는 코랄 공식 문서 https://coral.ai/docs/edgetpu/models-intro 와 텐서플로 공식 문서 https://www.tensorflow.org/lite/performance/post_training_quantization 를 참고하라.

모델을 다운로드하기 위해 명령행 인터페이스을 사용했지만 텐서플로 허브 웹 사이트[31]에 직접 접속해서 모델을 다운로드받아도 상관없다.

컨테이너에 컴파일러가 설치되었고 호스트 시스템에는 모델 파일이 준비되었다. 이제 다운로드한 모델을 컨테이너에 넣고, 컴파일이 완료된 파일을 컨테이너에서 꺼내 와야 한다. 이러한 작업을 위해 도커의 바인드 마운트^{bind mount} 기능을 사용할 수 있다. 마운트가 완료되면 호스트와 컨테이너의 디렉토리를 연결하여 컨테이너와 호스트가 파일들을 효과적으로 공유할 수 있게 된다. 컨테이너에서 생성되어 마운트된 디렉토리에 옮겨진 파일은 사용자 로컬 환경에 자동으로 나타난다. 아래와 같이 컨테이너 실행 명령어에 바인드 설정을 추가한다.

```
$ docker run -it -v ${PWD}:/models tpu-compiler
root@5125dcd1da4b:/# cd models
root@5125dcd1da4b:/models# ls
mobilenet_v1_50_160_quantized.tflite
```

이 명령어들을 실행하면 일어나는 일들을 생각해보자. PWD를 사용하여 호스트 시스템에서 컨테이너로 전달하고 싶은 mobile net_v1_50_160_quantized.tflite 파일이 있는 현재 작업 디렉토리를 지정한다. 컨테이너 내부의 /models 디렉토리에서 해당 파일을 확인할 수 있다. 실행할 컨테이너는 tpu-compiler라는 태그가 등록된 이미지로부터 생성된다. 여러분이 이미지를 빌드할 때 다른 태그를 사용했다면 위 명령어에서 tpu-compiler에 해당하는 부분을 업데이트해야 한다. 컨테이너가 실행되고 터미널이 컨테이너에 연결되면 작업 디렉토리를 /models로 변경하고, ls 명령어를 이용해 디렉토리 내용을 나열한 다음 호스트 시스템에서 전달받은 모델 파일을 확인한다. 모델 파일이 존재한다면 이제 컴파일러를 사용할 차례이다.

프로그램 도움말 메뉴를 호출하여 컴파일러 사용 방법을 확인한다.

```
root@5125dcd1da4b:/models# edgetpu_compiler --help
Edge TPU Compiler version 15.0.340273435

Usage:
edgetpu_compiler [options] model...
```

안내된 방법대로 프로그램을 실행하여 모델을 컴파일한다.

....

31 https://oreil.ly/NeI87

```
root@5125dcd1da4b:/models# edgetpu_compiler mobilenet_v1_50_160_quantized.tflite
Edge TPU Compiler version 15.0.340273435

Model compiled successfully in 787 ms.

Input model: mobilenet_v1_50_160_quantized.tflite
Input size: 1.30MiB
Output model: mobilenet_v1_50_160_quantized_edgetpu.tflite
Output size: 1.54MiB
Number of Edge TPU subgraphs: 1
Total number of operations: 31
Operation log: mobilenet_v1_50_160_quantized_edgetpu.log
See the operation log file for individual operation details.
```

작업을 마치기까지는 오랜 시간이 걸리지 않는다. TPU에서 실행될 수 있는 모델파일
(mobilenet_v1_50_160_quantized_edgetpu.tflite)을 포함하여 몇몇 파일들이 생성된
다. 컨테이너를 종료하고 호스트 시스템으로 돌아와서 바인드 마운트된 디렉토리 내부를 확인
해본다.

```
$ ls
mobilenet_v1_50_160_quantized.tflite
mobilenet_v1_50_160_quantized_edgetpu.log
mobilenet_v1_50_160_quantized_edgetpu.tflite
```

필자는 항상 자동화를 강조해왔다. 이제 이 컨테이너가 컴파일을 통해 엣지 TPU용 모델을 만
들 수 있는 소프트웨어라고 생각해보자. 이 소프트웨어는 어느 환경에서든[32] 스크립트 몇 줄만
으로도 모델을 컴파일하는 작업을 실행하도록 자동화될 수 있다. 단, 컴파일러를 사용하기 위
한 모델의 조건들이 있었다. 이 조건들을 만족하지 않으면 컴파일 시 오류가 발생한다. 예를 들
어 양자화되지 않은 모델을 컴파일하려고 시도하는 경우 나타날 수 있는 오류는 아래와 같다.

```
$ edgetpu_compiler vision_classifier_fungi_mobile_v1.tflite
Edge TPU Compiler version 15.0.340273435
Invalid model: vision_classifier_fungi_mobile_v1.tflite
Model not quantized
```

----
32 옮긴이_ 이 점도 앞서 언급한 바 있지만, 2023년 1월 기준 엣지 TPU 컴파일러는 x86 이외의 아키텍쳐(예를 들어 ARM 아키텍쳐)를
지원하지 않는다. 혹자는 x86 아키텍쳐에서 빌드된 컨테이너 이미지를 ARM 아키텍쳐에서 사용하는 방법을 알아볼지도 모르겠다. 하
지만 다른 CPU 아키텍쳐에서 빌드된 컨테이너 이미지는 일반적으로 사용이 불가능하다.

3.3 완전 관리형 머신러닝 시스템을 위한 컨테이너

차세대 MLOps 워크플로의 핵심은 AWS 세이지메이커, 애저 머신러닝 스튜디오, 구글의 버텍스Vertex AI와 같은 높은 추상화 수준의 머신러닝 시스템이다. 이 모든 시스템은 컨테이너 위에서 구축된다고 해도 과언이 아니다. 컨테이너가 없다면 세이지메이커와 같은 플랫폼을 사용하는 것이 훨씬 더 어려울 것이다.

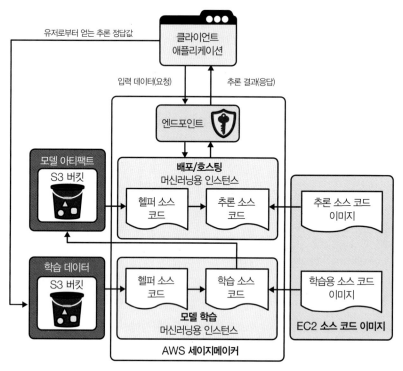

그림 3-3 세이지메이커 컨테이너

[그림 3-3]에서 EC2 컨테이너 레지스트리는 추론 이미지와 학습 이미지가 존재하는 위치다. 컨테이너 레지스트리에 소소 코드 이미지를 만들어 두는 것은 지속적 통합과 지속적 배포 측면에서 DevOps 모범 사례에 해당한다. 컨테이너 기술은 소프트웨어를 '하나의 완성품'처럼 관리하면서 복잡성을 줄이고 머신러닝 아키텍처의 품질을 향상시킬 수 있다. 복잡성을 관리하는 일을 자동화하여 리소스를 절약하면 데이터 드리프트를 보정하는 일, 새로운 모델을 만들기 위해 피처 스토어에서 모델 학습에 적합한 특징을 탐색하는 일, 새로운 모델이 고객의 요구사항

을 만족하고 있는지를 평가하는 일과 같은 중요한 문제들에 절약한 리소스를 분배할 수 있다.

3.3.1 MLOps 컨테이너 거래하기

세이지메이커의 경우 [그림 3-4]와 같이 AWS 마켓플레이스marketplace에서 판매되는 알고리즘
이나 모델을 구매하거나 판매할 수 있다.

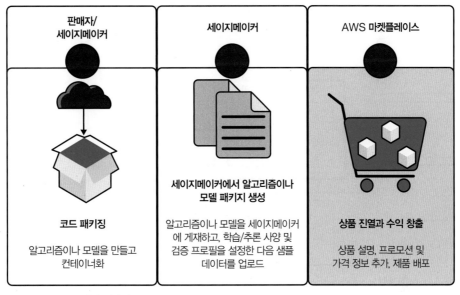

그림 3-4 세이지메이커 셀러 워크플로

프리미엄 장신구를 생산하는 기업은 판매망을 구축하는 일에 리소스를 소모하며 장신구를 판
매하는 일에 집중하기보다 최고의 장신구를 생산해내기 위한 생산 과정을 최적화하여 경쟁력
을 유지하는 데 집중해야 한다. 이러한 관점으로 보았을 때, 머신러닝을 수익화하려는 기업에
서는 모델 판매에 대한 리소스를 줄일수록 득이 될 수 있다. 컨테이너는 머신러닝 모델이나 알
고리즘을 그 어떤 고객에게 제공하기도 쉽다는 장점이 있다.

3.3.2 다양하게 활용되는 컨테이너

컨테이너 기반의 MLOps는 제품화와 개발 모두에 용이하도록 다양한 옵션을 제공한다. 컨테이너가 중심이 되는 MLOps에서 컨테이너로 패키징되어 레지스트리에 등록된 이미지는 여러 환경으로 배포되고 사용될 수 있다(그림 3-5). MLOps와 컨테이너 기술은 컨테이너가 비즈니스 가치를 제공하는 데 도움이 된다는 점에서 상호보완적이다.

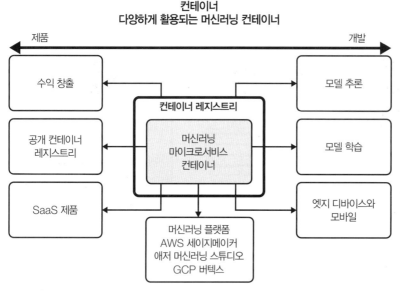

그림 3-5 다양하게 활용되는 컨테이너

3.4 마치며

컨테이너를 이용한 머신러닝 모델 배포 그리고 엣지 환경과 관련하여 반드시 알아야 할 내용을 정리하며 이번 장을 마무리해보자. 머신러닝 모델을 운영하며 배포를 해야 하는 상황에 놓이면 다양한 고민을 하게 된다. 그중 커다란 두 가지의 얼개는 컨테이너와 엣지 디바이스이다. 컨테이너 기술은 환경을 더 빠르고 안정적으로 재현할 수 있도록 지원한다. 시스템 환경은 반복적으로 재현 가능하도록 만드는 것은 불과 몇 년 전만 해도 굉장히 어려운 문제였다. 이러한 문제를 해결하는 데 컨테이너 기술이 크게 기여했다. 컨테이너와 클라우드를 이용하여 자원을 필요에 따라 빠르게 확장하거나 축소하고 앞선 예시들에서 살펴볼 수 있었듯 배포 환경을 쉽게 전환할 수 있다. 반면 최근에는 스마트폰이나 그보다 훨씬 작은 마이크로디바이스에 모델을 배포하는 일이 흔해지고 있다. 엣지 디바이스에서 수행되는 추론 작업은 오프라인 환경에서도 동작할 수 있다는 장점이 있고, 서버에 모델이 위치하는 것보다 훨씬 빠르고 안정적이라는 특징이 있다.

연습해보기

- 텐서플로 허브에서 양자화된 모델을 선택하여 코랄 엣지 TPU에서 작동할 수 있도록 컴파일해보자.
- 양자화된 MobileNet V2 모델을 사용하여 직접 촬영한 이미지에 대한 추론을 수행하고 정확한 결과가 나오는지 확인해보자.
- 모델과 GET 메소드로 상호작용하는 플라스크 기반의 컨테이너 이미지를 만들고, 모델에 대한 유용한 메타데이터를 제공하는 또 다른 엔드포인트를 만들어보자.
- 새로 생성된 이미지를 도커 허브[33]와 같은 컨테이너 레지스트리에 등록해보자.

생각해보기

- 코랄과 같은 TPU 장치에 배포하기 위해 컨테이너를 사용할 수 있는가? 가능하다면 어떻게 가능한가? 불가능하다면 그 이유는 무엇인가?
- 컨테이너 런타임이란 무엇이며, 도커와 어떤 관계가 있는가?
- 도커파일을 만드는 모범 사례 세 가지는 무엇인가?
- 필자가 가장 중요하다고 언급했던 DevOps의 요소가 무엇이고, 그것이 유용한 이유가 무엇인가?
- 여러분만의 언어로 '엣지'가 무엇인지 정의해보고, '엣지 머신러닝' 기술로 만들 수 있는 애플리케이션에는 어떠한 것들이 있을지 생각해보자.

---

[33] https://hub.docker.com

## CHAPTER 4

머신러닝 애플리케이션에 지속적 배포를 적용하기

> 오늘날 과학이라고 불리는 자연철학은 그 기원으로부터 너무 멀어져서 오로지 부지런히 논문을 읽고 쓰는 것 뿐이다. 눈앞에 보이는 사실을 회피하는 '파피루스 학자'들을 양성하고 있다는 현실이 슬프지 않은가? 오늘날의 과학자들이 실제 데이터와의 직접적인 접촉을 부정적인 가치로 간주하고 은연중에 피하고 있지는 않은가? 오늘날의 과학자들이 소설 『Tobacco Road』에 나오는 몇몇 멍청한 등장인물들처럼 자신들의 무지 앞에 당당한 것은 아닌가?
>
> —조셉 보겐 박사

프로 운동선수들은 종종 부상을 입곤 한다. 선수들이 입는 부상은 다양하며 부상마다 심각성 또한 모두 다르다. 어떤 부상은 팔의 인대가 늘어나는 정도에 불과하지만 때로는 견딜 수 없는 수준의 허리 부상을 입곤 한다. 우수한 기량을 발휘하는 선수들은 시즌 중간에 휴식의 여유를 갖는 것조차 허락되지 않는 경우가 대부분이다. 부상을 입은 선수가 일주일 내내 훈련에 참여하기로 계획되어 있다면 고통을 참으면서 일주일 동안 훈련을 받아야 한다는 것이다. 훈련은 마치 산에서 내려갈 때 빠르게 타고 내려갈 수 있는 무거운 수레를 산 정상을 향해 끌고 올라가는 일과 비슷하다. 훈련에 단 하루라도 공백이 생긴다는 것은 수레가 굴러떨어져 버릴지 모르는 위험을 감수하고 수레를 밀어 올리는 일을 잠시 중단하는 것과 마찬가지다. 그래서 선수들은 부상을 입었다고 하더라도 휴식을 취할 수 없다. 지금까지 일구어 왔던 훈련이 모조리 물거품이 되는 부작용repercussion이 있을지도 모르기 때문이다.

당신이 부상을 입었다면 부상을 빠르게 치료해서 예전과 같은 몸 상태로 회복하는 일만큼이나 운동을 최대한 지속할 수 있도록 다른 운동을 탐색하는 일도 매우 중요하다. 만약 다리 인대가 늘어나서 러닝을 하지 못하는 상황이라면 수중 운동으로 유산소운동을 대체할 수 있을 것이다. 앞서 언급했듯 운동을 포기하는 것은 선택지에 없다. 수레를 끌어올리는 일을 멈추고 수레가 자꾸 비탈면 아래로 내려가려고 하더라도 최대한 그 거리를 줄이는 방법에 대해 고민해야 한다. 좋은 방법은 반드시 있기 마련이다.

앞서 언급했듯 회복에는 전략이 중요하지만, 회복보다 중요한 것은 몸 상태에 대한 일관된 평가다. 부상을 입은 몸을 이끌고 어떻게든 훈련을 지속하다가 자칫 몸이 나빠지기라도 하면 큰일이다. 뛰지 못해서 수영하는 상황에서 수영이라는 훈련이 환부를 더 악화시키는 것은 아닌지에 대해 신중히 고민해봐야 한다. 굉장히 간단한 '알고리즘'만으로도 지속적이고 일관된 평가와 상태개선이 가능하다.

1. 매일 아침 부상 상태가 전날보다 나아졌는지, 똑같은지, 악화되었는지 확인한다.
2. 만약 더 나빠졌다면, 어제 했던 운동이 당신의 회복을 더디게 한 셈이다. 어제 했던 운동을 중단하고 다른 운동을 찾아본다.
3. 만약 상태가 어제와 같다면, 지난주의 상태나 지난달의 상태와 오늘의 상태를 다시 확인해본다.
4. 상태가 좋아졌다면 현재 전략이 굉장히 잘 작동하고 있다는 강력한 근거이다. 몸이 완전히 회복될 때까지 훈련을 지속한다.

일관된 기준의 지속적인 평가는 부상 회복의 핵심이라고 해도 과언이 아니다. 때로는 훈련의 단위가 아니라 사소한 동작 단위로 고통의 정도를 평가해야 하는 경우가 있다. 필자는 과거에 무거운 물건을 놓쳐서 발을 크게 다친 적이 있다. 필자는 당시 스스로에게 '지금 상태로 걸을 수 있을까? 뛰어도 괜찮을까?'라는 질문을 던졌다. '걸을 수는 있지만 뛰면 발이 욱신거린다'와 같은 진단을 내린 날들은 수영장으로 향했다. 실제로 필자는 매일매일 조금씩 걷고 뛰어보면서 고통의 정도를 계속 측정했다. 고통은 당신의 적이 아니다. 고통이라는 것은 당신의 생각대로 행동하는 일을 지속해도 되는지 또는 중단해야 하는지를 판단할 수 있도록 돕는 신호등이다.

일관된 기준으로 상태를 지속적으로 평가하고, 피드백을 반영하여 문제를 개선하는 일은 지속적 통합(CI)과 지속적 배포(CD)의 역할과 완벽히 일치한다. 예전에 필자는 꽤 유명한 오픈소스 프로젝트에서 새로운 버전을 출시하는 일과 연관된 작업을 한 적이 있었다. 새로운 버전을 출시하는 일에는 일주일 정도가 걸렸다. 한편 과거에 비해 견고한 배포 전략과 도구에 쉽게 접근할 수 있는 오늘날에도 여전히 테스트 전략이 형편없거나 테스트 자체가 존재하지 않아 새로운 버전의 제품을 출시하기까지 1주일씩(길게는 한 달씩) 걸리는 경우가 빈번하다. 심지어 어떤 조직에서는 소프트웨어 품질 보증(QA) 팀장이 모든 팀원에게 이메일을 보내 새로운 버전 배포 이전에 추가 작업이 필요한지에 대한 의견을 직접 수집하기도 한다.

이렇게 직접 이메일을 보내고 팀원의 응답을 기다리고 이들의 의견을 취합하는 방식에는 많은 문제가 있다. 아주 느리고, 일관적이지도 않고, 실수에도 취약하며 직관적이지도 않다. 현재 버전에서 문제들이 발견된다면 다음 버전 배포 시에는 동일한 문제가 발생하지 않을 것임을 확신할 수 있도록 만들어야 한다. CI/CD 플랫폼이 만들고자 하는 피드백 루프는 이러한 문제들을 해결한다. 운동선수가 부상을 딛고 일어나는 과정의 예시를 통해 알아본 일관된 기준의 지속적인 평가는 DevOps의 핵심 요소이다. DevOps는 MLOps를 떠받치는 기둥이기 때문에, DevOps의 핵심 요소인 지속적인 평가는 머신러닝 시스템을 운영하는 일에도 당연히 필수적임을 짐작할 수 있다.

필자는 '지속적'이라는 단어의 의미를 '동일한 프로세스의 반복'이라고 설명하는 것을 좋아한다. 소프트웨어를 빌드 및 검증하고 이들 과정에서 생성되는 다양한 아티팩트artifact를 배포하는 반복적인 작업에 대해서 이야기할 때, 동일한 프로세스의 반복이라는 관점에서 지속적 통합(CI)과 지속적 배포(CD)라는 두 단어가 함께 등장하는 경우가 많기 때문이다. 이번 장에서는 견고한 지속적 배포 프로세스란 무엇이고, 머신러닝 모델을 프로덕션 환경으로 배포하는 파이프라인을 구축하는 전략이 무엇인지에 대해 이야기를 나눠볼 것이다.

4.1 머신러닝 모델 패키징

필자조차도 머신러닝 모델에 패키징이라는 단어를 사용한 지 얼마 되지 않았다. 따라서 당신이 '모델을 패키징한다'라는 표현을 이 책을 통해 처음 접한다고 해도 전혀 이상할 일이 아니다. 여기서 말하는 패키징이란 DEB^Debian Package나 RPM^Redhat Package Manager과 같은 패키지 파일을 만든다는 것이 아니다. 머신러닝 모델 패키징은 모델을 컨테이너 환경에 통합함으로써 컨테이너 기반 프로세스의 장점인 공유, 분산, 배포를 모델에도 쉽게 적용할 수 있도록 만드는 것을 의미한다. 필자는 3장에서 컨테이너가 가상 환경에 비해 강력한 이유에 대해 설명했다. 이번 주제에 대해 본격적으로 설명하기 전에 운영체제와 상관없이 머신러닝 모델을 운영하는 꿈만 같았던 일이 현실이 되도록 만들어준 컨테이너의 강력한 능력에 대해 한번 더 짚고 넘어가보도록 하자.

- 컨테이너 런타임이 설치되어 있는 환경이면 어디서든 애플리케이션을 실행할 수 있다.

- 컨테이너를 클라우드 환경과 함께 사용한다면 리소스를 원하는 만큼 조절해 사용할 수 있다.

- 컨테이너의 실행은 가볍고 빠르다.

- 컨테이너와 상호작용하는 방법은 매우 간단하기 때문에 디버깅이 쉽다.

이러한 특징이 주는 핵심적인 이득은 복잡도 감소이다. 패키지 의존성과 배포 과정이 복잡하다는 것은 미래에 발생할 문제에 대응하기도 어렵다는 것을 의미하기 때문이다. 애플리케이션 재현성과 리소스 사용 유연성이 높아져 디버깅과 유지보수에 들어가는 리소스가 줄어드는 것은 환영할 만한 일이다.

이번 절에서는 ONNX 모델과 플라스크 애플리케이션을 컨테이너에 패키징하여 예측 서비스를 제공하도록 만들어보자.[1] 책의 앞부분에서 컨테이너를 빌드하는 일에 초점을 맞추었다면, 지금 실습할 내용은 조금 더 넓은 범위를 다룬다. 가장 먼저 해야 할 일은 프로젝트의 의존성을 명시하는 것이다. 새로운 디렉토리를 생성하고 깃 저장소를 초기화[init]한 다음, 아래와 같은 requirements.txt 파일을 생성한다.

```
simpletransformers==0.4.0
transformers==2.1.0
flask==2.1.0
torch==1.8.0
onnxruntime==1.7.0
```

그리고 모든 의존성이 설치된 컨테이너 이미지를 빌드하는 도커파일을 아래와 같이 생성한다.

```
FROM python:3.8

COPY ./requirements.txt /ws/requirements.txt

WORKDIR /ws

RUN pip install -r requirements.txt

COPY ./webapp/app.py /ws
```

----

1 옮긴이_ 소스 코드는 https://github.com/ProtossDragoon/flask-docker-onnx-azure에서 확인할 수 있다.

```
ENTRYPOINT [ "python3" ]

CMD [ "app.py" ]
```

도커파일을 사용해 컨테이너 이미지를 빌드하면 컨테이너 내부에 ws라는 이름의 디렉토리를
생성하는 동시에 의존성을 명세한 requirements.txt 파일이 /ws 디렉토리에 복사된다. 작업
디렉토리를 변경하고 의존성을 설치한다. 그리고 나서 컨테이너의 /ws 디렉토리에 현재 작업
디렉토리의 webapp/app.py 파일을 복사한다.

app.py 파일을 작성해보자. app.py 파일은 ONNX 런타임 세션을 생성하기 위해 필요한 라이
브러리들을 임포트한다.

```python
from flask import Flask, request, jsonify
import torch
import numpy as np
from transformers import RobertaTokenizer
import onnxruntime

app = Flask(__name__)
tokenizer = RobertaTokenizer.from_pretrained("roberta-base")
session = onnxruntime.InferenceSession(
    "roberta-sequence-classification-9.onnx")
```

파일의 시작 부분에서는 플라스크 애플리케이션을 생성하고, 모델과 함께 사용될 토큰화 모듈
을 정의한다. 그리고 모델의 경로를 전달하며 ONNX 런타임을 초기화한다.

하지만 불러온 라이브러리들 대부분은 아직 코드에서 사용되지 않았다. 이 라이브러리들은 이
제 실시간 추론 작업을 수행하는 라우터에서 사용될 것이다. app.py 파일을 마저 작성해보자.
predict() 함수는 플라스크 애플리케이션이 실행 중일 때 /predict 형태의 URL로 들어오는
POST 요청들을 처리하는 플라스크 라우팅 함수다.

```python
@app.route("/predict", methods=["POST"])
def predict():
    input_ids = torch.tensor(
        tokenizer.encode(request.json[0], add_special_tokens=True)
    ).unsqueeze(0)
    if input_ids.requires_grad:
```

```
        x = input_ids.detach().cpu().numpy()
    else:
        x = input_ids.cpu().numpy()
    inputs = {session.get_inputs()[0].name: x}
    out = session.run(None, inputs)
    result = np.argmax(out)
    return jsonify({"positive": bool(result)})


if __name__ == "__main__":
    app.run(host="0.0.0.0", port=5000, debug=True)
```

이제 입력 텍스트로부터 감정을 분석하는 애플리케이션의 핵심이라고도 할 수 있는 ONNX 모델을 다운로드받아 프로젝트의 **webapp** 디렉토리에 저장한다.[2] 필자는 ONNX 깃허브[3]에서 RoBERTa- SequenceClassification 모델을 다운로드받아 사용할 것이다. 디렉토리 구조는 다음과 같다.

```
.
├── Dockerfile
├── requirements.txt
└── webapp
    ├── app.py
    └── roberta-sequence-classification-9.onnx

1 directory, 4 files
```

그리고 아직 도커파일에는 컨테이너 내부로 모델을 복사하는 명령어가 없다. 애플리케이션을 문제없이 실행하려면 컨테이너 내부의 **/ws** 디렉토리에 모델 파일이 위치해야 한다. **app.py** 파일만 복사하는 대신 모델을 포함한 디렉토리 전체를 복사하도록 도커파일을 다음과 같이 업데이트한다.

```
COPY ./webapp/ /ws
```

---

2 옮긴이_ 압축파일 형태로 다운로드되는 경우 압축을 해제한 뒤 roberta-sequence-classification-9.onnx 파일을 제외하고 나머지는 모두 삭제한다.

3 https://oreil.ly/DbzOM

이제 컨테이너를 빌드하고 애플리케이션을 실행하기 위해 필요한 모든 준비를 마쳤다. 잠깐 컨테이너를 실행하기 전에 로컬 환경에서 애플리케이션이 잘 실행되는지 확인해보자.[4] 새로운 가상 환경을 생성하고 활성화한 뒤 의존성을 설치한다.

```
$ python3 -m venv ../flask-docker-onnx-venv
$ source ../flask-docker-onnx-venv/bin/activate
(flask-docker-onnx-venv)$ pip install -r requirements.txt
```

설치가 끝나면 **app.py**를 실행한다.

```
(flask-docker-onnx-venv)$ cd webapp
(flask-docker-onnx-venv)$ python3 app.py
* Serving Flask app "app" (lazy loading)
    * Environment: production
      WARNING: This is a development server.
      Use a production WSGI server instead.
    * Debug mode: on
    * Running on http://0.0.0.0:5000/ (Press CTRL+C to quit)
```

플라스크 애플리케이션이 실행 중이므로 새로운 터미널을 열고 HTTP 요청을 전송해볼 차례이다. curl을 이용해 감정분석 애플리케이션에 JSON 타입으로 샘플 요청을 보내고, 서버도 JSON 형태로 정상적으로 응답하는지 확인해본다.

JSON 요청의 형태는 하나의 문자열로 이루어진 배열array이고, JSON 응답의 형태는 키가 'positive'이고 값이 해당 문장의 긍정 부정 여부를 나타내는 불리언boolean이다.

```
$ curl -X POST  -H "Content-Type: application/JSON" \
--data '["Containers are more or less interesting"]' \
     http://0.0.0.0:5000/predict
{
"positive": false
}
$ curl -X POST  -H "Content-Type: application/json" \
     --data '["MLOps is critical for robustness"]' \
```

---

4 옮긴이_ 윈도우나 맥OS 환경에서는 실습이 어려울 수 있다. 운영체제와 아키텍처마다 설치 가능한 파이썬 패키지가 다르거나, 설치 스크립트가 다를 수 있기 때문이다. 이 경우, 로컬 환경에서 작동이 잘 된다는 가정하에 다음 단계(컨테이너를 이용한 디버깅)를 진행하는 걸 권한다.

```
   http://0.0.0.0:5000/predict
{
"positive": true
}
```

감정분석 애플리케이션에 문제가 없어 보인다면 로컬 환경에서 컨테이너를 빌드하고 동일한 확인 과정을 반복할 차례이다. 적절한 태그와 함께 컨테이너 이미지를 빌드한다.

```
$ docker build -t flask-docker-onnx:v1 .
   [+] Building 185.3s (11/11) FINISHED
=> [internal] load build definition from Dockerfile
 => => transferring dockerfile: 219B
 => [internal] load .dockerignore
 => => transferring context: 2B
 => [internal] load metadata for docker.io/library/python:3.8
 => CACHED [1/5] FROM docker.io/library/python:3.8
 => [internal] load build context
 => => transferring context: 456B
 => [2/5] COPY ./requirements.txt /ws/requirements.txt
 => [3/5] WORKDIR /ws
 => [4/5] RUN pip install -r requirements.txt
 => [5/5] COPY ./webapp/ /ws
 => exporting to image
 => => exporting layers
 => => writing image sha256:43383a31ffe5c045b9696a8d0f4e4b8642c7e4df75f128e42e5f0362165
6c8f6
 => => naming to docker.io/library/flask-docker-onnx:v1
```

빌드된 이미지로 컨테이너를 실행하면 도커파일에 작성된 **CMD**와 **ENTRYPOINT**에 의해 플라스크 애플리케이션이 자동으로 실행된다. 플라스크 애플리케이션을 실행할 때 포트를 적절히 연결하는 일을 잊지 말자.[5]

```
$ docker run -it -p 5001:5000 --rm flask-docker-onnx:v1
 * Serving Flask app 'app' (lazy loading)
 * Environment: production
   WARNING: This is a development server. Do not use it in a production deployment.
```

----
5 옮긴이_ 이번에는 컴퓨터의 5001번 포트와 컨테이너의 5000번 포트를 매핑했다. 따라서 실행 중인 컨테이너에 접속하기 위해서는 5000번 포트가 아닌 5001번 포트를 사용해야 한다.

```
   Use a production WSGI server instead.
 * Debug mode: on
WARNING: This is a development server. Do not use it in a production deployment.
Use a production WSGI server instead.
 * Running on all addresses (0.0.0.0)
 * Running on http://127.0.0.1:5000
 * Running on http://172.17.0.2:5000
Press CTRL+C to quit
 * Restarting with stat
 * Debugger is active!
 * Debugger PIN: 879-846-496
...
```

앞서 했던 것과 동일하게 curl을 이용해 HTTP 요청을 전송한다.

```
$ curl -X POST  -H "Content-Type: application/JSON" \
--data '["Containers are more or less interesting"]' \
     http://0.0.0.0:5001/predict
{
"positive": false
}
$ curl -X POST  -H "Content-Type: application/json" \
     --data '["MLOps is critical for robustness"]' \
     http://0.0.0.0:5001/predict
{
"positive": true
}
```

컨테이너에서도 플라스크 애플리케이션이 문제없이 동작한다면 모델이 컨테이너에 올바르게 패키징되었다고 할 수 있다. 이 컨테이너 이미지를 레지스트리에 푸시하면 언제든지 빠르게 재현할 수 있는 애플리케이션이 완성된다.

지금까지 모델이 포함된 컨테이너 이미지가 레지스트리에 푸시되기까지의 과정을 살펴보았다. 과정을 요약해보면 다음과 같다. 도커파일과 소스 코드를 작성하고, 모델을 다운로드받은 후 가상 환경을 만들어 작동 여부를 확인한다. 이미지를 빌드하고 컨테이너 환경에서 작동 여부를 확인하고, 레지스트리에 푸시한다. 컨테이너 환경에서 실행되는 모델이 레지스트리에서 호스팅 된다는 사실은 앞서 언급했던 복잡도 감소 측면에서 매우 커다란 발전이라고 할 수 있다.

하지만 소스 코드에 변경 사항이 생긴다면 어떻게 해야 할까? 이들 작업을 반복하는 일은 굉장히 복잡하고 번거로울 것이다. 숨이 턱 막히는 기분이 드는 지금이 지속적 배포라는 개념을 학습하기 좋은 순간이다. 다음 섹션에서는 지속적 배포 개념을 이용해 모델을 패키징하는 과정을 자동화하고, 컨테이너 레지스트리에 컨테이너 이미지를 푸시하여 누구든지 패키징된 모델을 사용할 수 있도록 만들어볼 것이다.

4.2 머신러닝 모델의 지속적 배포를 위한 코드형 인프라

도커 허브와 같은 공개 저장소에 있는 이미지를 다운로드받아 사용하는 사람들을 주위에서 흔히 찾아볼 수 있다. 필자도 컨테이너 레지스트리를 자주 이용하는 사람 중 하나였다.

그러던 어느 날, 필자가 로컬 환경에서 빌드하여 레지스트리에 업로드한 이후 종종 다운로드받아 사용하던 이미지에 설치되어 있는 패키지 하나를 업데이트해야 하는 상황에 놓였다. 필자는 그 이미지를 처음 만들었을 때 사용했던 도커파일과 소스 코드를 찾아내기 위해 컴퓨터 구석구석을 뒤져 보았지만 실패하고 말았다. 이런 문제가 나타나는 이유는 로컬 컴퓨터에서 컨테이너 이미지를 빌드한 뒤, 빌드된 이미지만 공개 저장소에 푸시했기 때문이다. 레지스트리에서 호스팅되는 컨테이너 이미지의 장점은 정말 많지만, 한편으론 한번 빌드되어 업로드된 이후 작은 변경 사항도 반영하기 어렵다는 특징[6]은 한편으론 단점이 될 수도 있다.

컨테이너 작업 환경에 경험이 많은 개발자는 컨테이너 이미지를 다시 빌드할 방법을 어떻게든 찾아낼 수 있겠지만, 지금은 그 방법이 중요한 것이 아니다. 지금 잠깐 문제를 회피할 수 있는 미봉책을 찾는 대신 궁극적으로 문제를 해결할 방법에 대해 고민해봐야 한다. 문제 해결의 힌트는 자동화에 있다. 애플리케이션 소스 코드는 물론 환경에 대한 정보가 명세된 파일(도커파일)을 보관하고 있는 원격 공개 저장소로부터 정보를 읽어서 컨테이너 이미지를 자동으로 빌드하도록 만들어야 한다.[7] 한발 더 나아가서, 자동으로 빌드된 컨테이너 이미지가 컨테이너 레지스트리에 푸시되는 일까지도 자동으로 수행되도록 해야 한다.

---

6 옮긴이_ 실행 중인 컨테이너에 접속하여 패키지를 업데이트하더라도 해당 컨테이너를 생성한 이미지는 변하지 않는다. 컨테이너를 삭제하고 원본 이미지를 다시 사용하면 업데이트한 사항은 모두 초기화될 것이다. 물론 이 문제를 해결하는 방법이 존재하지만, 지금까지 배운 내용을 바탕으로 생각해보면 로컬 환경에서 컨테이너 이미지를 새로 빌드한 다음 레지스트리에 다시 푸시해야 한다.

7 옮긴이_ 이렇게 되는 경우 진정한 의미는 로컬 환경의 소스 코드 – 원격 소스 코드 저장소 – 컨테이너 레지스트리의 컨테이너 이미지가 모두 연결되어 관리될 수 있다는 것이다.

머신러닝 애플리케이션을 실행하는 컨테이너에서도 비슷한 문제가 발생할 수 있다. 우리는 비효율적인 수작업에 쉽게 익숙해지는 본능을 경계[8]하고 자동화의 기회를 끊임없이 엿보아야 한다. 3장에서는 머신러닝 모델을 컨테이너에서 실행하는 방법만 알아봤지만 이번 장에서는 '모든 것'을 자동화하는 과정을 실습해볼 것이다. 여러분이 도커 허브에 컨테이너 이미지를 업로드해두고 반복적으로 사용하던 중 앞서 필자가 겪었던 문제에 맞닥뜨렸다고 가정해보자. 해당 컨테이너 이미지를 호스팅하는 도커 허브 저장소에는 이미지를 다시 빌드하는 일에 도움이 되는 그 어떤 문서도 존재하지 않는다. 엎친 데 덮친 격으로, 우리가 애플리케이션에 사용하려고 하는 새로운 버전의 모델 파일은 용량이 너무 커서 애저 클라우드의 모델 레지스트리에 보관되어 있다. 이렇게 복잡한 상황이 다시는 나타나지 않도록 모든 것을 자동화하는 방법에 대해 알아보도록 하자.

> **CAUTION_** 깃허브 저장소에서 소스 코드와 함께 모델 파일을 함께 관리하는 것은 어떨까? 당연히 가능하다. 하지만 단일 파일의 크기가 100MB를 초과하는 경우 깃허브에 업로드가 불가능하다. 깃허브 저장소에 업로드하려는 모델 파일의 크기가 이 한도를 초과한다면 모델 파일을 소스 코드와 함께 관리할 수 없게 된다. 하지만 용량 문제와 별개로 깃이라는 도구가 만들어진 목적을 생각해보자. 소스 코드의 버전 관리를 위해 만들어진 도구로 바이너리 파일의 버전을 관리하려는 시도는 예상하지 못한 문제를 일으킬지도 모른다.

애저 모델 레지스트리는 애저 클라우드의 머신러닝 플랫폼에 탑재된 다양한 기능 중 하나다. 앞서 제시했던 문제 시나리오에 부합하도록 방금 전 실습에서 사용했던 RoBERTa-SequenceClassification 모델을 애저 머신러닝 스튜디오[9]의 모델 레지스트리에 등록해보자. '모델' 섹션에서 [등록] 버튼을 클릭한 다음 '로컬 파일에서 프레임워크 기반으로 업로드하기'를 클릭한다(그림 4-1).

---

8 옮긴이_ 비효율의 숙달화라고 한다.

9 옮긴이_ 애저 클라우드를 처음 접하는 사람들은 머신러닝 스튜디오를 찾기 어려워할 수 있다. 2022년 기준 구글에 '애저 머신러닝 스튜디오'를 검색하면 애저 머신러닝 스튜디오(클래식)이 상단에 노출된다. 하지만 클래식은 2024년에 지원이 중단되므로 실습에서 사용하지 않는다. 애저 콘솔 홈에서 애저 머신러닝을 찾아 새로운 워크스페이스를 생성한다. 잠시 후 리소스 배포가 완료되면 워크스페이스에서 [스튜디오 시작하기] 버튼을 통해 머신러닝 스튜디오에 접속할 수 있다.

구성 요소
파이프라인
환경
모델
엔드포인트
관리
컴퓨팅
연결된 서비스
데이터 레이블 지정
같은 이름의 증분 버전으로 등록된 모델 만들기, 관리 및 추적
기존 모델과 같은 이름으로 모델을 등록할 때마다 레지스트리는 해당 모델이 새 버전임을 보장합니다. 또한 메타데이터 태그를 제공하고 모델을 검색할 때 해당 태그를 사용할 수 있습니다. 자세한 정보
등록
로컬 파일에서
작업 출력에서
데이터 저장소에서
로컬 파일에서(프레임워크 기반)

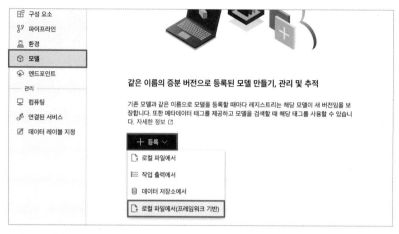

그림 4-1 애저 모델 등록 메뉴

[그림 4-2]처럼 모델 등록에 필요한 필수적인 정보들을 기입한다.

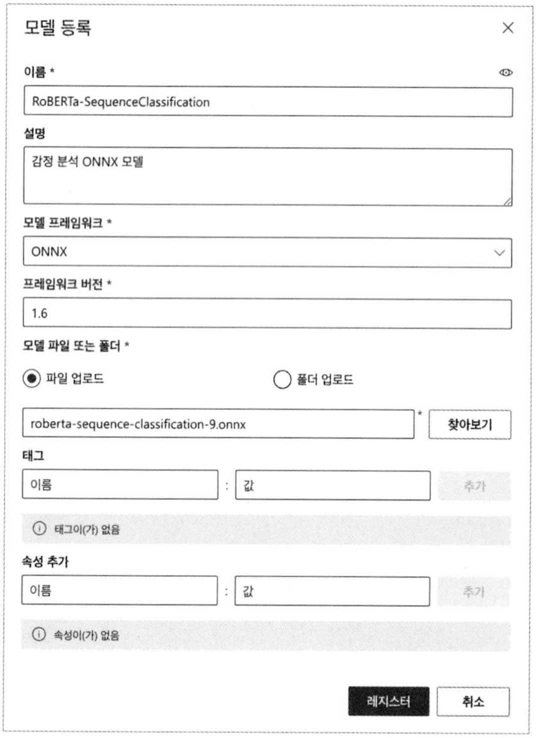

모델 등록
이름 *
RoBERTa-SequenceClassification
설명
감정 분석 ONNX 모델
모델 프레임워크 *
ONNX
프레임워크 버전 *
1.6
모델 파일 또는 폴더 *
파일 업로드
폴더 업로드
roberta-sequence-classification-9.onnx
찾아보기
태그
이름
값
추가
태그이(가) 없음
속성 추가
이름
값
추가
속성이(가) 없음
레지스터
취소

그림 4-2 애저 모델 등록 양식

다음은 깃허브 저장소에 소스 코드를 업로드할 차례이다. 단, 앞서 언급했듯 깃허브 저장소에는 용량 제한이 있어서 무거운 ONNX 모델이 업로드되지 않도록 설정해야 한다. .gitignore 파일에 아래와 같은 한 줄을 추가하고 푸시한다.

```
*onnx
```

깃허브에 푸시를 마쳤다면 이제 깃허브 액션을 이용해 모델 다운로드와 배포를 자동화할 차례이다. 깃허브 액션은 특정한 조건이 충족되었을 때 YAML 파일에 정의되어 있는 지속적 배포 워크플로를 자동으로 실행[10]해주는 도구이다. 우리는 깃허브 저장소의 메인 브랜치에 모종의 변화가 생기면, 깃허브 플랫폼에서 애저 모델 레지스트리에 등록되어 있는 모델을 가져와[pull] 컨테이너 이미지에 포함시킨 뒤 컨테이너 레지스트리에 이미지를 등록[push]하는 일까지 자동화 해볼 것이다. 프로젝트 루트의 .github/workflows/ 디렉토리[11]에 main.yml 파일을 생성하고 아래 내용을 작성한다.

```
name: 머신러닝 모델이 패키징된 도커 컨테이너 이미지를 빌드하고 도커 허브 레지스트리에
푸시한다.

on:
  # 메인 브랜치에 소스 코드가 푸시되었을 때 워크플로가 실행됨
  push:
    branches: [ main ]

  # 깃허브의 '액션' 탭을 통해 워크플로를 직접 실행할 수 있도록 허용함
  workflow_dispatch:
```

아직 액션의 이름과 액션이 트리거되는 조건만 정의되어 있고 워크플로에 대한 명세는 없다.

---

10 옮긴이_ 여러분이 깃허브 저장소에 업로드한 소스 코드는 깃허브가 호스팅하는 VM에 옮겨진 뒤 액션 파일에 명세된 대로 명령을 실행한다. 즉, 깃허브 액션의 실행은 여러분의 로컬 컴퓨터에 영향을 주지 않는다.

11 옮긴이_ .github 디렉토리를 생성할 때 마침표(.)를 빼먹지 않도록 조심하자.

우리가 지금부터 작성할 워크플로에는 여러 작업job이 포함될 수 있다. 하지만 이번 실습에서는 '빌드build'라는 작업만이 워크플로에 포함될 것이다. 애저 클라우드의 머신러닝 플랫폼에서 모델을 가져오는 일부터 컨테이너 레지스트리에 빌드된 이미지를 등록하는 일까지 모두 다 '빌드' 작업에서 처리된다. 아래와 같이 '빌드' 작업을 정의한다.

```
jobs:
  build:
    runs-on: ubuntu-latest

    steps:

      - name: 체크아웃
        uses: actions/checkout@v2

      - name: 애저 인증
        uses: azure/login@v1
        with:
          creds: ${{ secrets.AZURE_CREDENTIALS }}

      - name: 애저 확장 설치 및 사용자 입력 대기모드 방지 설정
        run: |
          az --version
          az config set extension.use_dynamic_install=yes_without_prompt
          az extension add -n ml

      - name: 모델 복원
        run: |
          az ml model download \
            --resource-group Practical-MLOps-Chapter4 \
            --workspace-name Practical-MLOps-Chapter4 \
            --name RoBERTa-SequenceClassification \
            --version 1 \
            --download-path . && \
          mv RoBERTa-SequenceClassification/* ./webapp/ && \
          rm -r RoBERTa-SequenceClassification

      - name: 도커 허브 로그인
        uses: docker/login-action@v1
        with:
          username: ${{ secrets.DOCKER_HUB_USERNAME }}
          password: ${{ secrets.DOCKER_HUB_ACCESS_TOKEN }}
```

```
- name: 깃허브 컨테이너 레지스트리 로그인
  uses: docker/login-action@v1
  with:
    registry: ghcr.io
    username: ${{ github.repository_owner }}
    password: ${{ secrets.GH_CONTAINER_REGISTRY }}

- id: GH_REPOSITORY_OWNER
  uses: ASzc/change-string-case-action@v5
  with:
    string: ${{ github.repository_owner }}

- name: 컨테이너 빌드 후 도커 허브와 깃허브 레지스트리로 동시에 푸시
  uses: docker/build-push-action@v2
  with:
    context: ./
    file: ./Dockerfile
    push: true
    tags: |
      ${{ secrets.DOCKER_HUB_USERNAME }}/flask-docker-onnx-azure_x86:v1
      ghcr.io/${{ steps.GH_REPOSITORY_OWNER.outputs.lowercase }}/flask-docker-
onnx-azure_x86:v1
```

위 yaml 파일에서 볼 수 있듯 '빌드'라는 하나의 작업은 명확히 구분되는 여러 단계step로 구성되어 있다. 이렇게 단계가 구분되어 있으면 '빌드'라는 커다란 작업에 문제가 발생했을 때 정확히 어떤 부분을 실행하다가 문제가 생겼는지 명확히 파악할 수 있다는 장점이 있다.

'빌드' 작업이 어떤 단계들을 순차적으로 밟아 나가는지 확인해보자. '빌드' 작업은 저장소를 체크아웃하면서 시작된다. 깃허브 액션을 실행하는 서버 컴퓨터의 로컬 환경에는 아직 모델이 존재하지 않은 상태이다. 다음으로는 애저 깃허브 액션을 이용해 인증을 수행한다. 인증이 성공적으로 완료되면[12] 모델 레지스트리에 등록된 모델의 이름과 해당 모델이 포함돼 있는 애저 머신러닝 스튜디오의 워크스페이스 이름 및 리소스 그룹의 이름을 이용해 앞서 업로드했던 ONNX 모델을 다운로드받는다.[13] 깃허브 액션이 여기까지 성공적으로 실행된다면 서버 컴퓨

---

12 옮긴이_ az ml compute 명령어는 2022년 11월 기준 애저 확장을 설치해야만 사용할 수 있다. 확장 설치가 필요한 명령어를 실행하기 전에 혹시 모를 사용자 입력 대기상태에 빠지지 않도록 설정하는 과정(az config set extension.use_dynamic_install=yes_without_prompt)이 선행되어야 한다. apt install 명령어의 -y 플래그와 비슷하다.

13 옮긴이_ az ml model download 명령어는 아티팩트를 폴더 형태로 다운로드한다. 폴더 내부의 모델을 ./webapp 디렉토리로 이동하고 폴더를 제거한다.

터의 프로젝트 디렉토리의 **webapp** 폴더에 RoBERTa-Sequence 모델이 위치해 있는 상태일 것이다. 그리고 이들을 모두 패키징한 컨테이너 이미지를 빌드하는 단계가 실행될 것이다.

> **NOTE_** YAML 파일에서 하나의 작업을 구성하기 위해 uses 지시자들을 여럿 사용했다. uses 지시자는 단순한 셸 커맨드뿐 아니라 서드파티 액션들을 식별하고 실행할 수 있다. 위 예제의 체크아웃 액션(actions/checkout)과 같은 것이 이에 해당한다. 서드파티 액션을 식별하기 위해 @ 뒤의 영역에는 액션 저장소의 브랜치 이름이나 배포 태그 이름이 사용된다. 위 예제의 체크아웃 액션은 배포태그 이름(v2)을 사용한다.

이 YAML 파일의 빌드 작업을 구성하는 단계 중 애저 인증 단계에서는 **AZURE_CREDENTIALS**이라는 이름의 변수를 사용한다. 변수를 둘러싼 독특한 문법들은 워크플로에서 깃허브 저장소의 시크릿secret에 저장된 값을 불러오기 위해 필요하다. 애저 인증을 위해 시크릿에 저장되어 있어야 하는 값은 애저 SPService Principal 정보이다. SP가 낯선 독자들은 애저 클라우드의 MLOps를 다룬 8장에서 인증 관련 내용을 소개한다. 애저 워크스페이스의 다양한 리소스에 접근할 수 있도록 SP를 발급받고[14] 워크플로에서 해당 값을 읽어갈 수 있도록 깃허브에 등록해보자. 깃허브 저장소에 들어가 [Settings] 버튼을 누르고 'Secret' 탭을 열면 [New repository secret] 버튼을 확인할 수 있다. 시크릿 이름을 YAML에서 사용되는 변수명 **AZURE_CREDENTIALS** 과 동일한 값으로 설정하고 발급받은 SP를 복사해서 [그림 4-3]과 같이 붙여넣는다.

---

14 옮긴이_ 역자의 경우에는 애저 클라우드 셸에서 az ad sp create-for-rbac --name practical-mlops-chapter4 --role Contributor --scopes /subscriptions/{애저_머신러닝_스튜디오가_사용하는_구독_ID}/resourceGroups/{애저_머신러닝_스튜디오가_포함된_리소스그룹_이름} --sdk-auth을 입력하는 방법으로 SP 를 얻었다. 2022년 11월 기준으로는 --set-auth 플래그가 필요하지만 나중에는 사용할 필요가 없어질지도 모른다.

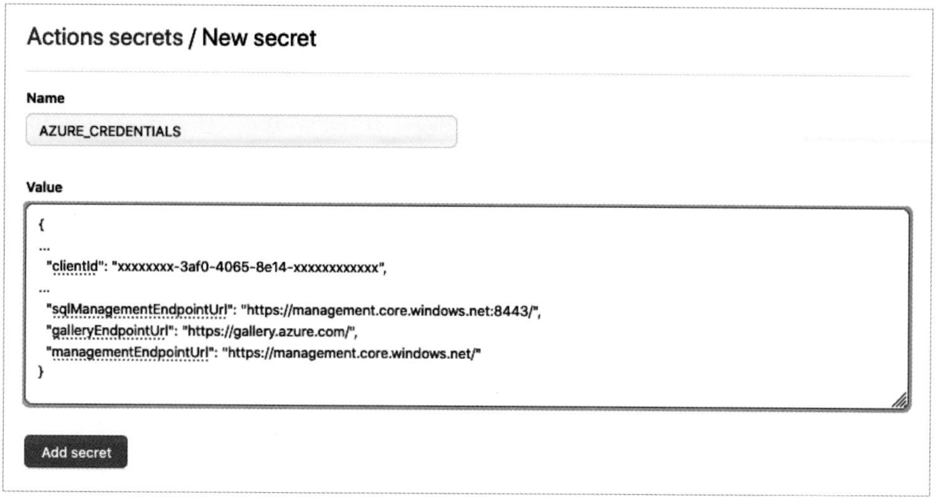

그림 4-3 시크릿 추가하기

변경 사항 커밋이 깃허브 저장소에 푸시되면 저장소 페이지의 액션 탭을 확인해보자. 새로운 작업이 몇 초 내에 시작될 예정임을 확인할 수 있다. 필자의 경우 작업의 실행이 완료되기까지 약 4분 정도가 소요됐다(그림 4-4).

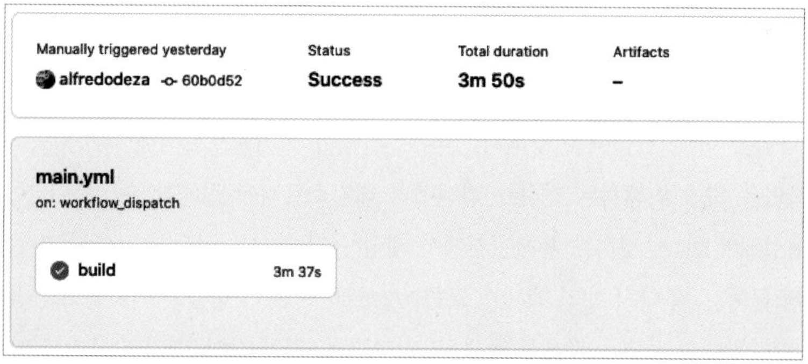

그림 4-4 깃허브 액션 실행 완료

우리가 이번 문제 해결 과정에서 필요하다고 생각한 기능 중에 빌드된 도커 컨테이너 이미지를 컨테이너 레지스트리에 푸시하는 부분의 자동화가 있었다. 하지만 아직 YAML 파일에는 push: false로 설정되어 있기 때문에 아직 컨테이너 이미지를 레지스트리에 푸시하지 않는다. 세상에는 다양한 컨테이너 레지스트리 서비스들이 존재하고 대부분의 레지스트리는 깃허브 액션을 지원한다.

우선 3장에서 실습했던 것처럼 도커 허브 레지스트리를 사용해보자. 도커 허브 홈페이지에서 토큰을 발급받고[15] 앞서 애저 SP를 등록했듯이 깃허브 프로젝트 저장소의 시크릿에 발급받은 토큰(DOCKER_HUB_ACCESS_TOKEN)과 사용자 이름(DOCKER_HUB_USERNAME)을 등록하고 액션 파일을 아래와 같이 수정한다. 빌드된 컨테이너 이미지를 레지스트리에 푸시하도록 push: true로 설정하고, 바로 앞에 도커 허브 로그인 단계를 추가한다. YAML 파일의 변경 사항을 커밋하고 푸시하여 파이프라인이 정상적으로 작동하는지 확인해본다. 도커 허브 레지스트리에 flask-docker-onnx-azure_x86이라는 이름의 컨테이너 이미지 저장소가 존재해야 한다.

```
- name: 도커 허브 로그인
      uses: docker/build-push-action@v2
      with:
        context: ./
        file: ./Dockerfile
        push: true
        tags: |
          ${{ secrets.DOCKER_HUB_USERNAME }}/flask-docker-onnx-azure_x86:v1
          ghcr.io/${{ steps.GH_REPOSITORY_OWNER.outputs.lowercase }}/flask-docker-
onnx-azure_x86:v1
```

최근에는 깃허브에서 자체적으로 서비스하는 컨테이너 레지스트리가 출시됐다. 당연하게도 깃허브에서 제공하는 컨테이너 레지스트리와 깃허브 액션의 연동은 어렵지 않다. 지금까지 작성한 깃허브 액션 파일을 아주 조금만 변경해서 깃허브 컨테이너 레지스트리에 푸시되도록 만들 수 있다. 이 작업을 하기 위해서는 깃허브 컨테이너 레지스트리에 접근할 수 있는 권한이 부여된 토큰을 생성해야 한다. 깃허브 홈페이지에서 계정 설정setting을 선택한다. 개발자 설정developer setting 탭에 들어간 뒤 다시 개인 액세스 토큰personal access token 탭을 선택하면 토큰을 생성할 수 있다.[16] 토큰에 대한 설명을 자세히 메모하고 [그림 4-5]와 같이 '패키지 쓰기 권한'을 추가하여 토큰을 생성한다.

----

15 옮긴이_ https://docs.docker.com/docker-hub/access-tokens/에서 토큰 발급 방법을 확인할 수 있다.

16 옮긴이_ 개인 액세스 토큰 토글을 펼친 뒤 '클래식 토큰(Tokens (classic))'을 선택하라.

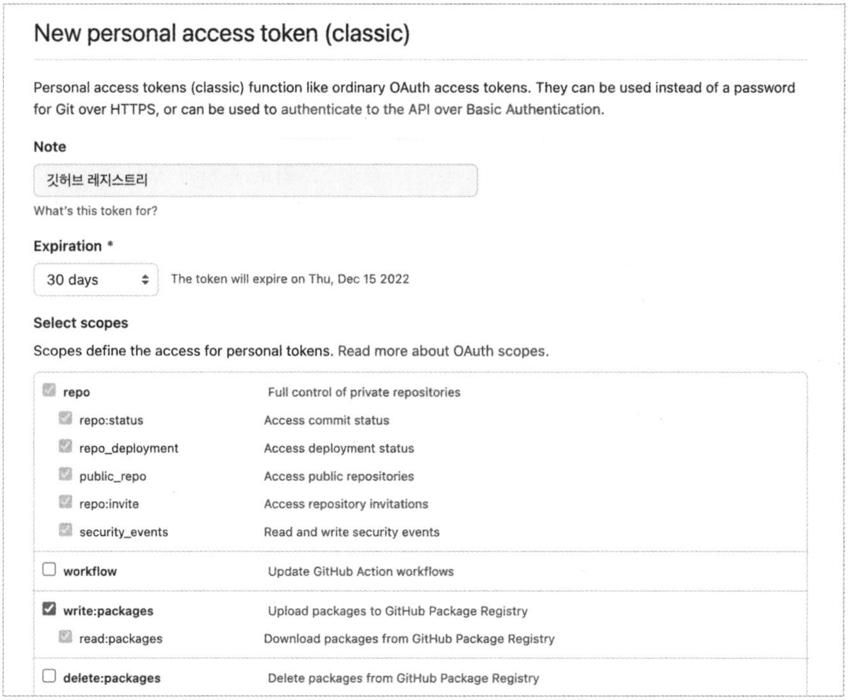

그림 4-5 개인 액세스 토큰

[토큰 생성] 버튼을 누르는 순간 토큰 값이 나타난다. 토큰을 확인할 수 있는 기회는 처음이자 마지막이므로 값을 잘 복사해야 한다. 이번에도 마찬가지로 저장소로 이동하여 시크릿을 등록한다(`GH_CONTAINER_REGISTRY`). 그리고 YAML 파일을 아래와 같이 변경한다.

```
- name: 도커 허브 로그인
  uses: docker/login-action@v1
  with:
    username: ${{ secrets.DOCKER_HUB_USERNAME }}
    password: ${{ secrets.DOCKER_HUB_ACCESS_TOKEN }}

- name: 깃허브 컨테이너 레지스트리 로그인
  uses: docker/login-action@v1
  with:
    registry: ghcr.io
    username: ${{ github.repository_owner }}
    password: ${{ secrets.GH_CONTAINER_REGISTRY }}
```

```
- id: GH_REPOSITORY_OWNER
  uses: ASzc/change-string-case-action@v5
  with:
    string: ${{ github.repository_owner }}

- name: 컨테이너 빌드 후 도커 허브와 깃허브 레지스트리로 동시에 푸시
  uses: docker/build-push-action@v2
  with:
    context: ./
    file: ./Dockerfile
    push: true
    tags: |
      ${{ secrets.DOCKER_HUB_USERNAME }}/flask-docker-onnx-azure_x86:v1
      ghcr.io/${{ steps.GH_REPOSITORY_OWNER.outputs.lowercase }}/flask-docker-
onnx-azure_x86:v1
```

태그에 **ghcr.io**, 깃허브 계정 이름(**protossdragoon**)[17], 저장소명, 버전을 연결한 주소를 달아 푸시하면 깃허브 컨테이너 레지스트리에 업로드할 수 있다. 이번에도 변경 사항을 커밋하고 메인 브랜치에 푸시하여 깃허브 액션이 정상적으로 작동하는지 확인한다. 빌드된 컨테이너는 깃허브 계정 홈의 패키지package 탭에서 확인할 수 있다(그림 4-6).

---

17 옮긴이_ 깃허브 컨테이너 레지스트리 사용을 위해 계정 이름은 소문자로 주어져야 한다. 하지만 github.repository_owner은 깃허브 계정 이름에 대문자가 포함되어 있더라도 이를 소문자로 변환하지 않고 읽어들이기 때문에, change-string-case-action이라는 서드파티 액션을 이용해 steps.GH_REPOSITORY_OWNER.outputs.lowercase와 같이 소문자로 변환하여 사용한다.

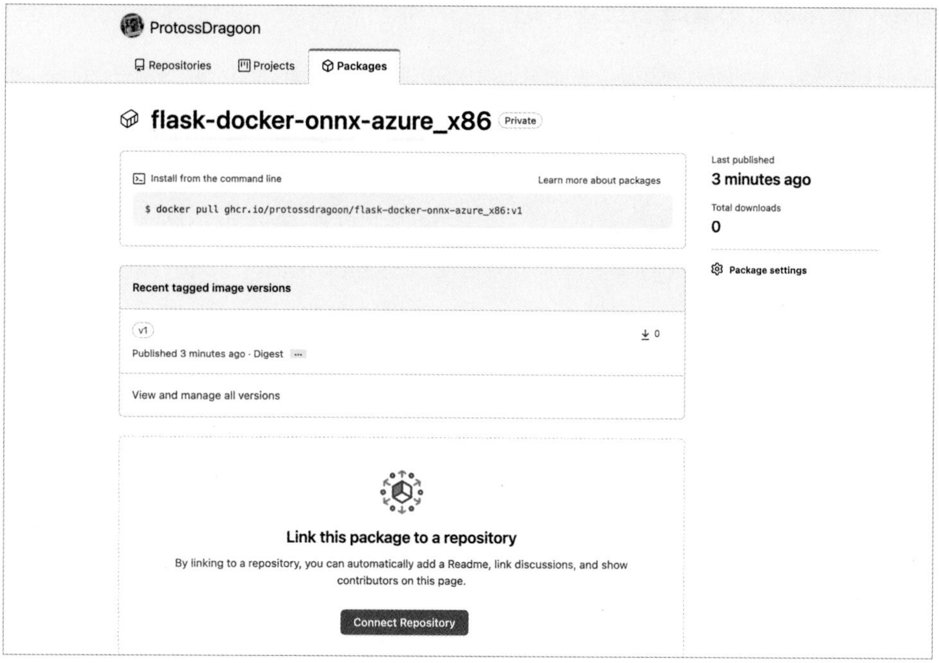

그림 4-6 깃허브 패키지에 업로드된 컨테이너

배운 내용을 바탕으로 자신만의 CI/CD 워크플로를 구성할 때 조심해야 할 점을 소개하며 이 절을 마무리하도록 하자. 워크플로를 구성하는 단계(4.3절에서 소개할 파이프라인을 구성하는 요소들도 마찬가지다) 중 '욕심쟁이 단계'가 없는지 확인해봐야 한다. '욕심쟁이 단계'는 지나치게 많은 책임과 역할을 떠맡고 있는 단계를 의미한다. 특정 단계가 맡은 역할이 비대해지면 어떤 문제가 발생했을 때 원인을 한눈에 파악하기 어려워진다. CI/CD를 잘 관리하기 위해서는 각각의 역할이 작고 명확하게 정제되어 있어야 한다. '욕심쟁이 단계'가 발견되면 이것을 더욱 작은 단계로 분해하는 습관이 필요하다.

지금까지 깃허브의 CI/CD 서비스를 이용해 ONNX 모델 컨테이너 이미지로 패키징하여 레지스트리에 애플리케이션을 배포하기까지의 모든 과정을 자동화했다. 모델 파일이 소스 코드와 함께 관리될 수 없는 상황에서도 모델을 컨테이너에 패키징했다. 그리고 이 모든 과정은 원격 저장소에 업로드된 도커파일과 깃허브 액션 YAML 파일에 명시적으로 작성되어 소스 코드와 함께 관리된다. 어떤 변경 사항이든 상관없이 전부 컨테이너에 반영할 수 있게 되었고, 빌드된 컨테이너는 자동으로 다양한 컨테이너 레지스트리에 게시된다. 이렇게 이번 장의 앞부분에서 필자가 제시했던 문제상황을 모두 해결했다.

CI/CD 환경을 이용하면 컨테이너를 패키징하고 레지스트리에 게시하는 일 외에도 다양한 작업을 수행할 수 있다. CI/CD 플랫폼은 견고하고 믿을 수 있는 소스 코드와 애플리케이션을 위한 기반이 된다. 이어지는 절에서는 깃허브 액션과 같은 CI/CD 플랫폼을 사용하지 않고 우리의 문제상황을 해결하는 방법인 클라우드 파이프라인을 간략히 소개한다. 사실 클라우드 파이프라인의 핵심 개념은 CI/CD 플랫폼과 크게 다를 것이 없다. 하지만 당신이 선택할 수 있는 다양한 선택지에 공통점이 있다는 사실을 인지한다면 실전 요구조건에 맞게 구현할 때 두려움을 줄일 수 있다고 생각한다.

4.3 클라우드 파이프라인 사용하기

필자가 생각한 파이프라인은 작업을 실행하는 스크립트를 작성하는 일(예를 들어, YAML 파일에 '빌드' 작업을 정의했던 일)보다 훨씬 진보된 형태의 무언가라고 생각했었던 것 같다. 하지만 파이프라인은 생각보다 그렇게 대단한 것이 아니다. Makefile, 셸 스크립트, 깃허브 액션을 다루어 본 우리에게 클라우드 파이프라인을 다루는 일은 스크립트를 작성하는 일과 별반 다르지 않게 느껴질 것이다. 파이프라인도 순차적으로 실행되는 명령들의 집합일 뿐이다. 필자는 여기서 클라우드 파이프라인과 CI/CD 플랫폼 및 파이프라인이라는 단어를 뒤섞어 사용한다. AWS, GCP, 애저와 같은 클라우드 제공자에 의해 호스팅되는 클라우드 파이프라인은 클라우드 플랫폼에서 제공한다는 사실을 제외하면 깃허브 액션이나 젠킨스와 같은 CI/CD 플랫폼과 수행하는 임무와 본질적으로 다르지 않기 때문이다. 예를 들어, 모델을 학습시키기 위한 간단한 파이프라인은 [그림 4-7]과 같이 세 단계로 구성된다.

그림 4-7 간단한 파이프라인

깃허브 액션과 같은 CI/CD 플랫폼을 사용할 때 '욕심쟁이 단계'를 작은 단계로 분해해야 하듯 파이프라인도 단계들의 관심사를 최대한 분리해야 한다. 데이터 로드, 데이터 검증, 모델 학습까지의 전체 파이프라인이 하나의 단계로만 이루어져 있다면 파이프라인을 실행하던 도중 갑작스럽게 오류가 발생하더라도 구체적인 로그를 확인하기 전까지 문제를 파악하기 어려울 것이다. 파이프라인이 [그림 4-7]과 같이 세 단계로 나뉘어 있다면 어떤 단계까지 문제없이 실행되었고 어떤 단계에서 문제가 발생했는지 로그를 확인하지 않고도 대략적으로 파악할 수 있을 것이다.

> **NOTE_** 실패를 직관적으로 파악할 수 있도록 파이프라인을 구성하는 일은 거의 대부분의 머신러닝 운영 상황에서 모범 사례라고 할 수 있다. 하지만 당연히 전체 작업을 하나의 파이프라인으로 구성하는 것이 더 쉬우므로 기술 부채의 유혹에 빠지지 않도록 경계해야 한다. 어떻게 해야 다른 사람들이 머신러닝 인프라를 구성하고 관리하는 일을 더 쉽게 만들 수 있을지 잠깐 고민해보자. 작업이 실패하는 경우 문제가 발생한 부분을 정확히 파악하고 구현을 수정하거나 개선할 수 있어야 한다. 다양한 CI/CD의 개념을 이용한 지속적이고 일관된 프로세스 평가와 개선은 강력한 환경을 구성하는 일에 굉장히 유용하다.

여러분이 CI/CD 파이프라인을 공부하다 보면 파이프라인을 구성하는 단계를 매우 엄격하게 정의하려는 시도를 할 수 있다. 하지만 파이프라인을 구성하는 단계들을 엄격하게 규정하거나 단계마다 수행하는 일을 통제하는 것은 현실적으로 어렵다. 레드햇[18]은 파이프라인을 구성하는 데 일반적으로 사용되는 단계인 빌드build, 테스트, 릴리스release, 배포, 검증validate을 제시했다. 레드햇이 훌륭한 파이프라인 구성 예시를 제공했지만 반드시 이 단계들을 포함하여 파이프라인이 구성되어야 한다는 이야기는 아니다. 이들은 필요에 따라 추가되거나 제외될 수 있고, 적절히 재배치될 수도 있다. 예를 들어, 여러분이 만든 모델을 배포할 필요가 없다면 '배포' 단계를 파이프라인에 포함할 필요가 없다. 그 대신 여러분의 모델 학습에 사용할 데이터를 로드하고 전처리하는 작업이 필요하다면 이들에 해당하는 단계를 정의해서 파이프라인에 포함하면 된다.

CI/CD 플랫폼과 파이프라인이 하는 일에 별반 차이가 없다는 사실을 이해했다면, 이제 통상적인 머신러닝 모델에 필요한 작업들을 파이프라인의 단계들로 추상화해보자. [그림 4-8]은 간단한 머신러닝 모델 파이프라인의 예시이다. 앞서 언급했듯, 상황에 따라 몇몇 단계들이 추가, 제외, 재배치될 수 있다.

---

18 https://oreil.ly/rlJUx

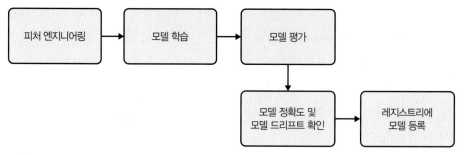

그림 4-8 전체 파이프라인

AWS의 머신러닝 플랫폼 세이지메이커를 이용하면 머신러닝 파이프라인을 쉽게 구성할 수 있다. 세이지메이커가 머신러닝 작업에 특화된 플랫폼인 만큼 세이지메이커에서 제공하는 파이프라인 제작 도구는 머신러닝 작업과 관련된 파이프라인을 구성하는 일에 필요한 모든 기능을 포함하고 있다. 예를 들어 세이지메이커에는 머신러닝 모델을 프로덕션 환경으로 배포하는 기능이 구현되어 있다. 이는 깃허브 액션이나 젠킨스같이 범용적으로 사용 가능한 CI/CD 플랫폼에서 제공되지 않는 기능이다. 세이지메이커가 GPU 하드웨어를 지원한다는 것도 클라우드 제공자들의 머신러닝 플랫폼이 가지는 장점 중 하나라고 볼 수 있다.

AWS 세이지메이커는 머신러닝 파이프라인 제작 도구의 훌륭한 사용 뼈대를 제공한다. 세이지메이커 스튜디오를 열고 [프로젝트 생성(Create project)] 버튼을 누르면 [그림 4-9]와 같은 프로젝트 템플릿들을 확인할 수 있다.

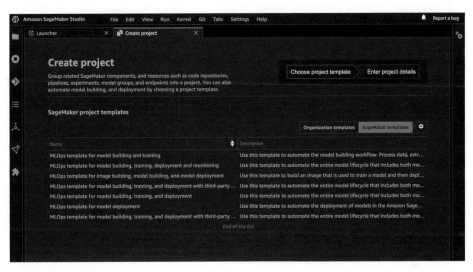

그림 4-9 세이지메이커 템플릿

프로젝트 템플릿은 플랫폼 사용을 시작하는 것을 돕기 위해 존재하지만, 여러분들이 템플릿 주피터 노트북을 바탕으로 입맛에 맞게 단계를 변경하거나 공부를 하는 목적으로 사용한다면 유용할 것이다. 파이프라인 인스턴스가 생성되고, 모델이 훈련되고, 모델이 레지스트리에 등록되면 [그림 4-10]과 같은 파이프라인에 사용된 파라미터들의 목록을 확인할 수 있다.

Executions	Graph	Parameters	Settings	
Parameters		Type		Value
ProcessingInstanceType		String		ml.m5.xlarge
ProcessingInstanceCount		Integer		1
TrainingInstanceType		String		ml.m5.xlarge
ModelApprovalStatus		String		PendingManualApproval
InputDataUrl		String		s3://sagemaker-servicecatalog-seedcode-us-east-2/d...

그림 4-10 파이프라인에 사용된 파라미터

세이지메이커에서는 파이프라인을 구성하는 단계들과 의존관계를 [그림 4-11]과 같이 시각화해볼 수 있다.

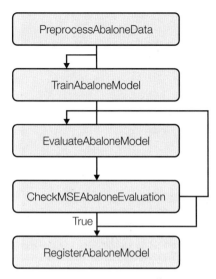

그림 4-11 세이지메이커 파이프라인[19]

[그림 4-11]에서 확인할 수 있듯 학습 데이터를 잘 정리하고, 모델을 훈련하고, 성능을 평가하고, 레지스트리에 모델을 등록하는 일까지 모두 파이프라인에 포함되어 있다. 이 파이프라인의 목표는 학습된 모델이 미래에 편하게 사용될 수 있도록 모델을 컨테이너로 패키징해서 레지스트리에 등록하는 것이다. 하지만 모든 작업이 하나의 파이프라인으로만 관리되어야 하는 것은 아니다. 모델을 레지스트리에 등록하는 파이프라인을 따로 만드는 것도 좋은 방법이다. DevOps에서는 컴포넌트 재사용성을 매우 중요하게 여긴다. 1장에서 언급했듯 MLOps에서도 재사용성은 매우 중요하다. 머신러닝 파이프라인도 마찬가지로 재사용될 수 있어야 한다. 예를 들어 모델 등록 파이프라인이 모델 학습 파이프라인과 분리되어 있다면 어떤 학습 파이프라인을 통해 학습된 모델인지에 종속되지 않고 모델 등록 파이프라인을 사용하여 레지스트리에 등록할 수 있다는 장점이 있을 것이다.

이제 모호하게 느껴지던 파이프라인 개념이 어느 정도 선명해졌으리라 생각한다. 다음으로는 모델을 프로덕션 환경에 배포하거나 배포 중인 실시간 추론 애플리케이션의 모델을 최신 모델로 교체할 때 사용할 수 있는 전략과 관련된 개념들을 살펴보도록 하자.

---

19 옮긴이_ 파이프라인이 세이지메이커 플랫폼에서 실제로 어떻게 표시되는지 확인하고 싶다면 https://docs.aws.amazon.com/sagemaker/latest/dg/define-pipeline.html을 참고하라.

4.3.1 모델 배포 제어하기

머신러닝 모델을 프로덕션 환경에 배포하는 일에는 전략이 필요하다. 예를 들어 실시간 추론 작업을 수행하는 애플리케이션의 모델을 더 좋은 것으로 교체해야 하는 상황에서 잠깐이라도 애플리케이션이 중단되어서는 안 된다. 이런 상황을 해결하는 데 도움을 주는 힌트를 웹 서비스 배포 전략에서 찾을 수 있다. 책에서 소개할 머신러닝 애플리케이션 배포 전략은 두 가지이다.

- 블루-그린 배포blue-green deployment
- 카나리 배포canary deployment

이 둘은 사뭇 비슷하게 느껴질 수 있지만 각각의 전략은 배포 상황에서 저마다의 고유한 강점이 있다. 이들 각각이 어떤 상황에서 사용될 수 있는지, 어떤 차이가 있는지에 주목해보자.

블루-그린 배포는 새롭게 배포될 버전을 스테이징staging 환경에 프로덕션 환경에 사용되는 환경과 똑같이 준비해두는 전략이다. 그리고 여러분이 한 번쯤 들어봤을 쿠버네티스는 이러한 형태의 배포를 쉽게 할 수 있도록 돕는 플랫폼이다. 하나의 쿠버네티스[20] 클러스터에는 트래픽을 아직 받지 않는 최신 버전(그린)과 이미 트래픽을 과거 버전(블루)이 실행 중일 것이다. 쿠버네티스는 과거 버전이 현재 처리 중인 트래픽을 현재 버전이 사용 중인 주소와 별개의 다른 주소를 통해 최신 버전에도 라우팅한다. 이렇게 두 환경을 분리하여 각각이 트래픽을 처리해 보도록 만드는 이유는 그린 환경의 모델이 예상한 대로 정상적으로 동작하는지 검증해 볼 기회를 제공할 수 있기 때문이다.

검증을 모두 마치고 그린에 배포된 모델이 문제없이 작동한다고 생각된다면 쿠버네티스 설정을 건드려서 트래픽이 새로운 버전으로만 흐르도록 만들면 된다. 그린 버전에서 문제가 발견되면 그린 버전으로 향하는 트래픽을 다시 블루 버전으로 되돌려 놓기만 하면 된다. 쿠버네티스가 없었다면 프로덕션 환경의 복제본을 구축하는 것과 이들 둘 사이에서 트래픽을 적절히 흘려보내는 일이 정말 어려웠을 것이다.

---

20 옮긴이_쿠버네티스는 여러 대의 서버를 묶어 관리할 수 있게 도와주는 추상화 레이어다. 예를 들어 여러분이 라즈베리 파이를 5대 가지고 있다고 생각해 보자. 5대의 라즈베리 파이를 묶어서 하나의 쿠버네티스 클러스터를 만들면, 여러분이 클러스터에 100개의 컨테이너를 실행했을 때 이들의 실행을 적절히 5대의 라즈베리 파이들이 분담한다. 블루-그린 배포 방식은 이 100개의 컨테이너를 업데이트 하여 배포 할 때, 기존의 5대의 라즈베리 파이인 '블루'환경에서 완전히 독립된 5대의 라즈베리 파이를 추가 구매하여 '그린' 환경을 구성하고 이들을 하나의 클러스터로 묶는다. 업데이트 내용이 배포된 '그린' 환경을 '블루' 환경과 동시에 운영하다가, 트래픽을 블루 환경에서 그린 환경으로 전환한다. 카나리 배포 방식은 라즈베리 파이 5대를 추가 구매하지 않고, 기존의 5대의 라즈베리파이에 로드 밸런서를 설정하여 트래픽의 일부를 새로운 버전으로 구성한다.

새롭게 배포될 최신 모델에게 실제 트래픽을 조금만 부여해보고 싶은 상황에서 사용할 수 있는 카나리 배포 전략은 블루-그린 전략보다 조금 더 위험하고 복잡하다. 이 전략에서는 새로운 버전과 과거 버전의 모델이 모두 프로덕션 환경에서 사용자들의 요청에 대한 추론 결과를 생성하지만 각각의 모델에게 주어지는 트래픽의 비율은 다르다. 이렇게 새로운 모델이 처리하는 트래픽의 양을 늘려 나가는 방식으로 모델을 배포하는 전략이다. 이 과정을 수행하던 도중 모델에서 문제가 발견되면 새로운 모델로 향하는 트래픽을 재빠르게 다시 과거 모델에 부과할 수 있다는 장점이 있다.

예를 들어, 서비스에 사용될 새로운 머신러닝 모델을 카나리 전략을 이용해 프로덕션 환경으로 배포할 예정이라고 해보자. 새로운 모델이 트래픽을 처리할 수 있는 인스턴스가 준비된다면, 처음부터 모든 트래픽을 새로운 인스턴스로 전달하는 대신 전체 트래픽의 딱 1% 정도만을 처리하도록 설정해본다. 인스턴스가 트래픽 처리 작업을 시작하자마자 서버 내부에 문제가 있음을 의미하는 HTTP 500 오류가 보고된다. 새로운 인스턴스로 향하던 트래픽을 과거 버전으로 재빠르게 되돌려 놓는다. 이렇게 새로운 버전의 사용을 중단하고, 기존에 사용하던 버전으로 다시 되돌리는 작업을 롤백rollback이라고 한다.

분당 모델 추론 요청이 1,000회정도 발생하지만 실제로 오류 응답을 수신한 요청은 10개에 불과할 것이다. 문제가 발생했지만 피해는 최소화했다.

아래는 애저 파이썬 SDK를 이용해 새로운 모델을 배포할 때 해당 모델로 향하는 트래픽의 비율을 정의하는 스크립트 예시이다. 이 스크립트만으로는 카나리 배포 전략이 실제로 작동하는 모습을 확인하기는 어렵지만, 대부분 클라우드가 앞서 소개한 것과 같은 모델 배포 전략들을 제공하고 있다는 사실을 확인할 수 있다.

```
from azureml.core.webservice import AksEndpoint
endpoint.create_version(
        version_name = "2",
        inference_config=inference_config,
        models=[model],
        traffic_percentile = 1
)
endpoint.wait_for_deployment(True)
```

카나리 배포에서 까다로운 부분은 새로운 모델로 향하는 트래픽의 양을 점진적으로 늘려나가는 것이다. 새롭게 배포되는 모델에 문제가 없다는 사실을 지속적으로 확인해 가면서 천천히 늘려나가야 한다.

블루-그린 혹은 카나리 배포 전략만큼이나 프로덕션 환경에서 모델의 구체적인 측정항목들을 모니터링하고 로그를 남기도록 만드는 것도 견고한 배포를 위해 필수적인 전략이다. DevOps 를 떠받는 기둥과 같은 역할의 모니터링과 로깅은 6장에서 구체적으로 다루도록 한다. 이번 장의 남은 부분에서는 더욱 견고하고 일관된 지속적 배포 프로세스를 위해 사용할 수 있는 아이디어들에 대해서 살펴볼 것이다.

4.3.2 모델 배포를 위한 테스팅 전략

아직까지는 4장 초반에 만들었던 컨테이너가 잘 동작하는 듯하다. 감정을 분석해야 하는 문장을 JSON 바디에 담아 요청을 전송한다. HTTP 요청을 받은 컨테이너는 문장의 감정을 분석한 뒤 그 결과를 다시 JSON으로 응답한다. 숙련된 머신러닝 엔지니어는 모델을 패키징하는 단계를 진행하기 전에 모델 드리프트를 검출하는 작업을 추가할 수도 있다. 드리프트와 관련된 내용은 6장에서 추가로 다루기로 하고, 지금은 모델을 프로덕션 환경으로 배포하기 전에 유용한 테스트 방법을 살펴볼 것이다. HTTP 요청을 컨테이너에 전송하고 응답받기까지 애플리케이션에서 일어나는 일련의 과정들을 생각해보면 아래와 같다. 각 단계들이 테스트되어야 한다.

1. 클라이언트는 문자열 하나를 리스트로 감싸고 JSON 바디에 담아 HTTP 요청을 전송한다.

2. 특정 HTTP 포트(5000번, 5001번 등)를 개방하고, 머신러닝 추론 작업을 수행하도록 라우트하는 적절한 엔드포인트(/predict)를 사용한다.

3. 플라스크가 JSON 페이로드를 파이썬 객체로 변환한다.

4. ONNX 런타임이 문자열을 입력받고 모델의 추론값을 반환한다.

5. 애플리케이션은 HTTP 응답상태 코드 200과 함께 JSON 응답을 반환한다. 이때 JSON 응답은 prediction 키에 대해 참/거짓 값을 가진다.

문제 확인 자동화

필자는 이 장의 소스 코드를 준비하면서 몇몇 문제들을 마주했다. 그중 하나는 onnxruntime 파이썬 패키지의 버전이 고정되어 있지 않아서 생긴 문제였다. 실습 코드를 처음 작성할 때 사용했던 패키지 대신 최신 패키지가 자동으로 설치되어버린 것이다. 동일한 소스 코드로 배포된 모델이 요청을 받을 때마다 계속 오류를 발생시키고 있다는 사실을 뒤늦게 알게 되었다.

물론 어떤 엔지니어는 어떤 HTTP 요청에 대한 웹 서버의 응답 상태 코드가 '오류'로 확인되면 예외를 멋지게 처리하는 방식으로 문제를 해결하려고 할지도 모른다. 하지만 필자는 애초에 모델을 프로덕션 환경에 배포하기 전에 이러한 문제들을 확인할 수 있어야 한다고 생각한다.

필자가 이렇게 생각하는 이유를 이해하는 데 도움을 줄 수 있는 사례가 있다. 플라스크 웹 서버가 보내오는 JSON 응답이 아래와 같다고 해보자. 당연히 HTTP 응답 상태 코드에 문제가 없다.

```
{
    "positive": "false"
}
```

이 장의 앞부분과 비교해보며 위 응답에 무슨 문제가 있는지 짐작해보자. 혹시 차이를 발견했는가? 몇몇 독자들은 눈치챘을지도 모르겠다. 이런 응답은 정상적인 응답처럼 보이기 쉽고 오류가 발생하지 않아서 사람이 문제를 발견하기 매우 어렵다. 하지만 아무리 모델의 성능이 우수하더라도 이러한 사소한 실수 하나가 전체 파이프라인을 완전히 망가뜨릴지도 모른다. 필자는 거의 매번 이런 실수를 하는 것 같다. 그러니 문제를 한눈에 발견하지 못했더라도 너무 상심하지는 말자. 이 응답의 키 "positive"에 해당하는 값은 "false"(문자열 타입)가 아니라 false(부울 타입)가 되어야 한다.

이런 상황을 예방할 수 있도록 테스트를 작성하더라도, 코드를 수정할 때마다 매번 테스트를 직접 실행하는 수작업을 최소화하고 자동화할 방법을 고민해야 한다. 즉 [그림 4-12]에 나타나 있듯 머신러닝 애플리케이션이 패키징되면 배포되기에 앞서 일어날 수 있는 모든 상황들에 대해 일관적이고 반복적으로 테스트되어야 한다. 파이프라인의 구성 요소에 테스트 실행을 포함하면 문제를 해결할 수 있다.

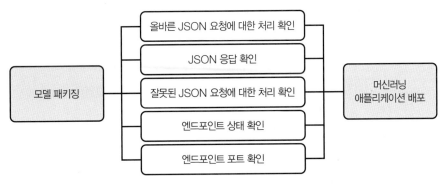

그림 4-12 문제 확인 자동화

모델 패키징 → 올바른 JSON 요청에 대한 처리 확인 / JSON 응답 확인 / 잘못된 JSON 요청에 대한 처리 확인 / 엔드포인트 상태 확인 / 엔드포인트 포트 확인 → 머신러닝 애플리케이션 배포

린터 사용

소프트웨어 보안을 공부하다 보면 '소프트웨어 공급망software supply chain'이라는 단어를 종종 마주치게 된다. 여기서 '공급망'이란 소스 코드를 작성하는 일부터 애플리케이션을 프로덕션 환경으로 이동하기까지 일련의 과정을 의미한다. 프로그래머의 손에서 시작된 코드는 배포 환경이나 프로그램 사용자까지 점진적으로 이동한다고 볼 수 있다. 그리고 모든 오류는 소스 코드가 프로그래머의 손에서 멀리 떠나기 전에 발견될수록 좋다. 프로그래머의 손에서 애플리케이션 소스 코드가 멀리 떠나기 전에 사용할 수 있는 유용한 도구들 중 하나가 린터linter다.

당신이 어떤 개발 환경에서 어떤 언어를 사용하든 상관없이 코드를 작성할 때 반드시 린터를 사용하기를 권하고 싶다. 특히 필자는 파이썬 린터로 Flake8을 추천한다.[21] 책의 실습 코드를 준비하기 위해 플라스크 애플리케이션 소스 코드를 작성할 때도 실수가 계속 발생했다. 이때 린터는 필자가 놓치고 넘어간 소스 코드에 대해 재빠르게 피드백을 해 주었다. 아래는 린터를 이용하여 찾아낼 수 있는 문제상황의 예시이다. Flake8 린터에 `app.py` 소스 코드를 입력해보자.

```
$ flake8 webapp/app.py
webapp/app.py:9:13: F821 undefined name 'RobertaTokenizer'
```

정의되지 않은 변수를 사용하면 당연히 애플리케이션이 정상적으로 작동하지 않는다. 위 문제는 `transformers` 패키지에서 `RobertaTokenizer` 모듈을 임포트하지 않았기 때문에 발생했

---

21 https://oreil.ly/MMs0C

다. 린터를 사용하지 않았다면 소스 코드가 필자의 손을 한참 떠나고 나서야 문제를 파악했을 지도 모른다. 그뿐만 아니라 린터의 실행은 지속적 통합 과정에 포함되어 자동화될 수도 있다. 이런 맥락에서 볼 때 블루-그린 배포 혹은 카나리 배포 도중 오류를 확인하여 서비스가 롤백되도록 만드는 것보다 린터가 오류를 발견하도록 만드는 것이 빠르고 쉬운 방법이다.

지속적 개선

몇 년 전까지 필자는 꽤 커다란 규모의 오픈 소스 소프트웨어 릴리스 관리자로 일했었다. 그 소프트웨어는 꽤나 복잡해서 릴리스 작업에 짧게는 이틀에서 길게는 일주일까지의 시간 투자가 필요하곤 했다. 어느 날, 릴리스를 앞두고 모든 절차를 마무리하려던 찰나 핵심 개발자 한 사람이 필자에게 다가와 변경 사항을 딱 하나만 더 추가하고 싶다는 의사를 밝혔다. 무작정 안 된다고 반대하는 대신, 필자는 해당 변경 사항이 테스트를 모두 통과했는지 물었다. 그랬더니 그 개발자가 이렇게 대답했다.

> "알프레도, 유난 떨 것 없어요. 딱 한 줄짜리 변경이에요. 더구나 함수 주석을 추가했을 뿐이라고
> 요. 그래서 이번 릴리스에 꼭 포함했으면 좋겠어요."

주변에서는 변경 사항을 빨리 수락하라는 압박이 계속 이어졌고, 필자도 어느 정도 물러설 수밖에 없었다. 그렇게 마지막 변경 사항을 적용하고, 릴리스 버전을 출시했다.

결국 다음 날 아침에는 오픈 소스 사용자들과 중요한 고객들로부터 쏟아지는 컴플레인들을 처리해야만 했다. 많은 사람이 최신 버전의 소프트웨어가 정상적으로 설치는 되지만, 전혀 실행되지 않는다고 불평했다. 예상했겠지만, 문제의 근원은 한 줄짜리 함수 주석 추가였다. 특정한 문법에 따라 기존의 소스 코드가 새롭게 추가된 한 줄의 주석을 소스 코드처럼 인식하면서 발생한 문제였다.

릴리스 절차를 반복해야 하는 일은 둘째치고, 문제가 되는 부분을 수정한 이후 테스트하는 일만 하더라도 하루 이상이 필요했다. 결국 필자는 방금 출시했던 릴리스 버전을 폐기retire하고 신규 사용자들이 기존 버전을 다운로드받도록 변경했다. 당시 구성원들은 그 사건을 통해 아주 중요한 교훈을 얻을 수 있었다.

첫째, 한 줄의 변경도 정말 값비싼 변경일지도 모른다.
둘째, 모든 문제는 조금이라도 먼저 발견할수록 문제를 고치는 일에 들어가는 비용이 감소한다.

4.4 마치며

지속적 배포와 일관된 기준의 피드백은 견고한 워크플로를 구성하는 모범 사례이다. 이 장에서는 간단한 파이프라인을 구성하는 방법과 피드백 루프를 자동화하는 사례들을 소개했다. 깃허브 액션 같은 CI/CD 플랫폼을 이용해 컨테이너를 패키징한다는 것은 머신러닝 모델을 프로덕션 환경으로 배포할 때 조금 더 확신을 가질 수 있음을 의미한다. 머신러닝 모델을 프로덕션 환경까지 무사히 옮기는 일은 매우 중요한 만큼 일관되고 견고한 파이프라인이 필요하다. 필자는 '내가 지금 만들어내고 있는 작업물이 배포 환경으로 옮겨지던 중 어디선가 문제를 일으켰을 때 그 문제를 쉽게 찾아내려면 어떻게 해야 할까?'라는 질문을 스스로에게 끊임없이 던져 보라고 권하고 싶다. 이 질문은 테스트와 검증을 추가하기 쉬운 파이프라인을 만들도록 유도할 것이다. 검증 과정 하나 덧붙이기 어려운 파이프라인에 누가 손을 대고 싶어 하겠는가? 하지만 배포 전 소프트웨어의 철저한 검증을 목적으로 만들어진 파이프라인에 검증 절차를 추가하기가 두려운 일이 일어나서는 안 된다.

이번 장을 통해 모델 배포를 자동화한다는 것이 무엇인지, 자동화를 돕는 도구는 어떤 방식으로 동작하는지를 배웠다. 다음 장에서 카이젠이라는 개념을 이해하고 머신러닝 모델을 만드는 일까지 자동화하는 AutoML에 대해서 살펴보자.

연습해보기

- 컨테이너에서 동작하는 나만의 플라스크 애플리케이션을 만들고 깃허브 저장소에 README.md 문서와 함께 푸시해보자. 이때 깃허브 액션을 통해 컨테이너 이미지가 정상적으로 빌드되는지 확인해보자.
- 세이지메이커 파이프라인을 수정하여 모델 학습을 마치고 레지스트리에 등록하기 전 사용자의 명령을 대기하도록 만들어보자.
- 주피터 노트북에서 애저 파이썬 SDK를 이용해 임의의 컨테이너로 향하는 트래픽이 점진적으로 늘어나도록 만들어보자.

## CHAPTER 5

AutoML과 KaizenML

무조건적인 규칙은 당신을 가두는 감옥일 뿐이고, 규칙 없이 남발하는 아이디어는 대혼돈일 뿐이다. 분재 묘목은 우리에게 균형balance이라는 것을 가르쳐준다. 규칙과 혁신의 균형을 맞추는 것은 평생에 걸쳐 고민해야 하는 문제다.

언젠가 〈The Game of Life〉라는 연극을 본 적이 있다. 그 연극이 전하는 메시지는 이렇다. 많은 사람들이 규칙에 대해 누구에게도 설명을 듣지 못한 채로 판돈을 크게 걸고 게임에 참여하라는 요구를 받곤 하는데, 인생이라는 게임에 참여하는 우리들이 바로 그런 요구를 받은 사람들이다. 우리가 게임을 잘하고 있는 것인지 규칙을 기준 삼아 확인할 수 있는 방법이 많지 않다. 초보 플레이어들(젊은 사람들)은 게임에 참여하기 위해 넓은 이론적 배경이 필요하다고 생각하곤 한다. 하지만 규칙을 따르지 않는 수많은 예외 상황을 마주하면서 경험이 쌓일수록 규칙이라는 것을 알기 위해 집착할 필요를 느끼지 못하게 된다. 치명적인 실수들을 겪으며 앞으로 배워나갈 수 있다는 것은 분재처럼 굽이굽이 성장하는 인생이라는 게임의 장점인 셈이다.

– 조셉 보겐 박사

데이터를 연료 삼아 작동하는 머신러닝 기술은 자율주행차부터 질병 치료까지 다양한 문제를 해결하고 모든 인류에게 가치를 제공할 수 있다. 이번 장을 통해 현실의 문제를 해결하는 머신러닝 시스템을 구축하는 일에 한 발짝 더 다가가보자.

필자는 앞에서부터 항상 자동화를 강조해왔다. 머신러닝 시스템을 구성하는 일에도 자동화는 필수적이다. 당연하게도 다양한 자동화 방법은 머신러닝 시스템에서 일어나는 작업들이 자동으로 이뤄지도록 돕는다. 특히, 머신러닝 모델링이나 모델 학습을 자동화하는 일을 AutoML이라고 부른다. 이번 장에서는 머신러닝 시스템을 이루는 구성 요소 중 하나인

AutoML을 실습해보며 이것이 시스템 자동화나 KaizenML과 가지는 관계를 이해해볼 것이다.

AutoML은 잘 정제된 데이터로부터 모델을 만들고 파라미터를 학습시키는 일에만 집중하지만, KaizenML은 머신러닝 시스템을 구성하는 '모든' 요소를 자동화하고 개선하는 일에 집중한다. 이번 장에서 살펴볼 AutoML과 KaizenML이라는 두 가지 주제 중에서 우선 AutoML에 대해 이야기해보자.

> **NOTE_** 앤드류 응과 같은 대부분의 머신러닝 전문가는 데이터 중심 접근 방식이 모델 중심 접근 방식보다 낫다고 생각한다. 이런 생각을 잘 표현하는 또 다른 단어는 카이젠이다. 카이젠은 '개선'을 의미하는 일본어인 카이진에서 비롯된 용어로, 데이터 그 자체부터 시작해서 소프트웨어, 머신러닝 모델, 사용자의 피드백 루프까지 모든 과정을 지속적으로 개선해야 한다는 의미를 담고 있다. 카이젠과 머신러닝의 합성어인 KaizenML은 데이터 품질, 소프트웨어 품질, 모델 품질 등 머신러닝 시스템의 모든 측면을 개선하는 것을 뜻한다.

5.1 AutoML

미국의 소설가 업톤 싱클레어 Upton Sinclair는 "자신이 전혀 모르고 있는 것에 의해 자신의 월급이 좌우된다면 모르는 것을 알도록 만드는 것은 어렵다"고 했다. 다큐멘터리 영화 〈소셜 딜레마〉는 소셜 미디어의 허위 정보에 대한 주제를 다룬다. 영화 등장인물 중에 소셜 미디어에 허위정보를 퍼뜨리고 보수를 받는 인물이 있다. 이 사람이야말로 싱클레어의 말에 대한 좋은 사례가 된다. 여러분이 SNS에 가짜 뉴스를 퍼뜨리는 대가로 월급을 주는 회사에서 일하고 있다고 가정해보자. 회사는 여러분이 퍼뜨린 거짓 정보를 통해 상당한 이익을 취하고, 당신이 만든 가짜 뉴스는 당신의 월급봉투 두께와 삶의 질에 커다랗게 기여하고 있다. 이 상황에서 여러분은 본인이 잘못된 정보를 퍼뜨리고 있는 한 회사의 꼭두각시라는 사실을 받아들일 수 있을까?

필자는 지난 역사 속에서 '자동화의 법칙'이라고 불리기 좋은 패턴을 찾을 수 있었다. 사람이 직접 하던 일을 기계가 대체할 수 있을 것이라는 논의가 시작되는 순간부터 실제로 사람이 쫓겨나는 것은 언제나 시간 문제였다. 일례로 많은 IT 기업이 클라우드는 세상에 존재하는 모든 악의 근원이라고 말하면서 데이터 센터를 신성시해 왔지만, 결국 이들 대부분도 직접 유지관리하던 데이터센터를 포기하고 클라우드로 전환하고 있다.

사람이 중간에서 전화를 직접 교환해주던 1880년에서 자동으로 전화를 연결해주는 전화기가 등장한 1980년까지는 거의 100년이라는 시간이 필요했다. 절대 짧은 시간이라고 할 수는 없지만 결국 전화 교환원이 하던 일들이 자동화되었다는 사실이 중요하다. 기계는 노동 집약적인 수작업을 자동화하는 데 탁월하다. 여러분이 1970년 전화 교환원으로 일하고 있었다면 전화를 연결해주는 업무가 너무 복잡하기 때문에 자동화가 불가능할 것이라며 비웃었을지도 모른다. 우리는 오늘날 데이터 과학이라는 분야에서 파이썬 함수에 복잡한 하이퍼파라미터를 열심히 바꿔가며 캐글Kaggle에 결과를 공유하는 '전화 교환원'일지도 모른다. 싱클레어가 말했듯이, 당연히 이 모든 과정이 자동화되는 과정에 있다는 사실을 받아들이고 싶지 않을 것이다. 토마스 길로비치Thomas Gilovich는 「How We Know What Isn't So」(Free Press, 1933)에서 자기불구화self-handicapping 전략에 대해 아래와 같이 언급한다.

> 실제로 '믿음'과 '부정'이라는 두 가지 종류의 자기불구화 전략이 있다. '믿음' 자기불구화는 성공으로 향하는 길에 일부러 장애물을 놓는 행위를 뜻한다. 시험 전에 공부를 게을리하는 학생이나 오디션 전에 술을 마시는 배우 지망생을 예로 들 수 있다. 이런 장애물은 당연히 목표 달성 가능성을 낮추지만, 목표 달성에 실패하더라도 자신의 능력이 부족했다고 생각하지는 않을 것이다. 성공으로 가는 길에 어려운 장애물이 있었다고 생각하는 '부정' 자기불구화도 있다. 나쁜 성과에 대해 변명하는 사람들이 이런 종류의 자기불구화 전략을 펼치는 사람들이다.

데이터 과학 이니셔티브가 실패하면, 자기불구화 전략 중 하나를 실천해 버릴지도 모른다. 데이터 과학 프로젝트에서 AutoML이 충분히 도움이 될 가능성이 있다고 하더라도 사용하지 않으려는 태도를 그 예로 들 수 있다. 소프트웨어 엔지니어링의 황금률 중 하나는 가능한 한 최고의 도구를 사용하는 것이다. 훌륭한 도구는 개발의 복잡성을 줄이는 일에 도움이 되기 때문이다. 복잡성을 줄이는 '동급 최고' 도구의 좋은 예를 들어 보자. 테스트 자동화를 구성하는 일에 유용한 깃허브 액션, 최소한의 구성으로 코드 자동완성, 구문 강조 표시 등의 기능이 제공되는 비주얼 스튜디오 코드와 같은 편집기가 있다. 이들 도구는 소프트웨어 개발 과정을 단순화하고 개발자의 생산성을 크게 높인다.

마찬가지로, 데이터 과학 분야에서도 '사용 가능한 최고의 도구를 사용하라'라는 구호가 널리 전파될 필요가 있다. 데이터 과학자들이 종종 그래 왔듯이 자동화를 거부하고 일부러 장애물을 프로젝트 앞에 두는 '믿음' 자기불구화 전략이나 데이터 과학 프로젝트가 실패하는 경우 문제가 너무 어려웠다고 투정을 부리는 '부정' 자기불구화 전략을 펼치지 말자. 자동화 수용은 자기불구화를 피하는 훌륭한 해결책이다.

[그림 5-1]은 음식을 머신러닝과 비교해서 보여준다. 음식에는 다양한 형태가 있다. 식자재 마트에서 밀가루를 구매해 집에서 직접 만든 피자도 있고, 해동만 시키면 되는 냉동 피자도 있고, 집으로 배달된 따끈따끈한 피자도 있다. 단지 만드는 과정이 훨씬 덜 복잡하다고 해서 (즉, 처음부터 피자를 만드는 것 VS 피자를 주문하는 것) 완성되지 않은 음식이라고 생각하지 않는다. 난이도와 완성도 사이에는 별다른 관계가 없다.

어떤 현실을 받아들이지 않는다고 해서 더 좋은 현실이 만들어지지 않는다. 자기불구화와 비슷하게 현실을 부정하는 생각을 의미하는 '주술적 사고'라는 표현이 있다. 코로나19 대유행이 시작될 때 많은 주술적 사상가들은 '코로나 19는 독감과 별반 다를 것이 없다'고 주장하며, 바이러스의 위험성에 대해 자기 자신은 물론 수많은 사람을 기만했다. 하지만 2021년의 데이터는 그들의 생각이 완전히 틀렸음을 증명했다. 미국에서 모든 형태의 복합 심장병 사망 원인의 75%를 코로나19 바이러스가 차지하였으며 최근에는 가장 높은 사망 원인으로 꼽혔다. 블룸버그 논평가 저스틴 폭스Justin Fox의 기사에 첨부된 CDC 데이터도 코로나19가 다른 인플루엔자보다 고연령층에 몇 배 더 치명적이라는 사실을 뒷받침한다(그림 5-2).

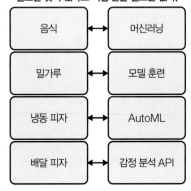

그림 5-1 음식 vs 머신러닝

코로나 vs 독감
미국의 인구 10만명당 나이대별 연간 사망자 수

나이대	코로나19 (2020~2021년)	독감 (2017~2019년)	독감 대비 코로나19 사망률
〈1	1.2	4.2	0.3
1–4	0.2	0.7	0.2
5–14	0.2	0.3	0.6
15–24	1.7	0.4	4.2
25–34	6.9	1.0	6.9
35–44	20.1	2.2	9.1
45–54	56.6	5.2	10.9
55–54	139.0	12.8	10.9
65–74	343.1	29.5	11.6
75–84	873.1	88.2	9.9
85+	2392.3	348.9	6.9
All ages	152.3	16.8	9.1

자료출처 미국 질병통제예방센터 12개월간 사망자가 50만명이라고 가정함

그림 5-2 코로나 vs 독감

AutoML의 발전은 데이터 과학자들에게 변곡점이 될 것이다. 이를 대하는 데이터 과학자들이 자기불구화 전략을 펼치고 주술적 사고를 한다는 점에서 앞서 언급했던 자동화의 역사와 유사한 부분이 많기 때문이다. 자동화할 수 있는 모든 것은 자동화될 것이다. 자동화 도입을 거부하는 대신, 자동화를 받아들이면 훨씬 더 생산적인 머신러닝 워크플로를 만들 수 있다. 특히 AutoML은 MLOps 철학을 완전히 구현하기 위해 수용해야 하는 가장 중요한 기술이다.

코로나19 바이러스가 전 세계로 확산되기 전에 버클리 대학의 제니퍼 다우드나Jennifer Doudna 교수와 프랑스 과학자 에마뉘엘 샤르팡티에Emmanuelle Charpentier 박사는 유전자 편집을 연구하고 있었다. 대유행이 시작되자 다우드나 박사는 백신 개발을 가속화하는 방향으로 연구가 신속하게 전환되어야 한다는 것을 깨닫고 '세상을 구하기' 위한 일을 시작했다.

> **NOTE_** 코로나19 치료제 발견과 MLOps에는 어떤 연관성이 있을까? 데이터 과학에서 연구 성과를 실제 제품에 적용하는 일은 매우 중요하다. 이와 비슷하게 의학에서 연구와 발견의 혜택을 누릴 수 있도록 환자의 손에 치료제를 들려주는 것이 신약 개발에서 가장 중요하다.

『코드 브레이커』(웅진지식하우스, 2022)의 저자 월터 아이작슨Walter Isaacson은 유전자 편집 기술의 선구자 제니퍼 다우드나를 '기초 연구가 인간에게 직접적으로 도움이 되는 결과를 만드는 연구와 결합되어야 한다고 굳게 믿는 사람'일뿐 아니라 '연구 성과를 실험대에서 침대까지 옮기는 사람'이라고 표현했다. 2020년에 제니퍼 다우드나와 에마뉘엘 샤르팡티에 박사는 유전자 편집 기술인 크리스퍼Clustered Regularly Interspaced Short Palindromic Repeats(CRISPR)를 발명하고 상업적 응용 가능성까지 이끌어낸 공로를 인정받아 노벨상을 수상했다.

한편, 다우드나 박사의 라이벌이자 경쟁 백신 모더나Moderna를 연구했던 펑 장Feng Zhang 박사는 다우드나 박사의 버클리대학 연구소에서 크리스퍼 메커니즘을 인간 세포에 적용하는 시도를 하지 않았다고 지적했다. 펑 장 박사의 연구소에서는 인간 세포를 대상으로 크리스퍼 연구에 몰두했던 반면 다우드나 박사는 오롯이 연구에만 집중했다는 것이다.[1]

이 논의는 발견과 응용에 대한 소유권을 놓고 벌어진 특허 분쟁의 핵심 사안이다. 달리 말하면 어디까지를 기초 연구의 영역으로 보고 어디까지를 연구 응용의 공로로 봐야 하는지에 대한 논의로 볼 수 있다.

과학자들이 코로나19 백신 개발에 집중하지 못하고 백신 유통과 운용의 어려움을 고려해야 했다면, 과연 지금껏 무엇을 할 수 있었을까? 필자가 스타트업에서 엔지니어링 매니저로 일할 때 필자는 사람들에게 '만약에~'라는 질문을 던지는 것을 좋아했다. '만약에 세상이 멸망하는 날 세상을 구해야 한다면?' 같은 질문 말이다. 이런 질문이 중요하지 않은 요소들을 배제하고 문제의 핵심만을 추려내도록 도울 수 있기 때문이다. 수백만 명의 생명을 구할 시간이 굉장히 촉박하면, 문제의 본질적인 요소에만 몰두하게 된다.

넷플릭스에 〈컬러로 보는 제2차 세계대전〉이라는 다큐멘터리가 있다. 이 다큐멘터리는 비극적인 역사적 사건들을 컬러 장면으로 복원해서 보여준다. 그 당시의 사건들이 실제로 어떤 모습이었을지 상상하는 데 도움을 준다. 이러한 맥락에서 기술 난제를 해결하여 세상을 구해야만 하는 상황에 놓인 자신을 상상해보라. 자칫 잘못하면 여러분이 아는 모든 사람들이 끔찍한 운명을 마주하게 될지 모른다. 오늘날의 데이터 과학도 마찬가지이다. 반드시 해결해야만 하는 문제라는 긴박감을 가지고 문제의 본질적인 요소들에만 집중하고 싶을 때, AutoML 같은 자동화 기술은 세계적으로 더 나은 결과물을 만들어내는 일에 도움을 줄 수 있다.

----

1   옮긴이_ 실제로 펑 장 박사의 연구팀은 진핵세포 크리스퍼 유전자 가위 기술을 먼저 구체적으로 구현했다는 점을 인정받아 CVC팀과 (제니퍼 다우드나와 교수와 에마뉘엘 샤르팡티에 박사의 연구팀) 함께 특허를 등록하는 데 성공했다.

이렇게 질문을 던지고 특정 상황을 상상해보는 일은 문제해결 방법을 결정할 때 훌륭한 기준을 제시할 수 있다. 여러분이 하고 있는 일은 매우 중요할 수도, 전혀 중요하지 않을 수도 있다. 필자는 이런 사고방식이 코로나19 바이러스의 백신을 연구하는 대다수 과학자들의 사고방식과 흡사하다고 생각한다. 더 많은 과학자들이 하루라도 빨리 백신 개발을 위해 정말 중요한 일을 시작했어야 했지만 그렇지 않았다. 오히려 백신 개발의 중요하지 않은 일에 사용되며 전 세계 수백만 명의 사람들이 바이러스에 굴복하게 되었다.

필자가 2016년경에 샌프란시스코 베이 에어리어San Francisco Bay Area에 있는 멋진 스타트업에 방문했을 때 그들이 투자사들로부터 3천만 달러의 자금을 조달받은 일과 관련해 전해들었던 내용이 떠오른다. 그 스타트업의 COO는 본인 회사가 번듯한 제품도 없고 돈을 벌 방법도 없는 현실에 대한 걱정을 필자에게 토로했다. 몇 년이나 지났지만 그 스타트업은 여전히 많은 자금을 투자사로부터 조달받고 있으며, 아직도 제품 출시에 대한 소식은 들려오지 않는다.

이 회사는 수익을 창출할 수 없기 때문에 자금을 조달한다. 자금을 조달할 수 없다면 수익을 창출해야 한다. 마찬가지로, 머신러닝 모델을 실제 제품화할 수 없는 경우 '머신러닝 연구'를 계속해야 한다. 즉, 캐글 프로젝트에서 하이퍼파라미터를 잡고 끄적거리는 작업을 계속하게 된다. 그래서 캐글 노트북을 잡고 하이퍼파라미터를 조작하고 있는 사람들에게 '우리가 진짜 구글의 AutoML 기술을 훈련시키면서 우리의 직업을 자동화하는 데 기여하고 있지 않은 것이 확실할까?'라는 질문을 던져볼 만하다.

우리는 당연히 자신이 잘하는 일에 끌린다. 잘하는 일에 집중하면 성공적인 커리어 따위의 매력적인 것들을 잔뜩 얻어낼 수 있다. 하지만 다우드나 박사와 장 박사가 코로나19 문제를 풀었던 것처럼 가끔은 단기적인 상황에서 굉장히 긴급한 문제를 해결하는 일에 뛰어들어볼 필요도 있다. 이런 변화가 당신이 문제에 접근하는 방식을 바꿀지도 모른다. 예를 들어 필자에게 모델을 만들고, 학습시키고, 모델을 운영해 세상을 구할 수 있는 시간이 4시간만 주어진다면 최대한 적은 양의 코드만 작성하고 마이크로소프트 애저 AutoML, 애플 Create ML, 구글 AutoML, H2O, Ludwig 등 이미 만들어져 있는 기성품 자동화 도구들을 사용할 것이다.

우리가 최소한의 코드만을 작성해야 하는 이유가 무엇일까? 지금 세계에는 암 치료, 청정에너지 최적화, 신약 개선, 안전하고 편리한 교통수단 등 해결해야 하는 시급한 문제들과 이를 해결할 수 있는 고품질 머신러닝 모델이 필요하다. 우리 사회가 집단적으로 이렇게 어려운 문제들을 풀어낼 수 있도록 만드는 가장 효과적인 방법은 지금 당장 자동화할 수 있는 일들을 최대한 자동화하고, 자동화할 수 없는 일은 자동화 할 방법 찾기에 집중하는 것이다.

AutoML은 모델을 학습시키는 것과 관련된 작업들을 자동화하는 도구이다. 현실에서 모든 문제가 말처럼 간단하지만은 않지만 머신러닝과 관련된 모든 것은 결국 자동화될 필요가 있다. 이 생각과 현실의 간극에 KaizenML이라는 개념이 들어온다. 카이젠은 일본어로 지속적인 개선을 의미한다. KaizenML 개념을 적용하면 머신러닝 시스템에서 목표를 달성하기 위해 가장 중요한 요소에 집중할 수 있도록 지속적 개선 및 자동화를 만들어낼 수 있다. 지금부터 그 개념에 대해서 알아보도록 하자.

5.1.1 MLOps 산업 혁명

머신러닝을 다루는 대부분의 학생과 데이터 과학자는 AutoML에 대해 예민하게 반응한다. AutoML이 자신의 일마저도 자동화할 것이라고 생각하기 때문에 부정적인 인식이 있는 편이다. 하지만 데이터 과학은 일련의 '문제해결 과정'이고, AutoML은 '문제해결 기술'의 일종이다. 머신러닝 시스템을 구축하여 문제를 해결하는 일에 있어 AutoML 기술은 매우 작은 부분일 뿐이다. 머신러닝 시스템과 AutoML은 상호 보완적 관계다.

1760년부터 1840년까지의 1차 산업 혁명은 증기기관을 이용해 움직이는 기계가 사람이 하던 일들을 대체하던 시기였다. 이러한 자동화의 바람은 인구, GDP, 삶의 질 향상을 이끌었다. 그로부터 수십 년이 흘러 1870년경에는 2차 산업 혁명이 일어나 전기가 발명되며 인류는 대량생산 시스템을 구축할 능력을 갖추게 되었다.

디즈니플러스에 〈메이드 인 어 데이〉[2]라는 콘텐츠가 있다. 1화에서는 완성차 기업 테슬라가 차량 생산 라인에서 로봇을 어떻게 사용하는지를 보여준다. 로봇들은 물건을 나사못으로 고정시키고 부품을 용접한다. 이런 광경을 보면서 로봇이 일을 잘할 수 있도록 인간이 어떻게 보조하고 있는지의 관점에서 생각해보게 되었다. 공장의 생산 라인에서 인간은 로봇들에게 일거리를 주는 역할을 한다.

전통적인 데이터 과학의 작업 흐름을 볼 때마다 2차 산업 혁명 초기 포드의 조립 공장이 생각난다. K-평균 군집화 알고리즘에서 적절한 클러스터 개수를 선택하는 일과 같은 하이퍼파라미터 튜닝 작업들이 오늘날 중요한 머신러닝 테크닉처럼 여겨지곤 한다. 하지만 이러한 일들이

---

2 https://oreil.ly/nLA7Y

정말 사람이 잘 알아야 하는 테크닉인지 질문을 던져볼 필요가 있다. 첨단 로봇 공학이 가득한 테슬라 공장에 가서 자동화 엔지니어들에게 인간도 부품을 함께 용접할 수 있다고 말하는 것을 상상해보자. 아주 말이 안 되는 발상이다. 하이퍼파라미터라는 볼트와 너트를 손으로 일일이 돌려 끼워 넣는 것도 이와 비슷하다. 인간도 그런 일을 잘할 수 있지만 기계는 훨씬 더 잘한다. 마찬가지로 머신러닝 작업 흐름상 끊임없이 등장하는 수동 작업을 기계가 훨씬 더 잘할 수 있다면 사람이 그 따분한 일을 꼭 직접 해야 할까? 역사적으로 보았을 때 수작업은 결국 자동화된다. 가장 먼저 자동화되는 것은 가장 대체되기 쉬운 것이다.

크리스퍼 가위 연구가 백신 치료제에 활용되었듯, 머신러닝과 기술도 반드시 상품화되어야만 한다. 상품화가 시작될 때는 자동화 능력이 중요해진다. 앞서 언급했던 〈메이드 인 어 데이〉의 제목은 자동차나 악기 같은 물건들이 딱 하루 만에 만들어져 나오는 모습에 착안해 붙었다. 머신러닝 모델을 일종의 소프트웨어 상품이라고 생각해보자. 자동차라는 하드웨어 상품은 하루 만에 만들어진다. 그런데 머신러닝을 다루는 수많은 회사는 1년간 모델 1개를 만들어내는 일을 버거워한다. 이렇게 비효율적인 프로세스가 어떻게 미래에도 지속 가능하다고 말할 수 있는가?

가까운 미래에 일어날 수 있는 한 가지 시나리오는 머신러닝 모델 학습 메뉴얼의 80% 이상이 AutoML 도구나 사전학습 모델을 사용하는 방법으로 대체되는 것이다. Ludwig 같은 오픈 소스 프로젝트나 애플의 CreateML과 같은 상용 소프트웨어들이 발전하는 것을 보면 충분히 상상해볼 법한 미래이다. 모델 학습을 위한 소프트웨어는 리눅스 커널처럼 누구든 언제든지 사용할 수 있는 존재가 될지도 모른다.

오늘날 주위에 보이는 데이터과학자의 미래는 연봉을 수십억 원을 받는 사람 혹은 취미로 끄적거리는 사람 둘 중 하나로 수렴할 것이다. 미래에는 오늘날 데이터 과학자가 발휘하는 능력이 회계사, 작가, 혹은 비판적 사고를 하는 사람들이 기본적으로 갖추고 있는 소양이 될지도 모른다. 그리고 데이터 과학자의 경쟁 우위는 오히려 자동화, 견고한 프로덕트 관리, 비즈니스처럼 전통적인 소프트웨어 엔지니어링 모범 사례에서 올지도 모른다. 미래에 그런 세상이 펼쳐진다면, 'MLOps 산업 혁명'이라고 불러야 하지 않을까?

캐글이 구글의 AutoML 도구를 훨씬 더 좋게 만들 목적으로 사용되는 피드백 루프라고 상상해보자. 더 나은 AutoML 서비스를 만들어야 하는 입장에서 데이터 과학자들이 공들여 훈련시켜 둔 모델을 사용하지 않을 이유는 없다. [그림 5-3]에서 보는 바와 같이 데이터 과학 1.0에서 데이터 과학자들은 100년 전 전화 교환원처럼 일일이 '파라미터를 교환'하고 있다. 이와 대조적으로, 구글은 노동하는 데이터 과학자들을 이용하여 본인들의 AutoML 시스템이 수동 데이터 과학을 대체하도록 훈련시킨다. 이미 우리 곁에 부쩍 다가온 데이터 과학 2.0의 도구들은 캐글에서 데이터 과학자들에 의해 학습되던 모델들을 훨씬 철저하게 학습해낸다.

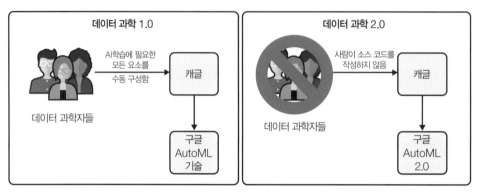

그림 5-3 캐글 자동화

사람이 아닌 기계가 머신러닝과 데이터 과학에서 점점 더 두각을 드러내면서 MLOps 산업 혁명이 우리 눈 앞에서 일어나고 있다. 당신은 어떤 기술에 투자할 것인가? 기술적인 관점에서나 비즈니스적인 관점에서나 세계 최고 수준의 자동화 능력을 달성하고, 전문적인 도메인 지식과 결합하라. 『How Innovation Works』(Harper, 2020)의 저자 매트 리들리[Matt Ridley]는 혁신이란 아이디어 그 자체에서 시작하는 것이 아니라, 다양한 아이디어가 결합되고 실행되는 것이라고 설명한다. 어떤 아이디어의 구현체가 사람들에게 정말 가치있는지 판단해볼 수 있는 방법은 그 결과물에 사람들이 돈을 지불하는지 확인해보는 것이다.

5.1.2 AutoML vs KaizenML

데이터 과학이나 AutoML 혹은 MLOps(KaizenML) 같은 주제에 대해 이야기 나눌 때 종종 많은 사람이 각각의 개념을 제대로 이해하지 못하고 있다는 사실을 발견하곤 한다. 데이터 과학은 어떤 문제에 대한 해결책 그 이상의 의미를 갖으며, 문제해결을 위한 기나긴 여정이라고 할 수 있다. 반면 AutoML은 사소한 작업을 자동화하는 지속적 통합(CI)과 같은 기술일 뿐이다. 따라서, 자동차 크루즈 컨트롤이나 반 자율주행이 운전자와 경쟁 관계가 아니듯, AutoML

은 데이터 과학자의 경쟁자가 아니다. 운전자는 여전히 차량을 제어하고 사건의 중심 중재자 역할을 해야 한다. 마찬가지로, 인간은 광범위한 자동화에도 불구하고 더 큰 그림에 대한 결정을 내려야 한다.

KaizenML/MLOps는 프로덕션까지 가는 모델과 관련된 시스템을 구성하는 방법론이다. 실제로 프로덕션 환경에서 고객들의 문제를 해결하는 머신러닝 모델은 MLOps를 통해 얻을 수 있는 결과물이다. 물론 아직까지는 데이터를 효과적으로 처리하는 전문 지식 그 자체만으로도 희소가치가 있기 때문에 데이터 과학자가 우위를 차지한다. 하지만 최신 차량 중에 크루즈 컨트롤이 없거나 수동 변속기가 장착된 차량은 많이 없어진 것처럼, AutoML 기술이 발전함에 따라 오늘날 데이터 과학자가 도맡고 있는 많은 일이 사라질 수 있다. 마찬가지로 미래에는 데이터 과학자가 하이퍼파라미터를 조정하는 일이 거의 없어질지도 모른다. 이렇게 된다면 많은 데이터 과학자들은 업무의 일환으로 데이터를 잠깐씩만 다루는 머신러닝 엔지니어나 도메인 전문가로 바뀔 것이다.

AutoML이나 데이터 과학에 대해 이야기 나눌 때, 데이터 과학자들은 한 단계 더 높은 자동화 혹은 지속적인 개선과 관련된 문제들을 사소한 것으로 여기곤 한다. 머신러닝 기술의 자동화라는 주제에 예민하기 때문에 훨씬 더 중요한 부분이 잘 다루어지지 않는다. 오늘날 머신러닝 기술로 인정받는 하이퍼파라미터 튜닝작업뿐 아니라 모든 것들이 자동화될 것이다. 지속적 개선과 자동화를 통해 데이터 과학자나 머신러닝 엔지니어뿐만 아니라 전체 조직이 아이디어와 연구 결과를 현실로 만들어 가치를 생산하는 일에 집중할 수 있게 될 것이다. 앞서 언급했듯이, KaizenML의 카이젠은 지속적인 개선을 뜻하는 일본어에서 비롯되었다. 제2차 세계 대전 이후 일본은 카이젠 개념을 중심으로 자동차 산업을 구축해왔다. 이들은 고장이 나거나 최적화되지 않은 것을 발견할 때마다 즉시 프로스세스를 개선했다. 마찬가지로 KaizenML을 사용하면 피처 엔지니어링부터 AutoML에 이르기까지 머신러닝의 모든 프로세스가 지속적으로 개선된다(그림 5-4).

그림 5-4 카이젠과 AutoML의 관계

필자는 이 세상의 모든 사람들이 데이터 과학자이자 프로그래머가 되어야 한다고 생각한다. 프로그래밍과 데이터 과학을 이해하는 일은 비판적 사고를 하는 일이기 때문이다. 최근의 코로나19 대유행은 데이터 과학을 이해하는 것이 개인의 삶에 얼마나 중요한지에 대한 경종을 울렸다. 코로나19가 독감과 전혀 같지 않다는 것을 보여주는 데이터를 이해하지 못했기 때문에 많은 사람이 세상을 떠났다. 코로나19가 독감보다 치명적이지 않을 것이라는 주술적 사고와 마찬가지로, 백신이 자기 자신에게 가하는 위험에 대한 데이터와 코로나19 감염이 본인과 지역사회의 구성원들에게 가하는 위험에 대한 데이터를 객관적으로 비교하지 못했기 때문에 백신 접종 거부자들 이야기가 끊임없이 회자되었다. 어쩌면 데이터 과학이 많은 생명을 구할 수 있지 않을까?

필자는 누구든지 과학자들이 가지고 있는 데이터 도구에 접근할 수 있어야 한다고 생각한다. 데이터 과학 도구들은 고위 성직자의 손에 좌지우지되지 않는 '사람의 기본권' 같은 것이다. 엘리트만이 프로그램을 작성하고, 머신러닝을 이해하고, 데이터를 다룰 수 있다고 주장하는 것은 넌센스이다. 데이터 과학과 프로그래밍의 많은 부분이 자동화되는 현상은 이들의 진입장벽을 크게 낮추고 보다 많은 사람들이 비판적 사고력을 갖추는 일에 기여할 것이다. 시중에 풀려 있는 도구들을 이용해 데이터 과학과 프로그래밍을 쉽게 수행할 수 있는 세상이 도래할 것이다.

KaizenML과 MLOps는 머신러닝 및 소프트웨어 엔지니어링 기술을 이용하여 세상의 중대한 문제를 해결하는 데 초점을 맞추고 비즈니스 가치나 인간의 삶의 질을 개선하는 것이라고도 해석할 수 있다.

5.1.3 피처 스토어

복잡한 소프트웨어 시스템은 구성 요소들의 자동화와 단순화를 필요로 한다. DevOps에서는
소프트웨어의 테스트와 배포를 자동화하는 것을 다룬다. MLOps는 DevOps가 다루는 일에
더해 데이터와 모델의 품질을 향상시키는 역할을 한다. 앞서 데이터와 머신러닝 모델을 지속적
으로 개선하는 일을 KaizenML이라고 불렀다. KaizenML은 피처 스토어feature store(머신러닝
입력에 사용되는 고품질 정제 데이터 레지스트리) 구축, 데이터 드리프트 모니터링, 모델 관
리, 모델 서빙을 모두 포함한다. 정리하면 'DevOps + KaizenML = MLOps' 인 셈이다.

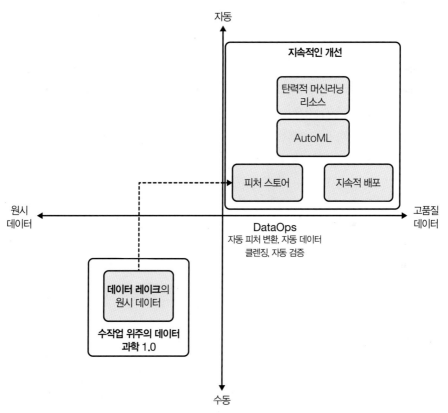

그림 5-5 피처 스토어와 KaizenML

[그림 5-5]에 나타난 수작업 위주의 데이터 과학에서는 모델 학습에 필요한 데이터가 필요할
때마다 데이터가 한땀한땀 다시 가공된다. 그러다 보니 데이터의 품질이 일관되지 못하고, 실

제 모델이 프로덕션 환경에서 다양한 현실의 문제를 해결하는 수준에 도달하기 어렵다. 그러나 데이터에서 피처를 얻어내고 피처 스토어에 적재하는 과정부터 이로부터 학습된 모델을 프로덕션 환경에 서빙하는 작업까지 자동화됨으로써 수작업보다 더 나은 결과를 기대할 수 있다.

지속적 개선과 피처 스토어라는 개념은 떼려야 뗄 수 없는 관계이다. 우버 엔지니어링^{uber} engineering 블로그[3]에는 피처 스토어가 어떤 문제를 해결하는지 잘 서술되어 있다. 우버에 따르면 저장소는 두 가지 일을 한다.

- 팀원들과 공유하는 피처 스토어에 머신러닝 모델의 입력값으로 사용되기 위해 가공된 피처들을 적재할 수 있도록 한다.
- 피처 스토어에 보관된 피처들을 이용해 모델을 학습시키거나 추론작업을 수행한다.

지금까지 언급했던 내용들이 잘 정리된 [그림 5-6]은 데이터 과학이 '문제해결로 향하는 여정'이고, AutoML은 '문제해결에 사용되는 기술'의 일부라는 것을 잘 나타낸다. AutoML은 모델 자동화 기술이고, 모델 자동화 기술은 자동화가 해결할 수 있는 전체 문제의 5%에 불과하다. 나머지 95% 문제를 해결하기 위해서는 우선 모델이 아닌 데이터 자동화가 필요하다. 예를 들어 ETL[4] 작업 관리를 통해 데이터와 관련된 것들이 자동화되어야 한다. 즉, 더 좋은 머신러닝 입력 데이터를 적재하고 재사용하기 위해 피처 스토어와 관련된 것들이 자동화되어야 한다. 뿐만 아니라 모델 배포 작업 자동화 기술(지속적 배포)이나 클라우드 컴퓨팅 리소스 사용량 조절 자동화(오토스케일링^{autoscaling})기술도 필요하다.

모든 요소는 정교한 소프트웨어 시스템을 통해 자동화될 필요가 있다. 피처 스토어는 지속적인 개선이 필요한 수많은 MLOps 구성 요소 중 하나일 뿐이다.

---

3 옮긴이_ 2022년 12월 기준 우버 블로그의 원본 글이 사라진 상태다.

4 옮긴이_ 데이터를 저장소에서 꺼내 오고(Extract), 사용 목적이 다른 저장소의 스키마에 맞게 데이터를 수정/변환하고(Transform), 수정된 데이터를 타깃 저장소에 적재(Load)하는 작업을 의미한다.

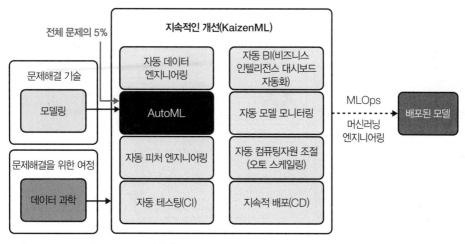

그림 5-6 AutoML과 KaizenML의 관계

우버의 경우 MLOps 플랫폼 미켈란젤로Michelangelo에 피처 스토어를 자체적으로 구축했다. 우버의 말에 따르면, 데이터 과학자들이 즉시 사용할 수 있는 10,000개의 피처[5]들을 피처 스토어에 보관하여 프로젝트를 가속화했을뿐 아니라 이 피처들을 이용해 AutoML 솔루션을 만들었다고 설명한다. [그림 5-7]에서 원시 데이터가 어떤 과정을 통해 배치 처리와 실시간 처리 문제를 모두 해결할 수 있는 정교한 피처 레지스트리feature registry로 변환되고, 모델의 입력이 될 수 있는지 대략적으로 확인할 수 있다. 또한 [그림 5-8]을 보면 기존에 데이터 웨어하우스data warehouse라고 불리던 요소와 MLOps의 피처 스토어의 공통점과 차이점을 발견할 수 있다. 둘 모두 데이터를 자동적으로 처리한다는 공통점이 있지만 데이터 웨어하우스에 적재된 데이터는 비즈니스 인텔리전스같은 사람 친화적이고 고수준인 시스템에 공급되고, 피처 스토어에 적재된 데이터는 머신러닝 시스템이나 저수준 시스템에 공급된다.

데이터 정규화, 클렌징, 모델 개선에 도움을 줄 수 있는 적절한 피처들을 찾는 일들처럼 머신러닝을 위한 데이터 처리는 상당히 반복적이다. 아이디어부터 프로덕션에 이르기까지 머신러닝 프로세스 자동화를 완전히 수용하기 위해 피처 스토어 시스템을 만드는 것은 훌륭한 방법이다.

---

5 옮긴이_ 예를 들어 원시 데이터로부터 ①우버를 호출할 것으로 예상되는 고객의 위치, ②그 당시 근처 우버 운전자의 위치, ③고객과 우버 운전자의 매칭 여부가 10분간 1분 단위로 상대적 위치를 계산한 10차원 데이터(x)와 레이블(y)로 변환된 후 미켈란젤로의 피처 스토어에 자동으로 적재되는 ETL 파이프라인이 있다고 생각해보자. 데이터 과학자들은 모델을 학습시키고자 할 때 전처리에 대한 큰 고민 없이 피처 스토어에 잘 정제된 데이터를 꺼내서 사용하기만 하면 될 것이다.

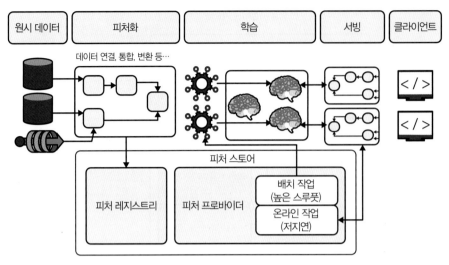

그림 5-7 데이터브릭스의 피처 스토어

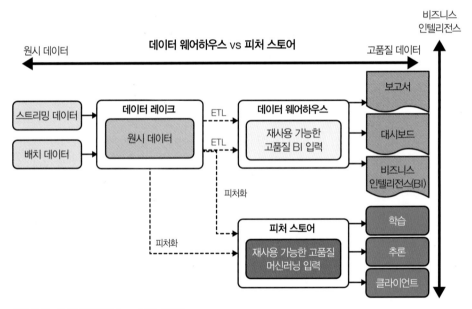

그림 5-8 데이터 웨어하우스 vs 피처 스토어

이론은 여기까지 살펴보고, 다양한 AutoML 플랫폼을 이용하여 머신러닝 모델을 구축하는 실습을 진행해보자. 그중 첫 번째는 애플의 고수준 AutoML 프레임워크인 CreateML이다.

5.2 애플 생태계

얼핏 보기에 애플은 머신러닝 도구 시장에 진입할 가능성이 낮은 후보처럼 보인다. 하지만 실상은 다르다. 애플은 매우 풍부한 모바일 생태계를 갖추고 있다. 스태티스타Statista[6] 조사에 따르면 전세계 애플 앱 스토어의 총 수익은 2019년 70조원대에서 2021년에는 100조원대로 증가했을 것으로 예상한다. 애플은 개발자들이 만든 앱으로부터 나오는 수수료에서 많은 이익을 얻는다.

필자는 '머신러닝을 이용한 애플리케이션'을 만드는 일에 회의적이었던 교수님과 이야기해본 적이 있다. 교수님이 머신러닝에 회의적이었던 이유는 머신러닝을 연구 주제로 다루다 보니 복잡성에 익숙해지고 발견에 매몰된 것이 아닐까 짐작해본다. 하지만 소프트웨어 산업은 이와 반대로 사고한다. 머신러닝 관련 학술 논문 작성에 기울이는 노력은 머신러닝을 이용해 유용한 애플리케이션을 만들기 위한 노력과 결이 다르다. 이러한 생각의 차이는 앞에서 논의했듯 '아이디어'와 '실행' 사이의 단절을 의미한다고 볼 수 있다.

애플은 앱스토어를 통해 발생하는 결제액의 15%~30%를 수수료로 가져간다. 당연히 애플은 더 많은 사용자들이 앱스토어에 유용한 앱들을 올리기 바라고 있을 것이다. 애플이 개발자 도구를 더 잘 만들수록 앱 스토어의 애플리케이션 생태계가 확장된다. '버거킹은 맥도날드 옆에 만들어라'는 말이 있다. 이 말은 상위 경쟁사가 충분한 시장조사를 이미 완료했을 것이기 때문에 새로운 시장의 입지를 연구하는 데 돈을 쓸 필요가 없다는 것을 의미한다.

최고라고 여겨지는 VC들이 투자한 회사들만 다른 VC들이 따라서 투자하는 이유가 무엇일까? 그냥 그들을 따라 투자하기만 해도, 더 박식한 회사의 전문 지식으로부터 이익을 얻을 수 있기 때문이다. 머신러닝도 마찬가지다. 애플같은 대기업들이 집중하는 요소들을 따라 공부해보는 것이 좋은 전략이 될 수 있다. 애플은 전용 하드웨어에서 실행되고 잘 추상화된 머신러닝의 미래를 보여준다. 애플은 온디바이스 머신러닝에 막대한 투자를 하고 있다. 가령 CPU, GPU, 신경망 특화 연산장치를 모두 포함하는 애플 실리콘 A 시리즈(그림 5-9) 또는 M 시리즈(그림 5-10)과 같은 칩들을 자체적으로 개발한다.

---

6 https://oreil.ly/SEnIY

그림 5-9 애플의 A14 칩셋

그림 5-10 애플의 M1 칩셋

애플 생태계에서의 개발 환경은 애플의 머신러닝 모델 포맷인 Core ML[7]을 활용하도록 되어 있다. Core ML은 애플 디바이스의 성능을 최대한 활용할 수 있도록 최적화되어 있다. Core ML 생태계는 텐서플로, 케라스 등 서드파티 머신러닝 프레임워크의 모델을 변환할 수 있는 파이썬 패키지를 제공하기도 한다. 최종적으로 Core ML을 사용하고자 할 때 고려해야 하는 작업 흐름의 선택지는 다음과 같다.

- 애플의 AutoML 소프트웨어인 Create ML을 이용해서 모델을 만든다.
- 사전학습된 모델을 Core ML 형식으로 변환해 사용한다. 사전학습된 모델은 텐서플로 허브[8]와 같은 플랫폼에서 다운로드할 수 있다.
- 다른 프레임워크를 이용해서 직접 제작하고 학습한 모델을 사용하고자 한다면, coremltools 파이썬 패키지를 통해 Core ML 형식으로 변환할 수 있다.[9]

이러한 워크플로 중에서 애플의 AutoML 소프트웨어에 대해서 자세히 알아보자.

---

7 https://oreil.ly/jyoxD
8 https://oreil.ly/ouuNI
9 https://oreil.ly/vYGcE

5.2.1 애플의 AutoML: Create ML

필자는 애플 머신러닝 플랫폼의 특징은 강력한 AutoML 기술을 직관적인 그래픽 사용자 인터페이스에 담아 보여주는 점이라고 생각한다. 애플 Create ML의 그래픽 인터페이스만으로도 다음과 같은 일들을 수행할 수 있다.

- Core ML 형식의 모델 생성
- 모델의 성능을 미리보기
- M1 칩셋의 장점을 잘 살려서 효율적으로 모델 학습
- 학습 일시중지, 재시작, 체크포인트 저장 등 모델 학습 제어
- 외장 그래픽카드 사용

Create ML은 표 형태의 정형 데이터뿐 아니라 이미지, 비디오, 모션, 사운드, 텍스트 형태의 비정형 데이터까지 다룰 수 있다. Create ML을 이용해 생성된 모델이 모두 iOS에서 실행가능한 단일 형식인 Core ML로 전환될 수 있다(그림 5-11).

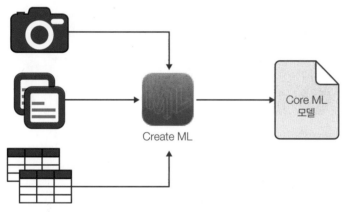

그림 5-11 Create ML

Create ML의 이미지 분류기 템플릿을 사용하여 자동으로 머신러닝 모델을 생성하고 학습하는 방법에 대해 살펴보자. Create ML을 사용하려면 애플의 개발자 도구 Xcode를 이용해야 한다.

1. Xcode를 다운로드한다.[10]

2. Xcode를 열고, 아이콘을 우클릭하여 'Create ML' 버튼을 눌러 프로그램을 시작한다(그림 5-12).

그림 5-12 Create ML 열기

3. 템플릿 선택 창에서 이미지 분류기Image Classification 템플릿을 선택한다(그림 5-13).

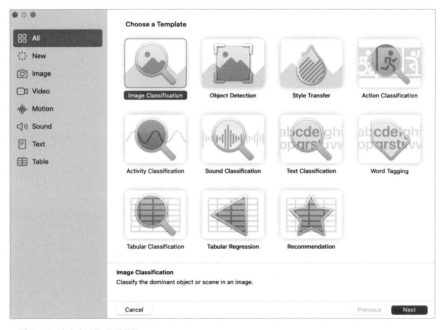

그림 5-13 이미지 분류기 템플릿

---

10 https://oreil.ly/dOCQj

이번 실습에서는 캐글 고양이와 강아지 데이터셋의 미니 버전을 사용한다. 미니 버전은 필자의 깃허브 저장소[11]에서 확인할 수 있다. Create ML의 UI를 이용해 `cats-dogs-small` 데이터셋을 업로드한다(그림 5-14).

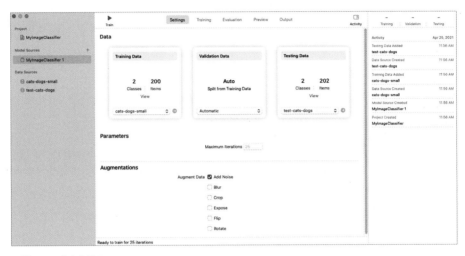

그림 5-14 데이터 업로드

'학습train' 아이콘을 눌러서 모델 훈련을 시작한다. '모델 소스Model Sources'를 우클릭하여 모델을 여러 번 훈련시켜볼 수 있다. 노이즈 생성, 이미지 흐리기, 잘라내기Crop, 노출값Expose 변화, 이미지 뒤집기, 이미지 회전과 같은 데이터 증강Augmentations 기법을 적용하고 그 결과를 비교해보고 싶다면 이 기능을 유용하게 사용할 수 있을 것이다(그림 5-15). 이 기능을 이용하면 여러 시도를 통해 실제 데이터에 대해 잘 일반화된 모델을 학습시킬 수 있다.

---

11 https://oreil.ly/XMB82

그림 5-15 학습된 모델

이렇게 작은 데이터셋과 최신 Apple M1 하드웨어를 사용하는 경우, 모델을 훈련시키는 일은 몇 초 걸리지 않는다. 인터넷에 돌아다니는 고양이와 강아지 사진을 찾아서 다운로드하고 '미리보기preview' 탭에 올려놓으면 직접 모델의 추론을 테스트해볼 수 있다(그림 5-16).

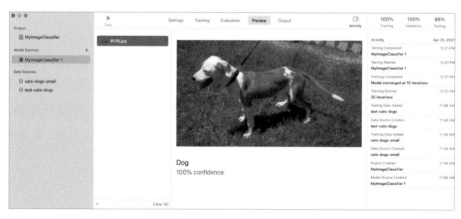

그림 5-16 미리보기

마지막 단계는 학습된 모델을 iOS 애플리케이션에서 사용할 수 있도록 추출하는 것이다. 모델 이름을 정하고 바탕화면에 저장한다(그림 5-17). 여기까지가 iOS 스마트폰에서 실행되는 머신러닝 애플리케이션을 구축하고자 하는 경우 거쳐야 하는 과정이다. 물론 모델을 파일로 추출한 이후 ONNX와 같은 형식으로 변환하여 다양한 클라우드 플랫폼에서 실행가능하도록 만들수도 있다.

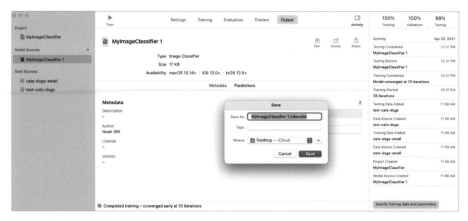

그림 5-17 머신러닝 모델 파일 생성

지금까지 코드를 한 줄도 쓰지 않고 여러분만의 모델을 만들었다. 필자는 이렇게 훌륭한 UI를 갖춘 자동 모델링 도구들이 점점 더 많이 진화하고 소비자의 손에 쥐어질 미래가 기대된다. 추가적으로 다음 과정을 진행해보자.

- 캐글에서 커다란 데이터셋[12]을 구해 훨씬 큰 모델을 학습시킨다.
- 데이터 증강 기법들을 다양하게 사용하며 학습 결과가 어떻게 변화하는지를 실험한다.

지금까지 Create ML을 사용하여 모델을 훈련시키는 방법에 대해 알아보았다. 다음은 애플의 Core ML을 활용하는 방법에 대해 다룬다.

5.2.2 애플의 Core ML

애플 생태계의 작업 흐름 중 특히 흥미로운 하나를 소개하려고 한다. 인터넷에는 텐서플로 허브 등 사전학습된 모델을 다운로드받을 수 있는 저장소들이 있다. Core ML 도구를 이용해 모델 저장소에서 다운로드받은 모델을 Core ML 형식으로 변환하는 것이다.

이번에는 코랩 노트북[13]에서 실습을 진행한다. 참고로, 이번 실습은 Core ML 공식 튜토리얼[14]을 바탕으로 작성했다. 우선, `coremltools` 라이브러리를 설치하자.

---

12 https://oreil.ly/uzj4c
13 https://oreil.ly/BBs71
14 https://oreil.ly/Z5vpq

```
!pip install coremltools
```

모델과 클래스 레이블을 다운로드받는다. 학습된 모델이 레이블에 대한 정보를 함께 저장하고
있지 않기 때문에 따로 설정해 주어야 한다.

```
import tensorflow as tf

# tf.keras를 이용해 MobileNet v2를 다운로드한다.
keras_model = tf.keras.applications.MobileNetV2(
    weights='imagenet',
    input_shape=(224, 224, 3),
    classes=1000,
)

# 클래스 레이블을 다운로드한다.
import urllib
label_url = 'https://storage.googleapis.com/download.tensorflow.org/data/
ImageNetLabels.txt'
class_labels = urllib.request.urlopen(label_url).read().splitlines()
class_labels = class_labels[1:] # 0번째 인덱스는 'background' 클래스이므로 포함하지 않
는다.
assert len(class_labels) == 1000

# 클래스 레이블이 모두 문자열이 되도록 한 번 더 확인한다.
for i, label in enumerate(class_labels):
    if isinstance(label, bytes):
        class_labels[i] = label.decode("utf8")
```

```
Downloading data from https://storage.googleapis.com/tensorflow/keras-applications/
mobilenet_v2/mobilenet_v2_weights_tf_dim_ordering_tf_kernels_1.0_224.h5
14536120/14536120 [==============================] - 0s 0us/step
```

불러온 모델을 CoreML 형식으로 변환한다.

```
import coremltools as ct

# 입력 데이터 타입을 이미지로 정의한다.
image_input = ct.ImageType(
    shape=(1, 224, 224, 3),
```

```
    bias=[-1, -1, -1], # 픽셀값을 [-1, 1]의 범위로 변환하는 정규화 전처리를 사용한다.
mobilenet 모델이 학습될 당시 사용했던 전처리 특성과 동일한 상태로 만들기 위함이다.
    scale=1/127
)

# 클래스 레이블을 설정한다.
classifier_config = ct.ClassifierConfig(class_labels)

# CoreML 도구가 제공하는 변환 API 를 이용하여 모델을 변환한다.
model = ct.convert(
    keras_model,
    inputs=[image_input],
    classifier_config=classifier_config,
)
```

```
Running TensorFlow Graph Passes: 100%|████████| 6/6 [00:01<00:00,  5.19 passes/s]
Converting TF Frontend ==> MIL Ops: 100%|████████| 426/426 [00:00<00:00, 519.33 ops/s]
Running MIL Common passes: 100%|████████| 39/39 [00:01<00:00, 29.11 passes/s]
Running MIL Clean up passes: 100%|████████| 11/11 [00:00<00:00, 85.54 passes/s]
Translating MIL ==> NeuralNetwork Ops: 100%|████████| 487/487 [00:00<00:00, 1298.07
ops/s]
```

CoreML 형식으로 변환된 모델의 입출력에 대한 상세 정보를 확인한다.

```
print(model.get_spec().description)
```

```
input {
  name: "input_1"
  shortDescription: "Input image to be classified"
  type {
    imageType {
      width: 224
      height: 224
      colorSpace: RGB
    }
  }
}
output {
  name: "Identity"
  type {
    dictionaryType {
```

```
      stringKeyType {
      }
    }
  }
}
output {
  name: "classLabel"
  shortDescription: "Most likely image category"
  type {
    stringType {
    }
  }
}
predictedFeatureName: "classLabel"
predictedProbabilitiesName: "Identity"
metadata {
  versionString: "2.0"
  userDefined {
    key: "com.github.apple.coremltools.source"
    value: "tensorflow==2.9.2"
  }
  userDefined {
    key: "com.github.apple.coremltools.version"
    value: "6.1"
  }
}
```

모델을 설명하는 상세 정보를 설정한다. 아래 설정한 내용들은 Xcode에서 모델에 대한 설명을 표시하는 데 사용된다.

```
# 입출력에 대한 설명을 수정한다.
model.input_description["input_1"] = "입력 이미지"
model.output_description["classLabel"] = "이미지 카테고리"

# 모델 저자 정보를 입력한다.
model.author = "Practical-MLOps"

# 모델의 라이센스 정보를 입력한다.
model.license = "Apache2.0"

# 모델에 대한 짧은 설명을 추가한다.
```

```
model.short_description = "Practical-MLOps Chapter5"

# 모델의 버전을 기록한다.
model.version = "2.0"
```

코랩 컴퓨터에 모델을 저장한다.

```
model.save("MobileNetV2.mlmodel")
```

코랩 컴퓨터에서 로컬 컴퓨터로 모델을 다운로드한다(그림 5-18).

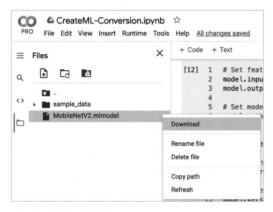

그림 5-18 모델 다운로드

다운로드한 모델 파일을 더블클릭해 실행하면 Xcode 창이 열린다. 임의의 이미지를 입력하여 모델을 실행하고 추론값을 확인할 수 있다(그림 5-19).

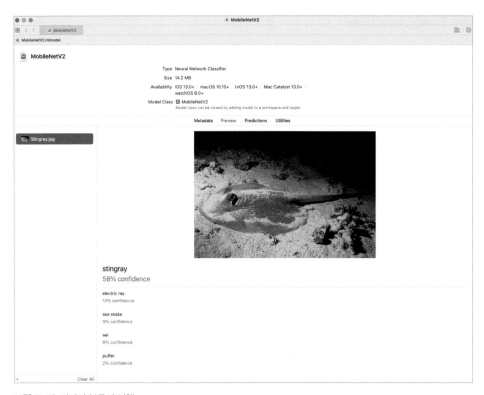

그림 5-19 이미지 분류기 실행

정리하면 애플의 Core ML 프레임워크는 Create ML뿐 아니라 사전학습된 모델을 불러온 뒤 내장 도구를 이용해 변환하는 방식으로도 사용할 수도 있다. Create ML을 이용한 AutoML도 모델링의 복잡한 측면들을 단순화해 주지만, 간단한 스크립트만 사용하면 되는 모델 변환 워크플로가 훨씬 더 쉽다. 직접 모델을 학습시키는 것보다 수많은 전문가들이 거대한 컴퓨팅 리소스를 동원해 이미 잘 학습시켜둔 모델을 다운로드받아 사용하는 것이 훨씬 더 합리적일 수 있다.

5.3 구글의 AutoML과 엣지 컴퓨터 비전

지난 몇 년간 필자는 데이터 과학 분야의 최고로 좋은 대학에서 '응용 컴퓨터 비전' 수업을 개설하고 수백 명의 학생들을 가르쳤다. 학생들은 이 수업에서 구글의 AutoML, Coral.AI 엣지

TPU$^{Tensor\ Processing\ Unit}$[15], 인텔 Movidius 등 높은 추상화 수준의 HW/SW들을 활용하여 컴퓨터비전 솔루션을 빠르게 만들어내는 방법을 학습한다.

[그림 5-20]은 엣지 머신러닝 솔루션에 사용되기 위해 만들어진 대표적인 하드웨어들이다.

그림 5-20 엣지 하드웨어

이미 잘 만들어져 있는 높은 추상화 수준의 머신러닝 도구들을 적절히 조합하여 학생들이 빠르게 솔루션을 만들어나가는 모습을 지켜보고 있으면 정말 감탄스러울 때가 많다. 마스크 착용여부 판별 솔루션, 번호판 검출 애플리케이션, 쓰레기 분리수거 애플리케이션 같은 프로젝트들이 별다른 소스 코드 없이도 모바일 기기에서 문제없이 실행된다. 앞서 우리는 MLOps 산업 혁명 시대에 살고 있다고 했다. 프로그램을 처음부터 끝까지 전부 작성하는 것보다 이미 잘 완성되어 있는 고수준 도구들을 조합하고 필요한 만큼만 코드를 추가하는 것이 훨씬 쉽다.

애플이나 구글과 같은 많은 회사들이 머신러닝 프레임워크뿐 아니라 운영 체제나 특정 머신러닝 작업을 수행하는 ASIC(일부 애플리케이션에 특화된 집적회로)과 같은 하드웨어까지의 다양한 기술스택을 수직적으로 통합하려는 시도를 하고 있다. 구글의 텐서 처리 장치(TPU)의 설계가 정기적으로 업데이트되고 있다는 사실이 대표적인 증거다. [그림 5-20]에서 보여준 TPU의 엣지 버전도 머신러닝 모델 실행에 특화된 ASIC의 일종이다. 이렇게 프레임워크부터 하드웨어까지 모든 스택에 대한 긴밀한 통합은 현실에서$^{real-world}$ 상호작용하는 머신러닝 솔루션을 빠르게 만들고 싶어하는 조직에게 필수적이다.

---

15 https://coral.ai

구글의 클라우드 기술은 이러한 맥락 속에서 이해해 보는 것도 좋다. 구글 클라우드 플랫폼 (GCP)을 이용해 컴퓨터비전 기술에 접근하는 방법은 다양하다. 앞서 설명한 선택지들을 난이도 순서로 나열하면 다음과 같다.

- 모델과 학습 소스 코드를 직접 작성하고 클라우드에서 실행한다.
- 구글 AutoML Vision을 사용한다.
- 텐서플로 허브[16]나 다른 저장소로부터 잘 훈련된 모델을 다운로드받아 사용한다.
- Vision API[17]를 사용한다.

이들 중 두 번째 방법인 구글 AutoML Vision을 이용해 컴퓨터 비전 모델을 학습시켜 iOS 기기에 배포하는 과정을 살펴보자.

1. 구글 클라우드 콘솔을 실행하고 클라우드 셸을 연다.
2. 구글 AutoML Vision API를 활성화한다. Export 명령어를 이용해 PROJECT_ID(프로젝트 ID), USERNAME(유저명)에 해당하는 환경변수를 등록한 다음 아래 셸 스크립트를 실행하면 사용자가 진행 중인 프로젝트에 권한을 부여할 수 있다.

```
gcloud projects add-iam-policy-binding ${PROJECT_ID} \
--member="user:${USERNAME}" \
--role="roles/automl.admin"
```

3. 데이터를 준비한다. 필자는 구글에서 권운, 적운, 적란운을 구분하는 예제에 사용되는 샘플 데이터를 이용할 것이다. 구체적인 설명이 필요하면 구글 Qwiklabs의 'Classify Images of Clouds in the Cloud with AutoML Vision'[18]을 참고하자. export BUCKET=버킷이름을 통해 환경변수를 등록하고 아래 셸 스크립트를 실행하면 샘플 데이터가 저장된 구글의 클라우드 스토리지에서 나의 클라우드 스토리지로 데이터를 복사할 수 있다. 구름의 종류를 구분하는 예제에 필요한 데이터는 구글이 관리하는 스토리지인 gs://spls/gsp223/images/ 경로에 저장되어 있다. sed 명령어는 data.csv 파일 내에 기록되어 있는 구글 버킷 스토리지 경로를 사용자의 스토리지 경로에 맞게 수정해준다.

```
gsutil -m cp -r gs://spls/gsp223/images/* gs://${BUCKET}
gsutil cp gs://spls/gsp223/data.csv .
```

---

16 https://tfhub.dev
17 https://oreil.ly/7pX3S
18 https://qwiklabs.com

```
sed -i -e "s/placeholder/${BUCKET}/g" ./data.csv
gsutil cp ./data.csv gs://${BUCKET}
```

---

4. 복사해온 데이터를 시각적으로 확인한다. 잘 만들어진 도구들을 사용하여 데이터를 검사하고, 레이블을 추가하고, 데이터 품질 관리 문제를 처리하는 일련의 과정이 편리하다는 것은 구글 클라우드 머신러닝 플랫폼이 가지는 장점이다. 예를 들어 이미지 분류 문제를 풀 때, 특정 클래스에 해당하는 이미지들만을 모아보고 싶다면 간단하게 토글 버튼만 누르면 된다(그림 5-21).

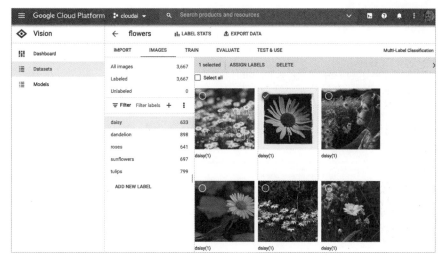

그림 5-21 데이터 검사

5. 모델을 학습시킨다. 클라우드 플랫폼의 AutoML 기능을 이용하면 간단하게 클라우드 콘솔 버튼을 클릭하는 방식으로 모델을 학습시킬 수 있다. 지금까지는 AutoML Vision을 사용했지만, 구글은 머신러닝과 관련된 모든 기능들을 구글 Vertex AI[21]라는 이름으로 모아 두었다. [그림 5-22]를 보면 노트북

---

19 https://oreil.ly/nknp3
20 https://oreil.ly/nEJOd
21 https://oreil.ly/P5m7Y

환경[22], 모델 학습, 추론 등 머신러닝과 관련된 일련의 작업들이 왼쪽 패널에 전부 준비되어 있다는 것을 알 수 있다. Vertex AI에서도 마찬가지로 새로운 모델 학습 작업을 생성할 때 앞서 살펴본 AutoML vision에서 선택할 수 있었던 AutoML과 AutoML Edge를 선택할 수 있다.

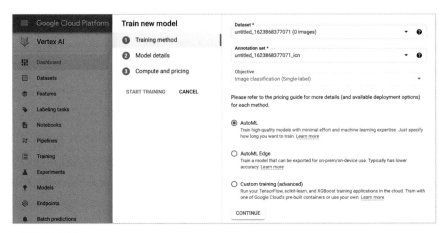

그림 5-22 구글 Vertex AI

6. 내장된 도구를 이용해 학습된 모델을 평가한다(그림 5-23).

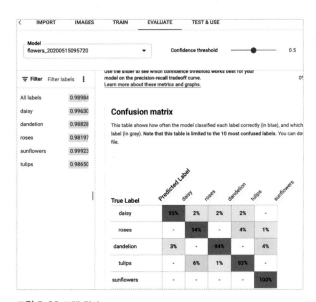

그림 5-23 모델 평가

---

22 옮긴이_ 2022년 6월 기준 그림의 'notebooks'가 'workbench'로 변경되었다.

7. 만들어진 모델을 활용한다. 구글 AutoML vision을 사용하면 모델을 호스팅하고 추론작업을 수행하는 엔드포인트를 만들 수 있다. 그뿐만 아니라, 모바일 운영체제나 코랄 TPU와 같은 엣지 디바이스에서 실행될 수 있는 형태로 모델 파일을 다운로드하는 작업을 수행할 수 있다(그림 5–24).

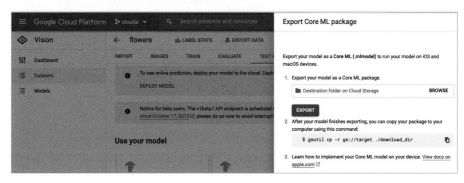

그림 5-24 모델 다운로드

여기에서 주목해야 하는 점은 구글 클라우드가 모델을 학습시킬 데이터를 업로드하는 일부터 엣지 디바이스에 배포할 수 있는 형태의 머신러닝 솔루션을 구축하기까지 전 과정을 최소한의 코드만으로 진행할 수 있도록 제공한다는 것이다. 이 과정에서 등장하는 다양한 선택지와 워크 플로에서 필요한 기능들이 전부 구글의 머신러닝 플랫폼 버텍스 AI의 일부로 통합되어 있다는 점도 기억할 만하다. 다음으로는 애저와 AWS가 제공하는 머신러닝 플랫폼과 AutoML 솔루션에 대해 알아보자.

5.4 애저의 AutoML

애저 AutoML 도구에 접근하는 방법은 크게 두 가지가 있다. 첫 번째는 클라우드 콘솔을 이용하는 방법이고, 두 번째는 파이썬 스크립트를 통해 AutoML Python SDK[23]를 이용하는 방법이다.

우선 콘솔을 이용해보자. 애저 머신러닝 스튜디오를 실행하고 '자동 머신러닝Automated ML'을 선택한다(그림 5–25).

---

23 https://oreil.ly/EKA0b

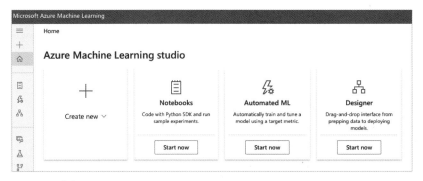

그림 5-25 애저 AutoML

모델 학습에 사용할 데이터셋을 준비한다. 필자의 경우 Kaggle에서 제공하는 Social Power NBA project[24] 데이터를 사용할 것이다(그림 5-26).

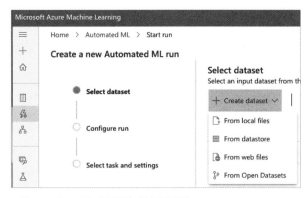

그림 5-26 AutoML에 사용할 데이터셋 준비

물론 분류 모델뿐 아니라 회귀 모델이나 시계열 예측 모델처럼 다양한 유형의 모델을 생성할 수 있지만, 이번 실습에서는 선수들의 특징을 기반으로 해당 선수가 어떤 포지션을 수행할 수 있는지 추론하는 분류모델을 만들어본다(그림 5-27). 애저 클라우드 스토리지와 클러스터를 생성해본 적이 없는 독자들은 모델 학습을 진행하기 전에 이들을 설정하는 과정이 추가적으로 필요할 수 있다.

---

24 https://oreil.ly/Bsjly

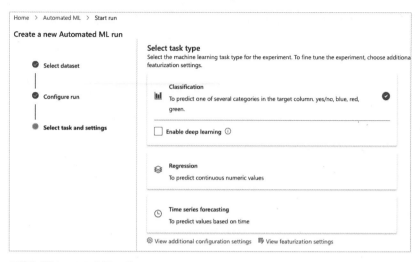

그림 5-27 AutoML 분류 모델

학습 작업이 완료되면 어떻게 모델 추론이 이루어졌는지 애저 머신러닝 스튜디오에서 '설명'을 요구할 수 있다. AutoML 시스템이 미래에 해결해야 하는 중요한 과제 중 하나는 '설명력explainability' 확보일 것이다. 설명 가능한 머신러닝 시스템이란, 모델이 어떤 과정을 거쳐 추론값을 내놓았는지를 보고할 수 있는 머신러닝 시스템을 의미한다.

그림 5-28 AutoML 모델 보고서

[그림 5-28]에서 애저 AutoML 시스템이 제공하는 모델 설명을 확인할 수 있다. 모델 설명서에는 데이터의 어떤 피처들이 추론 결과물에 많은 영향을 미쳤는지에 대한 정보를 담고 있다. 다양한 기술들이 머신러닝 스튜디오와 조화롭게 통합되어 있는 모습이 인상깊다.

앞서 언급했던 두 가지 접근 방법 중 두 번째 접근 방식을 간단히 알아보자. 애저 머신러닝 스튜디오 콘솔에서 사용했던 기능을 동일하게 실행할 수 있는 파이썬 API가 있다. API의 사용 형태를 잘 나타내는 코드의 일부만을 보여주면 다음과 같다. 구체적인 내용은 마이크로소프트 공식 튜토리얼[25]을 참고하자.

```python
from azureml.train.automl import AutoMLConfig
automl_config = AutoMLConfig(
    task='regression',
    debug_log='automated_ml_errors.log',
    training_data=x_train,
    label_column_name="totalAmount",
    **automl_settings)
```

5.5 AWS AutoML

세계에서 가장 거대한 클라우드 제공업체인 AWS도 GCP나 애저와 마찬가지로 AutoML 솔루션을 제공하고 있다. AWS 초창기부터 제공되던 '머신러닝'이라는 솔루션이 있었다. 이것도 AutoML 도구의 일종이다. 하지만 최근에는 '머신러닝'보다 훨씬 진보된 솔루션인 '세이지메이커 오토파일럿SageMaker AutoPilot'사용을 권장하고 있다(그림 5-29). 세이지메이커 오토파일럿 공식 문서에서 다양한 사용 예시를 확인할 수 있다.[26]

---

25 https://oreil.ly/io66Z
26 https://oreil.ly/fDJiE

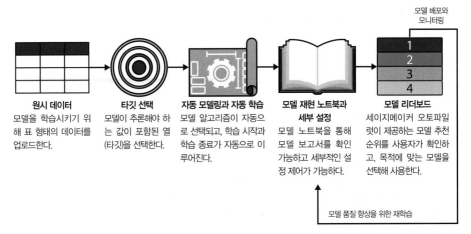

그림 5-29 세이지메이커 오토파일럿

AWS 세이지메이커 오토파일럿을 이용하여 자동화된 실험을 시작해보자.[27] [그림 5–30]과 같은 세이지메이커 스튜디오 화면에서 '새로운 오토파일럿 실험New autopilot experiment'을 선택한다.

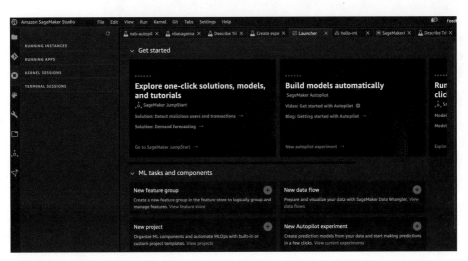

그림 5-30 AWS 세이지메이커 스튜디오

---

27 옮긴이_ AWS 세이지메이커 오토파일럿의 비용은 저렴하지 않다. 옮긴이의 경우 4만 원 정도의 비용이 발생했다. 실행 시 비용에 대한 내용을 확인하기를 권장한다.

이번 실험에 사용할 'NBA Players'[28] 데이터를 아마존 S3 버킷에 업로드한다. 데이터가 업로드되었다면 [그림 5-31]과 같이 실험을 작성한다. 필자는 타깃으로 드래프트 라운드(draft_round)를 지정했다. NBA 신인 선수들의 성적이 발표될 때 선수들이 몇 번째 드래프트 라운드에 선택받을지[29]를 추론하는 모델을 만들고 싶기 때문이다.

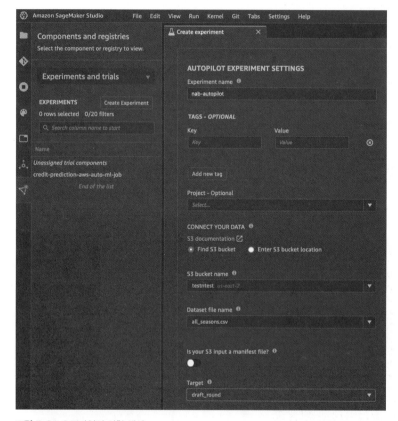

그림 5-31 오토파일럿 실험 생성

---

28 https://oreil.ly/G1TIi

29 옮긴이_ 드래프트는 구단들이 번갈아가면서 한해 신인 프로선수들을 선발하는 방식이다. 당연히 뛰어난 선수일수록 먼저 선발되므로 드래프트 라운드가 낮다.

실험을 시작하면 세이지메이커 오토파일럿이 전처리$^{Pre-processing}$ 단계를 실행하고 있는 모습을 확인할 수 있다(그림 5-32). 리소스 탭에서는 오토파일럿이 실행 중인 파이프라인이 사용하는 리소스를 볼 수 있다(그림 5-33).

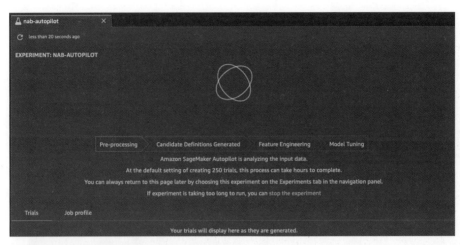

그림 5-32 오토파일럿 실험 실행

그림 5-33 오토파일럿 사용 리소스

모델 학습이 완료되면 오토파일럿이 학습을 시도했던 모델들의 목록과 각각의 성능을 확인할 수 있다. 필자의 경우 정확도가 최대 0.999945에 달하는 훌륭한 분류 모델이 만들어졌다(그림 5-34).

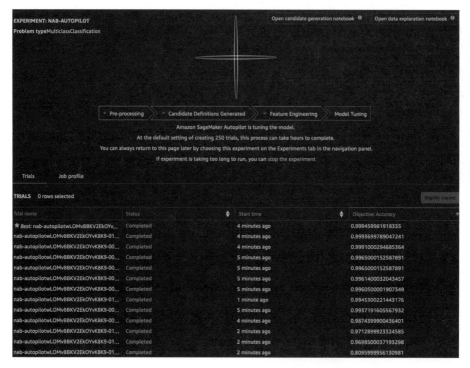

그림 5-34 오토파일럿 리더보드

리더보드에서 제어하고 싶은 모델을 우클릭해보면 오토파일럿 솔루션에서 프로덕션 환경으로 쉽게 배포할 수 있는 기능Deploy model을 제공하고 있음을 알 수 있다(그림 5-35). 실험 세부 정보Open in trial details를 열면 앞서 애저의 AutoML에서 살펴보았던 것과 비슷한 모델 보고서를 확인할 수 있다.

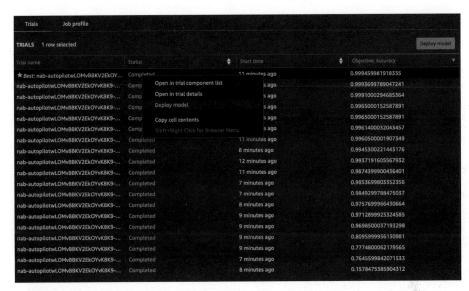

그림 5-35 오토파일럿 모델

지금까지는 클라우드에 통합되어 있는 AutoML 솔루션들에 대해 알아보았다. 이제 AutoML 오픈 소스 솔루션들에 대해 살펴보자.

5.6 오픈 소스 AutoML

2000년쯤 필자가 칼텍에서 일할 때 유닉스 클러스터를 다루는 일이 많았다. 2000년에는 많은 솔라리스 기반의 시스템들이 리눅스 기반 시스템으로 이관되었다. 솔라리스^{Solaris}는 리눅스보다 많은 장점을 가지고 있었음에도 유료였기 때문에 리눅스에 대적하기 어려웠다.

AutoML에서도 비슷한 일이 일어나고 있다. 높은 추상화 수준에서 모델을 학습시키는 기능을 제공하는 솔루션들은 대부분 유료화되었다. 그 대안이 될 수 있는 몇 가지 오픈 소스 솔루션(라이브러리)들을 살펴보도록 하자.

5.6.1 Ludwig

오픈 소스 AutoML 솔루션 중에 가장 유망한 것을 고르자면 단연 Ludwig이다. Ludwig 모델 학습을 마쳤을 때 출력되는 [그림 5-36]은 Ludwig 실행 결과가 매우 직관적이라는 점을 잘 보여준다. Ludwig를 이용하면 클라우드 AutoML 솔루션들과 마찬가지로 쉽고 빠르게 모델 생성, 학습, 평가가 가능하다. 구글 코랩[30]에서 Ludwig 사용이 얼마나 간단한지 직접 확인해 보기 위해 Ludwig[31]와 필자가 미리 정의해둔 설정 파일, 모델 학습에 사용될 데이터를 다운로 드받는다.

```
pip install -q ludwig
!wget https://raw.githubusercontent.com/ProtossDragoon/ludwig-quickstart/main/config.
yaml
!wget https://raw.githubusercontent.com/ProtossDragoon/ludwig-quickstart/main/reuters-
allcats.csv
```

Ludwig을 실행하기 위해 반드시 필요한 것은 데이터셋과(.csv) 설정 파일(.yaml)이 전부 다. 즉, 모델 학습과 평가는 아래와 같은 명령어로 실행이 가능하다. Ludwig에 대해 더 궁금 하다면 공식 문서[32]에 잘 정리되어 있는 예제들을 살펴보자.

```
!ludwig experiment \
--dataset reuters-allcats.csv \
--config config.yaml
```

class	loss	accuracy	hits_at_k
train	0.9258	0.7148	0.9826
validation	0.9134	0.6992	0.9692
test	0.9420	0.7311	0.9781

그림 5-36 Ludwig 실행 결과

---

30 https://github.com/ProtossDragoon/ludwig-quickstart/blob/main/notebook/Ludwig.ipynb

31 옮긴이_ 2022년 11월 애플 실리콘 맥OS 에서는 Ludwig를 설치할 수 없다.

32 https://oreil.ly/SMNqY

특히 Ludwig가 기대되는 것은 활발하게 개발이 진행되고 있기 때문이기도 하다. 필자가 이 책을 집필할 당시에는 Ludwig 버전0.4가 출시되었다. 버전0.4에는 원격 파일 시스템과 분산처리 등 다양한 기능이 추가로 제공된다(그림 5-37). 뿐만 아니라 Ludwig는 실험 관리 도구 MLflow와 깊게 통합되어 있다. 프로젝트 로드맵을 보면 Ludwig가 MLflow를 앞으로도 계속 지원할 계획임을 알 수 있다.

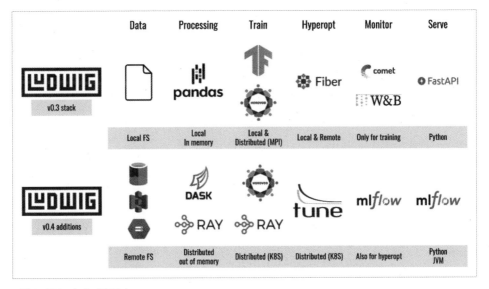

그림 5-37 Ludwig 버전0.4

5.6.2 FLAML

오픈 소스 AutoML 세계의 또다른 경쟁자는 FLAML이다. 효율적인 자동 하이퍼파라미터 최적화 기능이 FLAML의 강점이다.

그림 5-38 FLAML 로고

FLAML을 이용하면 아래와 같은 세 줄 내외의 코드만으로 모델링과 모델 학습을 자동화할 수 있다.

```python
from flaml import AutoML
automl = AutoML()
automl.fit(X_train, y_train, task="classification")
```

조금 더 구체적으로 살펴보자. 주피터 노트북에서 !pip install -q flaml을 실행하여 라이브러리를 설치한다.

```python
!pip install -q flaml
```

그리고 AutoML을 구동하기 위한 설정을 딕셔너리 변수에 담아 fit() 메서드의 인자로 전달하면 모델링과 학습이 시작된다.

```python
from flaml import AutoML
from sklearn.datasets import load_iris

# AutoML 객체를 초기화
automl = AutoML()

# automl의 목표와 제약조건 설정
automl_settings = {
    "time_budget": 10, # 초 단위
    "metric": 'accuracy',
    "task": 'classification',
}

X_train, y_train = load_iris(return_X_y=True)

# 모델 학습
automl.fit(X_train=X_train, y_train=y_train,
    **automl_settings)

# 모델 추론
print(automl.predict_proba(X_train))

# 가장 좋은 모델을 추출
print(automl.model)
```

몇 번의 이터레이션이 끝나면 FLAML이 XGB분류기와 적절한 하이퍼파라미터를 찾아냈다는
설명이 출력된다(그림 5-39).

```
[flaml.automl: 06-16 17:20:13] {1013} INFO - iteration 46, current learner xgboost
[flaml.automl: 06-16 17:20:13] {1165} INFO - at 10.0s, best xgboost's error=0.0333,    best xgboo
st's error=0.0333
[flaml.automl: 06-16 17:20:13] {1013} INFO - iteration 47, current learner catboost
[flaml.automl: 06-16 17:20:13] {1165} INFO - at 10.1s, best catboost's error=0.0333,    best xgboo
st's error=0.0333
[flaml.automl: 06-16 17:20:13] {1205} INFO - selected model: XGBClassifier(colsample_bylevel=0.690
2766231016318,
           colsample_bytree=0.7657293008018354, grow_policy='lossguide',
           learning_rate=0.42830712534058824, max_depth=0, max_leaves=5,
           min_child_weight=0.2924296818378054, n_estimators=6, n_jobs=-1,
           objective='multi:softprob', reg_alpha=0.0028581746655481,
           reg_lambda=2.32876649803287, subsample=1.0, tree_method='hist',
           use_label_encoder=False, verbosity=0)
[flaml.automl: 06-16 17:20:13] {963} INFO - fit succeeded
[[0.9206522  0.04071239 0.03863542]
 [0.91942585 0.04199015 0.03858395]
```

그림 5-39 FLAML 출력

지금까지 클라우드의 AutoML 솔루션에 이어 오픈 소스 AutoML 솔루션들을 살펴보았다. 오
픈 소스도 클라우드와 마찬가지로 복잡한 시스템이 쉽게 작동되도록 만들고, 간단하지만 귀찮
은 것들을 자동화해 버린다는 특징이 있다.

> **NOTE_** 다양한 오픈 소스 AutoML 라이브러리들을 더 알아보고자 할 때 다음 프레임워크들을 먼저 살펴
> 볼 것을 추천한다.
>
> – H2O AutoML[33]
> – Auto–sklearn[34]
> – tpot[35]
> – PyCaret[36]
> – AutoKeras[37]

마지막으로 모델에 대한 설명력을 확보하는 과정이 프로젝트 작업 흐름과 어떻게 연결되는지
살펴보자.

---

33 https://oreil.ly/OanPd
34 https://oreil.ly/wrchl
35 https://oreil.ly/lZz6k
36 https://pycaret.org
37 https://autokeras.com

5.7 모델 설명력

궁극적인 머신러닝 모델 생성 및 학습 자동화를 위해서는 모델 추론에 대해 납득가능한 설명을 제공하는 일까지도 자동화해야 한다. 그러므로 당연하게도 MLOps 플랫폼이라면 학습된 모델의 구체적인 설명을 제공할 수 있어야 하고, 모델에 대한 설명을 팀원들이 언제든지 곧바로 살펴볼 수 있는 대시보드에 표시할 수 있어야 한다. 매일 아침 일찍 출근하는 머신러닝 팀원들은 서버의 CPU와 메모리 사용 보고서뿐 아니라 어젯밤 학습시킨 모델의 추론 방식에 대해 설명된 보고서도 살펴볼 수 있어야 한다.

AWS 세이지메이커, 애저 머신러닝 스튜디오, 구글 버텍스 AI와 같은 클라우드 기반 MLOps 솔루션에는 모델 설명 기능이 내장되어 있다. 하지만 앞선 AutoML의 사례에서도 살펴보았듯 오픈 소스 소프트웨어로도 동일한 기능을 구현할 수 있다. 모델에 대한 설명을 생성하는 워크플로가 실제로 어떻게 작동하는지 감을 잡아 보자. 소스 코드는 필자의 깃허브 저장소[38]를 참고하라.

> **NOTE_** 오픈 소스 기반 모델 설명 라이브러리의 양대산맥은 ELI5와 SHAP이다. ELI5[39]라는 이름에 담긴 의미는 '내가 다섯 살이라고 치고 설명한다'라고 한다. ELI5를 이용하면 사이킷런 등 다양한 프레임워크로 만들어진 머신러닝 모델을 시각화하거나 디버깅할 수 있다. SHAP[40]는 머신러닝 모델의 출력을 설명하기 위해 '게임 이론적' 접근 방식을 채택한다. 모델을 설명하는 기능만큼이나 시각화 기능도 아주 훌륭하다.

예제는 주피터 노트북[41]을 사용한다. 2016-2017 시즌의 NBA 선수들의 정보를 담은 데이터를 사용한다. 이 데이터셋은 NBA 선수의 나이(AGE), 포지션(POSITION) 정보뿐 아니라 트위터 리트윗 같은 SNS 정보를 포함하고 있다. head() 메서드를 사용하여 데이터의 일부를 출력해본다.

```
import pandas as pd

player_data = "https://raw.githubusercontent.com/noahgift/socialpowernba/master/data/
```

---

38 https://oreil.ly/lQpBT
39 https://oreil.ly/7yDZb
40 https://oreil.ly/LgjDL
41 https://oreil.ly/Fddra

```
nba_2017_players_with_salary_wiki_twitter.csv"
df = pd.read_csv(player_data)
df.head()
```

머신러닝 모델은 다양한 피처값들을 입력받아 타깃값을 추론하도록 학습된다. 필자는 winning_season[42]이라는 이진(0, 1) 타깃을 새롭게 정의하고, 선수들의 다양한 정보(피처)들을 입력받아 선수의 winning_season(타깃)을 추론하는 머신러닝 모델을 만들 것이다.

좋은 머신러닝 모델을 만들기 위해 피처 엔지니어링Feature engineering 단계에서는 모델의 학습에 도움이 될 수 있는 새로운 피처들을 추가하거나 제거하기도 한다. 피처 엔지니어링 단계에서는 좋은 피처들을 발견하기 위해 [그림 5-40]과 같이 NBA 선수의 승리 횟수와 나이를 각각 x축과 y축에 두고 시각화하여 나이에 숨어있는 패턴이 존재하는지 확인해보기도 한다. [그림 5-40]에서 각 데이터 포인트들의 색상은 필자가 새롭게 정의한 타깃을 나타낸다.

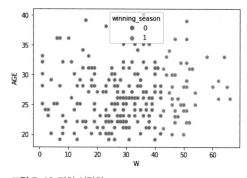

그림 5-40 피처 시각화

결측치가 포함된 데이터 행row들과 필요없는 피처 열column들을 제거한다.

```
df = df.dropna()
features = df[["AGE", "POINTS", "SALARY_MILLIONS", "PAGEVIEWS", "TWITTER_FAVORITE_
COUNT", "TOV"]]
target = df["winning_season"]
```

데이터가 정리되고 나면 **df** 변수에 담긴 데이터의 **shape**은 239행 7열이 된다.

....

42 옮긴이_ winning_season에 해당하는 값이 1이면 스포츠 경기에서 한 시즌동안 승리 횟수가 패배 횟수보다 많은 팀에 속해 있음을 의미한다. NBA의 한 시즌은 약 80개의 경기로 이루어져 있다.

```
df.shape
```

```
(239, 7)
```

가공된 데이터를 훈련 데이터셋과 테스트 데이터셋으로 분리하고 로지스틱 분류기를 학습시킨다.

```
from sklearn.model_selection import train_test_split
x_train, x_test, y_train, y_test = train_test_split(features, target, test_size=0.25,
random_state=0)
from sklearn.linear_model import LogisticRegression
model = LogisticRegression(solver='lbfgs', max_iter=1000)
model.fit(x_train, y_train)
```

```
LogisticRegression(C=1.0, class_weight=None, dual=False, fit_intercept=True,
intercept_scaling=1, l1_ratio=None, max_iter=1000,
multi_class='auto', n_jobs=None, penalty='l2',
random_state=None, solver='lbfgs', tol=0.0001, verbose=0,
warm_start=False)
```

이제 모델의 입력값이 어떻게 추론값에 기여하고 있는지에 대해 확인해보자. 실습에서는 오픈 소스 모델 설명 라이브러리 ELI5와 SHAP을 이용한다. 우선 ELI5를 사용해보자.

```
!pip install -q eli5
```

ELI5 라이브러리의 PermutationImportance는 입력 피처들을 제거하면서 정확도 감소량을 측정하는 방식으로 피처의 중요도를 파악한다.

```
import eli5
from eli5.sklearn import PermutationImportance

perm = PermutationImportance(model, random_state=1).fit(x_train, y_train) eli5.show_
weights(perm, feature_names = features.columns.tolist())
```

[그림 5-41]을 보면 로지스틱 회귀 모델이 선수의 나이와 승리를 부정적인 상관관계로 파악하여 (나이가 많은 선수일수록 패배와 상관관계가 높은) 학습된 것을 확인할 수 있다.

Weight	Feature
0.0090 ± 0.0055	TOV
0.0079 ± 0.0136	POINTS
0.0056 ± 0.0000	PAGEVIEWS
0.0056 ± 0.0071	SALARY_MILLIONS
0.0034 ± 0.0055	TWITTER_FAVORITE_COUNT
-0.0079 ± 0.0055	AGE

그림 5-41 ELI5 PermutationImportance

이번에는 SHAP을 사용해볼 차례이다. SHAP을 설치한다.

```
!pip install -q shap
```

앞서 사용한 로지스틱 분류기 대신 xgboost 기반의 분류기를 학습시켜 보자. SHAP의 특성상 xgboost과 같은 모델을 잘 해석하기 때문이다.

```
import xgboost
import shap
model_xgboost = xgboost.train({"learning_rate": 0.01},
xgboost.DMatrix(x_train, label=y_train), 100)

# 노트북에 JS 시각화 기능을 가져온다.
shap.initjs()

# 모델의 예측 결과를 섀플리 값(SHAP value)으로 해석한다.
# LightBGM, CatBoost 등의 사이킷런에서 제공하는 모델들의 문법도 동일하다.
explainer = shap.TreeExplainer(model_xgboost) shap_values = explainer.shap_
values(features)

# 예측에 대해 설명하는 내용을 시각화한다.
shap.force_plot(explainer.expected_value, shap_values[0,:], features.iloc[0,:])
```

위 스크립트를 실행하면 [그림 5-42]와 같은 힘 차이 그래프^{force plot}가 표시된다. 그림에 나타난 우측 방향의 화살표들은 각 피처들이 추론 결과를 만드는 데 양의 방향으로 기여했다는 것을 나타내고, 가장 오른쪽에 위치한 좌측 방향의 화살표는 해당 피처가 추론 결과를 만드는 데 음의 방향으로 기여했다는 것을 나타낸다.

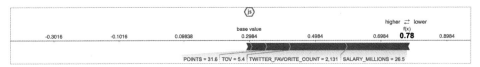

그림 5-42 xgboost 모델의 섀플리 값

아래 스크립트를 통해 확인할 수 있는 요약 차트는 모델의 출력에 많은 영향을 주는 피처 순서 대로 그 영향력을 보여준다(그림 5-43). 트위터와 관련된 값들이나 급여처럼 '농구코트 내에 서 일어나는 일들과 전혀 상관없는' 요소들이 오히려 `winning_season` 타깃을 추론하는 데 영향을 많이 주었다는 사실을 알 수 있다. 더불어, 아래 차트를 통해 앞서 학습시켰던 로지스틱 분류기와 `xgboost` 분류기가 중요하게 여기는 피처들이 사뭇 다르다는 것도 확인할 수 있다.

```
shap.summary_plot(shap_values, features, plot_type="bar")
```

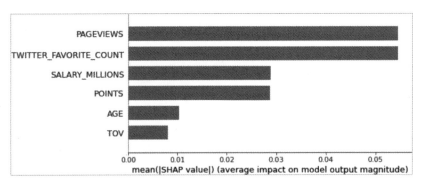

그림 5-43 섀플리 피처 중요도

모델의 설명력은 MLOps에서 필수적이다. 소프트웨어 시스템의 작동 현황을 보다 잘 이해하기 위해 대시보드와 측정항목metric이 있는 것처럼 머신러닝 모델이라는 소프트웨어가 어떤 과정을 거쳐 추론값을 내놓았는지에 대한 설명도 확인할 수 있어야 한다. 이렇게 설명 가능한 모델로 얻은 추론 결과일수록 비즈니스 이해 관계자들의 의사결정에도 신뢰성 있는 참고 자료가 될 수 있을 것이다.

5.8 마치며

AutoML은 머지않아 MLOps를 수행하는 많은 팀들에게 필수적인 존재가 될지도 모른다. 궁극적으로 AutoML은 여러분이 중요한 문제에 주의를 집중할 수 있도록 돕는다. 이번 장에서 특히 유념해야 할 것은 두 가지로 요약할 수 있다.

첫 번째는 AutoML과 KaizenML은 명확히 다른 개념이라는 점이다. KaizenML은 머신러닝 시스템의 모든 부분을 지속적으로 개선한다는 것을 의미한다.

두 번째는 논문 「Hidden Technical Debt in Machine Learning Systems」[43]에서 저자들이 강조하듯 자동 모델링Automated Modeling과 학습을 의미하는 AutoML이 KaizenML의 유일한 구성 요소가 아니라는 점이다. 이들은 모델링에 들어가는 리소스가 실제 머신러닝 시스템에서 매우 사소한 부분에 불과하다고 생각한다. 필자도 이 주장에 동의한다. 데이터를 수집하는 일부터 피처 저장, 모델링, 모델 학습, 프로덕션 환경에 배포되어 운영 중인 모델을 평가하는 일에 이르기까지 모든 것이 자동화 대상이다. 이런 맥락에서 생각해보면, AutoML은 자동화되어야 하는 수많은 요소 중의 일부분을 자동화할 뿐이다.

승용차의 자동 변속기와 크루즈 컨트롤 시스템이 숙련된 운전자들로 하여금 더 안전한 운전이 가능하도록 돕듯이, 머신러닝 시스템 하위 요소 자동화는 거시적인 의사결정에 집중해야 하는 인간이 그 일에 온전히 집중할 수 있도록 돕는다. 머신러닝 프로덕트를 이루는 모든 필수요소들은 자동화되어야 한다. 지속적 개선은 머신러닝 기술에 기반한 임팩트 있는 변화를 원하는 모든 조직에 필요한 패러다임이다.

마지막으로, 저렴한 AutoML 솔루션들이 많이 있다는 점을 짚어주고 싶다. 전 세계 개발자들이 더 나은 소스 코드를 작성하는 것에만 집중하기 위해 빌드 서버나 코드 편집기 같은 도구들을 사용하는 것은 이상할 일이 아니다. 마찬가지로, 머신러닝 실무자들이 생산성을 높이기 위해 AutoML 도구들을 사용하는 것도 지극히 정상적인 행동이다.

다음 장에서 다룰 내용은 모니터링과 로깅이다. 필자는 이를 '운영을 위한 데이터 과학'이라고 부르곤 한다. 다음 주제로 넘어가기 전에 다음 내용들에 대해 스스로 고민해보자.

---

43 https://oreil.ly/ZZfjY

- 맥OS를 사용하는 독자의 경우, Xcode를 설치하고 개인적으로 준비한 데이터셋과 애플의 Create ML을 이용해 모델을 학습해보자.

- 캐글에 있는 샘플 데이터셋과 구글의 AutoML 컴퓨터 비전 플랫폼을 이용하여 모델을 학습시키고 Coral.AI 디바이스에 배포해보자.[44]

- 애저 머신러닝 스튜디오를 이용해 모델을 훈련시키고 모델 설명력과 관련된 기능들을 다양하게 구경해보자. Ludwig의 config을 적절히 수정하여 머신러닝 모델을 학습시켜보자.[45]

- 직접 학습시킨 모델에 ELI5를 사용해보자.[46]

- AWS에서 제공하는 공식 세이지메이커 예제 'SageMaker Automatic Model Tuning example'[47] 을 따라해보자.

생각해보기

- 왜 AutoML이 오늘날의 머신러닝 시스템의 전부라고 할 수 없는가?

- 미국 국립 보건원National Institutes of Health[48](NIH)이 피처 스토어를 어떻게 이용하면 신약 개발의 속도를 높일 수 있을까?

- 2025년이나 2035년에는 머신러닝의 어떤 요소가 완전히 자동화되어 있고, 어떤 요소가 여전히 사람의 도움을 필요로 하고 있을까?

- 하드웨어부터 운영체제나 프레임워크까지 모든 기술 스택에 대하여 수직계열화 전략을 펼치는 거대 IT 기업들이 어떤 기업들과 긍정적인 시너지를 낼 수 있을까?

- 데이터 중심 접근 방식이 모델 중심 접근 방식과 어떻게 다른가? KaizenML이 데이터, 소프트웨어, 머신러닝 모델의 중요도를 동일한 선상에 놓고 문제를 해결해 나가는가?

---

44 https://coral.ai
45 https://oreil.ly/GRjgG
46 https://oreil.ly/Nwrck
47 https://oreil.ly/fe71a
48 https://nih.gov

## CHAPTER 6

모니터링과 로깅

> 두 개의 반구로 이루어진 대뇌의 해부학적 구조는 병렬적이다. 하나의 반구만으로도 의식을 가지기에 충분하다
> 는 연구 결과도 좌뇌와 우뇌가 병렬적이라는 사실을 뒷받침한다. 뇌량 절제술corpus callosotomy을 통해 좌뇌와
> 우뇌를 분리하더라도 둘은 동시에 독립적인 의식을 가질 수 있는 것으로 확인된다. 네이글Nagel은 스플릿 브레
> 인split-brain에 대해 이렇게 이야기했다. "우뇌가 좌뇌 없이 의식하는 내용들이 충분히 지능을 가지고 있다고
> 판단할 만하고, 우뇌만의 고유한 반응에도 분명한 목적성이 보이기 때문에 우뇌의 작동을 좌뇌로 인한 무의식
> 반응 정도로 치부하고 넘어갈 수는 없다.[1]"
>
> – 조셉 보겐 박사

로깅과 모니터링은 DevOps의 핵심이기 때문에 머신러닝 시스템에 있어서도 빼놓을 수 없
다.[2] 기본적으로 소프트웨어 엔지니어는 테스트, 문서화, 그리고 빈번한 로깅 및 모니터링과
같은 작업들을 귀찮게 여기고 차라리 한 줄이라도 더 소스 코드를 작성하는 것을 선호하는 경
향이 있다. 여러분도 알다시피 유용한 로깅과 모니터링을 추가할 필요성을 느끼기 어려울뿐더
러 이 작업이 간단하지만은 않기 때문이다. 로깅과 모니터링을 돕는 클라우드 서비스들을 이용
하더라도, 결국 이들을 수행하는 올바른 전략을 수립하는 것은 사람의 몫이다.

여러분을 귀찮게 하는 로깅 이슈를 해결할 수 있는 자동화된 솔루션에 대해 듣고 놀랄 것 없다.
로깅으로 생산된 정보를 눈앞에 놓인 문제를 해결하는 일에 어떻게 활용할 수 있는지 철저하게

---

1   옮긴이_ 우뇌는 창의적 사고를 담당하고, 좌뇌는 논리적 사고를 담당한다고 알려져 있다. 그런 맥락에서 본문과 같은 사실이 알려지기
    전에는 좌뇌가 우뇌를 제어하는 뇌라고 여겨졌다.
2   옮긴이_ 필자는 앞서 DevOps의 기틀을 잘 닦은 이후에 MLOps를 완성할 수 있다고 보았다.

고민하는 훈련이 필요하다. 훈련을 통해 로그를 남기는 '튼튼한 기초'를 다져놓으면 로깅 자동화로 향하는 길을 발견할 수 있을 것이다. 여기서 '기초'라고 부르는 것이 무엇일까? 당신의 문제를 해결하는 단서가 될지도 모르는 로그에 쓸모없는 정보(문제와 관련된 이야기를 전달하는 데 별로 도움이 되지 않는 경우)나 비밀스러운 정보(이해하기가 너무 어려운 경우)만 가득한 상황을 직접 겪어 본다면 잘 와닿을 것이다. 필자가 2014년에 겪었던 사례를 간단히 소개한다. 당시 누군가가 온라인 채팅에서 이런 질문을 했다.

'이 오류 메시지가 뭐라고 하는 건지 알려주실 분 계실까요?'

```
7fede0763700 0 -- :/1040921 >> 172.16.17.55:6789/0 pipe(0x7feddc022470 \
sd=3 :0 s=1 pgs=0 cs=0 l=1 c=0x7feddc0226e0).fault
```

저 로그를 출력한 소프트웨어와 관련해서 거의 2년동안 일해온 필자도 도통 저게 무슨 말인지 이해할 수가 없었다. 여러분은 저 로그가 전하고자 하는 메시지가 무엇인지 짐작이 되는가? 해당 소프트웨어에 대해 필자보다도 훨씬 더 훤히 꿰뚫고 있는 엔지니어가 로그를 해석한 내용을 한번 살펴보자.

'로그를 만든 컴퓨터가 172.16.17.55 주소로 연결된 모니터에 연결할 수 없다는 내용이에요.'

애초에 이렇게 출력해주면 안되는 것이었을까 싶지만, 더 큰 문제는 엔지니어가 이 이슈에 대해서 '로그 메시지에는 문제가 없다'고 일축했다는 것이다. 이처럼 로그는 프로그램의 상태를 이해할 수 있도록 유의미한 출력을 만들어낼 임무가 있기 때문에 로깅은 결코 쉬운 작업이 아니다.

앞서 로깅을 할 때 '(문제와 관련된) 이야기를 전달하는 데 도움이 되는 정보'를 갖도록 신경써야 한다고 설명했다. 이는 비단 로깅뿐 아니라 모니터링도 마찬가지다. 필자가 세계에서 가장 큰 파이썬 기반의 CMS(컨텐츠 관리 시스템)를 공급하는 회사에서 일할 때의 이야기이다. 필자는 자사의 프로그램에 측정항목metric을 추가할 것을 제안했었는데, 당시 전사적 분위기는 시스템에 새로운 측정항목이 필요하지 않다는 입장이었다. 모니터링이 이미 실시되고 있을 뿐 아니라 운영팀은 추적하는 값들이 미리 설정해 둔 임곗값을 넘어가지 않는지를 감시하는 다양한 알람 유틸리티들을 연결해 두었기 때문이었다. 개발 팀장은 팀원들이 어떤 우수한 성과를 내면 회사와 관련된 프로젝트에 참여할 수 있는 자유시간을 제공하는 방식으로 보상을 주곤 했다

(20%의 법칙을 실천한다고 알려진 그 회사보다 더 많이 주기도 했다!). 단, 프로젝트를 진행하기 전에는 진행하고자 하는 프로젝트의 내용을 모든 경영진에게 설명하고 허락을 받아야 했다. 필자가 프로젝트를 진행할 기회를 얻었을 때, 우리 소프트웨어 시스템에 측정항목을 추가해야 한다고 주장했다.

> "알프레도, 우리는 이미 측정항목을 가지고 있어요. 회사 모니터링 시스템은 이미 디스크 사용량을 추적하고, 모든 서버의 메모리 사용량도 추적해서 알림을 주고 있어요. 당신이 진행하려는 프로젝트로부터 회사가 무엇을 얻을 수 있을지 잘 모르겠군요."

수많은 고위 경영진 앞에 서서 측정항목의 중요성을 납득시키는 것은 어려운 일이었다. 마음을 가다듬고, 우리 회사의 웹사이트에서 가장 중요한 버튼이라고도 할 수 있는 '구독 버튼'을 예로 들기로 했다.

"만약 우리가 새로운 버전의 웹사이트를 배포했을 때, 자바스크립트 오류 때문에 구독 버튼이 먹통이 된다고 해보죠. 도대체 어떤 알람이 우리에게 문제가 있다는 것을 알려줄 수 있겠습니까?" 구독 버튼이 먹통이 된다고 하더라도 디스크 사용량이나 메모리 사용량은 거의 달라지지 않을 것이다. 이들을 추적한다고 한들 모니터링 시스템을 통해 비즈니스에서 가장 중요한 버튼이 먹통이 되었다는 사실을 알 수 있는 방법은 없다. 이런 상황에서 시간당 클릭률, 일간 클릭률, 주간 클릭률을 측정하는 항목이 있다면 버튼에 무언가 문제가 있다는 사실을 너무 늦지 않게 깨달을 수 있을 것이다. 무엇보다 중요한 것은 이 측정항목을 이용하면 우리 웹사이트가 어제보다 얼마나 더 많은 수익을 올리는지(혹은 그 반대)에 대한 이야기를 만들어낼 수 있다는 점이다. 디스크 사용량과 메모리 사용량을 추적하는 것도 중요하지만 그것만이 모니터링의 궁극적인 목표는 아니다.

모델을 학습시키거나 프로덕션 환경에 모델을 배포하는 작업을 수행하는 머신러닝 시스템에도 이 이야기가 완벽히 동일하게 적용된다고는 할 수 없다. 그럼에도 불구하고 데이터 드리프트data drift 또는 모델의 정확도를 추적하는 것은 머신러닝 운영에 있어 필수적이다. 모델의 정확도가 학습 당시와 상당히 달라진 상태에서 프로덕션 환경에 배포되는 일이 일어나서는 안된다. 그뿐만 아니라 문제가 발생하더라도 문제를 빠르게 발견해낼수록 이를 고치는 데 들어가는 비용이 줄어들 것이다. 부적절한 모델이 프로덕션 환경에 배포된 상태가 지속되는 경우 그 결과는 매우 비참할 것이다. 이번 장에서 배우는 모니터링과 로깅은 앞선 이야기들이 내포하듯 당신이나 회사의 성과에 관해 이야기를 만들고 중요하게 해결해야 하는 문제들을 수면 위로 끌어올리기 위한 근거를 마련하는 데 도움이 될 것이다.

6.1 클라우드 MLOps와 관찰가능성

대부분의 머신러닝 작업들이 클라우드 환경에서 동작한다는 것은 다들 알고 있을 것이다. 그만큼 클라우드에서 관찰가능성observability을 강화하는 데 도움을 주는 클라우드 서비스들이 있다. AWS의 클라우드워치Cloudwatch[3], GCP의 구글 클라우드 운영 제품군Google Cloud Operations suite[4], 마이크로소프트 애저의 모니터Azure Monitor[5] 같은 제품들이 이에 속한다.

다양한 모니터링 서비스들이 어떻게 동작하는지 설명하기 위해 아마존 클라우드워치를 예로 들어 보자(그림 6-1). 핵심은 클라우드 환경에서 시스템을 구성하는 모든 요소가 측정항목들과 로그들을 클라우드워치로 전송한다는 점이다. 서버에서 측정 중인 항목들, 애플리케이션에서 발생하는 로그, 머신러닝 작업과 관련된 다양한 메타데이터들, 머신러닝 서비스 엔드포인트에서 만들어내는 결과 모두가 클라우드워치로 전송되는 데이터에 속한다.

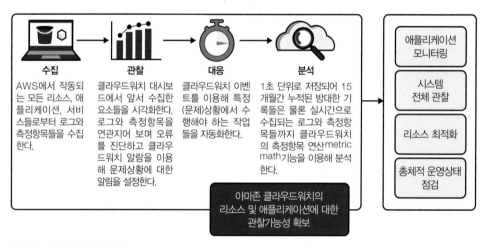

그림 6-1 AWS 클라우드워치

3 https://oreil.ly/43bvM
4 https://oreil.ly/3YVn1
5 https://oreil.ly/gDIud

이렇게 수집된 정보들은 단순히 대시보드에 시각화되는 것 이상의 일들을 해낼 수 있다. 예를 들어 클라우드워치가 배포된 머신러닝 모델이 CPU와 메모리를 75% 이상 사용하고 있음을 감지했을 때 자동으로 세이지메이커에 할당된 리소스를 늘리는 일과 같은 오토스케일링 작업에도 활용될 수 있다. 이렇게 머신러닝 시스템 관찰가능성이 확보되면 사람과 기계가 프로덕션 환경에서 동작하고 있는 시스템의 상태를 확인하고 상황에 맞는 적절한 대응이 가능해진다.

경험이 풍부한 클라우드 소프트웨어 엔지니어들은 실제로 운영 중인 서비스에서 관찰가능성 확보 도구를 사용하는 것의 중요성을 이미 잘 알고 있을 것이다. 앞서 설명했듯 머신러닝 서비스를 운영하는 경우에도 모니터링은 중요하다. 하지만 일반적인 시스템에 비해 더 다양한 측정 항목들이 저장 및 추적되며 그들 사이의 관계가 복잡하게 느껴질 수 있다. [그림 6-2]는 어떤 머신러닝 모델이 배포되는 경우 모델을 모니터링하기 위해 다양한 요소들이 어떻게 상호작용하는지를 나타낸다.

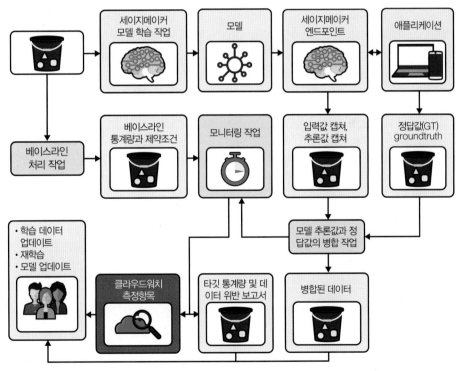

그림 6-2 AWS 세이지메이커 모델 모니터링

클라우드워치는 데이터와 측정항목들을 한데 모으고, 알림을 생성하고, 클라우드의 다양한 리소스들을 스케일링한다. 지금까지 클라우드워치가 하는 일에 대해 간략히 설명했다. 이 장에서 앞으로 다루게 될 내용들을 공부할 때 큰 틀에서 클라우드워치가 하는 일과 연관 지어 생각해보기를 권한다. 다음으로 관찰가능성을 만드는 다양한 요소들의 일부인 로깅에 대해서 살펴보자.

역자 노트

애플리케이션에서 정답값(GT)으로 향하는 화살표가 왜 존재하는지를 생각해 볼 만하다. 모델 성능을 추적하거나 모델을 재학습시키기 위해서는 모델 추론에 대한 정답값이 필요하다. 일반적으로는 성능 평가를 위해 추가적인 레이블링이 필요하다.

반면, 미래 예측 모델의 경우 GT가 시간이 지남에 따라 자동으로 수집될 수 있다. 예를 들어 5일 뒤 기온을 예측하는 모델을 만들었다고 생각해보자. 오늘 모델의 출력값을 5일 뒤에 실제 기온과 비교하면 모델의 성능을 추적할 수 있다.

이렇게 시간이 지남에 따라 GT를 자동으로 수집할 수 없는 경우에는 서비스 차원에서 사용자로부터 GT를 얻어내는 방법도 있다. 예를 들어, 사용자가 재생했던 음악에 기반해 다음 음악을 적절히 재생하는 스포티파이^{spotify} 서비스의 경우 머신러닝 모델이 추천한 다음 음악을 사용자가 종료했는지를 추적하여 GT를 얻어낼 수 있다. 인스타그램(https://about.instagram.com/blog/announcements/shedding-more-light-on-how-instagram-works)이나 유튜브 같은 SNS서비스들도 비슷한 방법으로 GT를 획득하여 추천 모델을 고도화한다.

이렇게 사용자로부터 GT를 얻어내고 이를 다시 학습 데이터로 사용하여 모델을 지속적으로 개선하는 것을 피드백 루프feedback loop 또는 데이터 플라이휠$^{\text{data flywheel}}$이라고 한다. 위 다이어그램은 데이터 플라이휠이 구축된 서비스의 GT 수집을 명시적으로 표현했다고 생각하면 된다.

6.2 로깅 기초

로그 작성을 돕는 소프트웨어들은 다양하지만 이들의 작동 방식에는 공통적인 측면이 있다. 공통점 중 하나는 로그의 심각도 수준과 관련된 것이다. 로그 소프트웨어들은 로그 레벨들을 미리 정의해두었고, 사용자들은 특정 로그 레벨을 선택해서 로그를 출력할지 말지를 결정한다. 예를 들어, Nginx 웹서버는 기본적으로 클라이언트의 엑세스 로그를 `/var/log/nginx/access.log`에 저장하고, 오류 로그들을 `/var/log/nginx/error.log`에 저장하도록 설정되어 있다. 개발자가 Nginx 웹서버 문제를 마주했을 때 가장 먼저 열어 보아야 하는 파일은 엑세스 로그 파일보다는 오류 로그 파일이 될 가능성이 높다.

필자가 Ubuntu 서버에 Nginx 서버를 생성하여 설정 변경 없이 HTTP 요청을 받으면 액세스 로그에 아래와 같은 정보가 표시된다.

```
172.17.0.1 [22/Jan/2021:14:53:35 +0000] "GET / HTTP/1.1" \
"Mozilla/5.0 (Macintosh; Intel Mac OS X 10.15; rv:84.0) Firefox/84.0" "-"
172.17.0.1 [22/Jan/2021:14:53:38 +0000] "GET / HTTP/1.1" \
"Mozilla/5.0 (Macintosh; Intel Mac OS X 10.15; rv:84.0) Firefox/84.0" "-"
```

로그 출력에는 서버의 IP 주소, 접속을 시도한 시간, HTTP 요청 유형, 사용자 에이전트user-agent 등의 정보가 포함된다. 필자의 경우 사용자 에이전트는 매킨토시Macintosh 시스템에서 실행되는 브라우저임을 알 수 있다. 하지만 이것은 엑세스 로그이며 오류 로그는 아니다. Nginx 서버에 오류가 발생하는 상황을 강제로 만들어보기 위해 서버에서 접근하는 파일에 대한 권한을 읽을 수 없도록 바꾼 뒤 다시 HTTP 요청을 보내보았다.

```
2021/01/22 14:59:12 [error] open() "/usr/share/nginx/html/index.html" failed \
(13: Permission denied), client: 172.17.0.1, server: localhost, \
request: "GET / HTTP/1.1", host: "192.168.0.200"
```

로그 수준은 로그의 다양한 정보 사이에서 오류를 식별할 수 있도록 돕는다. 위 경우도 마찬가지다. 로그의 길이가 상당히 길지만, 이 출력이 보여주고자 하는 정보의 심각도 수준이 '오류'임을 한눈에 파악할 수 있다.

프로그램의 흐름을 파악하고 중요한 내용을 쉽게 식별할 수 있도록 로그를 작성하는 방법은 다양하다. 우리는 평소 프로그램을 작성하고 디버깅을 시도하면서 실행 중인 프로그램에 대한 유용한 정보를 얻기 위해 print() 함수를 사용하곤 한다. 물론 print()도 간단하게 사용할 수 있는 훌륭한 로깅 도구이지만, 이를 조금 더 잘 할 수 있도록 도와줄 수 있는 다양한 소프트웨어들이 있다. print() 함수의 큰 단점은 디버깅이 끝난 다음 소스 코드에서 print()를 찾아 지워줘야 한다는 것이다. 동일한 소스 코드를 나중에 디버깅할 일이 계속 다시 생긴다면 더 큰 일이다. 소스 코드에서 지웠던 print()를 모두 다시 작성해야 할지도 모른다. 로깅에 특화된 도구들은 이러한 비효율적인 상황이 일어나지 않도록 도움을 줄 수 있다.

지금까지 로깅에 대한 몇 가지 기본 사항을 학습했다. 다음 절에서는 프로그램에서 로깅을 구성하는 방법에 대해 알아보도록 하자. 정교한 로깅을 위해 필요한 다양한 기능들이 모두 포함되어 있기 때문에 로깅에 특화된 도구들은 이러한 비효율적인 상황이 일어나지 않도록 도움을 줄 수 있다.

6.3 파이썬에서 로깅 실습하기

로깅 실습은 파이썬으로 진행할 것이다. 물론 이 실습에 나타나 있는 대부분의 개념(로그 수준, 출력 리다이렉션redirection)은 다른 언어/라이브러리에도 동일하게 사용된다. 실습을 위해 CSV 파일을 처리하는 간단한 파이썬 스크립트 describe.py를 만들고 다음과 같이 작성해 보자.

```
import sys
import pandas as pd

argument = sys.argv[-1]

df = pd.read_csv(argument)
print(df.describe())
```

이 스크립트는 커맨드 라인의 마지막 인자를 통해 CSV 파일의 경로를 입력받아 판다스 라이브러리를 통해 읽어들인 뒤, describe() 메서드를 통해 이 CSV 파일에 대한 설명을 출력하는 일을 한다. 이 스크립트의 목적은 CSV 파일에 대한 설명을 출력하는 것이지만, 만약 해당 스크립트를 실행할 때 아무런 인자를 넣어주지 않는다면 우리가 의도한 대로 동작하지 않는다는 것을 확인할 수 있다.

```
$ python3 derscribe.py
import sys
count                    4
unique                   4
top      import pandas as pd
freq                     1
```

위 실행 결과를 통해 마지막 인자로 스크립트 자신이 전달됐다는 것을 알 수 있다. 그래서 판다스는 스크립트 자기 자신에 대한 설명을 출력하고 있다. 당연히 이런 결과는 하등 쓸모가 없다. 이 스크립트 제작에 관여하지 않은 사람이 사용한다고 생각해보면 출력 결과를 보고 충격을 먹을 것 같지 않은가? 이번에는 존재하지 않는 파일의 경로를 인자로 전달하는 경우를 살펴보자.

```
$ python3 describe.py /bogus/path.csv Traceback (most recent call last):
File "describe.py", line 7, in <module> df = pd.read_csv(argument)
File "/../site-packages/pandas/io/parsers.py", line 605, in read_csv return _
read(filepath_or_buffer, kwds)
...
File "/../site-packages/pandas/io/common.py", line 639, in get_handle handle = open(
FileNotFoundError: [Errno 2] No such file or directory: '/bogus/path.csv'
```

위와 같은 출력에 입력이 유효한지, 스크립트가 기대하는 것이 무엇인지를 알려주는 정보는 찾아볼 수 없다. 소스 코드를 확인할 수 없는 상황(이를테면 CI 파이프라인을 실행하는 도중 혹은 원격 컴퓨터에서 데이터 처리 작업이 완료되기를 기다리던 중)에 이러한 유형의 오류가 발생하는 경우 문제는 더 심각할 것이다. 일부 개발자들은 모든 예외를 처리함으로써 문제를 감추는 동시에 작업이 중단돼 버리는 상황을 방지하려고 한다. 하지만 이런 전략은 종종 시스템 내부에서 무슨 문제가 일어나고 있는지 전혀 알 수 없게 만들기 때문에 좋은 선택이라고 할 수는 없다. 스크립트 describe.py의 약간 수정된 버전을 보자. 아래와 같은 코드는 오히려 문제 상황이 더 잘 드러나도록 만든다.

```python
import sys
import pandas as pd

argument = sys.argv[-1]
try:
    df = pd.read_csv(argument)
    print(df.describe())
except Exception:
    print("Had a problem trying to read the CSV file")
```

스크립트를 실행하면 아래와 같은 출력을 확인할 수 있다.

```
$ python3 describe.py /bogus/path.csv
Had a problem trying to read the CSV file
```

스크립트는 print() 함수를 이용해 위와 같은 오류 메시지를 출력한다. 우리가 작성한 스크립트의 길이 자체가 굉장히 짧을 뿐 아니라 이미 그 내용을 다 알고 있기 때문에 이 정도의 오류 정보만 제공하더라도 문제를 파악하는 것이 어렵지 않다. 하지만 앞서 언급했듯 소스 코드를 확인하기 어려운 상황이나 소스 코드가 길고 복잡한 상황에서 로그 심각도 수준에 대한 명시도 없고 모든 것들이 print() 함수를 이용해 로깅되고 있다면 소프트웨어의 흐름을 이해하고 문제를 올바르게 파악하는 것은 마찬가지로 쉽지 않을 것이다. 파이썬 로깅 모듈을 통해 데이터 처리 스크립트에서 무슨 일이 일어나고 있는지에 대해 더 많은 정보를 제공하도록 수정해보자.

가장 우선 로깅과 관련된 설정이 필요하다. 기존의 describe.py에서 단 몇 줄의 코드를 추가하는 것만으로도 충분하다. 스크립트를 다음처럼 수정하고 다시 실행해보자.

```python
import sys
import logging
import pandas as pd

logging.basicConfig()
logger = logging.getLogger("describe")
logger.setLevel(logging.DEBUG)

argument = sys.argv[-1]
logger.debug("processing input file: %s", argument)

try:
    df = pd.read_csv(argument)
    print(df.describe())
except Exception:
    print("Had a problem trying to read the CSV file")
```

변경된 스크립트를 실행해보면 출력 결과는 아래와 같다.

```
$ python3 describe.py /bogus/path.csv
DEBUG:describe:processing input file: /bogus/path.csv
Had a problem trying to read the CSV file
```

아직 완벽하지는 않지만 문제를 설명하는 데 훌륭한 정보들을 제공하고 있다. 어떤 독자는 지금 작성한 몇 줄의 코드가 print() 함수보다 거추장스러운 보일러플레이트boilerplate라고 생각할 수 있다. 하지만 로깅 모듈은 잘못 구성된 로깅 메시지에 대한 복원력이 있다. 복원력의 예를 들기 위해, 문자열 형식화formatting에 필요한 인수보다 적은 갯수의 변수만 사용하여 출력을 시도하는 상황을 만들어보자.

```
>>> print("%s should break because: %s" % "statement")
TypeError: not enough arguments for format string
```

이제 동일한 작업에 로깅 모듈을 이용해보자.

```
>>> import logging
>>> logging.warning("%s should break because: %s", "statement")
--- Logging error ---
Traceback (most recent call last):
...
```

로깅 모듈은 변수를 문자열로 변환하는 과정을 실패했지만, 프로그램을 실행을 중단하는 대신 문제상황을 알리고 프로그램 실행을 계속 진행한다. 이렇게 로깅 모듈을 사용해 메시지를 출력하는 경우에는 print() 함수와 달리 프로덕션 환경에 배포된 애플리케이션을 중단시키지 않을 가능성이 높다.

역자 노트

필자는 로깅 모듈을 통해 출력하는 것이 훨씬 강인하다고 설명하며 문자열 형식화 예시를 가져왔다. 공식 문서(https://docs.python.org/ko/3/howto/logging.html#exceptions-raised-during-logging)를 인용하면 '로깅 이벤트를 처리하는 동안 발생하는 오류(가령 잘못된 로깅 구성이나 네트워크로 인한 오류 등)가 로깅을 사용하는 응용 프로그램을 조기에 종료시키지 않도록 하기 위해 로깅 중 발생하는 예외를 삼키도록 설계되었다'고 한다. 그렇다고 이 말이 로깅 모듈을 실행하는 함수에서 발생하는 모든 오류들을 처리할 수 있는 것은 아니다. 독자들이 오해할 만한 상황의 예시를 들어보고자 한다. 변수 a와 b를 아래와 같이 정의했다.

```
>>> a = 3
>>> b = 'hello'
```

print()를 사용해서 두 변수의 합을 출력하려고 하면 오류가 발생한다.

```
>>> print('%s', a+b)
Traceback (most recent call last):
  File "<stdin>", line 1, in <module>
TypeError: unsupported operand type(s) for +: 'int' and 'str'
```

하지만 로깅 모듈을 이용하는 경우에도 마찬가지로 오류가 발생한다.

```
>>> logging.warning('%s', a+b)
Traceback (most recent call last):
File "<stdin>", line 1, in <module>
TypeError: unsupported operand type(s) for +: 'int' and 'str'
```

즉, 로깅 모듈이 오류에 강인하도록 설계되었다는 말이 유효한 것은 a+b의 연산 결과가 **warning()** 메서드의 인자로 전달된 이후부터다. a+b 의 연산 결과를 생성하는 작업에 문제가 생기는 부분까지 로깅 모듈이 처리해주지 못한다는 것이다. 대신 로깅 모듈은 포맷 문자열의 '평가' 중에 발생하는 문제에 강인하다.

로깅 모듈이 포맷 문자열 출력보다 나은 예를 들면 아래와 같다.

```
p = None
logger.error("processing input file: %s", p)
```

"processing input file: %s" %p와 같은 형태가 아니라, p가 인자로 전달되었다는 점에 주목하라. 경로가 할당되어야 하는 변수에 **None** 이 할당되는 것은 발생하기 쉬운 상황이다. 포맷 문자열은 원래 **None**을 처리할 수 없다. 하지만 로깅 모듈을 이용하면 해당 문제가 프로그램을 중단시키지는 않는다.

필자가 본문에 기술한 것과 같이, 형식화 문자열 속의 %에 값을 할당할 때 %과 값이 1:1 대응되지 않는다는 문제를 회피하는 더욱 간단하고 효과적인 방법은 f-문자열을 사용하는 방법이다. 본문의 스크립트를 아래와 같이 변경해보자.

```
logger.debug(f"processing input file: {argument}")
```

f-문자열을 이용하면 하나의 대괄호 속에 하나의 변수만 입력될 수 있으므로 형식 지정자 **%s**와 변수가 일대일 대응되지 않는 실수를 할 가능성이 아예 차단된다는 장점이 있다. 하지만 앞서 설명한 형식화에 강인하도록 만들어진 기능은 이용할 수 없게 된다.

필자는 파이썬에서 print() 함수를 쓰는 것은 셸 스크립트에서 echo 명령어를 사용하는 것과 비슷한 격이라고 본다. 이들은 출력을 제어하기 어려울 뿐 아니라 쉽게 고장나기 때문에 프로덕션 코드에 적합하지 못하다.

다변성verbosity[6]을 설정하여 얼마나 많은 정보를 사용자에게 보고할 것인지를 결정하는 기능은 로깅 소프트웨어가 제공해야 하는 필수적인 기능이다. 파이썬의 로깅 모듈도 로그를 읽는 사람들에게 필요한 정보들만을 골라볼 수 있도록 변경이 가능하다. describe.py의 로깅 설정 부분을 아래와 같이 고쳐 보자.

```
log_format = "[%(name)s][%(levelname)-6s] %(message)s"
logging.basicConfig(format=log_format)
logger = logging.getLogger("describe")
logger.setLevel(logging.DEBUG)
```

log_format 변수는 로그를 구성할 때 사용되는 템플릿이다. 이 템플릿을 이용해 로그를 출력하면 로거 이름(name: describe), 로그 심각성 수준(levelname: DEBUG), 로그 메시지 (message)가 보고된다. 물론 이 스크립트에서는 사용되지 않았지만 템플릿 기능을 이용해 로거에 타임스탬프를 추가하는 것도 가능하다. 템플릿에는 소프트웨어 사용자가 로그를 읽기 편하도록 대괄호, 들여쓰기, 고정 간격이 적용되어 있다. 스크립트를 실행하여 출력이 어떻게 변경되었는지 확인해보자.

```
$ python3 describe.py
[describe][DEBUG ] processing input file: /bogus/path.csv
Had a problem trying to read the CSV file
```

로깅의 또 다른 강력한 기능은 오류와 함께 역추적traceback 리포트를 확인할 수 있다는 것이다. 경우에 따라 역추적 리포트를 출력하는 것이 프로그램의 맥락을 이해하고 문제를 해결하는 데 도움이 될 수 있다. except 블록의 스크립트를 아래와 같이 변경한다.

```
try:
    df = pd.read_csv(argument)
    print(df.describe())
except Exception:
    logger.exception("Had a problem trying to read the CSV file")
```

스크립트의 출력 결과를 확인해보자.

------

6   옮긴이_ 말을 많이 하는 성질

```
$ python3 describe.py
[describe][DEBUG ] processing input file: logging_describe.py
[describe][ERROR ] Had a problem trying to read the CSV file
Traceback (most recent call last):
File "logging_describe.py", line 15, in <module>
df = pd.read_csv(argument)
File "/.../site-packages/pandas/io/parsers.py", line 605, in read_csv
return _read(filepath_or_buffer, kwds)
...
File "pandas/_libs/parsers.pyx", line 1951, in pandas._libs.parsers.raise ParserError:
Error tokenizing data. C error: Expected 1 field in line 12, saw 2
```

위와 같은 역추적 리포트가 출력된다고 해서 프로그램 실행이 중단되는 것은 아니다. 프로그램이 중단되지 않고 끝까지 실행된다는 것을 확인해볼 수 있도록 except 블록 뒤에 다른 코드를 추가하고 실행해본다.

```
try:
    df = pd.read_csv(argument)
    print(df.describe())
except Exception:
    logger.exception("Had a problem trying to read the CSV file")
logger.info("the program continues, without issue")
```

출력 결과는 아래와 같다.

```
[describe][DEBUG ] processing input file: describe.py
[describe][ERROR ] Had a problem trying to read the CSV file
Traceback (most recent call last):
[...]
pandas.errors.ParserError: Error tokenizing data. C error: Expected 1 fields in line
12, saw 2

[describe][INFO  ] the program continues, without issue
```

필자는 과거에 프로덕션 환경에 배포될 애플리케이션을 작성할 때 두 개의 로거를 만들곤 했다. 하나는 간략하고 핵심이 되는 정보를 터미널에 출력하는 로거이고, 다른 하나는 역추적 리포트처럼 길고 구체적인 메시지를 파일에 출력하는 로거이다. 이런 구조는 터미널에 사용자 친화적인 출력만 보여줄 뿐 아니라, 길고 복잡한 역추적 정보를 파일로 남겨 개발자의 디버깅을 위한 정보를 전달할 수 있다는 장점이 있다. 이러한 기능을 print() 함수나 셸 스크립트의 echo 와 같은 명령어를 이용해 구현하려면 절대 쉽지 않을 것이다. 로깅 모듈의 훌륭한 기능들을 사용하면 서비스 애플리케이션을 만드는 데 조금이라도 더 집중할 수 있다.

6.3.1 로그 수준 설정하기

앞서 살펴보았듯 다양한 정보들을 print() 함수만을 이용해 출력하는 것은 여러모로 비효율적이다. 로깅 모듈을 이용하면 로그를 통해 제공되는 정보의 심각성 수준을 명시할 수 있다. 이런 로그 심각성 수준들은 각각 '가중치'를 가지고 있다. 가중치는 중요도라고 해석할 수 있으며, 중요도에 따라 원하는 정보를 얻기 위해 사용될 수 있다. 가장 덜 중요하고 구체적인 정보를 나타내는 낮은 가중치의 로그 수준부터 중요하고 핵심적인 정보를 나타내는 높은 가중치의 로그 수준까지 나열해보면 다음과 같다.

1. 디버그debug
2. 정보info
3. 주의warning
4. 오류error
5. 심각critical

이 코드에서 사용할 예제도 파이썬의 로깅 모듈을 이용하지만, 다른 언어나 다른 로깅 소프트웨어도 마찬가지로 로그의 심각성 수준과 가중치를 기반으로 동작할 것이다. 로깅 수준을 '디버그'로 설정하면 모든 로그 메시지를 출력한다. 반면 로깅 수준을 '심각'으로 설정하면 오직 심각한 수준의 로그 메시지만 출력한다. 앞서 우리가 작성했던 스크립트의 로깅 수준을 아래와 같이 '오류'로 변경하고 실행해본다.

```
log_format = "[%(name)s][%(levelname)-6s] %(message)s"
logging.basicConfig(format=log_format)
logger = logging.getLogger("describe")
logger.setLevel(logging.error)
```

```
$ python3 describe.py
[describe][ERROR ] Had a problem trying to read the CSV file
```

```
Traceback (most recent call last):
[...]
pandas.errors.ParserError: Error tokenizing data. C error: Expected 1 fields in line
18, saw 2
```

이러한 변경은 오직 '오류' 수준 혹은 그보다 심각한 수준의 로그만 출력되도록 만든다. 이 기능은 수많은 로그 중에서 훨씬 중요하고 심각한 내용들만 간추려 보고 싶을 때 유용하게 사용할수 있다. 반대로, 디버깅을 하는 경우에는 로깅 수준을 '디버그'로 변경하여 대부분의 메시지를 포함하도록 만들어 사용할 수 있다. 프로그래머는 보통 프로덕션 코드를 개발할 때 로깅 수준을 '디버그'로 설정해 잠재적인 문제들을 쉽게 잡아내면서 개발한다. 필자는 개발 환경의 소스코드뿐 아니라 프로덕션 환경에 배포할 때에도 초기에는 로깅 수준을 '디버그'로 설정하는 편이다. 어떤 문제가 일어날지 최대한 미리 예상할 수 있어야 하기 때문이다. 배포한 애플리케이션이 충분히 안정적이라고 판단되고서부터는 아주 구체적이고 장황한 로그 출력이 큰 도움이 되지 않으므로 로그 수준을 '정보' 혹은 '오류'로 변경하여 출력 내용을 줄인다. print() 함수를사용하여 로그를 작성하는 경우 개발 완성도에 따라 출력 여부를 간단하게 변경하는 전략을 사용할 수 없다.

6.3.2 여러 애플리케이션을 동시에 로깅하기

우리는 지금까지 CSV 파일을 로드하는 스크립트를 통해 로그 수준에 대해서 알아보았다. 필자는 지금까지 로거 이름(describe)의 중요성에 대해서는 언급하지 않았다. 파이썬 프로그래밍을 하다 보면 다른 패키지를 불러와 사용하는 경우가 많다. 이때 불러온 소스 코드도 각각 자신의 코드에 로깅 기능을 포함하고 있을 것이다. 이런 상황에서 수많은 로거들을 적절히 제어할필요가 있다. 예를 들어, 패키지 A와 B를 불러와 소스 코드를 작성한다고 할 때, 여러분은 A가생성하는 로그에만 관심이 있을 수 있다. 이를 위해 로깅 소프트웨어들은 로거들을 계층적으로배치할 수 있도록 만들었다. 루트root 로거는 모든 로거의 부모 로거다. 루트 로거는 불러온 패키지를 포함하여 전체 애플리케이션 소스 코드에 흩어져 있는 모든 로거들의 로깅 수준을 제어할 수 있다.

새로운 파일 http_app.py을 만들고 다음과 같이 작성한다.

```
import requests
import logging

logging.basicConfig()

# 이 스크립트에 대한 새로운 로거
logger = logging.getLogger('http-app')

logger.info('example.com 에 요청을 전송합니다.')
requests.get('http://example.com')
```

위 스크립트는 터미널로 '정보' 수준의 로그 메시지를 출력한 뒤 **requests** 라이브러리를 이용해 **example.com**으로 요청을 전송한다. 위 스크립트를 실행하고 출력 결과를 확인해보자. 터미널에 아무것도 보이지 않는다고해서 놀랄 것 없다.[7] 스크립트를 조금 더 수정해보자.

```
import requests
import logging

logging.basicConfig()

# 루트 로거
root_logger = logging.getLogger()
root_logger.setLevel(logging.DEBUG)

# 이 스크립트에 대한 새로운 로거
logger = logging.getLogger('http-app')

logger.info('example.com 에 요청을 전송합니다.')
requests.get('http://example.com')
```

스크립트를 다시 실행하고 출력을 확인한다.

```
$ python3 http_app.py
INFO:http-app:example.com 에 요청을 전송합니다.
DEBUG:urllib3.connectionpool:Starting new HTTP connection (1): example.com:80
DEBUG:urllib3.connectionpool:http://example.com:80 "GET / HTTP/1.1" 200 648
```

----

7 옮긴이_ 기본 로깅 수준은 '경고'이다. 만약 `logger.info()` 메서드 대신 `logger.warning()` 메서드를 사용하면 터미널에 메시지가
   출력되는 것을 확인할 수 있다.

파이썬 로깅 모듈은 다른 파이썬 스크립트들에 포함되어 있는 모든 로거의 설정을 전역적으로 제어할 수 있다. 이 로거는 루트 로거라고 불린다. 터미널에 결과가 출력되기 시작한 이유는 루트 로거의 로깅 수준이 '디버그'가 되었기 때문이다. 그런데 우리가 직접 http_app.py 스크립트에 작성했던 로그 메시지보다 더 많은 메시지들이 터미널에 출력되고 있다는 것을 확인할 수 있다. 그 이유는 urllib3 패키지가 내부에 로거를 가지고 있기 때문이다. 루트 로거가 전역적으로 모든 로거의 수준을 '디버그'로 설정했기 때문에 urllib3 패키지에 포함되어 있는 로거들도 로그 메시지를 출력하기 시작한 것이다.

이렇게 루트 로거를 이용하는 대신 다양한 로거들 각각에 대해 로깅 레벨, 메시지 템플릿, 다변성을 제어하는 것도 가능하다. http_app.py 스크립트에 코드 몇 줄을 추가하여 urllib3 패키지의 로그 수준을 변경하고 무슨 일이 일어나는지 확인해보면 이를 쉽게 이해할 수 있다. 스크립트 가장 하단에 아래 코드를 추가해보자.

```python
# urllib3 패키지의 로거
urllib_logger = logging.getLogger('urllib3')
urllib_logger.setLevel(logging.ERROR)

logger.info('example.com 에 요청을 전송합니다.')
requests.get('http://example.com')
```

이 코드는 urllib3 패키지에서 사용되기 위해 만들어진 로거를 불러와서 로깅 수준을 '오류'로 변경한다.[8] requests.get() 함수는 내부적으로 urllib3 패키지를 사용한다. 스크립트를 다시 실행하고 출력을 확인해보도록 하자.

```
INFO:http-app:example.com 에 요청을 전송합니다.
DEBUG:urllib3.connectionpool:Starting new HTTP connection (1): example.com:80
DEBUG:urllib3.connectionpool:http://example.com:80 "GET / HTTP/1.1" 200 648
INFO:http-app:example.com 에 요청을 전송합니다.
```

스크립트는 총 두 번의 requests.get() 함수를 호출한다. 첫 번째 함수 호출 이후 함수가 재호출되기 전에 urllib3 패키지의 로그 수준이 변경되기 때문에 그 이후에는 '디버그' 수준의 메시지들이 출력되지 않는다. 하지만 우리가 스크립트에서 생성한 http-app이라는 이름의 로

---

8   옮긴이_ 본문에서 필자가 언급했던 로거 이름의 중요성에 대해 설명하고 있다. urllib3 패키지에서 사용되기 위한 로거의 이름은 urllib3이었다. 파이썬 로깅 모듈에서는 로거의 이름을 이용해 로거를 찾고 제어할 수 있다.

거는 여전히 로깅 수준이 '디버그'이기 때문에, 모든 수준의 로그 메시지들까지 확인할 수 있다. 소프트웨어에 설치된 다양한 로거들을 선택적으로 다루는 방법의 핵심을 이해하면 불필요한 로그 출력이 만드는 노이즈들을 제거하고 관심있는 로그 메시지들만 남길 수 있다.

여러분이 어떤 클라우드 저장소 소프트웨어와 상호작용하는 라이브러리를 이용하는 서비스 개발자라고 생각해보자. 그 라이브러리를 이용해 만드는 프로그램은 클라우드 저장소의 파일 목록을 확인하는 일부터 파일을 다운로드나 로컬 저장소의 파일을 업로드하는 작업까지 저장소 서버와 수많은 상호작용을 하게 될 것이다. 하지만 여러분이 만드는 서비스의 사용자는 데이터셋을 클라우드에 업로드하고 다운로드하는 것 외에는 큰 관심이 없을 가능성이 높다. 업로드 작업과 다운로드 작업을 처리하기 위해 어떤 요청들이 오갔는지에 대한 메시지들이 프로그램 사용자에게 과연 도움이 될까? 대부분 경우에는 그렇지 않을 것이라고 생각한다. 오히려 프로그램 실행 중 오류가 발생하는 상황이나, 스토리지 작업에 문제가 생겼을 경우 알람을 주는 편이 훨씬 나을 것이다. 프로덕션 환경에 배포된 소프트웨어의 유지보수를 위해 여러분이 디버깅을 해야 하는 상황이 닥친다면, 필요한 로그를 생성하는 로거의 로깅 수준을 '디버그'로 변경하기만 하면 된다. 로그 수준과 로거의 로깅 수준을 여러분이 만들고자 하는 애플리케이션의 생명 주기에 알맞도록 유연하게 수정하라.

로그와 로깅은 곧이어 다룰 모니터링과도 밀접한 연관이 있다. 이와 함께 다루기 좋은 주제인 관찰가능성이라는 개념도 살펴볼 것이다. 실제로 모니터링과 관찰가능성은 DevOps를 떠받는 기둥의 일부로 여겨진다. 책의 서두에서 언급했듯, DevOps 기초 위에 MLOps가 세워지기 때문에 머신러닝 라이프사이클에도 모니터링과 관찰가능성을 중요하게 다룰 필요가 있다.

6.4 모니터링과 관찰가능성

필자가 운동선수였을 시절, 필자의 아버지는 코치 역할을 하기도 했다. 아버지는 필자에게 매일매일 글을 쓰고 운동 루틴에 대해 기록하는 회고 작업을 시켰다. 회고글에 항상 포함되어야 했던 내용들을 요약하면 이렇다.

- 운동 계획 (예를 들어, 300미터를 30초 안에 뛰는 것을 10회 반복하기)
- 운동 내용 (예를 들어, 300미터를 뛰는 데 걸린 시간)

- 운동 중 느낀 점
- 부상의 통증

필자는 11살 무렵부터 전문적으로 훈련을 받기 시작했다. 청소년기를 떠올려보면, 운동보다도 이 회고를 써내려가는 일이 훨씬 더 싫었던 것 같다. 도대체 왜 이런 세세한 기록들을 남겨야 하는지 도무지 이해를 할 수 없었던 것이다. 그래서 이 귀찮은 글쓰기는 아버지가 해야 하는 일이라고 설득하는 데 꽤 공을 들이곤 했다. 무엇보다 필자는 이미 운동이라는 일을 하고 있지 않았는가! 글쓰기와 기록을 직접 해야 한다는 생각은 어린 시절 필자가 납득하기 어려워했다. 가장 큰 문제는 그렇게 기록을 남기는 일을 통해 얻을 수 있는 효용에 대해 전혀 이해하고 있지 못했다는 것이다.

당시에는 회고하는 일이 훈련의 일부라고 생각하지는 않았다. 단지 하루를 마무리하며 의무적으로 해야만 하는 일처럼 느껴졌을 뿐이었다. 그렇게 반강제적인 회고 작업이 몇 년쯤 꾸준히 누적돼 가던 중 생각을 바꾸게 된 날이 있었다. 필자가 훌륭한 성적을 만들어낸 시즌을 마무리한 날이었던 것 같다. 보통 시즌을 마무리한 날에는 아버지와 둘이 마주앉아 다음 시즌을 어떻게 보내야 할지에 대해 논의하곤 했는데 그날은 더욱 특별했다. 아버지는 필자에게 회고가 얼마나 강력한 훈련이 될 수 있는지 보란듯이 증명을 해주셨다. "알프레도, 최근 두 개 시즌에 대한 회고 노트들을 가져와보렴. 우리가 무엇을 했고, 너가 무엇을 느꼈는지 돌이켜볼 수 있을 거야. 2년간 배웠던 내용을 다음 시즌에도 똑같이 적용하고 아쉬웠던 점을 개선해서 이번 시즌도 빛날 수 있도록 한번 달려 보자꾸나!"

회고 기록에는 우리가 신년 계획을 세우기 위해 참고할 수 있는 모든 정보가 담겨 있었다. 그이후에도 필자가 모니터링, 성과에 대한 기록, 측정항목의 효용에 대해서 의심을 가질 때마다 아버지는 이런 말씀을 해주셨다. '무엇이든 측정할 수만 있다면, 비교할 수 있게 된단다. 무언가를 비교할 수 있을 때야 비로소 부족한 점을 개선할 수 있게 되는 것이란다.'

머신러닝 시스템 운영도 별반 다르지 않다. 새로운 모델이 프로덕션 환경에 배포될 때를 생각해보자. 과거의 기록과 현재의 상태를 비교하면 모델의 성능이 과거와 어떻게 달라졌는지를 쉽게 파악할 수 있다.

방금까지 과거와 현재의 비교가 용이해진다는 관점에서 로깅과 모니터링의 중요성을 서술했다. 앞서 로깅에서 설명했듯 모니터링도 누구나 쉽게 접근할 수 있고 직관적으로 이해할 수 있어야 한다는 점이 중요하다. 어떤 일에 있어 불필요한 접근 권한 제약과 절차가 존재하면 필연적으로 지연이 발생한다. 자동화는 멍청한 절차를 없애고 팀 전체에 중요한 정보에 대한 접근성을 크게 높인다는 장점이 있다.

업무 자동화나 지식의 객관성과 수평성을 가늠하는 간단한 테스트 중 하나로 버스 테스트[9]라는 것이 있다. 필자가 몸담았던 스타트업 이야기를 잠깐 해보겠다. 영업판매 부서의 리더가 나에게 CSV 파일들과 새로운 정보들을 적어서 보내면, 필자는 해당 데이터에 복잡한 연산을 적용하여 몇몇 수치들을 얻어낸 다음 다시 CSV 파일에 작성하고 이를 PDF 파일로 변환하여 회신해야 했다. 이런 끔찍한 업무처리 방식은 굉장히 확장성이 떨어진다는 문제가 있다. 아마도 이 조직은 버스 테스트를 통과하지 못할 것 같다.

만약, 오늘 내가 갑자기 버스에 치이는 사고를 입어 병원에 드러누워도 나를 제외한 모든 사람들이 일하는 데 지장이 없을 수 있을까? 당신도 버스 테스트를 해보자. 측정항목을 만들기 위한 노력이나 다양한 요소를 자동화하기 위한 노력들은 머신러닝 모델의 강인한 배포와 운영을 위한 기본 전제라고 할 수 있다.

6.4.1 모델 모니터링의 기초

'머신러닝 운영'을 모니터링하는 일은 시스템의 전체 상태, 서비스 현황, 모델 성능 등 모든 것과 연관될 수 있다. 모델 모니터링은 데이터 분석가들이 흔히 수행하는 EDA 작업과 비슷한 측면들이 있다.

모델 알고리즘을 선택하기 이전에 수행하는 EDA 작업을 완벽히 대신해줄 도구가 존재하지 않는 것처럼, 모니터링 작업을 각자의 입맛에 딱 맞게 알아서 다 해주는 궁극의 도구도 이 세상에 존재하지 않는다. EDA를 통해 데이터를 더욱 잘 이해할수록 모델 선택에 긍정적인 의사결정을 내릴 수 있는 것처럼, 모니터링을 통해 성과나 문제에 대해 더욱 잘 이해할수록 비즈니스 의사결정을 내리는 일에 도움이 될 것이다. 그래서 필자는 '모델 학습이나 모델 모니터링을 할 때 꼭 추적해야 하는 측정항목은 무엇인가?' 같은 질문을 별로 선호하지 않는다. 정답은 '그때그때 다르다' 딱 하나뿐이기 때문이다. 어떤 데이터를 새롭게 수집해야 하는지, 얼마나 자주 데이터 수집 작업이 이루어져야 하는지, 어떻게 가장 잘 시각화할 수 있는지 등 모든 단계와 상황마다 핵심이 되는 측정항목들은 모두 다르다.

---

9 옮긴이_ 팀의 지식들이 다수의 구성원들에게 적절히 복사되었는지를 판단해볼 수 있는 테스트를 의미한다.

이렇게 측정항목을 선택하는 기준은 정말 다양하지만 일반적으로 유용할 수 있는 측정항목들도 존재한다. 예를 들어 데이터를 수집하고 정제할 때를 생각해보자. 이때는 피처 열에서 누락된 데이터의 개수를 세어 보는 작업이나, 데이터를 전처리하는 데 들어가는 시간을 측정해보는 작업이 중요할 가능성이 높다. 또다른 예는 필자가 어이없는 실수를 했던 경험에서 찾을 수 있다. JSON 파일을 읽고 적절히 파싱하여 데이터베이스에 저장하는 기능을 만지고 있었다. 몇 줄의 코드를 수정하니 기가바이트 단위의 데이터베이스가 딱 100메가바이트 수준으로 확 줄어들었다. 하지만 데이터베이스 크기를 축소시키는 것은 필자의 의도가 아니었다. 다행히도 데이터베이스의 크기가 모니터링되고 있었기 때문에 고칠 필요가 없는 코드를 잘못 건드렸다는 사실을 즉시 깨닫고 늦기 전에 문제를 해결할 수 있었다. 이렇게 어처구니없는 상황을 간접적으로 경험하는 것만으로도 여러분의 시스템이 언제 어떻게 측정되어야 하는지를 고민해볼 수 있는 좋은 기회가 되리라고 생각한다.

다음은 거의 모든 측정항목 추적 시스템에서 공통적으로 사용하는 측정항목들이다.

카운터

데이터 각각을 하나하나 순회하는 상황에서 특히 유용하다. 어떤 형태의 데이터이든 일반적으로 유용하게 사용할 수 있는 측정항목이기도 하다. 정형 데이터의 어떤 피처 열에서 비어 있는 셀의 개수를 세는 행위가 카운터에 해당한다.

타이머

타이머는 작업을 수행하는 데 걸리는 시간을 파악하고자 할 때 사용하는 측정항목이다. 특정 작업에 소비되는 시간을 측정하는 것은 일반적으로 중요하다. HTTP API 모니터링 도구에 클라이언트의 요청으로부터 서버의 응답까지 걸린 시간과 관련된 정보가 시각화되고 있는 모습을 어렵지 않게 볼 수 있다. 머신러닝 시스템의 경우에도 마찬가지로 타이머를 사용할 수 있다. 우리가 앞에서 모델 추론 결과를 응답하는 API를 만들었던 기억을 떠올려보자. 클라이언트의 HTTP 요청이 모델에 입력되기부터 추론값을 응답하기까지 얼마나 오랜 시간이 걸렸는지를 측정하는 것은 좋은 예시가 될 수 있다.

값

앞서 소개했던 JSON 파일 파싱과 데이터베이스 관리 중에 일어났던 실수 이야기를 다시 꺼내보자. 데이터베이스의 용량이 기가바이트 단위에서 유지되는지 추적하는 것도 일종의 값을 추적하는 것이라고 볼 수 있다. 값은 카운터나 타이머가 필요하지 않은 상황에서도 간단하게 써볼 수 있다. 필자는 이러한 속성의 측정항목 X를 방정식과 부등식의 변수로써 사용하곤 한다. 어떤 변수 X의 값이 정확히 어떠할지 예측할 수 없기 때문에 X를 지속적으로 모니터링해야 방정식/부등식을 만족하는 값을 유지하도록 관리할 수 있다.

머신러닝 모델에 대해 클라우드가 자동으로 측정항목을 생성하고 모니터링하도록 만들기 위해서는 보통 두 가지 작업이 선행되어야 한다.

첫 번째는 '타깃 데이터셋'을 확보하는 것이다. 타깃 데이터셋은 프로덕션 환경에 배포된 모델이 지속적으로 수집하는 데이터로, 모델 학습 시 사용했던 학습용 데이터셋과 비슷하거나 똑같을수록 모델이 안정적으로 동작한다. 당연히 프로덕션 환경에서 새롭게 수집되는 데이터들의 피처의 개수 혹은 그 순서가 학습 데이터와 달라지지 않는 것을 전제로 한다. 두 번째는 '베이스라인'이다. 새롭게 학습시킨 모델을 프로덕션 환경에 배포하여 사용해도 될지를 판단하기 위해서는 적절한 기준이 필요하다. 베이스라인은 모델이 최소한으로 확보해야 하는 성능에 대한 기준선을 의미하기도 하고, 모델이 학습되었던 상황과 비교하여 받아들일 수 있는 데이터의 통계적 특성 차이의 기준선을 의미하기도 한다.

6.4.2 AWS 세이지메이커에서 드리프트 모니터링하기

드리프트를 모니터링하려면 보통 타깃 데이터셋과 베이스라인이 필요하다. AWS의 경우에도 마찬가지다. 이번 실습에서는 이미 학습 및 배포된 모델의 베이스라인을 생성하고 데이터 위반data violations을 감지해볼 것이다. 세이지메이커는 데이터셋 검사, 모델 학습, 모델 프로비저닝 등을 프로덕션 환경에서 쉽게 수행할 수 있도록 지원하는 AWS의 머신러닝 플랫폼이다. 세이지메이커는 S3와 같은 타 AWS 제품들과 쉽게 연동할 수 있다는 장점이 있다.

필자는 개인적으로 세이지메이커에서 주피터 노트북을 제공하는 방식이 마음에 든다. 인터페이스 자체가 구글에서 제공하는 코랩 노트북만큼 유려하지는 않지만 세이지메이커 노트북은 AWS SDK 가 이미 설치되어 있고 다양한 커널을 제공한다는 장점이 있다(그림 6-3).

> NOTE_ 이번 장에서는 모델을 배포하는 작업에 대해 다루지 않는다. AWS에서 모델을 배포하는 작업은 7장에서 조금 더 자세히 다룬다.

Select Kernel
Start Preferred Kernel
conda_amazonei_mxnet_p27
conda_amazonei_mxnet_p36
conda_amazonei_pytorch_latest_p36
conda_amazonei_tensorflow_p27
conda_amazonei_tensorflow_p36
conda_amazonei_tensorflow2_p27
conda_amazonei_tensorflow2_p36
conda_chainer_p27
conda_chainer_p36
conda_mxnet_latest_p37
conda_mxnet_p27
conda_mxnet_p36
conda_python2
conda_python3
conda_pytorch_latest_p36
conda_pytorch_p27
conda_pytorch_p36
conda_tensorflow_p27
conda_tensorflow_p36

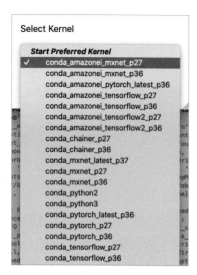

그림 6-3 세이지메이커 커널

이번 절 내용의 실습을 위해 세이지메이커 노트북을 사용한다. AWS 콘솔에 로그인하고 세이지메이커 플랫폼을 실행한다. 좌측 탭에서 노트북 인스턴스Notebook instances 버튼을 찾아 클릭한다. 적절한 이름만 지정하면 새로운 인스턴스를 곧바로 생성할 수 있다. 실습 목적이므로 그 외의 설정들을 건드릴 필요는 없다.

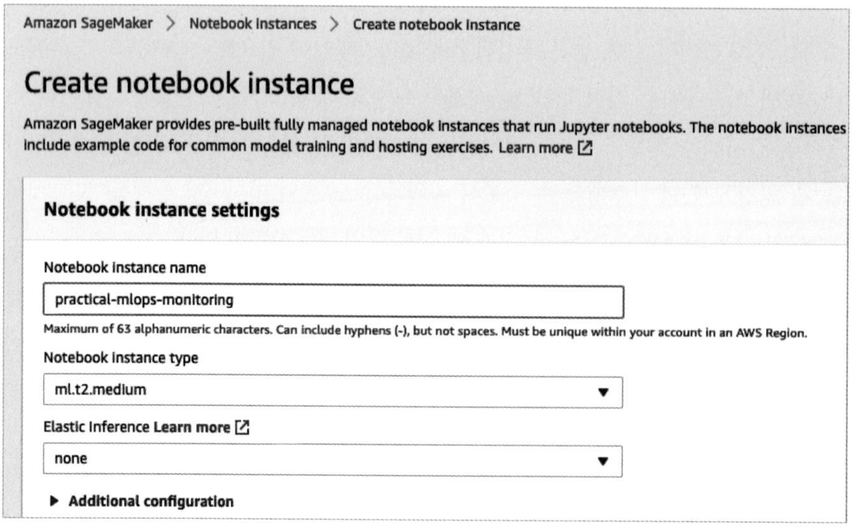

Amazon SageMaker > Notebook instances > Create notebook instance
Create notebook instance
Amazon SageMaker provides pre-built fully managed notebook instances that run Jupyter notebooks. The notebook instances include example code for common model training and hosting exercises. Learn more
Notebook instance settings
Notebook instance name
practical-mlops-monitoring
Maximum of 63 alphanumeric characters. Can include hyphens (-), but not spaces. Must be unique within your account in an AWS Region.
Notebook instance type
ml.t2.medium
Elastic Inference Learn more
none
Additional configuration

그림 6-4 세이지메이커 노트북 인스턴스

타깃 데이터셋을 준비하기 위해 배포된 모델에 입력되는 데이터를 자동으로 저장하도록 설정한다.[10] DataCaptureConfig 클래스를 사용하면 데이터 캡처 설정을 생성할 수 있다. 아래 코드는 배포된 모델에 입력되는 데이터를 필자의 S3 버킷에 저장한다.

```
from sagemaker.model_monitor import DataCaptureConfig

s3_capture_path = "s3://monitoring/xgb-churn-data"
data_capture_config = DataCaptureConfig(
    enable_capture=True,
    sampling_percentage=100,
    destination_s3_uri=s3_capture_path
)
```

본문 코드에는 나타나지 않지만 필자는 Model 클래스의 인스턴스인 model을 미리 만들어 두었다. DataCaptureConfig 클래스의 인스턴스 data_capture_config을 모델 배포 메서드 deploy()의 인자로 전달한다.

```
from sagemaker.deserializers import CSVDeserializer

predictor = model.deploy(
    initial_instance_count=1,
    instance_type="ml.m4.large",
    endpoint_name="xgb-churn-monitor",
    data_capture_config=data_capture_config,
    deserializer=CSVDeserializer()
)
```

모델이 성공적으로 배포되면 모델에 추론 작업을 시켜본다. 모델 엔드포인트에 추론 요청을 전송하면 앞서 진행했던 데이터 캡처 설정에 의해 모델 입력이 S3 버킷에 자동으로 저장된다. 배포된 모델에 추론 요청을 보내는 방법은 다양하지만 필자는 AWS 파이썬 SDK를 사용한다. CSV 파일을 구성하는 각각의 행은 추론 작업을 위한 입력으로 사용될 수 있다. 다음과 같이

---

10 옮긴이_ 모니터링을 설명하다가 왜 갑자기 데이터 캡처를 설명하는지 의아해하는 독자가 있을 것이라고 생각한다. 필자가 이번 장의 실습을 통해 모니터링하고자 것은 데이터 드리프트이다. 이것을 확인하려면 학습 시점에 사용된 데이터와 새롭게 입력되는 데이터의 피처들이 얼마나 다른지를 계산할 수 있어야 한다. 모델 엔드포인트에서 새롭게 입력되는 데이터를 파일로 저장해야 타깃 데이터셋을 만들 수 있다. 데이터 드리프트 모니터링뿐 아니라 모델 성능 모니터링이나 앞서 필자의 사례를 들며 설명했던 관찰가능성을 확보하는 일에도 도움을 줄 수 있다.

CSV 파일을 구성하는 행들을 한 줄씩 분리하여 추론 작업을 요청한다.[11]

```python
from sagemaker.predictor import Predictor
from sagemaker.serializers import CSVDeserializer, CSVSerializer
import time

predictor = Predictor(
    endpoint_name=endpoint_name,
    deserializer=CSVDeserializer(),
    serializer=CSVSerializer(),
)

# 실습에서 사용하는 test_data.csv 파일의 행은 100개 남짓만으로도 충분하다.
with open("test_data.csv") as f:
    for row in f:
        payload = row.rstrip("\n")
        response = predictor.predict(data=payload)
        time.sleep(0.5)
```

스크립트를 실행하고 나서 S3 버킷에 접근하여 데이터가 정상적으로 캡처되었는지 확인해본다. 필자는 S3 버킷의 내용을 확인하기 위해 아래와 같이 AWS 명령줄 도구를 사용했다. 명령줄 도구 사용이 익숙하지 않다면 웹 기반의 그래픽 인터페이스를 사용하거나 파이썬 SDK를 사용하는 것도 좋은 방법이다.

```
$ aws s3 ls \
    s3://monitoring/xgb-churn-data/datacapture/AllTraffic/2021/02/03/13/
    2021-02-03 08:13:33   61355 12-26-957-d5938b7b-fbd8-4e3c-9dbd-741f71b.jsonl
    2021-02-03 08:14:33    1566 13-27-365-a59180ea-591d-4562-925b-6472d55.jsonl
    2021-02-03 08:33:33   31548 32-24-577-20217dd9-8bfa-4ba2-a7f1-d9717ef.jsonl
    2021-02-03 08:34:33   31373 33-25-476-0b843e95-5fe0-4b79-8369-b099d0e.jsonl
    [...]
```

필자의 경우 S3 버킷에 30개 남짓의 JSON 파일이 생성된 것을 확인했다. 각각의 파일에는 다음과 같은 형태의 내용이 기록되어 있다.

----

11 옮긴이_ 원래는 프로덕션 환경에서 추론 요청과 함께 들어오는 데이터가 캡처되면서 타깃 데이터셋으로 활용되어야 한다. 하지만 필자는 실습을 위해 모델을 학습시킬 때 분할해 두었던 테스트 데이터셋을 프로덕션 환경의 추론 요청이라고 여기고 인위적으로 엔드포인트에 데이터를 입력해보았다.

```
{
    "captureData": {
    "endpointInput": {
        "observedContentType": "text/csv",
        "mode": "INPUT",
        "data": "92,0,176.3,85,93.4,125,207.2,107,9.6,1,2,0,1,00,0,0,1,1,0,1,0",
        "encoding": "CSV"
    },
    [...]
}
```

각각의 파일에는 데이터의 형태가 CSV임이 명시되어 있다. 이러한 정보가 함께 저장되어 있으면 누구든 JSON 파일만 가지고도 데이터를 적절히 읽어올 수 있다는 장점이 있다.[12]

다음으로 필요한 것은 베이스라인이다. 베이스라인을 만들기 위해 필요한 베이스라인 데이터셋은 모델을 학습할 때 사용했던 데이터셋을 의미한다. 학습 데이터셋을 충분히 잘 표현하고 피처의 순서와 개수가 동일하다면 학습 데이터셋의 일부분만 사용해도 상관없다.

> **NOTE_** 온라인 문서를 확인하다 보면 '베이스라인 데이터셋'과 '타깃 데이터셋'을 혼용하는 경우가 종종 있다. 아직 프로덕션 환경에 노출되지 않아 새로운 데이터를 전혀 수집하지 못한 초기상황에는 베이스라인 데이터셋과 타깃 데이터셋이 사실상 동일하기 때문이다.

앞서 본문 코드에는 나타나지 않지만 Model 클래스의 인스턴스인 model을 미리 만들어 두었다고 했다. 이 모델을 학습시킬 때 사용한 데이터셋을 S3 버킷의 **training-dataset.csv**라는 파일에 보관하고 있었다. 데이터와 함께 필요한 것은 모니터 객체이다. 모니터 객체는 베이스라인 데이터를 입력받아 베이스라인을 생성하고 S3 버킷에 저장할 수 있다.

```
from sagemaker.model_monitor import DefaultModelMonitor
from sagemaker import get_execution_role

role = get_execution_role()
```

---

12 옮긴이_ CSV라는 것은 기본적으로 '쉼표로 구분된 데이터'라는 의미를 가진다. 만약 data 키에 대한 값이 "13,400"이라고 저장되어 있다고 생각해보자. 이 경우 원본 데이터가 [13, 400]이었음에도 불구하고 data 키에 대한 값의 타입이 CSV임을 명시하지 않는다면, 누군가는 1만 3천 4백으로 읽을 것이고, 누군가는 길이가 6인 문자열로 읽어들일 것이다.

```
monitor = DefaultModelMonitor(
    role=role,
    instance_count=1,
    instance_type="ml.m5.xlarge",
    volume_size_in_gb=20,
    max_runtime_in_seconds=3600,
)
```

모니터 객체를 생성한 다음, `suggest_baseline()` 메서드를 이용하여 아주 기본적인 베이스라인을 생성하는 스크립트를 실행한다.

```
from sagemaker.model_monitor.dataset_format import DatasetFormat

s3_path = "s3://monitoring/xgb-churn-data"

monitor.suggest_baseline(
    baseline_dataset=s3_path + "/training-dataset.csv",
    dataset_format=DatasetFormat.csv(header=True),
    output_s3_uri=s3_path + "/baseline/",
    wait=True,
)
```

스크립트 실행이 끝나면 무척 긴 출력이 생성된다. 필자의 출력은 아래와 같은 모습이었다.

```
Job Name:  baseline-suggestion-job-2021-02-03-13-26-09-164
Inputs:  [{'InputName': 'baseline_dataset_input', 'AppManaged': False, ...}]
Outputs:  [{'OutputName': 'monitoring_output', 'AppManaged': False, ...}]
```

이와 동시에 S3 버킷에는 `constraints.json` 파일과 `statistics.json` 파일이 생성된다. 우선 `constraints.json` 파일을 시각화해보자. 시각화를 위해 판다스 라이브러리를 사용한다.

```
import pandas as pd

baseline_job = monitor.latest_baselining_job
constraints = pd.json_normalize(
    baseline_job.baseline_statistics().body_dict["features"]
)
schema_df.head(10)
```

위 스크립트를 실행하면 아래와 같은 출력을 확인할 수 있다.

```
name              inferred_type   completeness  num_constraints.is_non_negative
Churn             Integral           1.0                     True
Account Length    Integral           1.0                     True
Day Mins          Fractional         1.0                     True
[...]
```

이렇게 학습용 데이터셋을 베이스라인 데이터셋으로 이용하여 타깃 데이터의 제약조건을 명세한 파일인 constraints.json을 생성했다.[13] 이로써 베이스라인도 준비를 마쳤다.

혹시 여러분은 지금까지 작성한 스크립트들이 다른 머신러닝 애플리케이션에서도 비슷하게 사용 할 수 있다고 생각하지 않는가? 애플리케이션이 이보다 훨씬 복잡하더라도 스크립트의 총량은 크게 달라지지 않을지도 모른다. 또한, 베이스라인과 베이스라인 데이터셋은 일반적으로 자주 변경되지 않는다. 필자는 여러분들이 지금까지의 과정을 부담스럽게 생각하는 대신, 앞으로도 충분한 자동화와 추상화 기회가 있다고 생각하는 여유를 가지라고 권하고 싶다.

마지막으로, 프로덕션 환경에서 데이터 캡처를 통해 수집되는 입력의 드리프트 여부를 자동으로 확인하기 위해 모니터링 스케줄을 설정한다. 아래 스크립트는 캡처된 데이터와 베이스라인을 이용해 한 시간마다 드리프트를 모니터링하여 제약조건을 벗어나는 데이터를 기록한다.

```
from sagemaker.model_monitor import CronExpressionGenerator

schedule_name = "xgb-churn-monitor-schedule"
s3_report_path = "s3://monitoring/xgb-churn-data/report"

monitor.create_monitoring_schedule(
    monitor_schedule_name=schedule_name,
    endpoint_input=predictor.endpoint_name,
    output_s3_uri=s3_report_path,
    statistics=monitor.baseline_statistics(),
    constraints=monitor.suggested_constraints(),
    schedule_cron_expression=CronExpressionGenerator.hourly(),
```

---

13 옮긴이_ 본문에서는 DefaultModelMonitor 클래스를 이용해 모니터 객체를 생성했다. 이 클래스는 피처들의 통계량이나 타입 등을 기반으로 기본적인 베이스라인을 자동으로 생성하지만 모델의 성능과 관련된 베이스라인은 생성할 수 없다. 모델의 성능을 모니터링하기 위해서는 ModelQualityMonitor 클래스를 사용해야 한다. 이 클래스의 인스턴스에서 suggest_baseline() 메서드를 호출하면 모델의 예측값과 정답값에 대한 정보를 인자로 전달할 수 있어 현재 모델의 성능 베이스라인을 만들 수 있게 된다.

```
    enable_cloudwatch_metrics=True
)
```

스케줄이 생성되면 리포트를 생성하기 위한 트래픽이 필요하다. 만약 모델이 실제로 프로덕션 환경에 배포되어 있다면 모델 추론 요청 트래픽을 기다려도 되겠지만 실습을 위해 우리가 의도적으로 트래픽을 만들어주는 방법도 있다. 모니터링이 잘 작동하는지 간단히 확인하기 위해 학습 데이터셋을 모델 입력으로 사용해보자.

```
import boto3
import time

runtime_client = boto3.client("runtime.sagemaker")

with open("training-dataset.csv") as f:
    for row in f:
        payload = row.rstrip("\n")
        response = runtime_client.invoke_endpoint(
            EndpointName=predictor.endpoint_name,
            ContentType="text/csv",
            Body=payload
        )
        time.sleep(0.5)
```

모니터링 작업의 빈도를 한 시간 간격으로 설정했기 때문에 곧바로 리포트를 확인할 수는 없다. 모델 엔드포인트에 트래픽을 흘리고 모니터링 스케줄이 실행되기까지 한두 시간 정도를 더 기다려야 한다. 필자의 경우 두 시간 정도가 지나서야 S3 버킷에 리포트가 저장된 것을 확인할 수 있었다.

> **NOTE_** 스크립트를 통해 모델 모니터링 작업을 한 시간 간격으로 설정했다고 하더라도 실제 실행까지는 최대 20분의 시간이 더 필요할 수 있다. 스케줄링 시스템에서는 예약된 작업을 실행할 준비나 실행을 마친 작업의 마무리를 위해 이렇게 버퍼를 두곤 한다. 최대 20분이라는 시간도 AWS가 내부적으로 원활한 모니터링 작업을 위해 리소스를 분배하는 작업에 소비되는 시간이다.

리포트는 세 개의 JSON 파일로 구성되어 있다.

- constraint_violations.json

- constraint.json

- statistics.json

가장 눈여겨보아야 하는 정보는 베이스라인 충족 정도(데이터 드리프트 발생 정도)에 대한 내용이 기록되어 있는 `constraint_violations.json` 파일이다. 필자의 경우 해당 파일에서 아래와 같은 내용을 확인할 수 있었다.

```
feature_name:    State_MI
constraint_check_type:  data_type_check
description:
Data type match requirement is not met. Expected data type: Integral,
Expected match: 100.0%.  Observed: Only 99.71751412429379% of data is Integral.
```

위 내용을 만들어낸 입력 데이터의 경우 무결성의 정도가 99%를 상회하는 만큼 꽤나 괜찮은 데이터이지만, 베이스라인 충족에 대한 제약조건Expected match은 100%이므로 기준을 충족하지 못했기 때문에 제약조건 위반 파일에 기록되었다. 파일을 구성하는 내용의 대부분은 근소한 무결성 위반이었지만 아래와 같이 딱 하나의 입력 데이터에 문제가 있었다.

```
feature_name:    Churn
constraint_check_type:  data_type_check
description:
Data type match requirement is not met. Expected data type: Integral,
Expected match: 100.0%. Observed: Only 0.0% of data is Integral.
```

데이터 무결성이 0%이라는 것은 꽤 심각한 문제다. 위와 같은 상황이 발생하는 경우 시스템이 해당 입력을 처리할 수 있도록 만드는 후속 조치가 필요하다. AWS 파이썬 SDK를 이용해 모니터링이 가능하도록 만드는 작업이 보일러플레이트 코드를 작성하는 일처럼 느껴질 수 있지만 그렇게 복잡하지는 않기 때문에 한 번쯤 시도해보기를 권하고 싶다.

필자는 앞서 완벽한 모니터링 기준과 도구라는 것이 존재하지 않는다고 했다. 이번 실습에서는 자동으로 제안하는 베이스라인으로 모니터링을 진행했지만, 이렇게 자동으로 생성된 베이스라인은 완벽한 측정항목이 존재하지 않는 것처럼 유용하지 않을 가능성이 높다. 제약조건 위반 보고서에 불필요한 내용을 작성하지 않으려면 모니터링을 위한 측정항목과 제약조건을 목적에 맞도록 튜닝해서 사용해야 한다.

6.5 애저 머신러닝에서 드리프트 모니터링하기

지금까지 AWS 세이지메이커에서 드리프트를 모니터링해보았지만, 애저 머신러닝에서도 마찬가지로 드리프트 모니터링과 알림 기능을 구성할 수 있다. 다양한 클라우드 제공자들이 동일한 문제를 두고 다른 해결책을 제시하는 모습을 관찰하면 엔지니어에게 좋은 자산이 될 수 있다. 필자가 생각하기에 애저는 다른 클라우드 서비스 제공자에 비해 예제와 문서가 특히 잘 준비되어 있어서 애저 제품에 대한 진입장벽이 낮은 편이다.

> **NOTE_** 필자가 책을 집필하던 시점에 애저 머신러닝의 데이터 드리프트 감지 기능은 아직 안정적으로 제공되고 있지 않은 상태이다. 예기치 않은 문제와 씨름을 하게 될 가능성이 있기 때문에 스크립트를 제공하지 않았다. 개념과 작업 흐름을 이해하는 데 집중하도록 하자.

애저에서 데이터 드리프트를 감지하는 작업 흐름은 AWS 세이지메이커와 유사하다. 이번에도 목표는 학습 시 사용했던 데이터(타깃 데이터셋)와 프로덕션 환경에 배포된 모델로 입력되는 데이터(서빙 데이터셋serving dataset)에 차이가 발견되는 경우 알림을 생성하는 것이다.

타깃 데이터셋과 서빙 데이터셋의 차이에 대해 올바르게 정의하려면 데이터를 정확히 이해해야 한다. 데이터를 이해한다는 것이 무엇인지 직관적인 이해할 수 있도록 몇 가지 예시를 통해 설명해보겠다. 여러분은 수영복 판매 회사의 데이터 과학자이다. 목표는 수영복 공급량 조절을 위해 과거 판매량을 참고하여 미래의 판매량을 모델링하는 것이다. 꾸준히 판매되던 수영복의 오늘 판매량이 0에 가까웠다면 오늘의 판매량 데이터를 단순히 '잘못된 데이터' 정도로 치부하고 추후 학습 데이터로 사용하지 않아야 하는 것일까? 이것은 수치만으로는 이해할 수 없고, 단지 오늘이 한겨울 중에서도 유독 눈이 많이 내린 날이기 때문일지도 모른다.

드리프트가 발생하는 경우는 다양하다. 어떤 경우에는 아예 피처의 단위나 타입이 변화하기도 한다. 화씨로 제공되던 온도 데이터가 어느 순간부터 섭씨로 제공되는 경우가 이에 속한다. 또는 사람의 실수로 인해 데이터의 일부 피처가 비어 있는 경우도 있을 수 있다. 물론 앞선 수영복 사례에서 계절변화처럼 자연적인 환경 변화나 크리스마스 트리 판매량과 같은 주기적 행사에 의해 데이터의 분포가 달라지는 경우도 있을 수 있다. 이런 요소들을 고려하는 것이 데이터를 올바르게 이해하는 것이다.

일반적으로 시계열 데이터셋에서 타깃 데이터의 드리프트를 검출하기 위해서는 최근의 데이터로 만들어진 베이스라인과 비교하는 것이 가장 좋다고 생각하기 쉽다. 하지만 수영복 판매량 데이터나 크리스마스 트리 판매량 데이터를 다루는 상황에서는 최근 몇 달간의 데이터로 만들어진 베이스라인보다는 작년 비슷한 시기의 데이터로 만들어진 베이스라인을 이용해 드리프트를 검출하는 것이 낫다.

애저 플랫폼에서 드리프트를 분석하는 경우에도 AWS와 마찬가지로 베이스라인 데이터셋과 타깃 데이터셋이 필요하다. 그리고 타깃 데이터셋을 베이스라인과 지속해서 비교하며 모니터링하고 알림을 생성하기 위한 모니터 설정이 필요하다.

우선 타깃 데이터셋을 준비해보자. 타깃 데이터셋은 데이터 자체에 시간정보가 포함된 시계열 데이터셋이어야 한다. 이때 데이터셋 자체에 타임스탬프가 포함되어 있어도 되지만 '가상의 타임스탬프 열'을 사용하는 것도 좋은 방법이다. 애저 파이썬 SDK나 애저 머신러닝 스튜디오 웹에서 파티션 포맷partition format을 등록하면 '가상의 타임스탬프 열'을 만들 수 있다. [그림 6-5]는 애저 머신러닝 스튜디오 웹의 '데이터' 탭에서 타깃 데이터를 등록하는 모습을 보여준다.

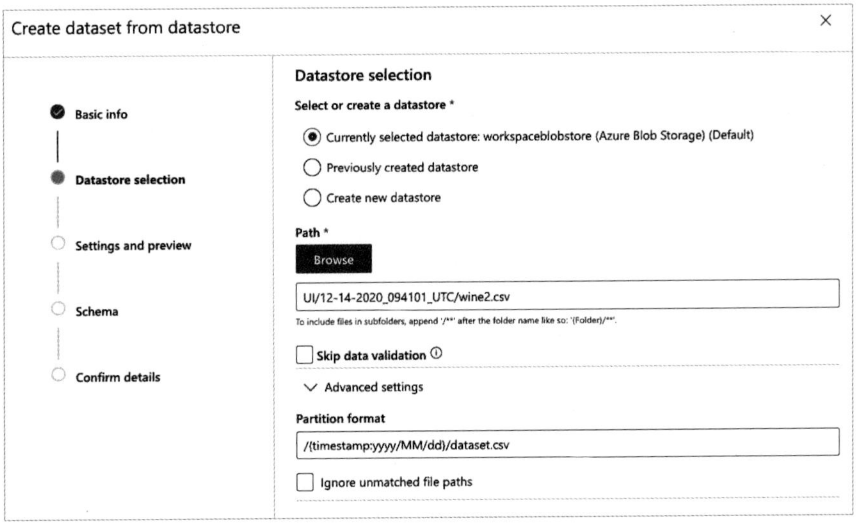

그림 6-5 애저 파티션 포맷

필자도 파티션 포맷을 사용하여 애저 시스템이 파일 경로로부터 타임스탬프 정보를 얻을 수 있도록 만들었다. 예를 들어, 어떤 CSV 파일의 절대경로가 **/2021/10/14/dataset.csv**와 같다면, 이는 해당 CSV 파일에 작성된 데이터에 2021년 10월 14일이라는 새로운 열을 자동으로 만들어 붙이는 셈이다. 파일 경로명과 같은 요소들에 컨벤션을 지정하고 자동화의 단서로 삼아 소스 코드의 양을 줄이는 것은 시스템의 복잡성과 난이도를 낮춘다는 측면에서 아주 훌륭한 발상이다.

모니터링을 시작하려면 타깃 데이터셋, 베이스라인(데이터셋)이 필요하다고 했다. 파티션 포맷에 맞춰 시계열 데이터셋을 모두 준비했다면 데이터셋 모니터를 생성하고 베이스라인 데이터를 등록하면 된다. 당연히 타깃 데이터셋과 베이스라인 데이터셋은 동일한 피처들로 구성되어 있어야 한다.[14]

애저 모니터링은 일정 기간 내에 갑작스럽게 분포를 벗어나는 데이터가 입력되지 않는지 감지할 수 있는 재미있는 기능을 제공한다. 애저의 모니터 설정을 이용하면 모든 데이터셋을 한 번에 관리할 수 있다. 데이터 위반 여부를 결정짓는 무결성 수치의 임곗값을 제어하는 것도 가능하다.

드리프트 보고서는 애저 머신러닝 스튜디오 에셋 섹션의 데이터셋 모니터 탭에서 확인 가능하다. 보고서는 드리프트가 발생한 피처들과 그 기준을 심각성 순서대로 정렬해서 보여줄 수 있다. 필자는 애저 머신러닝 스튜디오의 데이터 드리프트 보고서가 중요한 부분이 잘 부각되도록 시각화한다는 점을 긍정적으로 평가한다.

로그와 측정항목들을 모니터와 연결지어 쿼리할 수 있는 애플리케이션 인사이트 기능을 사용하면 다양한 측정항목들을 세련된 방법으로 다룰 수 있다. 애플리케이션 인사이트를 사용하는 방법은 이 책의 8장에서 다룬다.

---

14 옮긴이_ 자세한 내용은 공식 튜토리얼(https://learn.microsoft.com/en-us/azure/machine-learning/how-to-monitor-datasets)을 참고하라. 하지만 2023년 1월 기준 책의 내용과 공식 튜토리얼은 애저 머신러닝 v1 기준으로 작성되어 있다. 아직 애저 머신러닝 v2에서 어떻게 시계열 데이터를 등록하고 데이터 드리프트를 감지하는지는 제공되지 않고 있다. 머신러닝 스튜디오 자체가 많은 변화가 있는 플랫폼일 뿐 아니라 앞서 필자가 본문에서 언급했듯 모니터링 기능은 아직 미리보기 수준이기 때문에 기능을 정확하게 명세하기 어렵다는 점을 이해해주기를 바란다.

6.6 마치며

필자는 프로 운동선수 시절, 높이뛰기 훈련을 매일 반복하는 것보다 기초운동과 회고를 중요시하던 아버지를 의심한 적이 있다. 그때마다 아버지는 항상 이렇게 말씀하시곤 하셨다.

'높이뛰기를 잘 하고 싶다면, 일단 운동선수가 되어야 하지 않겠니?'

신뢰할 수 있는 머신러닝 시스템을 위해 모든 구성 요소에 모니터링과 로깅이 요구된다. 이들은 프로덕션 환경에 배포된 이후 복구하기 어려운 수준의 커다란 실패를 예방하기 위해 반드시 필요하기 때문이다. 머신러닝 모델의 오류가 눈에 띄게 증가하는 상황을 생각해보자. 여러분이 그 사실을 빠르고 직관적으로 알 수 있도록 구성하여 올바른 대응에 도움이 되도록 시스템을 구성해야 한다.

이번 장에서 다룬 예제의 모든 내용과 소스 코드들을 구체적으로 이해하는 것이 어려울 수 있다. 하지만 대부분은 자동화되거나 충분히 높은 추상화 수준에서 다루어질 수 있으므로 핵심적인 개념을 이해하는 것에 집중하는 시간을 가졌다.

필자는 이 책에서 MLOps는 DevOps의 토대 위에 세워진다고 설명했다. 그리고 DevOps를 떠받드는 기둥이 머신러닝을 운영하는 일에 어떻게 기여하는지에 대해 꾸준히 언급하고 있다. 책에서 지속적으로 강조하고 있는 또다른 개념 중 하나인 자동화는 DevOps를 떠받드는 '모니터링'이라는 기둥과 '로깅'이라는 기둥을 단단하게 고정할 수 있는 접착제와 같다. 모니터링과 로깅을 세팅하는 일은 강력한 최신 모델의 동작을 확인해보는 일보다 훨씬 따분하고 재미없는 일처럼 느껴질지도 모른다. 하지만 밑이 빠진 독에 물을 아무리 많이 쏟아넣는다고 하더라도 독을 가득 채우기는 어렵다.

다음 장에서는 우리에게 잘 알려진 클라우드 플랫폼들의 다양한 제품을 사용해본다. 클라우드 플랫폼은 튼튼한 기초를 갖춘 엔지니어에게 머신러닝 시스템을 구축하는 일을 크게 도울 수 있을 것이다.

## CHAPTER 7

AWS를 이용한 MLOps

사람들은 툭하면 소리 지르는 애벗 박사를 두려워했다. 내가 참석한 날에는 해리스라는 수석 레지던트가 있었다. 해리스는 그곳에 5년 동안이나 지내왔지만 여전히 애벗 박사를 두려워했다. 어느 날, 애벗 박사에게 갑자기 심장마비 증세가 나타났다! 그의 심장이 멈춰 버린 것이다! 이를 발견한 어떤 간호사가 다급히 도움을 요청했다. 해리스는 방에 뛰어 들어가서 쓰러져 있는 그의 갈비뼈들을 부술 정도로 흉부 압박을 시작했다. 하나, 둘... 갑자기 애벗 박사가 벌떡 일어나서는 해리스에게 호통쳤다. "그만!" 해리스는 꼼짝도 할 수 없었다. 그날이 애벗 박사의 마지막 날이었다.

— 조셉 보겐 박사

필자가 학생들에게 많이 듣는 질문 중 하나는 "어떤 클라우드 서비스를 선택해야 할까요?"와 같은 것들이다. 이런 질문을 받을 때마다 필자는 아마존이 가장 안전한 선택이라고 답하곤 한다. AWS는 다양한 제품 선택폭이 넓고 시장점유율이 높은 서비스다. 게다가 다양한 클라우드 서비스들은 이용자가 기본적으로 AWS를 알고 있다는 전제하에 서비스를 제공하곤 한다. 만약 여러분들이 AWS 클라우드에 익숙해진다면 다른 클라우드를 익히기가 수월해질 것이다. 이번 장에서는 실전 MLOps에 활용될 수 있는 제품 사용 패턴을 경험해보기 위해 MLOps와 관련하여 AWS의 기초를 배운다.

필자는 AWS와 관련하여 꽤 오랫동안 일을 해왔다. 이전에 스포츠 사회관계망 서비스 회사에서 CTO로 일할 때 AWS는 전 세계 수백만 유저들에게 제품을 서비스할 수 있도록 만들어 주는 핵심 무기였다. AWS 머신러닝 자격증을 취득하여 SME(도메인 전문가)로서 일했으며,

AWS ML Hero[1], AWS Faculty Cloud[2] 앰버서더 프로그램의 일원이기도 했다. UC 데이비스, 노스웨스턴, 듀크, 테네시 대학에서 AWS를 주제로 학생들을 가르쳤다. 이렇게 필자는 AWS를 굉장히 아끼는 사람이다.

AWS는 많은 제품을 서비스하므로, MLOps와 관련된 내용만으로 범위를 축소하더라도 제품들을 하나하나 짚으며 넘어가는 것은 사실상 불가능에 가깝다. 각각의 요소들에 대해 더욱 구체적으로 알아보고 싶다면, 필자가 기술 검수자로 참여했던 『AWS 기반 데이터 과학』(한빛미디어, 2023)을 참고하는 것을 추천한다.

이번 장에서는 AWS 람다^{Lambda}와 AWS 앱러너$^{App\ Runner}$같이 사용하기 쉬운 제품 혹은 높은 추상화 수준의 제품들을 위주로 다루며 클라우드에 대한 이해도를 높이는 시간을 갖는다. 이제 AWS를 이용해 MLOps를 구축하는 일에 한 발 더 다가가서 보도록 하자.

7.1 AWS에 입문하기

AWS는 클라우드 시장에 빨리 뛰어들었다는 점을 비롯한 몇몇 이유들 덕분에 오늘날 클라우드 컴퓨팅 시장의 리더가 될 수 있었다. 2006년 무렵 아마존은 아마존 웹 서비스(AWS)와 MTurk(메커니컬 터크), S3, EC2, SQS와 같은 제품들을 출시했다.

이 제품들은 최근까지도 사용되고 있을뿐더러 꾸준히 개선되는 모습을 보여주고 있다. 필자는 AWS가 지속적으로 이 서비스들을 개선하는 이유를 회사의 문화에서 찾을 수 있다고 생각한다. 아마존에는 'Day 1'이라는 원칙이 있다. Day 1은 '1일 차'에 쏟아부었던 에너지와 열정에 뒤지지 않게 매일매일 힘써야 한다는 의미이다. 아마존은 모든 일을 고객 서비스 중심으로 생각한다. [그림 7-1]은 샌프란시스코 도심의 여느 공동 사무실에서 흔히 찾아볼 수 있는 AWS 클라우드 아키텍처가 그려진 화이트보드이다.

---

1   https://oreil.ly/JbWXC
2   https://oreil.ly/WsPtx

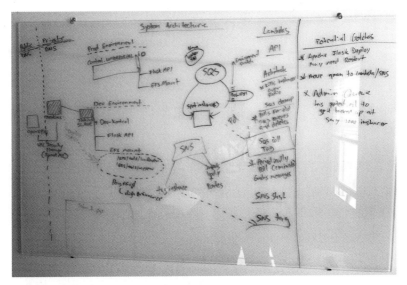

그림 7-1 화이트보드에 그려진 AWS 클라우드 아키텍처

반면 구글의 문화는 사뭇 다르다. 클라우드 컴퓨팅 시장에서 구글은 아직 고전하고 있다. 구글은 아마존에 비해 학문을 중시하는 연구 중심의 문화와 인재채용 원칙을 가졌다. 이러한 문화와 원칙이 만든 분위기는 텐서플로나 쿠버네티스와 같은 오픈 소스 프로젝트를 만들어 냈다. 이런 프로젝트들이 정말 복잡하고 정교한 공학의 결정체라는 사실을 부정할 수 없다. 하지만 필자는 이런 문화가 클라우드 컴퓨팅 시장의 점유율을 내주는 부정적 결과를 가져왔다고 생각한다. 실제로 많은 회사가 구글 클라우드 컴퓨팅 제품이나 구글의 전문 지원 서비스를 구매하는 일을 주저하곤 한다.

7.1.1 AWS 제품 사용해보기

AWS 작업을 시작하려면 프리티어 계정[3]이 필요하다. 학생이라면 AWS 아카데미[4] 혹은 AWS Educate[5]에 참가할 것을 권하고 싶다. AWS 아카데미는 자격증 취득에 도움이 되는 강의자료를 제공하고, AWS Educate는 좋은 연습 도구들을 제공하기 때문이다.

----

3 https://oreil.ly/8hBjG
4 https://oreil.ly/W079B
5 https://oreil.ly/6ZFNh

계정을 만들었다면 AWS의 다양한 제품들을 쭉 둘러보자. AWS가 무슨 일을 하는지 쉽게 이해하기 위해 코스트코 같은 대형 마트를 생각해보자. 2021년 statista[6]의 자료에 따르면 코스트코는 전세계에 795개의 점포를 내고 있다고 한다. AWS 보고서[7]에 따르면 AWS는 전 세계 190개국에서 수천 개의 비즈니스를 구동하고 있다. 물론 단순히 규모 때문에 코스트코를 언급한 것은 아니다. 아래는 코스트코가 상품을 판매하기 위해 고객에게 접근하는 전략에 대한 이야기이다.

- 워크인 고객[8]은 굉장히 저렴하지만, 충분히 합리적인 퀄리티의 피자를 대량으로 구매해간다.
- 코스트코를 처음 이용하는 고객은 코스트코를 가장 잘 이용하기 위해 대량 구매가 가능한 모든 품목을 파악할 것이다. 고객은 매장을 둘러보며 도매로 판매되는 원재료들을 어떻게 활용할지 고민하게 된다.
- 코스트코를 잘 파악한 고객들은 음식의 원재료뿐 아니라 로스터리 치킨이나 피자와 같이 완성된 형태의 음식을 냉동해서 판다는 사실을 알게 된다. 고객은 이제 원재료들과 완성품들을 코스트코에서 적절히 구매하여 음식점을 운영할 수 있게 된다. 이때 필요한 다양한 요소를 구매하는 데 코스트코를 이용할 것이다.

코스트코와 같은 대형 마트는 당연히 음식 원재료 각각보다 완제품 음식에 더욱 높은 가격을 책정해 판매한다. 코스트코 고객 중에는 거의 완성된 음식을 사 먹기만 하는 사람들도 있고 음식점을 직접 운영하는 사람들도 있을 것이다. 그들은 각각 자신이 운영하는 가게의 성숙도에 따라 원재료를 직접 구매해 조리하기도 하고 음식 완제품을 구매하기도 한다. 코스트코에 판매되는 다양한 완성도의 상품들에 AWS에서 제공하는 다양한 수준의 제품들을 대응해보면 [그림 7-2]와 같다.

그림 7-2 코스트코와 AWS 비교

....

6   https://oreil.ly/m6lgS
7   https://oreil.ly/w8Jft
8   옮긴이_ 걸어 들어오는 고객이라는 의미 그대로 매장 이용에 대한 별도의 예약 없이 가게를 이용하는 손님을 의미한다.

하와이 해변에서 하와이 포케 볼 샐러드를 파는 가게가 있다. 가게 주인은 완제품 포케 샐러드를 코스트코에서 대량으로 구매해서 거의 두 배 가격에 팔 수 있다. 한편 하와이에서 날고기를 능숙하게 다룰 수 있는 요리사를 고용할 수 있을 정도의 규모를 갖춘 거대한 식당이라면 어떨까? 식당 주인은 코스트코에서 미리 조리된 채로 판매되는 포케 대신 훨씬 더 저렴한 가격에 날고기를 구입해 사용할 것이다.

코스트코처럼 AWS는 다양한 수준(음식으로 치면 완제품에 가까운 정도)의 제품을 고객에게 제공하여 고객에게 선택과 집중의 자유를 제공한다. 몇몇 제품을 자세히 살펴보자.

AWS Comprehend 노코드/로우코드 솔루션 사용하기

코스트코가 작은 규모의 푸드트럭부터 큰 규모의 레스토랑까지 다양한 규모의 식당 사업에 어떻게 도움을 줄 수 있는지에 대해 설명했지만, 그중에서도 원재료를 직접 가공하는 것이 불가능한 작은 가게라도 적은 비용으로 고품질의 식품을 제공할 수 있다는 점에 주목해보자. AWS가 제공하는 제품이 완제품 형태에 가까울수록 해당 제품을 사용하는 팀은 적은 리소스만으로도 프로젝트를 유지할 수 있다.

> **NOTE_** 경제학의 비교우위 이론에 따르면 다양한 요소를 각각의 비용으로 직접 비교하는 것은 불가능하다. 그 대신 기회비용을 따져 본다면 의사결정에 도움이 될 수 있다고 말한다. 데이터센터 운영과 데이터센터에서 서비스가 원활하게 동작하도록 만드는 일은 클라우드 제공자들이 잘 하는 일이다. MLOps를 하는 회사들은 클라우드 제공자들이 잘 만들지 못한 기능을 다시 만드는 데 공들일 것이 아니라, MLOps 기술이 적용될 비즈니스의 타깃 고객을 위한 제품을 만들어서 수익을 창출하는 일에 집중해야 한다.[9]

예를 들어, 포춘지Fortune가 발표하는 매출액 상위 500개 기업이 고객 응대를 위해 NLP 기술을 활용한 챗봇의 필요성을 느끼고 있다고 생각해보자. 이렇게 큰 기업일지라도 챗봇 구현을 위해 AI팀을 만들고 사람을 채용해 기술을 개발한다면 길게는 1년이 넘는 시간이 걸릴지도 모를 일이다. 대신 자연어처리에 특화된 AWS Comprehend[10]와 같은 높은 추상화 수준의 제품들을

---

9 옮긴이_ 비교우위 이론은 두 국가가 집중적으로 생산해야 하는 재화를 선택하는 기준으로 기회비용을 사용해야 한다고 주장한다. MLOps를 하는 사람들이 하는 일이 클라우드가 제공하지 않는 기능을 직접 구축하는 것이라면, 그로 인한 기회비용은 클라우드 제공자가 하나의 기능을 덧붙이기 위해 일하는 경우의 기회비용에 비해 너무 크다고 이야기하는 것이다.

10 https://oreil.ly/z6vIs

사용해보는 선택지도 있다. AWS Comprehend는 다양한 NLP 작업을 빠르게 실행해볼 수 있는 API(개체명 인식Entity detection, 핵심 문구 추출Key phrase detection, 개인 식별 정보PII 탐지, 언어 종류 분별지Language detection, 문장 감정Sentiment 분석)도 함께 제공한다.

AWS Comprehend의 개체명 인식 API를 사용하면 어떤 일들을 할 수 있을지 간단히 살펴보자. 텍스트를 복사해서 Comprehend 콘솔에 붙여넣으면 텍스트에 존재하는 모든 개체를 찾아낼 수 있다. [그림 7-3]은 Comprehend 콘솔에 미국 농구선수 르브론 제임스LeBron James의 위키백과 바이오 Wikipedia bio 문서를 붙여넣고 분석Analyze 버튼을 누른 모습이다.

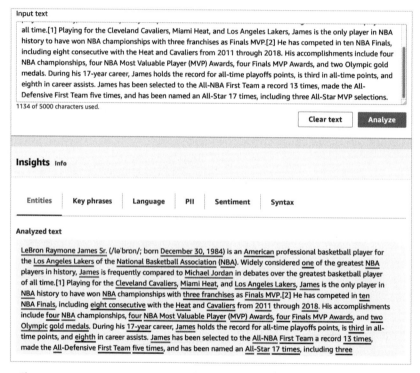

그림 7-3 AWS Comprehend

의료 기록 검토나 고객 서비스의 텍스트 데이터로부터 감정을 분석하는 일처럼 직접 기능을 구현하기에 상당히 복잡해 보이는 일들조차도 AWS Comprehend와 AWS 파이썬 SDK (boto3)을 이용하면 쉽게 해결이 가능할 수 있다. AWS라는 코스트코를 현명하게 이용하라. 여러분은 완성품 피자를 대량으로 구매하는 고객이 되면 된다.

휴고와 S3를 이용해 정적 웹사이트 배포하기

코스트코를 처음 방문했을 때 매장 구석구석을 돌아다니듯이 AWS에 대해 알아보는 가장 기본적인 방법도 콘솔 화면에서 이것저것 눌러 보며 구경해보는 것이다. 수많은 제품 중에서도 S3, EC2와 같은 서비스형 인프라Infrastructure as a Service (IaaS) 제품군들을 먼저 확인해 보는 것을 추천한다.

AWS S3를 이용해 정적 웹사이트를 배포하는 과정[11]을 간략히 알아보자. 굳이 휴고[12]를 이용하는 이유는 휴고의 간단한 셋업이 핵심 인프라를 이용한 호스트 서비스의 본질을 이해하는 데 도움이 되기 때문이다. 이 내용은 추후 지속적 배포에 기반해 머신러닝 애플리케이션을 배포하는 경우에도 도움이 될 것이다.

> **NOTE_** 아마존 S3는 안정적이면서도 저렴하다. S3에 1GB의 데이터를 저장하더라도 그 비용은 수십 원을 하회한다. 오늘날 클라우드 컴퓨팅이 매력적인 서비스가 될 수 있었던 이유 중 하나로 싸고 안정적인 인프라를 꼽을 수 있다.

필자가 예시로 들어볼 프로젝트를 깃허브 저장소[13]로 만들어두었다. 해당 저장소가 웹사이트에 필요한 텍스트 파일, 마크다운 파일, 휴고 템플릿, AWS 코드빌드Code build 서버에 명령할 내용까지 전부 포함하고 있기 때문에 모든 것들이 깃허브에서 소스 코드 형태로 관리된다고 볼수 있다. 즉, 깃허브 저장소가 진리의 원천source of truth 역할을 수행할 수 있는 셈이다. 지속적 배포를 구성하기 위한 절차를 차근차근 알려주는 동영상의 링크도 첨부했으니 확인해보기를 권한다. [그림 7-4]는 프로젝트의 구조를 추상적으로 보여준다.

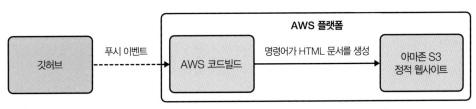

휴고와 아마존 S3를 이용한 지속적 배포

그림 7-4 휴고

----

11 https://oreil.ly/FyHWG
12 https://gohugo.io
13 https://oreil.ly/mYjqN

깃허브 저장소에서 관리되는 파일들만으로 휴고 웹 애플리케이션이 배포 및 동작할 수 있는 가장 큰 이유는 `buildspec.yml` 파일 덕분이라고 해도 과언이 아니다. 파일 내용을 확인해보자. 이 파일에 명세된 내용에 따르면, 우선 휴고 바이너리를 설치한다. 그다음 체크아웃된 저장소에서 `hugo` 명령어를 사용하여 HTML 파일을 생성한다. 마지막으로 S3버킷 호스팅을 위해 AWS 명령어 `aws s3 sync --delete public s3://dukefeb1`를 사용한다.[14]

```
version: 0.1

environment_variables:
  plaintext:
    HUGO_VERSION: "0.79.1"

phases:
  install:
    commands:
      - cd /tmp
      - wget https://github.com/gohugoio/hugo/releases/download/v0.80.0/\
        hugo_extended_0.80.0_Linux-64bit.tar.gz
      - tar -xzf hugo_extended_0.80.0_Linux-64bit.tar.gz
      - mv hugo /usr/bin/hugo
      - cd
      - rm -rf /tmp/*
  build:
    commands:
      - rm -rf public
      - hugo
  post_build:
    commands:
      - aws s3 sync --delete public s3://dukefeb1
      - echo Build completed on 'date'
```

이처럼 빌드 시스템을 명세하는 파일은 음식의 레시피와 같은 존재다. 빌드 설정 파일 내 담겨 있는 셸 명령어는 AWS 클라우드9 개발 환경에서도 똑같이 사용할 수 있다.

클라우드 기반 개발 환경은 대부분 작업이 실제로 일어나는 위치와 가까운 곳에서 개발할 수 있도록 돕는다. [그림 7-5]는 클라우드9 환경에서 파이썬 마이크로서비스에 추론 요청을 전송하는 모습이다. 이는 클라우드 개발 환경이 가지는 장점을 잘 보여준다. 클라우드 개발 환경을

---

14 옮긴이_ 실습을 진행하는 경우 클라우드 버킷의 주소 등 구체적인 값들은 독자들의 환경에 맞도록 적절히 수정해야 한다.

사용하면 클라우드에서 체크아웃하고, 테스트하고, 클라우드에서 클라우드로 바로 배포할 수 있다.

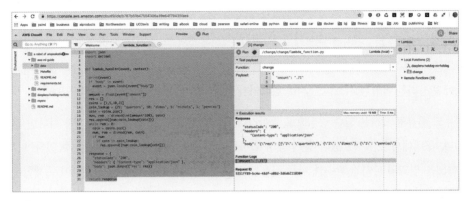

그림 7-5 클라우드9

> **NOTE_** AWS에 휴고 웹 사이트를 배포하는 과정을 더 구체적으로 설명한 자료가 필요하다면 Pragmatic AI Labs[15]와 유튜브 영상[16]을 확인하라.

AWS를 이용한 지속적 배포의 한가운데에 `buildspec.yml` 파일이 있다는 것을 이해했다면, 이제 AWS 플랫폼의 서버리스^{serverless} 제품들에 대해 알아보자.

서버리스 레시피

MLOps에 있어 서버리스는 매우 중요한 방법론이다. 필자는 2장에서 파이썬 함수의 중요성에 대해서 언급한 바 있다. 파이썬 함수는 임의의 입력을 받아 연산 결과를 반환하는 코드를 묶어 둔 것이다. 파이썬 함수가 빵을 바삭하게 구워주는 토스터라고 생각해보자. 토스터에 넣는 빵은 '입력'에 해당한다. 빵을 '입력'받은 토스터는 빵을 굽는 '연산'을 하고 바삭해진 빵을 '반환'한다. 이때 서버리스는 토스터의 전원에 해당한다.

서버리스가 하는 일은 빵을 구워야 하는 상황에서 토스터의 플러그를 전원에 입력하는 것과 비

---

15 https://oreil.ly/0AmNU

16 https://youtu.be/xiodvLdPnvI

슷한 셈이다. 비유 없이 서버리스를 다시 정의해보면, '서버 없이 코드(그리고 파이썬 함수)를 동작시키는 것'을 의미한다. 즉, 클라우드에서 실질적으로 코드를 실행하는 서버에 대한 고민 없이 코드를 실행할 수 있도록 만들어주는 것이다. 서버 컴퓨터가 아예 존재하지 않는 것이 아니라, 프로그래머가 파이썬 함수를 작성하는 일에만 집중할 수 있도록 서버를 추상화시켜 마치 서버가 존재하지 않는 것처럼 느끼게 만든 것이다. 이들 함수는 각각 고유한 동작을 하면서도 서로 값들을 주고받을 수 있도록 연결될 수도 있다. 이런 함수들을 정교하게 연결하면 임의의 요청에 반응하는 복잡한 시스템도 서버 컴퓨터가 있는 경우에 못지않게 구축할 수 있다.

클라우드 컴퓨팅 세상은 함수 중심으로 돌아간다. 즉, 어떤 코드든 함수 형태이기만 하다면 컨테이너, 쿠버네티스, AWS 람다 등에 얹혀 얼마든지 문제를 해결하는 데 사용될 수 있다. [그림 7-6]은 임의의 파이썬 함수를 바로 사용할 수 있도록 지원하는 다양한 솔루션이 존재한다는 것을 표현하고 있다.

AWS에서 가장 낮은 추상화 수준lowest level의 서버리스 제품은 AWS 람다이다.[17]

마르코 폴로Marco Polo라는 함수를 AWS 람다에 등록한다고 생각해보자. 마르코 폴로 함수는 이벤트를 입력받는다. 이벤트 파라미터에 포함된 이벤트의 이름이 마르코Marco라면 폴로Polo를 반환하고 그 외에는 쉿Quiet!을 반환한다.

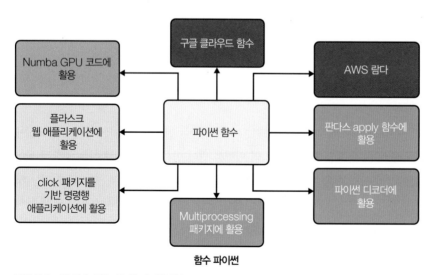

그림 7-6 다양하게 활용 가능한 파이썬 함수

---

17 저자의 깃허브 https://github.com/noahgift/serverless-cookbook에서 예제들을 살펴볼 수 있다.

아래는 마르코 폴로 게임의 규칙을 아주 간단하게 구현한 함수다. 람다에 등록될 함수이기 때문에 `lambda_handler`의 인자로 이벤트^{event}가 전달된다는 점에 주목하라.

```python
def lambda_handler(event, context):
    print(f"원시 이벤트: {event}")
    if event["name"] == "Marco":
        print(f"술래가 'Marco' 라고 외쳤습니다!")
        return "Polo"
    print(f"술래가 'Marco' 라고 외치지 않았습니다.")
    return "Quiet"
```

람다 함수의 **event** 인자를 직관적으로 이해하기 위해 간단한 예를 들어보자. 집 현관에 전구가 하나 있다고 생각해보라. 전구는 하나밖에 없지만 이 전구의 불을 켜는 방법은 다양하게 구성할 수 있지 않겠는가? 스위치를 눌러 직접 불을 켜 줄 수도 있고, 현관 근처에 움직임이 감지되면 자동으로 불이 켜지도록 만들 수도 있고, 매일 일정한 시간에 불이 자동으로 켜지도록 만들 수도 있다. AWS 람다도 이 전구처럼 다양한 방식으로 입력되는 신호(이벤트)에 반응할 수 있다. 현관에 있는 전구를 켜는 방법과 람다 함수가 트리거될 수 있는 방법을 비교하면 아래와 같다.[18]

현관의 전구

- 스위치를 눌러 직접 불을 켠다.

- 현관문의 움직임이 감지되면 자동으로 불을 켠다.

- 어두운 새벽 시간이 되면 자동으로 불을 켠다.

---

18 옮긴이_ 클라우드에 익숙하지 않은 대다수의 사람들이 AWS 람다에 대해 하는 오해가 있다. AWS 람다를 이용해 '간단한 함수를 배포한다' 라는 말에서 '함수'의 예시를 떠올릴 때 'HTTP API 요청에 대한 연산을 수행하는 함수' 정도로 여기곤 한다. 저자가 여기에서 하고 싶은 말은 AWS 람다를 이용해 HTTP API를 만들 수 있을 뿐 아니라 커맨드라인 입력을 처리하는 함수나 클라우드의 특정 이벤트에 의해 트리거되어 클라우드의 또다른 자원을 제어하는 간단한 스크립트처럼 사용될 수도 있다는 말이다.

AWS 람다

- AWS 콘솔, AWS CLI, AWS boto3 SDK를 사용해 직접 실행한다.

- AWS S3 버킷에 파일이 업로드되는 이벤트에 의해 실행된다.

- 한밤중에 진행하도록 설정된 예약에 의해 실행된다.

이번에는 S3에 이미지 파일이 업로드된 것을 감지하는 순간 자동으로 머신러닝을 이용해 이미지의 레이블을 추론하는 S3 트리거를 만들어보자. AWS 람다를 이용하면 아래와 같이 짧고 간결한 코드만으로도 트리거의 워크플로를 작성할 수 있다.

```python
import boto3
from urllib.parse import unquote_plus

def get_labels(bucket, name):
    """추론 대상의 S3 버킷과 오브젝트 이름을 받는 함수"""
    print(f"버킷 이름: {bucket}")
    print(f"오브젝트 이름: {name}")
    rekognition = boto3.client("rekognition")
    response = rekognition.detect_labels(
        Image={
            "S3Object": {
                "Bucket": bucket,
                "Name": name,
                }
            })
    labels = response["Labels"]
    print(f"레이블 '{labels}' 을 찾았습니다.")
    return labels

def lambda_handler(event, context):
    """컴퓨터비전 작업을 위한 람다 핸들러"""
    print(f"S3 이벤트({event})가 발생했습니다.")
    record = event['Records'][0]
    bucket = record['s3']['bucket']['name']
    print(f"버킷: {bucket}")
    key = unquote_plus(record['s3']['object']['key'])
    print(f"키: {key}")

    # 추론 작업을 시작합니다.
    labels = get_labels(bucket=bucket, name=key)
    return labels
```

이와 더불어 소개하고 싶은 것은 AWS Step Function이라는 제품이다. AWS Step Function을 이용하면 여러 개의 람다 함수를 연결지을 수 있다.[19]

```
{
    "Comment": "This is Marco Polo",
    "StartAt": "Marco",
    "States": {
        "Marco": {
            "Type": "Task",
            "Resource": "arn:aws:lambda:us-east-1:561744971673:function:marco",
            "Next": "Polo"
        },
        "Polo": {
            "Type": "Task",
            "Resource": "arn:aws:lambda:us-east-1:561744971673:function:polo",
            "Next": "Finish"
        },
        "Finish": {
            "Type": "Pass",
            "Result": "Finished",
            "End": true
        }
    }
}
```

AWS Step Function을 위와 같이[20] 구성하는 경우 워크플로는 [그림 7-7]과 같이 나타난다.

---

19 옮긴이_ 필자가 제시한 예제 소스 코드는 마르코 폴로 예제나 S3 트리거 예제와 전혀 관련이 없다. 이렇게 연결지을 수 있다는 점만 익히고 넘어가자. 만약 AWS Step Function에 대해 실습과 함께 공부하고 싶다면 다음 세 개의 영상을 추천한다(난이도 순서). https://youtu.be/upSnt-5-vuk, https://youtu.be/sRXvADi4hmw, https://youtu.be/DFSko_sLyMM

20 옮긴이_ 이와 같은 코드를 ASL(Amazon States Language)이라고 부른다.

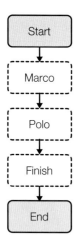

그림 7-7 AWS Step Function

필자는 앞서 전구를 직접 켜는 것처럼 AWS CLI를 이용해 AWS 람다 함수를 직접 실행할 수 있다고 언급했다. 예를 들어 아래와 같은 명령을 실행할 수 있다.

```
aws lambda invoke \
--cli-binary-format raw-in-base64-out \
--function-name marcopython \
--payload '{"name": "Marco"}' \
response.json
```

NOTE_ 필자가 집필 당시 AWS CLI의 최신 버전은 V2였기 때문에 V2 버전을 기반으로 작성했다. AWS CLI는 최근에도 활발하게 개발되고 있기 때문에 독자들은 스크립트를 그대로 사용하기보다는 공식 문서[21]와 대조해가며 적절한 소스 코드로 변경하여 사용해 보는 것을 추천한다.

위 명령에 의한 요청으로부터 응답받은 페이로드는 아래와 같다.

```
{
    "StatusCode": 200,
    "ExecutedVersion": "$LATEST"
}
```

---

21 https://oreil.ly/c7zU5

JSON 파일에서 람다 함수의 반환값을 확인할 수 있다.

```
(.venv) [cloudshell-user@ip-10-1-14-160 ~]$ cat response.json
"Polo"
```

> **NOTE_** 클라우드9를 이용한 AWS 람다 및 AWS SAM(Serverless Application Model)에 대해서 조금
> 더 구체적으로 알아보고 싶다면, 미니 위키피디아 마이크로 서비스를 만들어보면서 배우는 유튜브 동영상[22]
> 이나 오라일리 플랫폼[23]을 참고하는 것을 권한다.

AWS 람다와 같은 서버리스 제품을 이용하면 개발 속도와 테스트 속도를 획기적으로 향상시킬
수 있다. 머신러닝 시스템과 MLOps를 구축하는 경우에도 예외가 아니다. 다음으로 AWS에서
제공하는 서비스형 컨테이너^{Container as a Service} (CaaS) 제품들을 살펴보자.

AWS CaaS

AWS 파게이트^{Fargate}는 개발자들이 컨테이너화된 마이크로서비스들을 개발하는 일에 집중할
수 있도록 돕기 위해 만들어진 서비스형 컨테이너 제품이다. [그림 7-8]의 마이크로서비스가
컨테이너에서 실행되는 경우 배포에 필요한 패키지들을 포함해 런타임 전체가 완전히 새로운
환경에서도 동작한다.

---

22 https://oreil.ly/Zy2Ga
23 https://oreil.ly/DsL1k

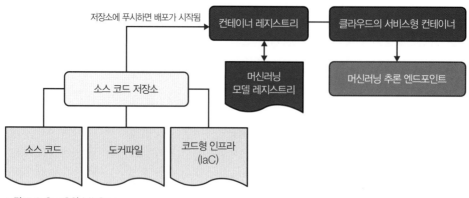

그림 7-8 CaaS와 MLOps

> **NOTE_** 컨테이너 기술은 소프트웨어 산업의 고질적인 문제들을 해결했다. 일반적으로 프로젝트에 컨테이너를 사용하는 것을 추천한다. 프로젝트에서 컨테이너를 사용하는 경우의 장점은 아래와 같다.
>
> – 개발자 개인 컴퓨터에서 프로덕션 서비스의 환경을 비슷하게 구현해서 사용할 수 있다
> – 도커 허브, 깃허브 컨테이너 레지스트리, 아마존 탄력적 컨테이너 레지스트리(ECR) 등 공개 컨테이너 레지스트리를 통해 소프트웨어 런타임을 고객에게 쉽게 배포할 수 있다.
> – 깃허브와 같은 소스 코드 저장소가 마이크로서비스에 필요한 모델, 코드, 인프라(IaC), 런타임까지 모든것을 저장하고 있는 '진리의 원천'이 될 수 있다.
> – 서비스형 컨테이너를 이용하여 애플리케이션이 쉽게 배포될 수 있다.

앞서 만들었던 거스름돈 계산 애플리케이션을 플라스크 마이크로서비스로 발전시켜본다. 개발 환경은 AWS 클라우드9을 사용한다. 컨테이너 이미지를 빌드하여 ECR에 푸시하면, 푸시된 이미지는 탄력적 컨테이너 서비스(ECS)를 기반으로 작동한다[24] (그림 7-9).

---

24 옮긴이_ 파게이트를 설명하다가 갑자기 ECS가 등장해 당황스러울 수 있다. 파게이트는 ECS를 기반으로 동작하는 높은 추상화 수준의 기능이다.

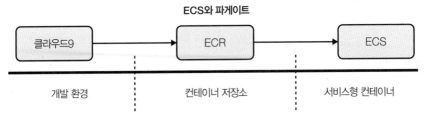

그림 7-9 ECS 워크플로

아래는 **app.py**에 작성된 파이썬 스크립트이다.

```python
"""플라스크 웹 애플리케이션
"""
from flask import Flask
from flask import jsonify

import change

app = Flask(__name__)

@app.route('/')
def hello():
    """안내 문구를 보여줍니다.
    """
    print('hello() 함수가 실행됨')
    return 'Hello World! '/change/{금액}' 으로 접속하세요.'

@app.route('/change/<money>')
def change_route(money):
    """거스름돈을 계산합니다.
    """
    print(f'Make Change for {money}')
    result = change.Algorithm(int(money), coin_types={10, 50, 100, 500}).calculate(ret_dict=True)
    return jsonify(result)
```

플라스크 웹 마이크로서비스는 /change/<money>와 같은 형식의 URL을 통한 요청에 대한 결과를 응답한다. 전체 소스 코드는 깃허브 저장소[25]에서 확인할 수 있다.

---

25 옮긴이_ https://github.com/ProtossDragoon/flask-fargate-apprunner

1. 가상 환경을 생성하고 `Makefile`을 이용해 의존성을 설치한다.

2. 로컬 환경에서 애플리케이션이 정상적으로 작동하는지 확인한다.

3. 컨테이너를 빌드한다.

4. 로컬 환경에서 도커 컨테이너를 실행하여 정상적으로 작동하는지 확인한다.

5. ECR을 생성한다(그림 7-10). ECR은 나중에 파게이트 배포에 사용된다.

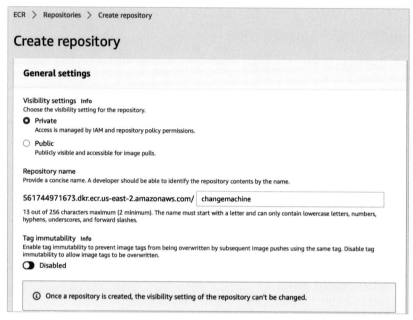

그림 7-10 ECR

6. 컨테이너를 ECR에 푸시한다.

7. 컨테이너 레지스트리에 푸시된 이미지를 파게이트를 이용해 배포한다.

8. 배포된 서비스가 정상적으로 작동하는지 확인한다.

NOTE_ 모든 클라우드 서비스의 기능과 사용법은 빠르게 변한다. 앞서 언급했듯이 공식 문서를 읽어보는 것이 가장 정확하다. 파게이트 공식 문서[26]는 서비스를 배포하는 최신 방법들을 소개하고 있다. 파게이트 배포를 조금 더 천천히 진행해보고 싶다면 오라일리 플랫폼의 동영상[27]을 참고하라.

---

26 https://oreil.ly/G8tPV
27 https://oreil.ly/2IpFs

서비스형 컨테이너 제품에는 AWS 앱러너도 있다. 앱러너를 이용하면 소스 코드나 컨테이너 이미지만 있는 상태에서 애플리케이션을 곧바로 배포할 수 있다. 소스 코드 저장소 또는 컨테이너 이미지로부터 애플리케이션을 적절한 환경에 배포하고 URL을 생성하기까지의 과정에 별다른 어려움이 없을 것이다(그림 7-11).

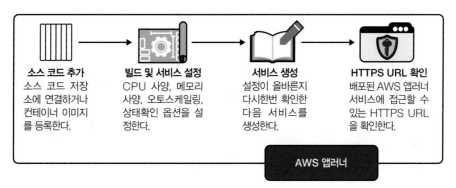

그림 7-11 AWS 앱러너

깃허브 저장소도 AWS 앱러너에 연결되어 배포될 수 있다.

1. 빌드 명령build command으로 `pip install -r requirements.txt`을 지정[28]하여 앱러너가 애플리케이션 실행에 필요한 의존성을 설치하도록 만든다.

2. 실행 명령start command으로 `flask run -p 5000 --host 0.0.0.0` 명령어를 지정하여 플라스크 백엔드 서버가 실행되도록 만든다.

3. 앱러너가 80번 포트에 연결할 포트로 5000번을 사용하도록 지정한다.

애플리케이션과 관련하여 우리가 앱러너에서 설정해야 하는 것은 이것이 전부다. 클라우드워치, 로드밸런서, 컨테이너 서비스, API 게이트웨이 등 AWS가 제공하는 핵심 인프라를 복잡하게 설정하지 않고도 애플리케이션을 배포할 수 있다는 것이 앱러너의 장점이다(그림 7-12).

....

28 옮긴이_ 해당 깃허브 저장소에는 Makefile이 포함되어 있다. 그런데 왜 requirements.txt 파일의 내용을 설치하는 명령어가 포함된 Makefile을 사용하지 않고 이 명령을 사용하는지 궁금할 수 있다. 그 이유는 앱러너가 깃허브 저장소와 연결되어 있으면 내부적으로는 저장소의 소스 코드를 컨테이너 이미지로 패키징해서 배포하기 때문이다. 3장에서 배웠듯 컨테이너 이미지에는 최소한의 프로그램들만 설치하기 때문에 make도 설치되어 있지 않은 것이다. Makefile을 사용하려면 깃허브 액션을 이용해 build-essential과 같은 패키지를 설치하여 컨테이너를 빌드한 뒤(3장과 4장에서 다루었다) ECR에 푸시해야 한다. 그리고 앱러너에서 ECR에 등록된 컨테이너를 가져와 사용하도록 만들면 된다.

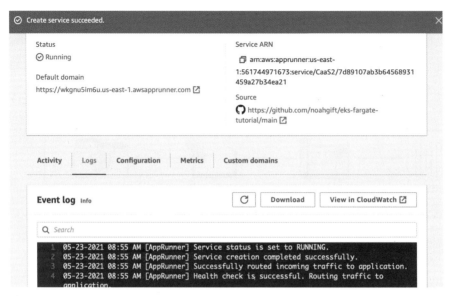

그림 7-12 성공적으로 배포된 앱러너 기반의 서비스

[그림 7-13]은 거스름돈 계산 프로그램이 정상적으로 작동한다는 것을 보여준다.

```
{"10":2,"50":1,"100":2,"500":10}
```

그림 7-13 배포된 서비스 사용하기

이러한 도구들이 중요한 이유는 하나의 저장소에 소스 코드뿐 아니라 인프라에 대한 정보나 머신러닝 모델까지 모든 것들을 포함할 수 있도록 돕기 때문이다. 하나의 깃허브 저장소에 모든 것들이 모여 있다면 마이크로서비스 개발의 복잡도 감소에 큰 도움이 된다.[29] 이러한 장점은 MLOps에도 똑같이 유용하다. 앱러너와 같은 높은 추상화 수준의 서비스를 사용하면 인프라

---

29 옮긴이_ 마이크로서비스 아키텍처는 작고 독립된 애플리케이션 다수가 상호작용하며 거대한 시스템을 만든다. 간단한 예를 들어보자. 총 N개의 마이크로서비스를 만든다고 할 때 각각의 마이크로서비스를 구성하는 인프라와 모델이 독립적으로 관리되어야 한다면 총 3N 개의 요소들을 관리해야 할 것이다. 이와 달리 만약 하나의 저장소가 하나의 애플리케이션과 동치라 생각하고 관리할 수 있다면 복잡성 이 크게 줄어든다.

에 신경 써야 하는 부분들을 감추고 MLOps 문제에 집중할 수 있다.

컴퓨터 비전

필자는 노스웨스턴 대학교의 데이터과학 코스에서 컴퓨터비전 수업의 강사로 일했던 경험이 있다. 수업에서 다루는 내용은 아래와 같았다.

- 딥러닝을 지원하는 AWS DeepLens와 같은 고수준 도구들을 이용하기(그림 7-14)
- 프로그래밍이나 모델링 대신 문제해결에 집중할 경우의 성과를 확인하기
- 매주 데모 만들고 시연하기

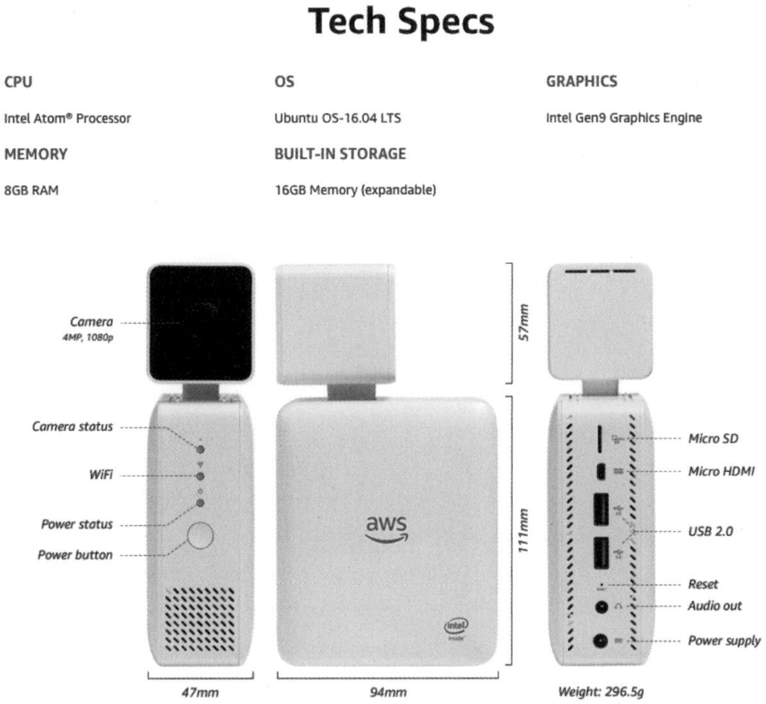

Tech Specs

CPU

Intel Atom® Processor

MEMORY

8GB RAM

OS

Ubuntu OS-16.04 LTS

BUILT-IN STORAGE

16GB Memory (expandable)

GRAPHICS

Intel Gen9 Graphics Engine

Camera
4MP, 1080p

Camera status

WiFi

Power status

Power button

57mm

111mm

aws

intel
inside

47mm

94mm

Micro SD

Micro HDMI

USB 2.0

Reset

Audio out

Power supply

Weight: 296.5g

그림 7-14 DeepLens

AWS DeepLens는 단순히 1080p 카메라가 아니라 운영체제와 무선 통신 장비까지 탑재된 컴퓨터에 가깝다. 학생들은 이런 디바이스와 컴퓨터비전 기술을 이용해 해결할 수 있는 문제들을 발굴하고 해결해내는 일에 집중했다. 학생들이 문제해결에 가까워질 수 있도록 매주 데모를

만들고 시연하는 시간을 가져 짧은 간격의 피드백 루프를 만들었다.

그림 7-15 프로젝트 스트림 객체 검출

AWS DeepLens는 비디오를 촬영해서 두 개의 스트림으로 내보낸다. 프로젝트 스트림Project Stream은 비디오를 실시간으로 머신러닝 모델 입력으로 전달하고 추론 결과 패킷을 실시간으로 생성해 MQTT^MQ Telemetry Transport[30]기반의 메시지 서비스로 전달한다[31](그림 7-15). 모델 추론 결괏값이 담긴 MQTT 패킷은 [그림 7-16]과 같이 확인할 수 있다.

---

30 발행–구독 네트워크 프로토콜의 일종이다.

31 옮긴이_ 다른 하나의 스트림은 디바이스 스트림으로, 머신러닝 연산이나 추가적인 후처리가 들어가지 않은 원시 비디오를 담고 있다.

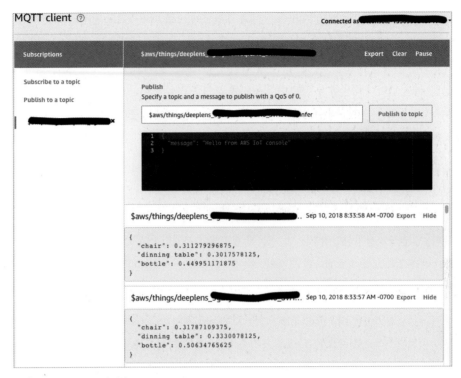

그림 7-16 MQTT 클라이언트

DeepLens는 전원만 연결해도 곧바로 사용할 수 있는 플러그-앤-플레이 디바이스이다. 사진 혹은 동영상 데이터를 취득하고 어딘가로 전송할 수 있는 실시간 컴퓨터 비전 시스템을 프로토타이핑할 때 고려해야 하는 수많은 요소를 DeepLens가 쉽게 대신해 줄 수 있다. AWS DeepLens와 같은 제품들을 이용하면 아무것도 없는 상태에서 문제에 집중하여 솔루션을 만들어내기까지의 과정이 간결해진다.

7.1.2 AWS와 MLOps

시작하기 전에 질문을 하나 던져보자. '당신이 풀어야 하는 머신러닝 문제 하나와 성공 여부를 판가름 지을 수 있는 세 가지 기준이 주어졌다. 첫 번째는 모델 예측 정확도, 두 번째는 모델 설명 가능성, 마지막은 시스템 운영이다. 궁극적인 성공을 위해 어떤 것에 어떤 순서로 리소스를 투자할 것인가?'

학술적 사고를 중시하는 데이터 과학자들은 예측 정확도에 바로 뛰어들려고 할지도 모른다. 전례없는 훌륭한 성능의 추론모델을 만드는 일은 테트리스를 하는 것처럼 신날 뿐만 아니라 우아하고 멋져 보이기까지 한다. 그래서인지 데이터 과학자들은 정교한 기술들을 이용해 '아카데믹한 모델'들을 얼마나 정확히 훈련할 수 있는지를 보여주고 싶어 하곤 한다. 대표적으로 캐글 플랫폼에서 활동하는 대부분의 사람은 예측 정확도를 높이는 일에 집중하고 있다. 그리고 그들은 정교한 모델을 만들어 낸 노력에 대한 금전적 보상을 받는다.

다른 접근은 모델 운영을 위한 리소스를 프로젝트 초기부터 상당 부분 확보하는 것이다. 머신러닝 모델 운영에 집중하는 것은 당장의 성과를 만들어 내는 일은 아닌 것처럼 보인다. 하지만 장기적으로는 머신러닝 모델의 성능이 소프트웨어 시스템의 발전과 나란히 상승할 수 있는 기틀이 된다. 일본의 자동차산업이 지속적 개선에 집중했던 것처럼 머신러닝 시스템이 어느 정도 합리적인 예측 정확도를 확보했다면 모델의 성능을 지속적으로 개선하는 일에 집중해야 한다.

AWS의 사내 리더십 원칙은 지속적 개선을 지지하고 있다. 대표적으로 '고민보다 행동하라Bias for Action' 그리고 '결과물을 배포하라Deliver Results' 같은 슬로건이 이 원칙을 잘 드러낸다. 이러한 원칙들은 비지니스적으로 중요한 요소에 초점을 맞춰 결과를 신속하게 제공하도록 만들어야 한다는 것을 시사한다. 필자는 세이지메이커와 같은 플랫폼이 AWS가 중요시하는 가치를 잘 드러낸다고 생각한다.

꼭 AWS의 기업 문화에 국한되는 이야기는 아니다. 책에서 거듭 강조해왔듯 DevOps/MLOps에서도 지속적 배포(CD)는 굉장히 중요하게 다루어진다. 이번에는 AWS 코드빌드나 AWS Elastic Beanstalk 등 AWS 제품만을 이용하여 플라스크 애플리케이션의 지속적 배포를 구축하는 상황을 생각해보자. 이런 기술 스택은 머신러닝 모델을 배포하는 경우에도 유용하다. Elastic Beanstalk는 애플리케이션을 배포하는 과정에 필요한 일들을 대신해 주는 AWS의 서비스형 플랫폼(PaaS)이다.

이러한 시나리오에서도 AWS 개발의 시작 지점으로 AWS 클라우드9를 사용할 수 있다. 깃허브 저장소는 프로젝트의 소스 코드를 보관하고 변화를 추적한다. 깃허브 저장소에 변화가 감지되면 클라우드 네이티브 빌드 서버인 AWS 코드빌드가 트리거된다. 코드빌드는 지속적 통합을 진행하고, 코드를 테스트하고, AWS Elastic Beanstalk에 배포한다(그림 7-17).

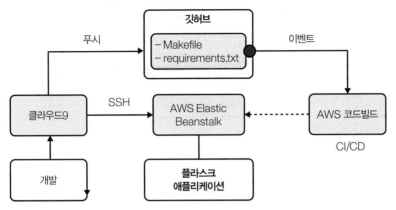

그림 7-17 AWS Elastic Beanstalk 워크플로

위 다이어그램에 나타난 지속적 배포 프로젝트를 구축하려면 다음 과정을 따른다. 깃허브 저장소의 소스 코드[32]와 오라일리 플랫폼의 동영상 자료[33]를 참고하자.

1. AWS 클라우드9에서 깃허브 저장소를 체크아웃한다.

2. 파이썬 가상 환경을 만들고 소싱[sourcing]하고, make all 명령어를 사용한다.

```
python3 -m venv ~/.eb
source ~/.eb/bin/activate
make all
```

3. 새로운 Elastic Beanstalk 애플리케이션을 초기화한다. 참고로, eb init 명령어를 사용하면 실행 중인 eb 인스턴스에 접근할 수 있는 SSH 키를 얻을 수 있다.

```
eb init -p python-3.7 flask-continuous-delivery --region us-east-1
```

4. eb 인스턴스를 생성한다.

```
eb create flask-continuous-delivery-env
```

---

32 옮긴이_ https://github.com/ProtossDragoon/flask-elastic-beanstalk

33 https://oreil.ly/JUuLO

5. `buildspec.yml` 파일을 이용해 AWS 코드빌드 프로젝트를 세팅한다.[34]

```
version: 0.2

phases:
  install:
    runtime-versions:
      python: 3.7
  pre_build:
    commands:
      - python3.7 -m venv ~/.venv
      - source ~/.venv/bin/activate
      - make install
      - make lint

  build:
    commands:
      - make deploy
```

AWS Elastic Beanstalk를 이용한 지속적 배포 프로젝트를 성공적으로 구축했다면 머신러닝 모델을 배포하는 다음 단계로 넘어갈 준비를 마친 것이다. 머신러닝 모델이라는 복잡성이 추가되는 시스템에 대해 생각하기 전에 지금까지의 개념들에 충분히 익숙해지기를 추천한다.

7.2 AWS를 이용한 MLOps 레시피

지금까지 학습한 다양한 요소를 조합하여 다양한 상황에서 사용할 수 있는 기본적인 머신러닝 프로젝트 기본 레시피를 만들어보자.[35] 여러분들이 지금 만드는 레시피와 각각의 구성 요소들은 AWS는 물론이고 다양한 클라우드 환경에서 사용될 수 있다. 이 예제 프로젝트는 자동차에 대한 정보들을 입력받아 해당 자동차의 연비를 추론하는 머신러닝 모델을 이용하는 서비스를 구축한다.

....

34 옮긴이_ 본문 코드를 보면, 코드빌드는 Makefile에 작성되어 있는 명령들을 호출한다(make install, make lint, make deploy). Makefile의 make deploy 명령은 eb deploy <Elastic Beanstalk 프로젝트이름> 명령을 실행한다. 이를 적절하게 변경해 주도록 하자.

35 옮긴이_ AWS 제품을 이용한 배포의 측면과 책에서 필자가 제시하는 머신러닝 프로젝트 스캐폴드에 집중할 수 있도록 이 책의 3장에서 사용했던 소스 코드를 다수 활용한다.

이 레시피에서 깃허브는 프로젝트와 관련된 모든 것이 저장되어 있는 저장소이다. 빌드 서비스는 깃허브 액션을 이용하고, 컨테이너 저장소 서비스는 깃허브 컨테이너 레지스트리를 이용할 것이다. 이들은 클라우드 서비스가 제공하는 다른 서비스들로 대체될 수 있다. 예를 들어, AWS 제품을 이용해야 한다면 CI/CD 도구로 깃허브 액션 대신 AWS 코드빌드를 사용하고, 컨테이너 저장소 서비스로 깃허브 컨테이너 레지스트리 대신 AWS ECR을 사용할 수 있다. 어떤 방식으로든 컨테이너 이미지가 빌드되고 레지스트리에 저장된다면 이들은 AWS 람다, AWS Elastic Beanstalk, AWS 앱러너 등의 배포 타깃에 이용될 수 있다(그림 7-18).

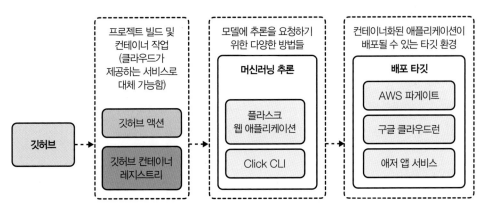

그림 7-18 MLOps 레시피

머신러닝 프로젝트를 진행할 때 선택할 수 있는 클라우드와 제품들이 다양하기 때문에 솔루션을 구축할 방법도 그만큼 많다. 하지만 아래 소개할 파일들은 머신러닝 프로젝트에 범용적으로 도움이 될 것이다. 아래 레시피[36]에서 소개하는 파일들을 포함하여 구성한 머신러닝 프로젝트는 복잡하고 다양한 프로덕션 시나리오에 어느정도 대응할 수 있을 것이다.

Makefile

make 명령어를 사용하면 이 파일에 정의된 명령이 실행된다. 메이크파일을 사용하는 이유는 1장 내용을 참고하도록 하자.

requirements.txt

reuriements.txt는 의존하는 파이썬 패키지가 작성되어 있다. 종종 패키지의 이름과 함께

---

36 옮긴이_ 깃허브 https://github.com/ProtossDragoon/mlops-recipe 를 참고하라.

버전이 명세된 경우가 있는데, 버전이 고정된다면 개발 환경에서 예상하지 못했던 문제의 발생을 최소화할 수 있기 때문이다.[37]

cli.py

`cli.py`은 웹 애플리케이션뿐 아니라 명령행 인터페이스를 통해서도 모델에 추론 요청을 전송할 수 있도록 만든다.

cliutil.py

`cliutil.py`은 모델 재학습 작업처럼 추론 작업 외 다양한 작업을 명령행 인터페이스를 통해 실행할 수 있도록 돕는다.

app.py

플라스크 기반의 웹 마이크로 애플리케이션은 `/predict`로 시작하는 URL로 모델에 입력할 정보를 전달받고 모델을 실행한 뒤 결괏값을 JSON 형식으로 응답한다.

myopslib.py

`myopslib.py`는 애플리케이션 중심에서 머신러닝과 관련된 복잡한 작업들을 수행한다. 물론 우리가 만드는 이 라이브러리는 머신러닝 프로젝트에서 일반적으로 사용되기 좋은 구성 요소들을 설명하기 위해 작성되었으므로 프로덕션 환경에서 나타날 수 있는 다양한 이슈를 고려하지 않는다. 여기서 복잡한 작업이란 모델이나 데이터셋을 로드하는 스크립트, 재학습 스크립트, 입력값 전처리 로직 등을 담고 있는 정도라고 이해하자.

mlp-model

mlp-model는 텐서플로, 케라스^{Keras} 프레임워크를 이용해 만들어졌다. 이번 실습에서는 모델이 크게 무겁지 않아 깃허브 저장소에 소스 코드와 함께 저장할 수 있다. 하지만 모델이 커지면 S3와 같은 저장소에 보관해야 한다.[38]

---

37 옮긴이_ 앞에서도 언급한 적 있지만, 개발 환경과 배포 환경이 다른 경우 파이썬 패키지 버전을 명세할 때 주의해야 한다. CPU 아키텍처는 물론 운영체제마다 설치할 수 있는 파이썬 패키지 버전이 다르기 때문이다. 때로는 잘 설치할 수 있었던 특정 버전의 설치파일 지원이 중단되는 경우도 종종 발생한다. https://github.com/ProtossDragoon/mlops-recipe/blob/main/requirements.txt 을 참고하라.

38 옮긴이_ 4장에서 애저 모델 레지스트리에서 모델을 가져오는 내용을 실습했었다. 소스 코드는 https://github.com/Protoss Dragoon/flask-docker-onnx-azure에서 찾을 수 있다. 이번 절의 내용을 마무리한 다음 4장에서 실습했던 것처럼 모델 레지스트리에서 모델을 다운로드받도록 구성해보자.

Dockerfile

다들 알다시피 도커파일은 애플리케이션을 컨테이너 이미지로 만드는 일에 사용된다. 애플리케이션이 컨테이너화되면 컨테이너 실행을 지원하는 다양한 타깃 환경에 배포될 수 있다.

auto-mpg.ipynb

노트북 파일은 머신러닝 프로젝트에서 항상 찾아볼 수 있는 중요한 부산물 중 하나다. 이 파일을 이용하면 다른 개발자나 데이터 과학자에게 모델을 생성한 사람이 어떤 생각을 가지고 모델을 생성했는지와 관련된 맥락을 전달할 수 있다. 파일 내용은 모델 유지보수에 필요한 정보일 가능성이 높다.

7.2.1 명령행 인터페이스 도구

CLI(명령행 인터페이스) 도구가 머신러닝 프로젝트에서 어떤 도움을 줄 수 있는지 생각해보자. 이 프로젝트에는 CLI와 관련된 두 개의 파일 `cli.py`와 `cliutils.py`이 있다. `cli.py` 파일은 명령행을 이용해 추론 모델에 접근할 수 있도록 돕는다(그림 7-19).

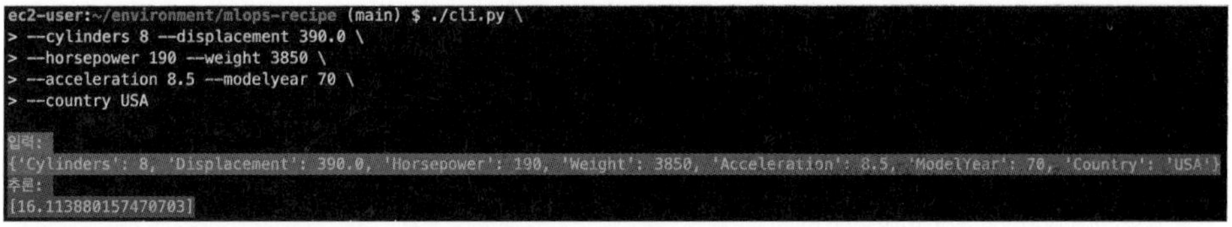

```
ec2-user:~/environment/mlops-recipe (main) $ ./cli.py \
> --cylinders 8 --displacement 390.0 \
> --horsepower 190 --weight 3850 \
> --acceleration 8.5 --modelyear 70 \
> --country USA
입력:
{'Cylinders': 8, 'Displacement': 390.0, 'Horsepower': 190, 'Weight': 3850, 'Acceleration': 8.5, 'ModelYear': 70, 'Country': 'USA'}
추론:
[16.113880157470703]
```

그림 7-19 CLI 추론 명령

머신러닝 모델을 이용한 추론 작업을 비롯하여 대부분의 무거운 작업은 `myopslib.py`에서 일어나고, 이를 `cli.py` 파일에서 `click` 모듈을 이용해 한 번 더 감싸는 방식으로 구성되어 있다.

```
#!/usr/bin/env python3

import click
import requests

# 프로젝트
from myopslib import predict
```

```python
@click.command("inference", help="머신러닝 모델을 사용하여 추론을 수행")
@click.option("--cylinders", required=True, type=int)
@click.option("--displacement", required=True, type=float)
@click.option("--horsepower", required=True, type=int)
@click.option("--weight", required=True, type=int)
@click.option("--acceleration", required=True, type=float)
@click.option("--modelyear", required=True, type=int, help="01(1900)~99(1999) 두자리를
입력")
@click.option("--country", required=True, type=click.Choice(["USA", "Japan",
"Europe"]))
@click.option("--host", help="url을 입력하면 http 요청을 통해 실행")
def inference(
    cylinders: int,
    displacement: float,
    horsepower: int,
    weight: int,
    acceleration: float,
    modelyear: int,
    country: str,
    host: str,
):
    x = {
        "Cylinders": cylinders,
        "Displacement": displacement,
        "Horsepower": horsepower,
        "Weight": weight,
        "Acceleration": acceleration,
        "ModelYear": modelyear,
        "Country": country,
    }
    click.echo(click.style(f"입력: \n{x}", bg="green", fg="white"))
    if host:
        click.echo(click.style(f"호스트: {host}", bg="green", fg="white"))
        result = requests.post(url=host, json=x, timeout=30)
        click.echo(click.style(f"응답: \n{result.text}", bg="red", fg="white"))
    else:
        result = predict(x)
        click.echo(click.style(f"추론: \n{result}", bg="red", fg="white"))


if __name__ == "__main__":
    # pylint: disable=no-value-for-parameter
    inference()
```

아래와 같이 명령어를 입력하여 모델에 추론 작업을 요청할 수 있다.

```
$ ./cli.py --cylinders 8 --displacement 390.0 --horsepower 190 --weight 3850
--acceleration 8.5 --modelyear 70 --country USA
입력:
{'Cylinders': 8, 'Displacement': 390.0, 'Horsepower': 190, 'Weight': 3850,
'Acceleration': 8.5, 'ModelYear': 70, 'Country': 'USA'}
추론:
[16.347379684448242]
```

이번에는 명령행을 이용한 모델에 접근하도록 도와주는 cliutils.py 파일을 살펴보자. cliutils.py 덕분에 명령행을 통해 모델을 추가적으로 학습할 수 있다(그림 7-20).

```
ec2-user:~/environment/mlops-recipe (main) $ ./cliutils.py retrain
모델 추가학습
INFO:root:데이터셋이 존재하지 않습니다. 다운로드를 시작합니다.
INFO:root:데이터셋 다운로드 완료: ./auto-mpg.csv
Epoch 1/5
8/8 [==============================] - 1s 40ms/step - loss: 1.6651 - val_loss: 2.0658
Epoch 2/5
8/8 [==============================] - 0s 9ms/step - loss: 1.6513 - val_loss: 2.1674
Epoch 3/5
8/8 [==============================] - 0s 9ms/step - loss: 1.6302 - val_loss: 2.0530
Epoch 4/5
8/8 [==============================] - 0s 9ms/step - loss: 1.6368 - val_loss: 2.2164
Epoch 5/5
8/8 [==============================] - 0s 9ms/step - loss: 1.6519 - val_loss: 2.0489
INFO:tensorflow:Assets written to: ./mlp-model/assets
INFO:tensorflow:Assets written to: ./mlp-model/assets
추가학습 MAE: 1.7816404104232788
```

그림 7-20 모델 추가학습

이 파일도 마찬가지로 myopslib.py 파일 구성 요소를 cliutils.py 파일에서 불러와 한번 더 감싸는 방식으로 구성되어 있다.

```
#!/usr/bin/env python3

# 서드파티
import click

# 프로젝트
import myopslib
```

```python
@click.group()
@click.version_option("1.0")
def cli():
    pass

@cli.command("retrain", help="머신러닝 모델을 추가학습합니다.")
def retrain():
    click.echo(click.style("모델 추가학습", bg="green", fg="white"))
    mae = myopslib.retrain()
    click.echo(click.style(f"추가학습 MAE: {mae}", bg="blue", fg="white"))

# 필요하다면 추가로 다른 명령어를 추가할 수 있습니다.

if __name__ == "__main__":
    cli()
```

추가학습 명령이 정상적으로 동작하는지도 확인해보자.

```
$ ./cliutils.py retrain
모델 추가학습
INFO:root:데이터셋이 존재하지 않습니다. 다운로드를 시작합니다.
INFO:root:데이터셋 다운로드 완료: ./auto-mpg.csv
Epoch 1/5
8/8 [==============================] - 0s 12ms/step - loss: 1.6563 - val_loss: 2.1372
Epoch 2/5
8/8 [==============================] - 0s 3ms/step - loss: 1.6179 - val_loss: 2.1137
Epoch 3/5
8/8 [==============================] - 0s 3ms/step - loss: 1.6434 - val_loss: 2.1213
Epoch 4/5
8/8 [==============================] - 0s 3ms/step - loss: 1.6258 - val_loss: 2.1529
Epoch 5/5
8/8 [==============================] - 0s 3ms/step - loss: 1.6281 - val_loss: 2.1276
INFO:tensorflow:Assets written to: ./mlp-model/assets
INFO:tensorflow:Assets written to: ./mlp-model/assets
추가학습 MAE: 1.7276875972747803
```

지금까지 프로젝트 스캐폴드를 구성하는 각 파일들이 어떤 일들을 수행하는지에 대해서 설명했다. 이와 더불어 머신러닝 프로젝트에서 CLI가 어떻게 사용될 수 있는지 간단히 살펴보았다.

7.2.2 플라스크 마이크로서비스

필자는 MLOps 워크플로에서 마이크로서비스가 다양한 방식으로 동작하도록 만드는 것은 중요하다고 했다. 또한 앞서 컨테이너 기술을 이용하면 서비스가 어렵지 않게 다양한 타깃에 배포될 수 있는 장점이 있다고 했다. 이번 절에서는 머신러닝 모델을 사용하는 플라스크 마이크로서비스가 다양한 타깃으로 배포되어 동작하는 모습을 살펴본다.

우선 플라스크 머신러닝 마이크로서비스 애플리케이션의 소스 코드를 살펴보자. 머신러닝과 관련된 복잡하고 무거운 대부분 작업은 myopslib.py에 작성되어 있다. app.py 파일은 단지 @app.route을 이용해 각 URL과 HTTP 메서드에 해당하는 함수가 실행되도록 만든다.

```python
from flask import Flask, request, jsonify

# 프로젝트
import myopslib

app = Flask(__name__)

@app.route("/")
def home():
    return "<h3>텐서플로 자동차 연비 예측 플라스크 서비스 컨테이너</h3>"

@app.route("/hello")
def hello():
    return "hello ml"

@app.route("/predict", methods=["POST"])
def predict():
    """
    Input sample:
    {
        "Cylinders": 8,
        "Displacement": 390.0,
        "Horsepower": 190,
        "Weight": 3850,
        "Acceleration": 8.5,
        "ModelYear": 70,
        "Country": "USA",
    }

    Output sample:
```

```
    {
        "MPG": [ 16.075947 ]
    }
    """
    prediction = myopslib.predict(request.json)
    return jsonify({"MPG": prediction})

if __name__ == "__main__":
    app.run(host="0.0.0.0", port=8080, debug=True)
```

app.py 파일을 통해 플라스크가 실행되면 아래와 같은 출력을 확인할 수 있다.

```
$ python3 app.py
* Serving Flask app 'app'
* Debug mode: on
INFO:werkzeug:WARNING: This is a development server. Do not use it in a production
deployment. Use a production WSGI server instead.
* Running on all addresses (0.0.0.0)
* Running on http://127.0.0.1:8080
* Running on http://172.17.0.2:8080
INFO:werkzeug:Press CTRL+C to quit
INFO:werkzeug: * Restarting with stat
WARNING:werkzeug: * Debugger is active!
INFO:werkzeug: * Debugger PIN: 109-148-700
```

모델을 호출하는 기능이 정상적으로 작동하는지 확인하기 위해 predict.sh 파일을 사용한다.[39] 간단한 셸 스크립트만 작성해 두어도 여러 가지 문제를 사전에 방지하는 데 도움이 된다.

```
#!/usr/bin/env bash

PORT=8080

curl -d '{
    "Cylinders":8,
    "Displacement":307,
    "Horsepower":130,
    "Weight":3504,
    "Acceleration":12,
    "ModelYear":70,
```

---

39 옮긴이_ https://github.com/ProtossDragoon/mlops-recipe/blob/main/predict.sh

```
    "Country":"USA"
}'\
    -H "Content-Type: application/json" \
    -X POST http://localhost:$PORT/predict
```

이 파일을 실행하여 플라스크 엔드포인트가 추론 결과를 담은 JSON 페이로드를 잘 반환하는
지를 빠르게 확인할 수 있다.

```
$ ./predict.sh
{
  "MPG": [
    16.716482162475586
  ]
}
```

앞서 소개했던 cliutils.py 파일은 물론 HTTPie[40], 포스트맨[41]과 같은 도구를 이용해서도
플라스크 엔드포인트에 추론 요청을 전송해 볼 수 있다.

로컬 환경에서 플라스크 마이크로서비스 컨테이너 빌드

아래는 로컬 환경에서 컨테이너 이미지를 빌드하고 실행하는 스크립트이다.

```
#!/usr/bin/env bash

docker build --tag=mlops-recipe:v1 .
docker run --rm -p 127.0.0.1:8080:8080 mlops-recipe:v1
```

이 책의 3장에서 도커파일을 작성하고 그것을 실행하는 작업까지 자세히 다루었다. 로컬 환경
에서 컨테이너를 만들고 애플리케이션을 실행하는 일은 크게 복잡하지 않다. 컨테이너를 만들
면 좋은 이점이 무엇인지에 대해서도 앞서 많이 언급했지만, 이번 장에서 강조하는 컨테이너화
의 장점은 여러분의 머신러닝 애플리케이션이 다양한 타깃에 배포될 수 있는 형태로 패키징 된
다는 것이다.

---

40 https://httpie.io
41 https://postman.com

깃허브 액션을 이용해 컨테이너를 빌드하고 다양한 컨테이너 레지스트리에 푸시하기

깃허브 액션은 용도가 아주 다양하지만 간편하기도 한 식재료와 같다. 깃허브 액션을 이용하면 [그림 7-21]과 같이 컨테이너 빌드 작업을 수행할 수 있을 뿐 아니라 빌드된 컨테이너 이미지를 임의의 타깃으로 배포하는 것도 자동화할 수 있다. 여러분들이 실제로 실습하는 경우에는 태그 이름을 바꾸는 것을 잊지 말자. 아래 소스 코드는 build 작업과 build-container 작업으로 구성되어 있다. build-container 작업에서는 3장에서 실습했던 내용에 더해 AWS ECR에 푸시하는 단계가 포함되어 있다. 깃허브 액션을 이용해 ECR에 푸시하기 위해서는 [그림 7-22]와 같이 ECR 저장소가 미리 생성되어 있어야 하고, AWS CLI 로그인에 사용되기 위해 3장에서 실습했던 것과 같은 방법으로 AWS 깃허브 액션 시크릿(AWS_ACCESS_KEY_ID, AWS_SECRET_ACCESS_KEY)이 등록되어 있어야 한다.

```
name: main x86

on:
  push:
    branches: [ main ]

  workflow_dispatch:

jobs:
  build:
    runs-on: ubuntu-latest
    steps:

      - name: 체크아웃
        uses: actions/checkout@v2

      - name: 파이썬 3.8 환경 구축
        uses: actions/setup-python@v1
        with:
          python-version: 3.8

      - name: 의존성 설치
        run: make install

      - name: 린터 실행
        run: make lint

      - name: 테스트 실행
```

```
        run: make test

    - name: 코드 포매팅
        run: make format


build-container:
  runs-on: ubuntu-latest
  steps:

    - name: 체크아웃
        uses: actions/checkout@v2

    - name: 도커 허브 로그인
        uses: docker/login-action@v1
        with:
          username: protossdragoon
          password: ${{ secrets.DOCKER_HUB_ACCESS_TOKEN }}

    - name: 깃허브 컨테이너 레지스트리 로그인
        uses: docker/login-action@v1
        with:
          registry: ghcr.io
          username: ${{ github.repository_owner }}
          password: ${{ secrets.GH_CONTAINER_REGISTRY }}

    - name: AWS 로그인
        uses: aws-actions/configure-aws-credentials@v1
        with:
          aws-access-key-id: ${{ secrets.AWS_ACCESS_KEY_ID }}
          aws-secret-access-key: ${{ secrets.AWS_SECRET_ACCESS_KEY }}
          aws-region: us-east-1

    - name: AWS ECR 로그인
        uses: aws-actions/amazon-ecr-login@v1

    - name: 컨테이너 빌드 후 도커 허브, 깃허브 레지스트리, AWS ECR에 동시에 푸시
        uses: docker/build-push-action@v2
        with:
          context: ./
          file: ./Dockerfile
          push: true
          tags: |
            protossdragoon/mlops-recipe_x86:v1
            ghcr.io/protossdragoon/mlops-recipe_x86:v1
            637917027048.dkr.ecr.us-east-1.amazonaws.com/mlops-recipe_x86:v1
```

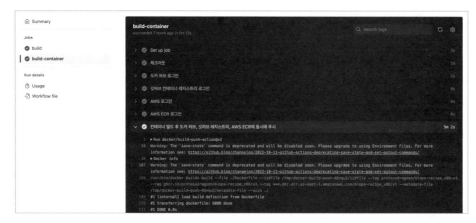

그림 7-21 깃허브 액션

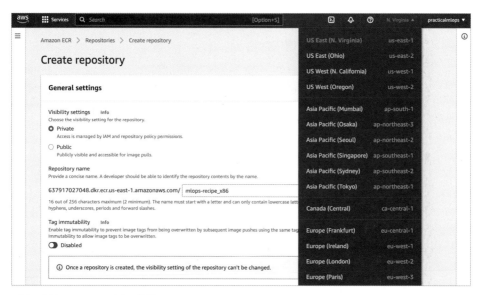

그림 7-22 AWS ECR 저장소 생성

AWS 앱러너와 플라스크 마이크로서비스

마지막으로 지금까지 만든 내용들을 AWS의 서비스형 플랫폼 제품 중 하나인 앱러너에 배포하면서 정리를 해보자. 이 장의 앞부분에서 소개했듯 AWS 앱러너는 몇 번의 클릭만으로도 이 프로젝트를 배포할 수 있을 정도로 MLOps 워크플로를 크게 단순화시켜 주는 높은 추상화 수준의 제품이다. AWS 앱러너에서 소스 코드 저장소를 찾아 모든 깃허브 변경사항에 대해 다시 배포하도록 설정할 수도 있지만, 깃허브 액션을 통해 컨테이너 이미지가 ECR 저장소에 푸시되면 다시 배포하도록 설정[42]할 수도 있다(그림 7-23).

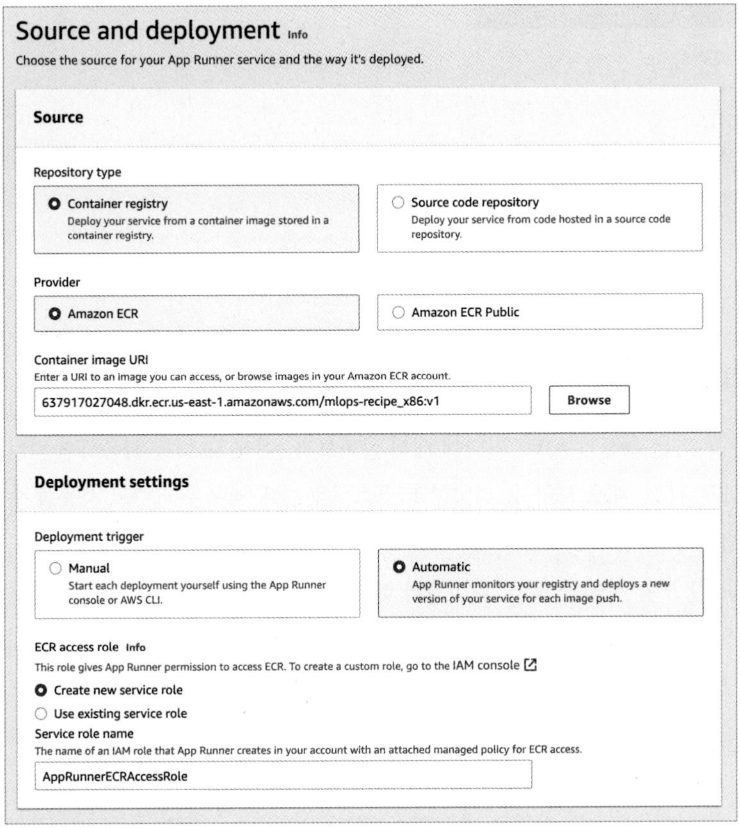

그림 7-23 AWS 앱러너

클라우드 셸 환경에서 [그림 7-24]와 같이 HTTP 요청을 전송하여 앱러너 배포가 정상적으로 완료되었는지 확인한다.[43]

---

42 옮긴이_ 깃허브 액션에서 앱러너에 곧바로 배포하도록 설정할 수도 있다.

43 옮긴이_ 여러분이 로컬 환경에서 애플리케이션 소스 코드를 수정하여 메인 브랜치에 푸시하면, 깃허브 액션이 메인 브랜치의 변화를 감지하고 새로운 컨테이너를 빌드하여 ECR 저장소에 푸시한다. AWS 앱러너는 ECR 저장소에 변화가 생기는 경우 새로운 컨테이너를 자동으로 배포한다.

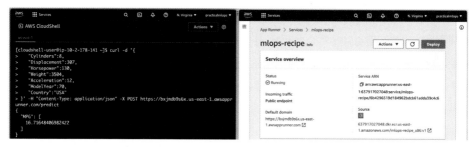

그림 7-24 AWS 앱러너 배포 확인

높은 추상화 수준의 AWS 제품들은 여러분이 인프라를 비롯한 DevOps에 들이는 노력을 최대한 줄이고 MLOps에 더욱 집중할 수 있도록 도울 수 있다.

7.3 AWS 람다 레시피

AWS 컴퓨팅 제품의 또 다른 옵션인 AWS 람다에 대해 살펴보자. 이때 SAM을 사용하면 람다 함수, 이벤트 소스, 배포 과정, 배포 도구 등 다양한 리소스들을 한데 엮어 관리하고 사용할 수 있다.[44] AWS는 SAM을 쓸 때의 이점으로 단일 배포 구성single-deployment configuration, 클라우드 포메이션 확장, 빌트인된 모범 사례들, 로컬 디버깅과 테스팅, 클라우드9와 같은 개발 도구들과 함께 사용하기 편하다는 점을 꼽는다.[45] 머신러닝 모델을 서버리스 환경에 배포하는 경우도 마찬가지다. 머신러닝 프로젝트에서 SAM을 이용하는 것도 모범 사례가 될 수 있다.[46] 깃허브

---

[44] 옮긴이_ SAM을 조금 더 쉽게 설명해보고자 한다. SAM은 코드형 인프라(IaC)부터 애플리케이션 소스 코드까지 하나의 프로젝트 디렉 토리에서 긴밀히 상호작용하도록 AWS가 제공하는 뼈대이다. 실제로 실습을 위해 여러분이 설치할 SAM CLI를 이용하여 sam init 명령을 실행하면 인프라를 명세하는 파일인 template.yaml과 여러분이 실질적으로 동작시키고자 하는 논리가 작성되는 app.py를 포함하여 프로젝트 스캐폴드가 알아서 만들어져 버리는 것을 확인할 수 있다. 그렇다면 필자가 왜 이것을 지금 소개하고 있을까? 첫째, 필자는 앞서 IaC를 이용하면 깃허브에 모든 것들을 전부 저장할 수 있다는 점을 반복해서 강조했다. SAM은 이 목적에 완전히 부합한다. 둘째, 필자는 컨테이너 기술을 매우 긍정적으로 평가해 왔는데, SAM으로 만든 애플리케이션은 로컬 환경에서 테스트하거나 AWS 타깃에 배포될 때 컨테이너를 이용한다는 특징이 있다. 셋째, 필자는 앞서 짧은 단위의 디버깅, 로그 수집, 배포 전략 등 DevOps 와 관련된 작업들과 이를 추상화해 주는 고수준 도구를 강조해 왔다. SAM을 이용하면 AWS 람다 함수를 로컬 환경에서 실행해볼 수 있을뿐 아니라 클라우드워치를 통한 로그 수집, 카나리 배포 등을 자동화할 수 있다. 필자가 AWS 앱러너와 함께 소개하는 것으로 보아, 이것도 높은 추상화 수준의 서비스라고 생각하는 듯하다.

[45] 옮긴이_ 해당 내용은 https://docs.aws.amazon.com/serverless-application-model/latest/developerguide/what-is-sam.html에서 구체적으로 확인할 수 있다.

[46] https://oreil.ly/uhBSr

저장소에서 SAM 레시피[47]를 확인한다.

AWS 공식 문서의 안내를 따라 SAM을 설치한다.[48] 물론 클라우드9 IDE를 사용하는 경우 SAM은 이미 설치되어 있으므로 설치할 필요가 없다. AWS SAM CLI를 설치했다면, 'hello world' 애플리케이션 배포 튜토리얼[49]에 나타난 프로젝트 구성 방법을 간략히 살펴보자.

7.3.1 AWS 람다–SAM: 로컬 환경에서 사용하기

SAM을 로컬 환경에서 사용하려면 다음 워크플로를 따른다.

1. SAM CLI 설치

2. sam init

3. sam local invoke

sam init을 통해 생성되는 전형적인 SAM 프로젝트의 초기 레이아웃은 아래와 같다. 지금까지 보아왔던 머신러닝 애플리케이션의 스캐폴드와는 사뭇 다른 모습이다.

```
.
└── sam-app
    ├── README.md
    ├── __init__.py
    ├── events
    │   └── event.json
    ├── hello_world
    │   ├── __init__.py
    │   ├── app.py
    │   └── requirements.txt
    ├── template.yaml
    └── tests
        ├── __init__.py
        ├── integration
        │   ├── __init__.py
        │   └── test_api_gateway.py
        ├── requirements.txt
        └── unit
```

----

47 옮긴이_ https://github.com/ProtossDragoon/aws-sam
48 https://oreil.ly/qPVNh
49 https://oreil.ly/94HDD

```
        ├── __init__.py
        └── test_handler.py

6 directories, 13 files
```

AWS 람다–SAM 프로젝트의 대략적인 구조를 알았다면 그것만으로도 충분하다. 이 프로젝트에 머신러닝을 추가하면서 각 구성 요소에 대해서 조금 더 알아보도록 하자.

7.3.2 AWS 람다–SAM: 컨테이너화하여 배포하기

SAM은 컨테이너 레지스트리에 컨테이너 이미지를 등록하는 작업까지 대신해 줄 수 있다. 깃허브 저장소[50]에서 프로젝트에 사용되는 소스 코드를 확인할 수 있다. 가장 중요한 파일들을 함께 살펴보자.

- app.py (AWS 람다 함수가 트리거)

- Dockerfile (ECR에 푸시하기 전 프로젝트 저장소를 빌드할 목적으로 사용)

- template.yaml (애플리케이션을 배포하기 위해 AWS SAM이 사용)

app.py

복잡한 작업은 mlib.py에 작성된 함수들에서 처리하기 때문에 람다 핸들러 소스 코드는 그리 복잡하지 않다. 앞서 람다 함수가 실행된 방법에 따라 다른 로직을 실행할 수 있다고 설명했다. 람다 핸들러는 이 부분에 대해서만 관여한다. 만약 람다 핸들러 함수가 콘솔을 통해 실행되거나 파이썬에서 호출되어 실행된다면 웹 요청 바디가 존재하지 않을 것이다. 반면 API 게이트웨이와 연관된 작업을 통해 람다 핸들러 함수가 호출된다면 페이로드는 이벤트의 바디에서 적절히 추출되어야 한다.

```
import json
import myopslib

def lambda_handler(event, context):
```

---

50 옮긴이_ https://github.com/ProtossDragoon/aws-sam 해당 저장소에는 두 개의 디렉토리를 발견할 수 있다. sam-app 디렉토리는 sam init을 실행한 뒤 아주 조금만 수정된 상태이고, sam-app-image 디렉토리는 머신러닝 모델을 포함해 이번 절의 실습 소스 코드가 저장되어 있다. 두 디렉토리 내용을 비교하면서 실습해보면 보다 쉽게 이해할 수 있을 것이다.

```python
# API Gateway 를 통한 요청인지 확인
if 'body' in event:
    call_by_api_gateway = True
else:
    call_by_api_gateway = False

# API Gateway 를 통한 요청인 경우와 아닌 경우의 논리 분리
if call_by_api_gateway:
    if (event['httpMethod'] == 'GET' and
        (event['path'] in ['/hello', '/hello/'])):
        response_payload = {"message": "hello ml"}
    elif (event['httpMethod'] == 'POST' and
            (event['path'] in ['/predict', '/predict/'])):
        # 필요한 피처들이 모두 있는지 확인
        body = json.loads(event['body'])
        if myopslib.get_required_features() <= set(body.keys()):
            prediction = myopslib.predict(body)
            response_payload = {"message":
                f"MPG: {prediction}"}
        else:
            response_payload = {"message":
                "Incorrect request. "
                f"event: {body}"}
    else:
        response_payload = {"message":
            "Incorrect request method. "
            f"path: {event['path']}, "
            f"httpMethod: {event['httpMethod']}"}
else:
    # 필요한 피처들이 모두 있는지 확인
    if myopslib.get_required_features() <= set(event.keys()):
        prediction = myopslib.predict(event)
        response_payload = {"message":
            f"MPG: {prediction}"}
    else:
        response_payload = {"message":
            "Incorrect event. "
            f"event: {event}"}

return {
    "statusCode": 200,
    "body": json.dumps(response_payload),
}
```

Dockerfile

프로젝트는 ECR에 등록될 컨테이너 이미지를 생성할 때 사용할 도커파일을 포함하고 있다. SAM을 이용하는 경우에도 마찬가지로 모델이 충분히 작기 때문에 컨테이너 이미지에 모델파일이 포함되도록 도커파일을 작성했다.

```
FROM public.ecr.aws/lambda/python:3.8-arm64

COPY requirements.txt ./

RUN python3.8 -m pip install -r requirements.txt --no-cache-dir

COPY mlp-model/ mlp-model/

COPY app.py auto-mpg.csv myopslib.py ./

# Command can be overwritten by providing a different command in the template directly.
CMD ["app.lambda_handler"]
```

template.yaml

SAM 프로젝트는 `template.yaml` 파일로 대변되는 IaC 레이어를 포함하고 있다. SAM 프로젝트의 배포 과정이 정말 간단한 비결은 다름아닌 이 파일이라고 할 수 있다.[51]

```
AWSTemplateFormatVersion: '2010-09-09'
Transform: AWS::Serverless-2016-10-31
Description: >
  python3.8

  Sample SAM Template for sam-app-image

# More info about Globals: https://github.com/awslabs/serverless-application-model/
blob/master/docs/globals.rst
```

---

51 옮긴이_ 옮긴이는 맥북을 사용하기 때문에 Architecture을 arm64로 명시했다. 이 yaml 파일은 클라우드에 환경을 구성하기 위한 코드형 인프라 파일이다. 로컬 개발 환경과 운영 환경은 최대한 동일한 것이 좋기 때문이다. 하지만 이때 sam build 명령으로 도커 컨테이너를 생성하는 것은 로컬 환경에서 일어난다는 점에 주의하자. 책의 내용과 필자가 깃허브 저장소의 Dockerfile을 보면 베이스 이미지로 public.ecr.aws/lambda/python:3.8-arm64 이미지, 즉 arm64 아키텍처의 이미지를 사용하는 것을 확인할 수 있다. 만약 여러분이 맥북이 아닌 컴퓨터 혹은 클라우드9에서 실습을 하고 있다면 여러분이 사용하는 CPU아키텍처에 맞게(예를 들어 x86_64) 베이스 이미지와 Architecture을 변경해서 사용하도록 하자.

```yaml
Globals:
  Function:
    Timeout: 180
    MemorySize: 256

Resources:
  HelloMLFunction:
    Type: AWS::Serverless::Function # More info about Function Resource: https://
github.com/awslabs/serverless-application-model/blob/master/versions/2016-10-31.
md#awsserverlessfunction
    Properties:
      PackageType: Image
      Architectures:
        - arm64
      Events:
        HelloML:
          Type: Api # More info about API Event Source: https://github.com/awslabs/
serverless-application-model/blob/master/versions/2016-10-31.md#api
          Properties:
            Path: /hello
            Method: get
        HelloMLInference:
          Type: Api
          Properties:
            Path: /predict
            Method: post
    Metadata:
      Dockerfile: Dockerfile
      DockerContext: ./hello_ml
      DockerTag: python3.8-v1

Outputs:
  # ServerlessRestApi is an implicit API created out of Events key under
Serverless::Function
  # Find out more about other implicit resources you can reference within SAM
  # https://github.com/awslabs/serverless-application-model/blob/master/docs/internals/
generated_resources.rst#api
  HelloMLApi:
    Description: "API Gateway endpoint URL for Prod stage for Hello ML function"
    Value: !Sub "https://${ServerlessRestApi}.execute-api.${AWS::Region}.amazonaws.com/
Prod/hello/"
  HelloMLInferenceApi:
    Description: "API Gateway endpoint URL for Prod stage for Hello ML Inference
function"
```

```
        Value: !Sub "https://${ServerlessRestApi}.execute-api.${AWS::Region}.amazonaws.com/
    Prod/predict/"
    HelloMLFunction:
        Description: "Hello ML Lambda Function ARN"
        Value: !GetAtt HelloMLFunction.Arn
    HelloMLFunctionIamRole:
        Description: "Implicit IAM Role created for Hello ML function"
        Value: !GetAtt HelloMLFunctionRole.Arn
```

sam build과 sam deploy --guided 명령어를 실행하면 배포 프로세스에 대한 몇몇 질의응답을 거쳐 배포가 완료된다(그림 7-25).

그림 7-25 SAM build

sam build는 컨테이너를 빌드하고 sam local invoke 명령을 이용해 로컬 환경에서 테스트를 해 볼 것인지, sam deploy 명령을 이용해 빌드된 컨테이너를 배포할 것인지를 결정하라는 문구를 출력한다.

우선 sam local invoke "HelloWorldFunction" -e events/event.json 명령어를 이용하자. 소스 코드가 프로그래머의 손을 멀리 떠나 컨테이너화되어 ECR에 등록되기 전[52]에 로컬

----

52 옮긴이_ 모든 문제는 소스 코드가 프로그래머의 손을 떠나 멀어지기 전에 발견되는 것이 좋다고 필자가 언급한 바 있다.

환경에서 정상적으로 작동하는지 여부를 확인해볼 수 있기 때문이다. 아래는 event.json 파일에 작성된 내용의 일부이다.

```json
{
    "body": "{\"Cylinders\": 8, \"Displacement\": 307, \"Horsepower\": 165, \"Weight\":
3693, \"Acceleration\": 11, \"ModelYear\": 70, \"Country\": \"Japan\"}",
    "resource": "/{proxy+}",
    "path": "/predict",
    "httpMethod": "POST",
    "isBase64Encoded": false,
[...]
}
```

컨테이너가 시작되면 해당 파일에 작성된 내용이 람다 함수에 전달되고 응답이 출력된다.

```
ec2-user:~/environment/aws-sam/sam-app-image (master) $ sam local invoke
"HelloMLFunction" -e events/event.json
Invoking Container created from hellomlfunction:python3.8-v1
Building image................
Skip pulling image and use local one: hellomlfunction:rapid-1.57.0-x86_64.

START RequestId: a6c6feda-ee19-4d35-9f6d-2e0c4e67c449 Version: $LATEST
[...]
{"statusCode": 200, "body": "{\"message\": \"MPG: [8.485045433044434]\"}"}REPORT
RequestId: a6c6feda-ee19-4d35-9f6d-2e0c4e67c449      Init Duration: 11.87 ms  Duration:
8400.54 ms    Billed Duration: 8401 ms         Memory Size: 256 MB     Max Memory Used:
256 MB
```

다음으로 sam deploy --guided 명령어를 사용하여 애플리케이션을 배포한다. 여러분의 필요에 따라 터미널에 출력되는 각각의 질문에 대해 응답하면 된다. 실습을 위해서는 [그림 7-26]과 같은 설정만으로도 충분하다.

```
ec2-user:~/environment/aws-sam/sam-app-image (master) $ sam deploy --guided
Configuring SAM deploy
=========================================
        Looking for config file [samconfig.toml] :  Not found
        Setting default arguments for 'sam deploy'
        =========================================
        Stack Name [sam-app]: sam-app-chapter7
        AWS Region [us-east-1]:
        #Shows you resources changes to be deployed and require a 'Y' to initiate deploy
        Confirm changes before deploy [y/N]:
        #SAM needs permission to be able to create roles to connect to the resources in your template
        Allow SAM CLI IAM role creation [Y/n]:
        #Preserves the state of previously provisioned resources when an operation fails
        Disable rollback [y/N]: y
        HelloMLFunction may not have authorization defined, Is this okay? [y/N]: y
        HelloMLFunction may not have authorization defined, Is this okay? [y/N]: y
        Save arguments to configuration file [Y/n]: n

        Looking for resources needed for deployment:
         Managed S3 bucket: aws-sam-cli-managed-default-samclisourcebucket-15vmw8q35ab9r
         A different default S3 bucket can be set in samconfig.toml
         Image repositories: Not found.
         #Managed repositories will be deleted when their functions are removed from the template and deployed
         Create managed ECR repositories for all functions? [Y/n]: Y
0fcb0ca7ec72: Pushed
97e224a0e1e5: Pushed
80b1662e768d: Pushed
155f6bec9b51: Pushed
aa07e8319e17: Pushed
add489bc36b0: Pushed
2d244e0816c6: Pushed
1a3c18657fd6: Pushed
1a1430bb3d51: Pushed
b2c122fc6a0b: Pushed
hellomlfunction-98b89b2d6c49-python3.8-v1: digest: sha256:d694e2733c045ffb9c09d2a2740c90afddb52f3904ab294219bea7f46b2b8cf6 size: 2419

        Deploying with following values
        =========================================
        Stack name                   : sam-app-chapter7
        Region                       : us-east-1
```

그림 7-26 SAM guided deploy

SAM 프로젝트를 이용한 람다 함수 배포가 완료되었다면 그 작동을 확인할 차례이다. 가장 간
단한 방법은 [그림 7-27]과 같이 AWS 람다의 콘솔을 이용하는 것이다.

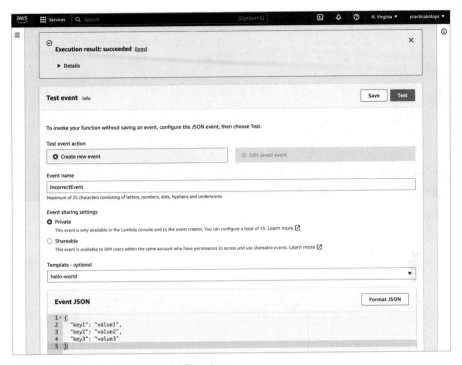

그림 7-27 람다 콘솔을 이용한 AWS 람다 함수 테스트

그동안 해왔듯 [그림 7-28]과 같이 클라우드 셸이나 터미널[53]에서 **curl** 명령을 이용해도 좋고, [그림 7-29]와 같이 클라우드9의 콘솔을 활용해도 좋고, [그림 7-30]과 같이 포스트맨을 활용해도 좋다.

```
ec2-user:~/environment/aws-sam/sam-app-image (master) $ curl -d '{
>     "Cylinders":8,
>     "Displacement":307,
>     "Horsepower":165,
>     "Weight":3693,
>     "Acceleration":11,
>     "ModelYear":70,
>     "Country":"Japan"
> }'\
>     -H "Content-Type: application/json" \
>     -X POST https://yf28dccpkh.execute-api.us-east-1.amazonaws.com/Prod/predict
{"message": "MPG: [8.485045433044434]"}ec2-user:~/environment/aws-sam/sam-app-image (master) $
```

그림 7-28 curl 명령을 이용한 AWS 람다 함수 테스트

---

53 옮긴이_ 배포된 서비스에 요청을 전송하기 위한 yf28dccpkh는 RestAPI ID 값이다. 이 값은 `https://us-east-1.console.aws.amazon.com/apigateway/main/apis`에서 확인할 수 있다.

그림 7-29 클라우드9을 이용한 AWS 람다 함수 테스트

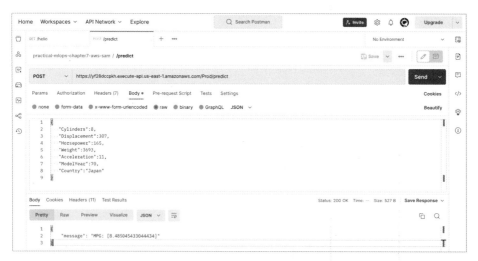

그림 7-30 포스트맨을 이용한 AWS 람다 함수 테스트

마지막으로 지금까지 레시피는 뼈대를 제공할 뿐, 고정된 것이 아니라는 점을 이야기하고 싶다. 예를 들어 플라스크 대신 FastAPI[54]를 이용할 수도 있고, 머신러닝 모델을 직접 학습하여 사용하는 대신 AWS Boto3 API가 제공하는 사전학습 모델을 이용할 수도 있다. 앞서 언급했듯 머신러닝 모델의 배포 타깃으로 AWS 앱러너 대신 AWS Elastic Beanstalk나 AWS 파게이트를 사용하는 것도 당연히 가능하다. 여러분의 상황에 맞게 지금까지 소개한 레시피를 적절히 변경하도록 하자.

---

54 https://oreil.ly/YVz0t

7.4 현실의 문제를 해결하기 위한 AWS 머신러닝 제품과 조언

이 절에는 AWS가 제공하는 머신러닝 리소스를 실제 기업들에서 어떻게 사용하고 있는지 알아본다. 또한 MLOps에 대한 현직자들의 이야기를 담았다.

> NOTE_ AWS 제품들을 조합하여 MLOps 혹은 서비스를 만드는 방법은 다양하지만, 머신러닝 엔지니어링과 관련하여 필자가 추천하는 패턴의 일부는 아래와 같다.
>
> - **서비스형 컨테이너(CaaS)**
>
>   머신러닝을 다루는 회사에서 일을 진전시키는 것 자체에 어려움을 겪고 있다면, CaaS 제품을 살펴보아야 한다. AWS에서 가장 추천하는 제품은 앱러너이다.
>
> - **세이지메이커**
>
>   세이지메이커는 큰 규모의 머신러닝 모델 배포 및 재학습 기능을 제공하는 플랫폼이다. 데이터가 방대해지고 조직이 커지는 경우 세이지메이커를 알아보도록 한다.
>
> - **서버리스 API**
>
>   굉장히 기민하게 움직여야 하는 스타트업의 경우 MLOps를 구축하기 위한 시도로 사전학습된 모델을 서버리스 API 형태로 제공하는 것이 도움이 될 수 있다. 이와 관련하여 AWS에서 더 알아보아야 하는 제품은 AWS 람다다.

> 인터뷰 **스포츠 SNS 서비스의 사례**
>
> AWS 머신러닝 플랫폼을 이용해 빌드된 스포츠 SNS 서비스의 프로덕트 매니저 롭 로랜저Rob Loranger씨의 이야기를 소개한다. 2005년 데이터베이스 관련 소프트웨어를 이용하는 직무인 세일즈 엔지니어로 일할 때 데이터를 이용한 의사결정에 대한 중요성을 깨달은 롭은 데이터 분야에 발을 들여놓았다. 최근까지도 그는 사회관계망 서비스, 데이터센터, 통신사의 네트워크 분석 및 제어 등 다양한 데이터 중심data driven 소프트웨어 플랫폼에서 프로덕트 매니저로 꾸준히 일해 왔다.
>
> 롭은 캘리포니아 대학에서 데이터 분석과 머신러닝을 공부하며 MBA과정을 수료했다. 그는 머신러닝 파이프라인에서 머신러닝 모델이 해결할 비즈니스 문제를 정의하는 일뿐 아니라 모델 평가와 배포까지 경험해 보았다. 주피터 노트북, 미니탭Minitab, 스타타Stata, 파이썬뿐 아니라 앞서 책에서 살펴보았던 아마존 세이지메이커도 그가 사용했던 도구에 포함된다.

Q: 확장성 있게 지속가능한 머신러닝 시스템을 배포하고 관리하는 일에 가장 중요한 요소들이 무엇이라고 생각하세요?

A: 머신러닝은 한 번에 딱 완료되는 무언가가 아닙니다. 시간이 흐르더라도 데이터의 품질과 모델의 정확성이 떨어지지 않는지 지속적으로 추적해야 합니다. 여러분들이 데이터와 관련된 시스템을 만들게 될 때 데이터 도메인 전문가(SME)를 최대한 일찍 그리고 자주 만나는 것도 중요합니다. 비즈니스에 대한 이해도를 높이는 것뿐 아니라 여러분의 모델을 평가하고 검증할 데이터에 대한 이해도를 높이는 것이 중요하기 때문입니다. 머신러닝을 이용해 풀고자 하는 비즈니스 문제들에 집중하여 프로젝트의 전체 수명 주기동안 핵심 이해관계자들에게 최대한의 이익을 가져다줄 수 있는 방법을 고민하세요.

Q: 인공지능이나 머신러닝 제품을 만드는 프로덕트 매니저는 평소 무엇을 고민하나요?

A: 스포츠 SNS의 프로덕트 매니저로 일할 때 가장 많이 신경을 썼던 핵심성과지표^{Key Performance} ^{Indicator}(KPI)는 월간 활성 유저(MAU)였습니다. 이 측정항목은 플랫폼에 사람들이 남아 있는 정도와 직결되어 있기 때문입니다. 이 수치가 꾸준히 높아짐은 플랫폼이 성장하고 있다는 것을 간접적으로 시사합니다. 하지만 한편으로는 이 측정항목이 꽤나 괜찮은 값을 보인다고 하더라도 플랫폼에 대한 유저의 반응은 오히려 부정적인 상태일지도 모릅니다. 왜냐하면 시간이 지날수록 신규 유저가 지날수록 점점 더 많이 유입되어 월간 활성 유저는 점점 늘어나지만 그만큼 많은 유저들이 금방 이탈하여 실질적으로 플랫폼에서 지속적으로 가치를 생산하는 유저의 수는 크게 증가하지 못한 경우가 있을 수 있기 때문입니다. 저희 플랫폼은 선수들과 그 팬들이 지속적으로 교류할 수 있는 관계망이 되기를 원하는데 이런 경우에는 완전히 실패했다고 보아야 하는 것이죠.

플랫폼은 유저들이 다른 어느 서비스에서도 느끼지 못한 경험을 제공할 수 있어야 합니다. 그러므로 저희의 전략은 팬 획득^{acquisition}, 새로운 팬 획득을 위한 자발적인 바이럴, 서비스 재이용률^{retention} 상승을 유도합니다. 각각의 측면에서 플랫폼이 개선되는 경우 KPI가 좋아지지만, 이 모든 요소가 충족되기 전에는 MAU가 크게 달라지지 않곤 합니다.

MAU를 높이기 위해 우선 임원진이 알고 있거나 영업팀이 확보한 선수들과 단체들을 플랫폼에 담아 몸집을 빠르게 늘려 나갔습니다. 플랫폼 내에서 선수들이 생성한 콘텐츠와 다른 소셜 네트워크를 통해 생성된 콘텐츠들을 적절히 활용하여 팬을 획득해 나갔습니다.

그 다음은 바이럴에 집중했습니다. 바이럴은 이것 하나만으로도 방대한 주제이기 때문에 자세히 언급하지는 못할 것 같습니다. 간단히 말하면 바이럴은 팬들에게 독특한 경험을 제공하고, 팬들

사이의 관계를 조성하고, 온/오프 플랫폼에서 콘텐츠를 공유하도록 했습니다. 따라서 바이럴도 제품 로드맵에 반영된 핵심적인 부분이었습니다.

다양한 노력 덕분에 선수들과 팬들이 플랫폼에서 생산하는 콘텐츠가 충분히 많아졌음에도 팬들이 새롭게 관심을 가질 만한 선수들을 찾는 것을 상당히 어려워했습니다. 팬들은 보통 한두 명의 선수들이나 한두 개의 팀들에만 관심을 가지는 편이기 때문에 플랫폼에서 충분한 콘텐츠를 발견하지 못했던 것입니다. 이러한 현상은 팬들의 서비스 재사용률이라는 측정 항목에서 힌트를 얻었습니다. 실제로 대부분의 팬들은 서비스에 가입한 지 얼마 가지 않아 서비스 사용을 중단했습니다.

문제해결의 열쇠가 된 것은 딥러닝 기반의 추천 엔진이었습니다. 처음에 만들어진 엔진의 추천을 기반으로 팬 피드에 게시되는 내용의 품질은 좋지 않았습니다. 그러나 분석팀이 코호트 분석을 거치며 추천엔진의 데이터와 알고리즘을 개선해 나가자 팬들의 애플리케이션 재사용율이 개선되기 시작했습니다. 처음에 운동 선수를 위한 상품 판매를 통해 수익을 내는 것이 전부였지만, MAU가 높아지는 덕분에 SNS 플랫폼으로써 역할을 수행하며 수익을 낼 수 있는 가능성이 생긴 셈입니다.

Q: 이 책의 독자들이 당신의 이야기를 더 들어보고 싶다면 어떻게 해야 할까요?

A: 이메일[55]이나 링크드인[56]으로 연락 주세요!

[인터뷰] **AWS 머신러닝 기술 전도사 줄리앙의 커리어 조언**

줄리앙 시몬은 AWS 머신러닝 플랫폼의 컨텐츠 크리에이터다. 여러분에게 AWS 플랫폼의 머신러닝과 관련된 인사이트를 제공할 수 있다.

Q: 독자 여러분들께 당신이 어떻게 머신러닝 운영과 관련된 일을 하게 되었는지 들려줄 수 있을까요?

A: 저는 10년동안 몇몇 스타트업에서 거대한 소프트웨어 및 인프라팀을 이끌어 왔습니다. 저희 팀이 항상 하는 일은 데이터를 수집하고, 저장하고, 처리하는 것이었습니다. 시간이 지나면서 관계형 데이터베이스를 다루던 일은 머신러닝을 이용해 실시간으로 비즈니스의 인사이트를 분석하는 작업으로 변해 갔습니다. 회사의 서비스는 유저와 굉장히 많은 상호작용이 있었습니다.

---

[55] rtloranger@gmail.com
[56] https://oreil.ly/GLK60

그러다 보니 데이터를 저장하거나, 모델을 배포하거나, 잘못된 배포에 있어 롤백하는 모든 작업들이 수백대 규모의 서버에서 동시다발적으로 이루어져야 했습니다. 이로 인한 흥미로운 문제들이 줄줄이 발생하곤 했지요. 이 회사에서 했던 일이 이쪽 경험 중 가장 핵심이 되지 않을까 싶어요.

Q: 확장성 있게 지속가능한 머신러닝 시스템을 배포하고 관리하는 일에 가장 중요한 요소들이 무엇이라고 생각하세요?

A: 우선 독자 여러분들은 머신러닝도 소프트웨어 엔지니어링이라는 주장에 동의하시나요? 만약 이 주장에 동의하신다면 버저닝, 테스팅, 자동화, 문서화는 선택이 아니라 필수라는 사실을 잊지 맙시다. 저는 여전히 '이건 머신러닝이니까 괜찮아요' 같은 이야기를 들을 때마다 깜짝깜짝 놀라곤 합니다. 데이터 과학은 굉장히 독특한 분야입니다. 하지만 머신러닝이 동작하기 위해서도 소프트웨어 엔지니어링과 마찬가지로 코드를 비롯한 다양한 부산물들이 필요하고, 이들을 적절히 관리할 필요도 있습니다. 소프트웨어 엔지니어링에는 머신러닝을 도울 수 있는 도구들과 모범 사례가 아주 많습니다. 과거에 이미 있었던 시행착오를 답습하는 일에 리소스를 낭비하지 맙시다.

여러분은 코드와 데이터셋의 버전을 관리해야 합니다. 코드와 모델을 테스트해야 합니다. 모델은 프로덕션 환경에 안전하게 배포되어야 하고 이를 위해 카나리나 블루그린 등 잘 알려진 배포 전략을 적용해야 합니다. 모니터링도 중요합니다. 인프라의 측면(쓰루풋throughput, 지연latency)과 머신러닝 측면(추론 품질, 데이터 드리프트)을 모두 고려해야 하겠지요. 트래픽 양을 적절히 분산하거나, 트래픽에 따라 적절히 스케일업/스케일다운 하는 일도 중요합니다. 이 모든 프로세스는 반드시 자동화되어야 합니다. 다시 말하지만, 새로운 것은 없습니다. 그냥 기존에 하던 것을 머신러닝에도 동일하게 하면 됩니다.

Q: 머신러닝과 관련하여 가장 눈여겨보고 있는 것은 무엇이고, 그 이유는 무엇인가요?

A: 제 몸속에는 게으름뱅이가 하나 사는데, 이 친구는 훌륭한 모델을 다운로드하는 일이나 배포하는 일을 몇 줄 안 되는 코드만으로 끝내는 것을 정말 좋아합니다. 게으름뱅이들을 위해 머신러닝의 접근성을 향상해 주는 플랫폼들이 등장한다는 사실이 커다란 진보라고 생각합니다. 전이학습 플랫폼, AutoML 소프트웨어, 높은 추상화 수준의 머신러닝 제품들은 복잡성을 모두 감추어 줍니다. 가령 허깅페이스huggingface와 같은 플랫폼은 여러분이 머신러닝 전문가가 아니더라도 현존하는 최고의 모델들을 매우 쉽게 사용할 수 있도록 제공하고 있습니다. 실제로 저는 종종 머신러닝 제품들을 S3 버킷처럼 누구나 사용하기 쉽고 간단하게 만들어야 한다고 이야기하곤 합니다.

한편 저는 거대한 스케일의 학습과 추론이 가능하도록 도울 가속기의 발전을 눈여겨보고 있습니다. 물론 GPU도 훌륭한 하드웨어이지만 리소스 사용이 효율적이라고 생각하지는 않기 때문입니다. 저는 더 저렴하고, 친환경적이고, 멋지게 계산하는 하드웨어가 나오기를 고대하고 있습니다.

Q: 이 책을 읽는 독자들에게 MLOps와 관련된 커리어에 핵심적으로 도움이 될 만한 내용을 소개해 줄 수 있나요?

A: 여러분에게 가장 드리고 싶은 조언은 여러분이 풀고 있는 비즈니스 문제에 대해서 최대한 이해하기 위해 노력해야 한다는 것입니다. 문제에 대해 깊이 이해하지 못하고 있다면 올바르게 해결할 수 없기 때문입니다. 서비스에서 사용자들이 정말 신경 쓰는 것이 무엇일까요? 당신이 반드시 확인해야 하는 핵심 측정항목에는 어떤 것들이 있을까요? 제품화에 걸리는 시간과 제품 품질 사이의 균형은 딱 어느 정도가 적당할까요? 이러한 질문들이 머신러닝 프로젝트를 성공적으로 이끌 수 있습니다. 기술은 단지 도구에 불과합니다. 도구를 익히는 일에만 집중하거나 여러분의 이력서를 기술들로만 화려하게 채우는 일은 빛 좋은 개살구에 불과합니다.

자동화를 염두에 두는 것도 중요합니다. 자동화 없이는 절대로 여러분의 애플리케이션 운영을 확장할 수 없습니다. 여러분의 데이터팀 구성원 각각은 자신만의 계정을 가지고도 모델을 학습하고, 모델을 배포하고, 모델을 평가하는 일련의 작업을 마음 놓고 할 수 있어야 합니다. 옵스팀은 개발이나 테스트 인프라를 신경 쓰지 않고 오직 프로덕션 인프라를 관리하는 일에만 신경 써야 합니다. 이런 경우에는 당연히 나쁜 모델이 배포되는 일을 방지할 수 있도록 가벼운 검토 프로세스를 정의해 두면 좋습니다. 자동화하기 어려워 여러분이 직접 해야 하는 일이 있다면, 나머지 모든 것들은 반드시 자동화되어야 합니다.

마지막으로, 여러분의 애플리케이션에 보안 문제는 없는지 확인해 보아야 합니다. AWS는 보안과 관련된 서비스들을 다수 가지고 있습니다(IAM, KMS, CloudTrail, S3 버킷 정책 등). 취약하지 않은 머신러닝 플랫폼을 만들고 싶다면 결국 이들을 반드시 살펴볼 수밖에 없을 것입니다.

Q: 이 책의 독자들이 당신의 이야기를 더 들어보고 싶다면 어떻게 해야 할까요?

A: 링크드인으로 주시는 연락은 언제나 환영입니다. 트위터에서 @julsimon[57]을 찾으시거나, 제가 개발자들을 위한 AWS 관련 컨텐츠를 업로드하고 있는 유튜브 채널[58]에 방문해 주시는 것도 좋습니다.

----

57 https://oreil.ly/BN1of
58 https://oreil.ly/cf6pz

7.5 마치며

오늘날까지도 AWS는 가장 거대한 클라우드 플랫폼이다. 이번 장에서는 AWS의 특징과 기능들을 살펴보았다. AWS를 이용하면 식재료를 하나하나 다듬어 요리를 만들어 내는 것뿐만 아니라 컴퓨터 비전 API와 같은 냉동식품들을 이용하여 간단하게 요리를 만들어 내는 것도 가능하다는 사실을 알게 되었을 것이다.

이번 장을 읽은 독자가 혹시라도 비즈니스 의사결정자나 기술 책임자에 해당한다면 필자는 성공적인 MLOps 구축 역량 확보를 위해 회사와 팀원들이 아래와 같은 것들을 하도록 유도해야 한다고 전하고 싶다.

- AWS 엔터프라이즈 지원을 받을 것
- AWS Rekognition이나 AWS Comprehend와 같은 고수준 도구들을 이용해 빠르게 문제를 해결해 보는 경험을 쌓아 둘 것
- 데이터 수집, 피처 스토어, 모델링, 모델 배포까지 전 과정에서 자동화할 수 있는 모든 것들을 자동화하는 작업에 집중할 것
- MLOps를 위해 AWS 세이지메이커와 같은 도구들을 사용하는 것을 고려하고, 이를 미래의 복잡성에 효율적으로 대응하기 위한 장기적인 투자라고 생각하도록 할 것
- 팀의 구성원들이 AWS 클라우드 실전 전문가 자격증이나 AWS 솔루션 아키텍트와 같은 자격증을 취득해 나가도록 할 것

AWS 머신러닝 전문가로 커리어를 쌓고 싶은 사람이나 AWS에 관심이 많은 개인의 경우에도 마찬가지로 자격증을 취득하는 것이 여러모로 유익할 것이다. 부록 B에 AWS 자격증 시험을 준비하는 팁을 준비했다. AWS로 어떤 것들을 연습해보면 좋을지 고민되는 독자들은 '연습해보기'와 '생각해보기'의 내용을 확인해보도록 하자. 다음 장에서는 애저 클라우드에 대해 알아본다.

연습해보기

- 깃허브 저장소[59]를 참고하여 플라스크 웹 서버에 필요한 지속적 배포 파이프라인을 AWS Elastic Beanstalk 기반으로 구축해보자.
- 세이지메이커 인스턴스를 생성하고, 미국 인구조사 데이터를 활용한 인구 분석 튜토리얼[60]을 진행해보자.
- 깃허브 저장소[61]를 참고하여 AWS 파게이트를 이용하여 머신러닝 추론 서비스를 제작해보자.
- 깃허브 저장소[62]를 참고하여 서버리스 데이터 엔지니어링 프로토타입을 제작해보자.
- 깃허브 저장소[63]를 참고하여 추론 결과 레이블에 따라 다르게 작동하는 트리거를 생성해보자.
- 앞서 제공했던 MLOps 레시피를 기반으로 다양한 타깃에 배포해본다. 컨테이너화된 CLI, 선점형 인스턴스, EKS, Elastic Beanstalk 등 무엇이든 좋다.

생각해보기

- 왜 머신러닝을 활용하는 수많은 기업에서 데이터 레이크라고 불리는 저장소를 사용할까?
- 직접 감정분석 모델을 학습시켜 사용하는 것과 AWS Comprehend를 사용하는 것에는 활용도 측면에서 어떤 차이점이 있다고 말할 수 있을까?
- 컨테이너화된 모델 배포 프로세스의 장점이 무엇일까?
- 여러분의 동료가 수많은 AWS 제품 사이에서 갈피를 못 잡고 있는 상황에 놓여 있다고 상상해보자. 여러분들은 그 동료에게 어떤 조언을 건넬 것인가?

---

59 옮긴이_ https://github.com/ProtossDragoon/flask-elastic-beanstalk
60 https://sagemaker-examples.readthedocs.io/en/latest/introduction_to_applying_machine_learning/US-census_population_segmentation_PCA_Kmeans/sagemaker-countycensusclustering.html
61 https://oreil.ly/opQJh
62 https://oreil.ly/3klFK
63 https://oreil.ly/xKv0p

## CHAPTER 8

애저 환경과 MLOps

우리 가족이 이사해야 했던 이유 중 세 번째는 1933년 대공황이 한창이던 때 압류를 당한 이후, 제대로 된 집을 가져본 적이 없었기 때문이었다. 내가 6살 때 사랑했던 시골 낙원이 어떻게 사라졌는지를 비로소 이해할 수 있었던 건 몇 년이 지난 후였다. 그것은 부모님이 비용을 지불할 수 없었기 때문이었다. 이후 어머니는 힘들게 운영하던 병원을 그만두고, 주립 병원의 내과 의사로 취직하셨다. 그리고 얼마 안 되는 돈으로 우리가 모두 살기엔 비좁았지만 그래도 아파트를 얻을 수 있었다.

– 조셉 보겐 박사

마이크로소프트의 애저Azure는 머신러닝에 투자를 지속하여 성과를 내고 있다. 불과 몇 년 전만 하더라도 애저가 데이터 엔지니어링과 머신러닝 시장의 큰 관심을 받을 것이라 예상하지 못했지만, 오늘날 애저에서 제공되는 기능들은 애저 플랫폼을 훌륭한 서비스로 만들고 있다.

애저를 전혀 사용해 보지 않았거나 마이크로소프트가 클라우드 서비스에서 제공하는 머신러닝 기능[1]을 경험해본 적이 없다면 한 번 사용해볼 것을 추천한다. 애저는 대부분의 클라우드 플랫폼과 마찬가지로 평가판을 통해 먼저 사용해보고 서비스를 판단할 수 있도록 충분한 크레딧을 제공하고 있다.

이번 장에서는 애저를 이용한 모델 학습, 파이프라인, 쿠버네티스 클러스터에 모델을 배포하는 것 등을 실습해보며 애저의 머신러닝과 관련된 몇 가지 중요한 기능들을 살펴본다. 더불어 애저 머신러닝에서 모니터링과 로깅과 같은 데브옵스의 주요 기능을 적용할 때 고려할 사항을

1 　옮긴이_ 기존의 애저 머신러닝 스튜디오는 애저 머신러닝으로 통합되었다.

다룰 것이다.

8.1 애저 CLI와 파이썬 SDK

이 장의 다양한 예제와 코드는 사용자의 환경에 애저 명령줄 인터페이스와 파이썬 SDK가 설치되었다는 전제하에 작성되었다.

로컬 환경에 애저 계정을 연결하려면 아래 명령을 실행한다.

```
$ az login
```

애저의 파이썬 SDK를 사용하는 대부분의 예제에서는 애저 계정과 config.json 파일이 필요하다. 이 파일에는 파이썬 코드와 클라우드 작업 영역을 연결하는 데 필요한 모든 정보가 들어있다. 파이썬 SDK을 이용해 애저를 제어하려면 가장 먼저 이 스크립트를 사용해야 한다.

```
import azureml.core
from azureml.core import Workspace

ws = Workspace.from_config()
```

애저 포탈에 로그인한 후, 메인 화면에 있는 애저 머신러닝으로 이동하여 'config.json 다운로드'를 클릭하면 다운로드할 수 있다(그림 8-1).

---

2 https://oreil.ly/LcSb2

그림 8-1 애저 config.json 파일 다운로드

현재 작업 영역에 config.json이 없으면 작업이 실패하면서 아래와 같은 역추적 리포트가 출력된다.

```
In [2]: ws = Workspace.from_config()
  UserErrorException                    Traceback (most recent call last)
<ipython-input-2-e469111f639c> in <module>
----> 1 ws = Workspace.from_config()
~/.python3.8/site-packages/azureml/core/workspace.py in from_config
    269
    270 if not found_path:
--> 271 raise UserErrorException(
    272    'We could not find config.json in: {} or in its parent directories.'
    273    'Please provide the full path to the config file or ensure that '
```

8.2 인증

애저에는 리소스에 대한 접근을 제어하기 위한 서비스 주체service principal (SP)가 있다. 클라우드 서비스를 사용할 때 인증을 간과하거나 간단히 하려는 사람들이 있다. 어떠한 서비스를 이용할 때 '관리자 권한이 있는 계정으로 접속한다' 혹은 '누구나 편집하고 실행할 수 있도록 권한을 변경한다'와 같은 안내를 본 경험이 있을 것이다. 필자 역시 접근 권한을 정교하게 설정하는 것의 어려움에 공감하지만, 숙련된 엔지니어들은 이런 단순한 권한 설정으로 접근을 수락하면 어떤 문제가 발생할 수 있는지 잘 알고 있을 것이다.

필자가 미디어 에이전시에서 시스템 관리자로 일할 때, 당시 리드 엔지니어는 애플리케이션의 프로덕션 환경에 누구나 직접 로그인하여 실행되고 있는 소스 코드에 접근할 수 있도록 하였었다. 그 결과 HTTP 환경으로 들어오는 인터넷상의 모든 사용자가 해당 소스에 대한 편집과 실행에 대한 권한을 가질 수 있게 됐다는 사실을 뒤늦게 알게 되었다.

최소한의 수정만으로 문제를 해결하는 것이 최선의 방법인 경우도 많지만, 보안과 인증에 관련된 경우 제약 조건을 완화하는 간단한 수정일지라도 꼼꼼하게 검토해야 한다. 인증이 올바르게 수행되었는지, 인증이 필수적이지 않은 경우라 하더라도, 인증과 관련하여 이슈가 발생할 소지가 없는지 확인해야 한다.

8.2.1 서비스 주체

> **NOTE_** 본 예제에서는 서비스 주체에 대해 광범위한 권한을 갖는 owner의 역할을 부여하는 대신 이보다 훨씬 적은 권한을 가진 contributor의 역할을 부여한다.

애저 CLI를 이용해 로그인한 후 아래 명령을 실행한다.

```
az ad sp create-for-rbac --name practical-mlops-chapter4 --role Contributor --scopes /
subscriptions/17102f1f-582e-4e5a-9d70-a54c1b62e009/resourceGroups/book-translation
--sdk-auth
```

위 명령어에서 `17102f1f-582e-4e5a-9d70-a54c1b62e009`은 애저 머신러닝 스튜디오가

사용하는 구독ID에 해당하는 값이고, `book-translation`은 애저 머신러닝 스튜디오가 포함된 리소스 그룹의 이름이다.

```
Option '--sdk-auth' has been deprecated and will be removed in a future release.
Found an existing application instance: (id) f0bbe493-3c0f-46c1-a6d5-fc1cc4c3796d. We
will patch it.
Creating 'Contributor' role assignment under scope '/subscriptions/17102f1f-582e-4e5a-
9d70-a54c1b62e009/resourceGroups/book-translation'
The output includes credentials that you must protect. Be sure that you do not include
these credentials in your code or check the credentials into your source control. For
more information, see https://aka.ms/azadsp-cli
{
  "clientId": "305a2b0f-ca39-404c-96d3-f714028a1864",
  "clientSecret": "-FS8Q~rVSJ.-vYgVR2R-vTpz8N9yJi~qWbilrawn",
  "subscriptionId": "17102f1f-582e-4e5a-9d70-a54c1b62e009",
  "tenantId": "6c2ea5ee-418c-4e13-8eaa-5163cdb50c67",
  "activeDirectoryEndpointUrl": "https://login.microsoftonline.com",
  "resourceManagerEndpointUrl": "https://management.azure.com/",
  "activeDirectoryGraphResourceId": "https://graph.windows.net/",
  "sqlManagementEndpointUrl": "https://management.core.windows.net:8443/",
  "galleryEndpointUrl": "https://gallery.azure.com/",
  "managementEndpointUrl": "https://management.core.windows.net/"
}
```

이 명령을 통해 애저 머신러닝 워크스페이스와 관련된 리소스들에 접근이 가능한 서비스 주체 `practical-mlops-chapter4`를 생성할 수 있다.[3] 서비스 주체의 이름을 만들 때는 그 이름이 서비스의 무엇과 연관되어 있는지 기억할 수 있도록 규칙을 갖도록 하자.

이 작업을 한 번만 실행해 두면 SP에 부여된 권한에 한정하여 인증을 자동화할 수 있으므로 사람의 실수로 인해 발생하는 접근 혹은 광범위하게 부여된 권한을 이용한 비정상적인 접근을 줄일 수 있다.

-----

3   옮긴이_ 서비스 주체를 만드는 명령어가 패나 복잡해 보일 수 있다. 하지만 이것은 어떤 범위(--scopes)에 어떤 권한(--role)을 부여할 것인지를 정확히 지정함으로써 가장 작은 범위의 권한을 주기 위해 들어가는 노력에 해당한다. 예를 들어 이 책의 4장에서는 이 권한을 이용하여 애저 머신러닝의 모델 레지스트리에 모델을 읽고 쓰는 작업을 수행한다. 이 작업을 수행하기 위해 모든 리소스에 접근할 수 있는 애저 계정의 아이디와 비밀번호를 깃허브에 전달하는 것은 보안 관점에서 좋은 생각이 아니다.

8.2.2 API 서비스 인증

인터넷에서 작동하는 서비스인 경우, HTTP 요청을 통해 배포된 모델과 상호작용이 발생한다. 이러한 경우, 서비스간 통신을 위해 활성화할 인증서의 유형을 결정해야 한다.

모델을 프로덕션 환경에 배포하거나 관련 설정을 진행하기 전에, 사용 가능한 다양한 보안 기능을 알아두는 것이 좋다.

애저는 제품마다 다른 인증 방법을 제공한다. 물론, 배포 방식에 따라 이 서비스들의 기본 설정 값 또한 달라지지만, 공통적으로 키key와 토큰token 두 가지 방식이 지원된다. 애저 쿠버네티스 서비스Azure Kubernetes Service(AKS)와 애저 컨테이너 인스턴스Azure Container Instances(ACI)는 이러한 다양한 인증 방식을 지원한다. 최근에는 애저 아크Azure Arc라는 서비스를 통해 하이브리드 쿠버네티스 클러스터를 애저 머신러닝에서 컴퓨팅 리소스로 활용할 수 있다.

키 기반 인증서

- AKS에는 기본값으로 키 기반 인증이 활성화되어 있음
- ACI에는 기본값으로 키 기반 인증이 비활성화되어 있으며(활성화 가능), 기본값으로 설정된 인증서는 없음

토큰 기반 인증서

- AKS는 기본값으로 토큰 기반 인증서 사용 불가능
- ACI는 토큰 기반 인증서를 지원하지 않음

모델이 배포될 환경에 따른 개별 설정 요건을 프로덕션 환경에 배포하기 전에 완전하게 이해해야만 한다. 또한 테스트 환경에서도 항상 인증서를 활성화하여 개발과 프로덕션 환경 간의 불일치를 방지해야 한다.

8.3 컴퓨팅 인스턴스

애저는 컴퓨팅 인스턴스를 데이터 과학자를 위한 관리형 클라우드 기반 워크스테이션으로 정의하고 있다. 기본적으로 컴퓨팅 인스턴스는 클라우드에서 MLOps를 수행하는 데 사용자에게 필요한 모든 것을 빠르게 시작할 수 있도록 돕는다.

신기술에 대한 PoC^Proof of Concept나 새로운 것을 시도할 때 사용자가 직접 작성한 노트북 파일을 업로드할 수도 있지만, [그림 8-2]와 같이 다양한 템플릿이 포함된 애저의 주피터 노트북 샘플을 활용하는 것도 유용할 수 있다.

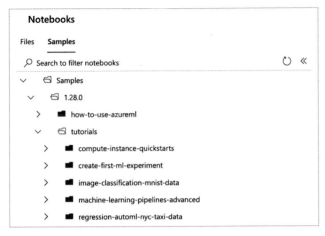

그림 8-2 애저 노트북 샘플

노트북을 실행하고 모델링을 할 때 해결해야 할 성가신 문제 중 하나는 환경설정일 것이다. 애저는 머신러닝을 위한 노트북 샘플을 제공한다. 이를 이용해 사용자가 빠르게 모델을 만들 수 있다.

"내 컴퓨터에서는 잘 작동했었는데…" 라는 말을 들어본 적이 있을 것이다. 새로운 아이디어를 탐색하거나 테스트할 경우에도 재현 가능한 환경에서 진행하는 것은 이슈 발생의 소지가 적고, 엔지니어 간의 협업에도 효율적일 것이다. 독자들은 애저 컴퓨팅 인스턴스를 활용하여 이러한 문제를 해결해 보길 바란다.

애저 머신러닝 스튜디오에서 주피터 노트북을 만들 때와 유사하게 스튜디오 내에서 필요한 워크플로를 실행할 컴퓨팅 인스턴스를 만들 수 있다. 관리 항목에서 컴퓨팅 인스턴스 생성 링크를 클릭하면 [그림 8-3]과 같이 생성을 위한 여러 항목을 확인할 수 있다. 경험상 낮은 비용의 가상 머신을 선택해서 시작하는 것도 충분하다. 필요 이상의 비용이 발생하는 것을 피할 수 있기 때문이다.

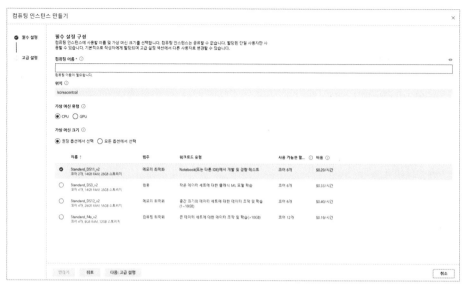

그림 8-3 애저 컴퓨팅 인스턴스 생성

제공되는 가상 머신의 종류와 이름은 계속 변화한다는 점에 주의하자.

8.4 배포

애저에는 모델과의 상호작용 형태를 고려하여 선택할 수 있는 여러가지 배포 방법이 있다. 만약 인메모리로 처리하기 버거운 방대한 규모의 데이터를 다룰 때는 배치 인퍼런스가 적합할 것이다. 애저는 여러 유용한 기능을 제공하여, 사용자들이 테라바이트 단위의 정형 및 비정형 데이터를 처리하고 인퍼런스할 수 있도록 돕고 있다.

실시간 추론 역시 가능하다. 테라바이트 수준의 방대한 데이터를 다루는 것이 아니라면, 빠르게 모델을 배포하고 다른 API와 상호작용하는 데 이 접근은 유용할 것이다. AutoML로 학습된 모델을 활용하여 생성한 HTTP API는 사용자가 활용할 수 있는 기능 중 하나이다.

HTTP API를 만드는 것은 크게 부담되는 작업이 아니지만, API 자동생성 기능을 이용하면 담당 부서가 데이터 품질이나 배포 프로세스 개선처럼 보다 실질적이고 중요한 업무에 더 많은 시간을 할애할 수 있다.

8.4.1 모델 등록

애저 공식 문서에는 모델 등록^{registration}을 선택 사항으로 분류하고 있다. 모델 등록은 모델을 배포하는데 필수 사항은 아니다. 그러나 모델을 배포하는 과정이 반복되다 보면 나중에는 모델을 체계적으로 관리하지 않은 것이 문제가 될 수 있다.

그러므로 필자는 모델을 배포하기 전 모델을 등록할 것을 추천한다. 만약 깃의 버전 제어 시스템[4]이 익숙하다면 애저 환경에 등록된 모델을 수정하고 관리하는 일도 자연스럽게 느껴질 것이다.

모델 버전 관리가 매력적인 이유

- 배포 환경에서 실행 중인 모델의 버전을 식별할 수 있다.

- 각 버전의 설명을 통해 다양한 버전 중에서 필요한 것을 선택할 수 있다.

- 빠르게 이전 버전의 모델로 롤백할 수 있다.

애저에는 모델을 등록하는 몇 가지 방법이 있다. 만약 애저에서 모델을 학습시켰다면, 파이썬 SDK의 Run 클래스가 반환하는 객체를 이용할 수 있다.

```
description = "AutoML trained model"
model = run.register_model(description=description)

# A model ID is now accessible
print(run.model_id)
```

등록될 모델이 꼭 애저에서 학습된 것이어야만 할 필요는 없다. 사용자가 이미 가지고 있는 모델을 배포 전 애저로 옮길 필요가 있을지도 모른다. 아래와 같이 파이썬 SDK를 통해 모델을 등록할 수 있다.

```
import os
from azureml.core.model import Model
# assumes 'models/' is a relative directory that contains uncompressed
# ONNX models
model = Model.register(
    workspace=ws,
    model_path ="models/world_wines.onnx",
```

---

4 https://oreil.ly/Ttyl0

```
    model_name = "world_wines",
    tags = {"onnx": "world-wines"},
    description = "Image classification of world-wide wine labels"
)
```

모델 레지스트리에 모델을 등록하기 위해 파이썬 SDK를 고집할 필요는 없다. 아래와 같이
CLI를 이용하는 방법도 있다.

```
$ az ml model register --name world_wines --model-path mnist/model.onnx
```

모델 등록 시 설명 태그 등 메타데이터를 작성해두면 나중에 모델을 쉽게 구분해낼 수 있다. 모
델을 적은 개수만 등록하는 경우 [그림 8-4]와 같이 애저 머신러닝 스튜디오의 GUI를 이용하
는 것도 좋은 방법이다.

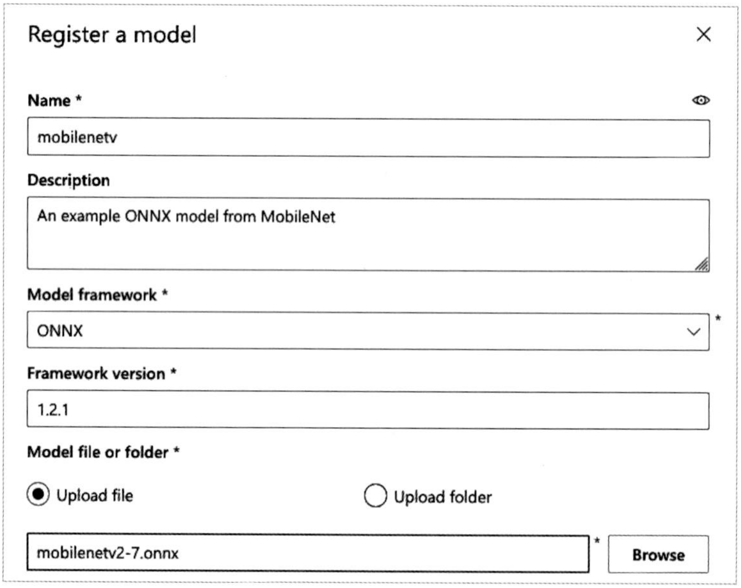

그림 8-4 애저에 모델 등록하기

8.4.2 데이터셋 버전 관리

데이터셋 버전 관리 기능은 방대한 데이터셋의 미세조정을 가능하도록 돕는다. 이러한 버전 관리는 불과 얼마 전까지도 불가능한 일이었다. 깃과 같은 소스 코드의 변경 사항을 추적하는 시스템과 데이터셋의 버전을 관리하는 시스템의 요구 사항이 다르다는 점은 프로덕션 환경에서 재현 가능한 신뢰성 있는 모델을 만드는 데 골칫거리였다.

데이터는 머신러닝 파이프라인을 따라 흐르며 끊임없이 변형된다. 데이터가 달라지면 해당 데이터를 잘 표현할 수 있는 모델 또한 달라질 수 있다는 것을 의미하므로 머신러닝 시스템을 구축할 때 버전을 관리하는 것은 중요하다. 애저와 같은 클라우드 플랫폼에서 제공하는 데이터셋 버전 관리 기능을 활용하면 워크플로 안정성을 향상시킬 수 있다. 아래 예제 코드에서는 간단히 HTTP를 주소를 통해 실습에 사용할 데이터셋을 불러온다.

```python
from azureml.core import Dataset

csv_url = ("https://automlsamplenotebookdata.blob.core.windows.net"
        "/automl-sample-notebook-data/bankmarketing_train.csv")
dataset = Dataset.Tabular.from_delimited_files(path=csv_url)
```

register 메서드를 사용하여 데이터셋을 등록한다.

```python
dataset = dataset.register(
        workspace=workspace,
        name="bankmarketing_dataset",
        description="Bankmarketing training data",
        create_new_version=True)
```

데이터셋이 등록되면 이름과 버전으로 검색할 수 있다(버전 번호는 1부터 시작된다).

```python
from azureml.core import Dataset

# Get a dataset by name and version number
bankmarketing_dataset = Dataset.get_by_name(
        workspace=workspace,
        name="bankmarketing_dataset",
        version=1)
```

NOTE_ 데이터셋의 새로운 버전 생성은 애저가 작업 영역의 모든 데이터셋에 대해 복사본을 만든다는 의미가 아니다. 데이터셋 객체는 스토리지에 있는 데이터를 참조한다.

역자 노트

필자가 본문에서 제시한 클라우드 기반의 데이터셋 버전 관리 도구 혹은 최근 많이 사용되고 있는 DVC와 같은 도구는 데이터셋의 버전을 관리하는 작업에 특화되어 있다. 이와 더불어 데이터셋–소스 코드–실험–모델을 짝지어 관리해 주는 도구로 실험 관리 도구experiment management가 존재한다. 대표적으로 mlflow, wandb가 이에 속한다. 일부 실험 관리 도구의 경우 간단한 모델 버전 및 데이터 버전 관리 기능을 지원한다.

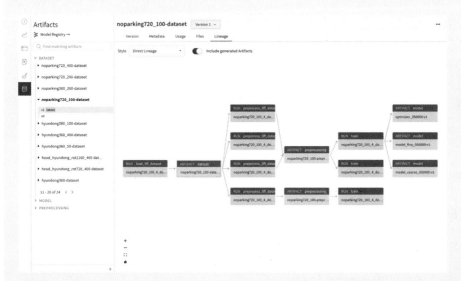

그림 8-4-1 wandb

위의 그림 좌측 탭에는 실험에 사용한 다양한 데이터셋들이 정리되어 있다. 하나의 데이터셋도 데이터 전처리 방법에 따라 모델 결과물이 모두 달라질 수 있고, 모델링에 필요한 소스 코드가 달라져도 모델 결과물이 달라질 수 있기 때문에 이들을 연결해 관리하며 추적할 필요가 있다. 실험 관리 도구는 각각의 데이터셋들이 실행한 실험들과 각각의 실험이 생성한 모델들의 인과관계들을 방향 그래프로 연결해준다는 사실을 알 수 있다.

8.5 컴퓨팅 클러스터에 모델 배포하기

이번 절에는 모델을 구성하고 컴퓨팅 클러스터에 배포하는 것에 대해 알아본다. 배포에 익숙해지려면 전체 프로세스를 몇 번 반복해 보는 것이 좋다.

먼저, 애저 머신러닝 스튜디오 메인화면에서 '새로 만들기'나 '자동화된 ML^{AutoML}' 항목을 클릭한다. 이 과정에서 분석에 사용할 데이터셋이 필요하다. 애저 환경에 올려둔 데이터셋이 없다면 '로컬 파일에서' 항목을 통해 여러분이 가지고 있는 파일을 등록할 수 있다. 데이터셋 업로드 후, 애저에서 안내하는 단계를 진행한다.

8.5.1 클러스터 구성하기

'자동화된 ML' 항목으로 돌아가서 신규 생성을 위해 사용 가능한 데이터셋을 선택한다. 작업 구성 단계에서는 분석 목적과 의미에 따라 항목을 적절히 작성한다. 여기까지 완료했다면 데이터셋의 사용 및 저장 방식에 대해서 구성하여 분석에 사용할 수 있는 상태가 된 것이라고 볼 수 있다.

다음 단계는 모델 배포를 위해 컴퓨팅 클러스터를 연결하는 것이다(그림 8-5). 여러분이 애저 계정을 처음 생성했다면 사용 가능한 클러스터가 없을 것이다. 신규 클러스터를 생성하기 위해 하단에 있는 '+새로 만들기'를 클릭한다. 신규 클러스터 생성은 드롭다운 메뉴의 '컴퓨팅' 항목을 통해서도 가능하다.

그림 8-5 자동화된 ML 작업 구성

필자는 애저 머신러닝에서 많은 기능과 서비스 전반에 걸쳐서 작업의 이름과 설명을 입력해야할 때, 언제나 작업과 연관 있는 내용으로 작성하는 것이 중요하다고 강조한다. 지금처럼 예제 수준이 아니라 수없이 많은 모델과 데이터셋을 다룰 때 이러한 정보 입력은 해당 작업이 어떤 결과와 의미를 갖는지 인지하는 데 큰 도움이 되기 때문이다.

클러스터에는 컴퓨팅 클러스터와 쿠버네티스 클러스터 두 가지 유형이 있다. 컴퓨팅 클러스터는 가상 머신 기반이며, 쿠버네티스 클러스터는 애저 쿠버네티스 서비스와 애저 아크가 지원되는 쿠버네티스 기반이다. 두 유형 모두 애저 머신러닝에서 어렵지 않게 만들 수 있다. 양식만 작성하면 클러스터를 생성하고 실행하여 모델을 학습시킬 준비까지 완료된다. 모델 학습의 옵션으로 두 유형의 클러스터 모두 사용할 수 있다.

쿠버네티스 클러스터도 모델링 단계에서 사전 학습 목적 목적으로 사용할 수 있지만, 필자는 컴퓨팅 클러스터를 사용하여 여러 시나리오를 시도해 보는 경향이 있다. 어떤 유형의 클러스터를 선택하는지와 상관없이 수행할 작업의 규모에 적합한 머신을 선택하는 것도 중요하다. 예를 들어, 컴퓨팅 클러스터 생성시 사용자는 코어 수와 스토리지 용량을 선택해야 한다. 모델 학습을 병렬 처리할 때, 설정한 최대 노드 수만큼만 병렬 실행이 가능할 것이다. 수행하고자 하는 작업에 정확히 들어맞는 규모의 머신을 한 번에 설정하려는 노력은 오히려 더 많은 시행착오를 만든다. 충분히 낮은 성능의 가상 머신을 선택하여 성능을 확인해보고[5] 실행 후에 필요한 성능에 맞춰 클러스터 머신을 추가하면 된다(그림 8-6).

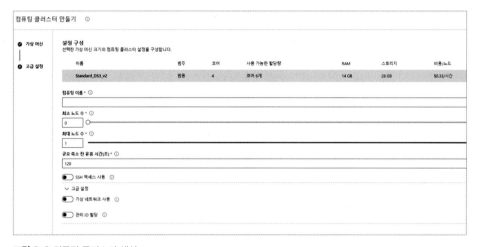

그림 8-6 컴퓨팅 클러스터 생성

필자는 이 단계에서 가동되지 않는 노드로 인한 비용 발생을 막고자 최소 노드 수를 0으로 지정했다. 이렇게 지정하면 클러스터가 사용되지 않을 때는 노드가 작동되지 않게 된다. 필자가 고른 머신의 성능은 형편없지만 작동여부를 확인하기 위한 목적이기 때문에 큰 문제가 되지 않는다. 필요시 언제든 이전 단계로 돌아가서 새로운 가상 머신 유형을 변경할 수 있다.

---

5   옮긴이_ 머신 성능을 높일수록 비용이 올라간다

8.5.2 모델 배포하기

모델 학습과 마찬가지로 프로덕션 환경에 모델을 배포할 때 사용 가능한 클러스터 선택지에 대해서도 간단히 알아두면 유용하다. 유형(테스트 환경인지, 프로덕션 환경인지)에 따라 적합한 방식을 선택해야 한다. 대표적인 두 가지 방법은 아래와 같다.

애저 컨테이너 인스턴스(ACI)

일반적으로 간단한 테스트 목적의 환경에 적합하다.

애저 쿠버네티스 서비스(AKS)

스케일링과 같은 쿠버네티스의 모든 이점을 활용할 수 있다(쿠버네티스는 9장에서 추가적으로 다룬다).

두 가지 선택지 모두 구성하기 어렵지 않다. 애저 머신러닝 스튜디오에서 좌측 드롭다운 메뉴 '자산' 영역의 '모델'로 이동하여 앞서 학습시킨 모델을 선택한다. 모델 목록 화면에서 모델을 선택한 후, 메뉴에 있는 배포를 누르면 [그림 8-7]과 같이 배포 옵션을 확인할 수 있다.

이 단계에서는 몇 가지 필수 사항이 있다. 먼저 컴퓨팅 유형을 ACI로 선택하고 인증을 활성화한다. 한번 배포된 후에 HTTP 요청을 인증하는 키를 사용하지 않으면 컨테이너와 상호작용할 수 없기 때문에 인증을 활성화하는 작업은 중요하다. 물론 인증 활성화가 필수는 아니지만, 프로덕션 환경과 테스트 환경 사이의 일관성을 유지하기 위해서라도 추천하는 사항이다.

양식을 완성하고 제출하면 모델 배포가 진행된다. 예제에서는 인증을 활성화하고 ACI를 사용했다. 배포가 완료되면 키를 사용하여 요청이 인증되도록 확인하면서 모델과 상호작용을 할 수 있다.

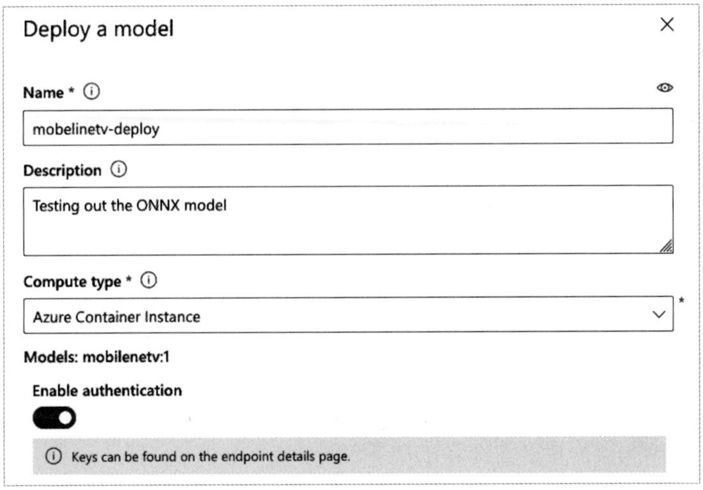

그림 8-7 모델 배포

배포된 모델에 대한 자세한 내용은 드롭다운 메뉴의 '엔드포인트' 항목에서 확인할 수 있다. '엔드포인트'에는 배포에 사용된 이름이 나열되어 있다. 개별 배포 내역을 클릭하면 대시보드를 확인할 수 있다. 대시보드에는 '세부정보Details'와 '배포 로그Deployment logs'라는 두 가지 탭을 볼 수 있다. 만약 성공적으로 배포가 완료되는 경우 배포 로그에는 별 흥미로운 내용은 없을 것이다. 세부정보 탭에서는 'REST endpoint'라고 표시된 HTTP API가 보일 것이다. 인증서를 활성화했다면 [그림 8-8]과 같이 key 인증 형식을 택했음을 볼 수 있다.

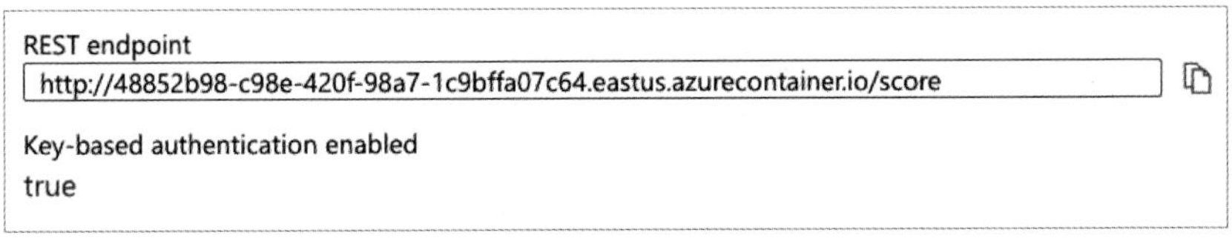

그림 8-8 REST 엔드포인트

그 어떠한 HTTP 서비스든 인증 정보를 가지고 있다면 배포된 모델에 요청을 전송할 수 있다. 다음은 파이썬을 사용한 예시이다(애저 SDK는 필요하지 않음). 입력값은 JSON[6]을 사용했으며, 개별 모델의 입력값은 상호작용하는 모델에 적합하는 엄격한 스키마를 따르고 있다. 다음

----

6 https://oreil.ly/Ugp7i

예시는 파이썬 라이브러리에 있는 요청들을[7] 사용했다.

```python
import requests
import json
# URL for the web service
# 웹서비스용 URL
scoring_uri ='http://676fac5d-5232-adc2-3032c3.eastus.azurecontainer.io/score'

# If the service is authenticated, set the key or token
# 서비스가 인증되었을 경우, 키나 토큰을 입력한다
key = 'q8szMDoNlxCpiGI8tnqax1yDiy'

# Sample data to score, strictly tied to the input of the trained model
# 스코어링에 필요한 샘플데이터는 훈련된 모델과 연결된다
data = {"data":
    [
        {
        "age": 47,
        "campaign": 3,
        "contact": "home",
        "day_of_week": "fri",
        "default": "yes",
        "duration": 95,
        "education": "high.school",
         "nr.employed": 4.967,
        "poutcome": "failure",
        "previous": 1
        }
    ]
}

# Convert to JSON
# JSON으로 변환
input_data = json.dumps(data)

# Set the content type
# content type 설정
headers = {'Content-Type': 'application/json'}

# Authentication is enabled, so set the authorization header
# 인증이 활성화되어 있으므로, 헤더를 설정한다.
```

----

7 https://oreil.ly/k3YqL

```
headers['Authorization'] = f'Bearer {key}'

# Make the request and display the response
# 요청을 만들고 응답을 출력하라라
resp = requests.post(scoring_uri, input_data, headers=headers)
print(resp.json())
```

서비스는 HTTP를 통해 공개되었기 때문에 어떤 환경으로 접근해도 API와 상호작용할 수 있다(이전 예제에서 파이썬을 사용한 것과 마찬가지이다). 이렇게 유연한 HTTP API를 이용하여 실시간으로 모델 추론값을 받는 것도 가능하다.

필자의 경우에는 API 응답을 받기 위한 배포를 생성하기까지 오랜 시간이 걸리지 않았다. 이는 클라우드 인프라와 서비스를 활용하여 프로덕션 환경에 필요한 개념 증명을 신속하게 할 수 있음을 의미한다. 샘플 데이터로 모델을 만들고 프로덕션 환경과 유사한 환경에서 모델 상호작용을 테스트해 보는 것은 견고한 자동화의 핵심적인 요소일 것이다.

정상 작동되었다면 JSON 응답 값으로 의미 있는 예측값이 돌아올 것이다. 하지만 문제가 생겨 에러 코드가 나왔다면, 이 메시지를 잘 해독하는 것이 중요하다. 아래 에러 코드와 메시지로 ONNX 모델의 인풋이 문제가 발생하였음을 확인할 수 있다.

```
{
"error_code": 500,
"error_message": "ONNX Runtime Status Code: 6. Non-zero status code returned
 while running Conv node. Name:'mobilenetv20_features_conv0_fwd'
Missing Input: data\nStacktrace:\n"
}
```

HTTP의 에러 코드 500번은 유효하지 않은 입력값으로 인해 서비스에 에러가 발생했다는 의미이다. 이런 경우, 올바른 키와 인증 방식을 사용했는지 확인해야 하며 연결된 외부 소스에서 변경 사항이 발생한 것은 아닌지 확인하여 조치하면 된다. 애저에서 발생되는 대부분의 오류는 이해하고 수정하기 쉬울 것이다. 다음은 발생 가능한 몇 가지 오류 예시다.

Missing or unknown Content–Type header field in the request
올바른 콘텐츠 유형(JSON 등)이 요청에서 사용되고 선언되었는지 확인한다.

Method Not Allowed. For HTTP method: GET and request path: /score

아마도 데이터를 보내는 POST 요청이 필요하다.

Authorization header is malformed. Header should be in the form:
"Authorization: Bearer ⟨token⟩"

헤더가 올바르게 구성되었는지 및 유효한 토큰이 있는지 확인한다.

8.6 배포 문제 해결하기

필자는 위치를 찾을 때 태양의 위치나 바다 그리고 랜드마크나 주목할 만한 건물들을 마음속으로 메모한다. 그리고 나서, 이것들을 속으로 되새기면서 이동한다. 예를 들어, "호텔에서 출발하여 왼쪽으로 꺾은 후 큰 교회에서 오른쪽으로 돌아 아름다운 공원을 가로질러 광장에 도착하였다"라고 구체적으로 기억한다. 이후 밤이 되어 길을 쉽게 확인할 수 없을 때, 주변 사람들에게 어디로 가야 하는지 물어보더라도 필자는 중간에 공원, 교회와 같은 주요 포인트들을 확인하였기에 그들이 맞는 정보를 주었는지 몇 블록만 가보면 확인할 수 있을 것이다.

상황을 절대 추측만으로 판단해서는 안 된다. 모든 것에 의문을 품고, 작은 사항에 주의를 기울여라. 이 조언을 꾸준히 연습한다면 주변 동료들에게 디버깅 능력을 타고난 사람처럼 보이게 될 것이다. 이어서 애저 컨테이너와 컨테이너로의 배포에 관련된 몇 가지 상세 내용과 배포 문제에 대한 내용을 다루고자 한다. 하지만 이 부분에서도 앞서 언급한 핵심 개념들이 동일하게 적용될 것이다.

8.6.1 로그 검색하기

배포된 컨테이너의 로그를 확인할 방법에는 여러 가지가 있다. 애저 스튜디오뿐만 아니라 명령줄 인터페이스와 파이썬 SDK를 이용할 수 있다.

파이썬 SDK를 사용할 경우 새로운 작업 영역을 열어 몇 줄만 입력하면 된다.

```python
from azureml.core import Workspace
from azureml.core.webservice import Webservice

# 'config.json' 파일이 현재 디렉토리에 존재해야 함
ws = Workspace.from_config()

service = Webservice(ws, "mobelinetv-deploy")
logs = service.get_logs()

for line in logs.split('\n'):
    print(line)
```

예제 코드를 앞서 배포한 서비스 이름으로 실행하면 다양한 정보를 담은 결과값들을 확인할 수 있다. 종종 로그는 그다지 흥미롭지 않고 반복적일지도 모른다. 이러한 노이즈 속에서 필요한 정보를 찾아내야 한다. 배포가 성공적이었다면, 결과값 대부분은 이슈는 아닐 것이다. 아래는 ONNX 모델 배포 로그의 일부이다(간결성을 위해 타임스탬프는 생략하였다).

```
WARNING - Warning: Falling back to use azure cli login credentials. Version: local_
build
Commit ID: default

[info] Model path: /var/azureml-models/mobilenetv/1/mobilenetv2-7.onnx
[info][onnxruntime inference_session.cc:545 Initialize]: Initializing session.
 [onnxruntime inference_session Initialize]: Session successfully initialized. GRPC
Listening at: 0.0.0.0:50051
Listening at: http://0.0.0.0:80
```

8.6.2 애플리케이션 인사이트

로그 검색 및 디버깅 측면에서 살펴볼 점은 관찰가능성observability 도구를 사용하는 것이다. 관찰가능성은 특정 시점에 시스템의 상태를 포착할 수 있는 성질을 의미한다. 복잡하게 들리겠지만, 간단히 말하자면 대시보드, 로그 집계, 그래프, 알림 메커니즘과 같은 기능을 사용하여, 시스템 전체를 시각화할 수 있다는 것을 의미한다. 관찰가능성은 애플리케이션 로그 수준의 모니터링이 아니라, 애플리케이션 자체의 문제에 대한 관찰이기에 굉장히 중요하다. 물론 로그에서도 이슈를 발견할 수 있겠지만, 보다 사소하거나 인과관계까지 도출하지 못할 수도 있다. 관찰가능성 도구는 많은 기능과 프로세스로 구성되어 있기 때문에[8] 프로덕션 환경에 적용하기가 쉽지는 않을 것이다.

입력값으로 JSON 파일이 요구되는데, 외부 시스템에서 비어있는 파일을 보낸다면 어떻겠는가? 왜 이런 일이 발생하는 것일까? 관찰가능성은 복잡해 보이는 시스템에 명확성을 더해준다. 분산시스템을 다룰 때, 문제는 기하급수적으로 복잡해진다.

MLOps 파이프라인을 만들기 위해 일반적으로 EDA와 데이터 전처리 단계를 거친다. 데이터를 확보하고, 필요 없는 열을 삭제하는 등 전처리하고, 필요한 경우 정규화나 변형하여, 새로운 데이터셋으로 버전을 만들어낸다.

예를 들어, 새로운 데이터가 저장 공간에 수집되는 트리거가 발생하면, 애저의 기능들이 작동하며 파이썬 코드를 실행하게 된다. 이러한 일련의 과정은 도구를 사용하지 않고는 어려울 것이다.

애저는 SDK에서 가장 간단한 방법으로 즉시 사용할 수 있는 애플리케이션 인사이트Application Insight라는 도구를 제공한다. 이 도구는 기본적인 데이터 시각화뿐만 아니라, 응답 수나 장애 발생률, 그 외 기타 이슈에 대한 유용한 정보를 대시보드로 확인할 수 있도록 해준다.

다음은 이전에 배포된 서비스에서 애플리케이션 인사이트를 활성화하는 방법이다.

```python
from azureml.core.webservice import Webservice

# requires 'ws' previously created with 'config.json'
service = Webservice(ws, "mobelinetv-deploy")

service.update(enable_app_insights=True)
```

애플리케이션 인사이트가 활성화되면, 머신러닝 스튜디오의 API 엔드포인트 메뉴에서 [그림 8-9]와 같이 표시되는 것을 확인할 수 있다.

---

8   옮긴이_ 최근에는 실제 환경에 관찰가능성 도구를 배포할 수 있도록 돕는 데이터독(Data Dog) 등의 서비스가 많이 사용되고 있다.

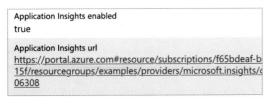

Application Insights enabled
true

Application Insights url
https://portal.azure.com#resource/subscriptions/f65bdeaf-b
15f/resourcegroups/examples/providers/microsoft.insights/c
06308

그림 8-9 애플리케이션 인사이트 활성화

생성된 링크를 클릭하면 다양한 차트와 정보를 확인할 수 있다. [그림 8-10]과 같이 컨테이너에 배포된 모델에서 생성된 요청들에 대한 정보가 수집되어 그래프로 보여진다.

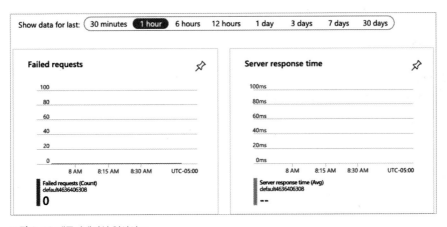

그림 8-10 애플리케이션 인사이트

8.6.3 로컬 환경에서의 디버깅

디버깅할 때 데브옵스의 원칙을 따른다면, 모든 것에 대해 질문해야 하고 어떤 것도 추측하면 안 된다. 디버깅에 유용한 기술 중 하나는 프로덕션 환경 적용을 위해 학습된 모델을 다른 환경에서 실행해 보는 것이다. 애저의 컨테이너화된 배포는 애저 환경에서 실행되는 기능들이 로컬에서도 실행될 수 있도록 유연성을 갖고 있다. 컨테이너를 로컬 환경에서 실행하면 로그를 확인하는 것 외에도 더 많은 작업을 수행할 수 있다. 로컬에서의 테스트 및 디버깅은 치명적인 서비스 오류나 중단 없이 서비스를 점검해 볼 수 있는 좋은 접근일 것이다. 필자는 '문제를 확인하기 위해 프로덕션 환경 웹 서버에 로그인하는 것'만이 유일한 선택지인 상황을 겪은 적이 있는데 이는 매우 위험하고 문제가 많다.

이슈와 에러에 대해 회의적으로 생각함으로써 문제를 재현해 내는 것은 문제를 해결하기 위한 좋은 방법일 것이다. 필자는 때때로 고객의 경험을 재현하기 위해 운영 체제부터 처음부터 다시 설치하고, 고객의 환경과 동일하게 배포를 진행하며 문제를 파악해 간 적이 있다. 개발자들은 우스갯소리로 "내 컴퓨터에선 잘 작동합니다."라고 말하지만, 개발자 환경에서 잘 작동하는 것은 고객에게 아무 의미가 없다. 앞서 언급한 '모든 것에 질문하라'는 것은 이런 상황에 해당한다고 본다. 로컬을 포함한 다양한 환경에서 반복 배포하고 복제함으로써 문제를 찾고 해결할 수 있을 것이다.

애저 쿠버네티스 프로젝트를 로컬에서 실행하는 것은 어렵지만, 파이썬 SDK를 통해 프로덕션 환경에서 배포되는 수준의 모델을 컨테이너로 로컬에서 배포할 수 있다.

이러한 접근의 또 다른 중요한 장점은 대부분 파이썬 SDK API는 로컬 배포 시에도 컨테이너의 모든 도구와 작동한다는 점이다. 컨테이너 로그를 검색하거나 환경을 검사하기 위해 컨테이너 확인과 같은 모든 작업이 수월하게 진행된다.

> **NOTE_** 이 작업은 컨테이너화된 배포이기에, 사용자 환경에 도커[9]가 설치되고 실행되어야 한다.

로컬 서비스가 실행되기 위해 필요한 몇 가지 단계가 있다. 먼저, 디렉토리에 모델을 등록해야만 한다.

```
from azureml.core.model import Model

model = Model.register(
    model_path="roberta-base-11.onnx",
    model_name="roberta-base",
    description="Transformer-based language model for text generation."
    , workspace=ws)
```

---

[9] https://docker.com/

다음으로 컨테이너에서 작동하는 모델에 필요한 모든 환경이 정의해야 한다. 예를 들어, ONNX 런타임이 필요하다면 이것을 정의해야 한다.

```
from azureml.core.environment import Environment

environment = Environment("LocalDeploy")
environment.python.conda_dependencies.add_pip_package("onnx")
```

스코어링 파일(주로 파일명은 **score.py**이다)은 모델을 배포하기 위해 필요하다. 이 스크립트는 모델을 로딩하고, 해당 모델의 입력값을 정의하며, 평가하는 역할을 한다. 스코어링 스크립트는 모델에 따라 다르며, 모든 모델에 대해 일괄적으로 적용되는 평가 스크립트는 아직 없다. 스크립트는 **init()**와 **run()**문으로 구성된다.

이제 스코어링 스크립트와 환경을 동시에 호출하는 **InferenceConfig**를 생성한다.

```
from azureml.core.model import InferenceConfig

inference_config = InferenceConfig(
    entry_script="score.py",
    environment=environment)
```

파이썬 SDK의 **LocalWebservice** 클래스를 사용하여 모델을 로컬 컨테이너에서 실행함으로써 작업을 통합시킬 수 있다.

```
from azureml.core.model import InferenceConfig, Model
from azureml.core.webservice import LocalWebservice

# inference with previously created environment
inference_config = InferenceConfig(entry_script="score.py", environment=myenv)

# Create the config, assigning port 9000 for the HTTP API
deployment_config = LocalWebservice.deploy_configuration(port=9000)

# Deploy the service
service = Model.deploy(
    ws, "roberta-base",
    [model], inference_config,
```

```
    deployment_config)

service.wait_for_deployment(True)
```

모델 실행 시 포트 9000에 연결된 HTTP API를 실행하는 백그라운드에서 컨테이너를 사용한다. local host:9000에서 바로 HTTP 요청을 보내는 것뿐만 아니라, 실행 중에 컨테이너에 접근하는 것도 가능하다. 필자의 컨테이너 런타임에는 시스템에 컨테이너가 준비되지 않았으나, 로컬에 배포하기 위해 코드를 실행하자 애저로부터 모든 기능이 구현되었다.

```
Downloading model roberta-base:1 to /var/folders/pz/T/azureml5b/roberta-base/1
Generating Docker build context.
[...]
Successfully built 0e8ee154c006
Successfully tagged mymodel:latest
Container (name:determined_ardinghelli,
id:d298d569f2e06d10c7a3df505e5f30afc21710a87b39bdd6f54761) cannot be killed.
Container has been successfully cleaned up.
Image sha256:95682dcea5527a045bb283cf4de9d8b4e64deaf60120 successfully removed.
Starting Docker container...
Docker container running.
Checking container health...
Local webservice is running at http://localhost:9000
900
```

이제 배포가 완료되었으므로 도커를 실행하여 확인할 수 있다.

```
$ docker ps
CONTAINER ID    IMAGE           COMMAND
2b2176d66877    mymodel    "runsvdir /var/runit"

PORTS
8888/tcp, 127.0.0.1:9000->5001/tcp, 127.0.0.1:32770->8883/tcp
```

컨테이너에 접속하여, 모델과 함께 **score.py** 스크립트가 있는지 확인할 수 있다.

```
root@2b2176d66877:/var/azureml-app# find /var/azureml-app
/var/azureml-app/
/var/azureml-app/score.py
/var/azureml-app/azureml-models
```

```
/var/azureml-app/azureml-models/roberta-base
/var/azureml-app/azureml-models/roberta-base/1
/var/azureml-app/azureml-models/roberta-base/1/roberta-base-11.onnx
/var/azureml-app/main.py
/var/azureml-app/model_config_map.json
```

필자는 배포 시에 **socre.py** 스크립트에 몇 가지 오류가 있었고, 발생된 오류에 따라 아래와 같은 오류 메시지와 제안을 확인할 수 있었다.

```
Encountered Exception Traceback (most recent call last):
File "/var/azureml-server/aml_blueprint.py", line 163, in register
 main.init()
AttributeError: module 'main' has no attribute 'init'

Worker exiting (pid: 41)
Shutting down: Master
Reason: Worker failed to boot.
2020-11-19T23:58:11,811467402+00:00 - gunicorn/finish 3 0
2020-11-19T23:58:11,812968539+00:00 - Exit code 3 is not normal. Killing image.

ERROR - Error: Container has crashed. Did your init method fail?
```

이 경우 **init()** 함수는 하나의 인수만 사용해야 하나, 필자의 예제는 이를 충족하지 않았다. 로컬에서 디버깅하고 모델을 사용하여 로컬로 배포된 컨테이너를 수정하는 것은 애저상에서 실행하기 전에 모델에 대한 다양한 설정 및 변경을 빠르게 확인하고 피드백할 수 있는 좋은 방법이 될 것이다.

8.7 애저 머신러닝 파이프라인

파이프라인은 머신러닝을 통해 원하는 목표를 달성하기 위한 여러 단계의 집합을 의미한다. 만약 젠킨스와 같은 플랫폼을 통해 지속적인 통합과 배포 작업을 해본 적이 있다면, 파이프라인 워크플로가 익숙할 것이다. 애저는 파이프라인에 머신러닝, 데이터준비, 애플리케이션 오케스트레이션 등 세 가지 개별 시나리오로 구성하는 것이 적합하다고 설명하고 있다. 이 세 가지 요소는 데이터 활용과 목적이 다르지만, 설정과 구성은 유사하다.

애저의 다른 서비스들과 마찬가지로 파이썬 SDK나 머신러닝 스튜디오를 통해 파이프라인을 구축할 수 있다. 앞서 언급하였듯 파이프라인은 목표를 달성하기 위한 단계들의 구성이며, 어떻게 구성할 것인지는 원하는 최종 목표에 따라 사용자가 결정할 사항이다. 예를 들어, 파이프라인에 데이터 처리 과정을 포함할 것인가와 같은 사항을 사용자가 결정할 수 있다. 파이썬 코드를 통해 데이터셋별로 파이프라인을 형성할 수 있다. 아래 예제에서는 앞부분에서 다루었던 데이터셋을 파이프라인에서 활용하도록 연결하였다.

```python
from azureml.pipeline.steps import PythonScriptStep
from azureml.pipeline.core import PipelineData
from azureml.core import Datastore

# bankmarketing_dataset already retrieved with 'get_by_name()'
# make it an input to the script step
dataset_input = bankmarketing_dataset.as_named_input("input")

# set the output for the pipeline
output = PipelineData(
    "output",
    datastore=Datastore(ws, "workspaceblobstore"),
    output_name="output")

prep_step = PythonScriptStep(
    script_name="prep.py",
    source_directory="./src",
    arguments=["--input", dataset_input.as_download(), "--output", output],
    inputs=[dataset_input],
    outputs=[output],
    allow_reuse=True
)
```

NOTE_ 애저 SDK는 변경될 수 있으므로, 마이크로소프트 애저 머신러닝의 공식 문서[10]를 확인해야 한다.

이 예제에서는 컴퓨팅 대상에서 파이썬 스크립트를 실행하기 위한 **PythonScriptStep**을 활용할 것이다. 기억해야 하는 것은 파이프라인의 각 단계 모두 최종 목표를 위한 것이라는 점이

---

10 https://oreil.ly/28JXz

며, 애저는 SDK 및 머신러닝 스튜디오 내에서 단계별로 다양한 유형의 작업에 맞는 서비스를 제공하고 있다. 아래 예제에서는 파이프라인의 핵심적인 컴퓨팅 부분은 없지만, 데이터 준비에 필요한 거의 모든 내용을 포함하고 있다.

먼저 **PythonScriptStep** 함수에서 **as_named_input**을 통해 데이터셋 입력값을 호출한다. 이어 **PipelineData**로 출력값에 대한 지정 등 파이프라인 내의 데이터에 대한 쿼리를 작성할 수 있다. 다음은 SDK를 사용하여 기존에 생성된 컴퓨팅 대상을 검색하는 방법이다.

```
from azureml.core.compute import ComputeTarget, AmlCompute
from azureml.core import Workspace
ws = Workspace.from_config()

# retrieve the compute target by its name, here a previously created target
# is called "mlops-target"
compute_target = ws.compute_targets["mlops-target"]
```

애저에서는 필요에 따라 환경 변수를 설정하여 런타임을 구성할 수 있다. 예를 들어 애저가 종속성을 관리하려는 경우 관련 설정을 할 수 있으며, 이러한 특정 옵션을 적용하는 방법은 아래와 같다.

```
from azureml.core.runconfig import RunConfiguration

run_config = RunConfiguration()

# a compute target should be defined already, set it in the config:
run_config.target = compute_target

# Disable managed dependencies
run_config.environment.python.user_managed_dependencies = False
```

8.7.1 퍼블리싱 파이프라인

앞서 젠킨스와 같은 지속적인 통합 시스템을 여러 단계가 조율된 방식으로 작동하는 파이프라인과 비교했었다. 젠킨스와 같은 지속적 통합/배포 시스템을 통해 목표를 달성하려고 할 때 까다로운 점은 환경에 맞춰 적용하는 것이다. 애저에서는 애저 머신러닝 스튜디오와 SDK를 통해 이를 해결할 방법을 제공한다. 기본적으로 파이프라인에서 일어나는 일은 HTTP를 통해 사용할 수 있으므로 전 세계 어디서나 파이프라인에 접근하여 작업할 수 있기에 잠재력도 높다.

애저 서비스를 이용할 때 애저 내에서 서비스를 구현하거나 파이프라인을 구축해야만 하는 것은 아니다. 파이프라인은 회사의 온프레미스 환경이나 깃허브와 같은 퍼블릭에서 모두 시작할 수 있다. 이는 구현 환경에 제약이 없음을 의미하며 더 큰 유연성을 가질 수 있다. 또한 구현할 때마다 새로운 파이프라인을 생성할 필요가 없다. 아래 코드를 통해 이전의 파이프라인 구현을 위해 이전 작업을 검색할 수 있다.

```python
from azureml.core.experiment import Experiment
from azureml.pipeline.core import PipelineRun

experiment = Experiment(ws, "practical-ml-experiment-1")

# run IDs are unique, this one already exists
run_id = "78e729c3-4746-417f-ad9a-abe970f4966f"
pipeline_run = PipelineRun(experiment, run_id)

published_pipeline = pipeline_run.publish_pipeline(
    name="ONNX example Pipeline",
    description="ONNX Public pipeline", version="1.0")
```

이제 구현하는 법을 익혔으니, HTTP를 통해 상호작용할 수 있을 것이다. API 엔드포인트는 인증이 필요하지만, 아래 코드를 참고하면 SDK에서 인증에 필요한 정보를 모두 확인할 수 있다.

```python
from azureml.core.authentication import InteractiveLoginAuthentication
import requests

interactive_auth = InteractiveLoginAuthentication()
auth_header = interactive_auth.get_authentication_header()

rest_endpoint = published_pipeline.endpoint

response = requests.post(
    rest_endpoint,
    headers=auth_header,
    json={"ExperimentName": "practical-ml-experiment-1"}
```

```
)

run_id = response.json().get('Id')
print(f"Pipeline run submitted with ID: {run_id}")
```

8.7.2 애저 머신러닝 디자이너

코드가 익숙지 않다면, GUI 형태의 애저 머신러닝 디자이너를 통해 보다 수월하게 작업할 수 있을 것이다. 모델을 학습시키는 프로세스는 다음과 같다.

1. 애저 머신러닝에 가입한다.
2. [그림 8-11]과 같이 디자이너 인터페이스를 선택한다.

그림 8-11 애저 머신러닝 스튜디오

3. [그림 8-12]의 '자동차 회귀 프로젝트'처럼 탐색할 샘플 프로젝트를 선택한다. 많은 샘플이 있지만, 처음부터 자신만의 프로젝트를 구축할 수도 있다. 머신러닝 디자이너의 샘플 프로젝트는 애저 공식 문서[11]에 잘 정리되어 있다.

---

11 https://oreil.ly/NJrfK

Regression - Automobile Price Prediction (Compare algorithms)
Submit
Publish
Autosave on
Search canvas
Not started
Automobile price data (Raw)
Select Columns in Dataset
Exclude normalized-losses which has many
Clean Missing Data
Remove missing value rows
Boosted Decision Tree Regression
Split Data
Split the data into training set (0.7) and testing
Decision Forest Regression
Train Model
Train Model
Score Model
Use the test set to get the predicted price with
Score Model
Use the test set to get the predicted price with
Evaluate Model
Compare the performance of two algorithms
Navigator
Settings
Default compute target
cluster
Select compute target
Pipeline parameters
No parameters selected
Default output settings
Select default datastore
Draft details
Draft name
Regression - Automobile Price Prediction (C
Draft description (optional)
This sample shows how to compare two regression models' performance on automobile price prediction.
Created on
June 11, 2021 11:32 AM
Created by
Noah Gift
Last edit time
June 11, 2021 11:32 AM
Last edited by
Noah Gift

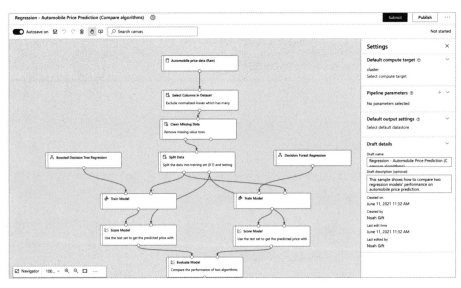

그림 8-12 애저 머신러닝 디자이너, 자동차 회귀 프로젝트

4. 프로젝트 실행을 위해 [그림 8-13]과 같이 파이프라인 작업을 제출한다.

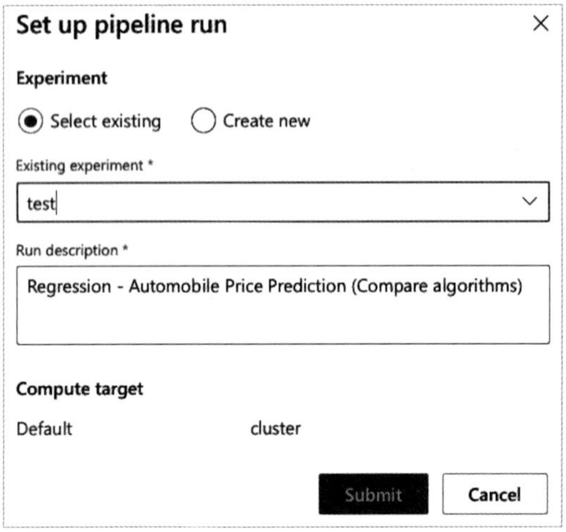

Set up pipeline run
Experiment
Select existing
Create new
Existing experiment *
test
Run description *
Regression - Automobile Price Prediction (Compare algorithms)
Compute target
Default
cluster
Submit
Cancel

그림 8-13 애저 머신러닝 디자이너 제출

디자이너는 다소 화려해 보일 수 있지만, 애저 머신러닝 스튜디오의 생태계가 어떻게 작동하는지 이해하는 데 중요한 역할을 한다. 샘플 프로젝트를 통해 AutoML, 스토리지, 컴퓨팅 클러스터 및 리포팅을 포함한 애저 머신러닝 스튜디오의 모든 필수 요소를 점검해본다.

8.8 머신러닝 생애 주기

앞서 언급한 애저의 모든 기능과 서비스는 머신러닝 생애 주기 전반에 영향을 준다. 생애 주기를 이해하는 것은 머신러닝 산출물을 프로덕션 환경에 적용할 때 유용하며, 이러한 방법론은 애저뿐만 아니라 다른 플랫폼을 이용하더라도 도움이 될 것이다. 머신러닝 생애주기는 [그림 8-14]와 같이 AutoML, SDK, 노트북을 통해 모델을 학습하는 것으로부터 시작된다. 그다음 스튜디오나 애저 디자이너를 통해 모델을 검증하고 학습할 수 있다. 이후 생성된 모델을 쿠버네티스로 활용하여 유연하게 배포하고, 애플리케이션 인사이트Application Insights를 통해 모니터링하며 관리된다.

[그림 8-14]는 머신러닝 생애 주기가 선형이 아니라는 것을 명확히 보여준다. 프로덕션 환경으로 모델이 배포되는 과정의 피드백 루프는, 모델에서 발생되는 데이터 및 성능 이슈를 해결하기 위해 이전 단계로 돌아가기를 반복할 수 있다. 이러한 피드백 루프와 지속적인 조정은 균형 잡힌 모델링 환경에 필수적인 부분이다. 마지막으로 쿠버네티스의 오토 스케일링을 통해 머신러닝을 성공적으로 활용하기 위해서는 명확한 자체 평가 기준 하에 관리되어야 한다.

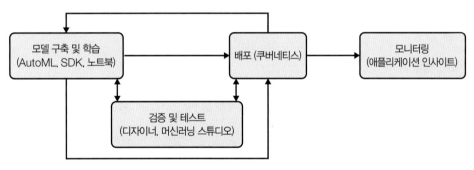

그림 8-14 머신러닝 생애 주기

8.9 마치며

애저는 데이터셋 등록, 버전 관리, 프로덕션 환경 배포와 실시간 분석 및 모니터링 등 MLOps와 관련된 어려운 문제를 해결할 수 있는 훌륭한 클라우드 플랫폼이다. 나아가 애저는 경쟁 플랫폼에서 지원하지 않는 기능들도 지속해 추가하며 개선해 가고 있다.

어떤 플랫폼을 선택하든, 스스로 쉽게 사용할 수 있는 플랫폼으로 선택해야 한다. 이 책에서는 MLOps의 불완전한 요소를 피하기 위해 기술을 활용하는 것에 대해 강조하고 있다. 머신러닝 엔지니어로서 가장 중요한 목표는 특정 플랫폼의 기능을 창의적으로 활용하는 것이 아니라 프로덕션 환경에 모델을 완벽히 제공하는 것이라는 점을 명심해야 한다.

연습해보기

- 파이썬 SDK를 사용하여, ONNX 모델을 퍼블릭에서 검색하고 애저에 등록해보자.
- ACI에 모델을 배포하고, HTTP API에서 반환되는 모델의 응답을 반복하는 파이썬 스크립트를 만들어보자.
- 애저의 파이썬 SDK를 사용하여 로컬환경에서 컨테이너를 배포하고, 실시간 인퍼런스를 위한 HTTP 응답을 생성해보자.
- 새로운 파이프라인을 구현한 후 실행하여라. 실행은 성공적인 응답 이후에 'run_id'라는 결과값을 보여주도록 하자.
- 캐글^{Kaggle}에서 데이터셋을 불러오고, 파이썬 SDK에서 애저 AutoML을 통해 모델을 학습시켜보자.

생각해보기

- 애저 플랫폼에서 모델을 훈련하는 방법에는 애저 머신러닝 스튜디오 파이썬 SDK, 노트북 및 AutoML이 있다. 각각의 장단점은 무엇인가?
- 인증을 활성화하는 것의 장점은 무엇인가?
- 재현 가능한 환경이 모델 배포에 어떻게 도움이 되는가?
- 좋은 디버깅 기술의 두 가지 측면과 유용한 이유를 설명해보자.
- 모델 버전 관리의 이점은 무엇인가?
- 데이터셋 버전 관리가 중요한 이유는 무엇인가?

CHAPTER **9**

구글 클라우드 플랫폼과 쿠버네티스

최고의 분재[1] 스승님은 단순 설명뿐만 아니라 영감까지 줄 수 있는 통찰력을 가지고 있다. 존이 '나뭇가지를 철사로 감아서 나뭇가지에 곡을 주고 위치를 조정하면 진Jin의 수형을 이쁘게 잡을 수 있어'라고 말했을 때, '무슨 모양이요?'라고 되묻자, '그건 네가 결정하는 거지, 너의 화분을 완성하는 건 내가 아닌 너야!'라고 답했다.

– 조셉 보겐 박사

구글 클라우드 플랫폼Google Cloud Platform(GCP)은 다른 경쟁 서비스들과 비교해도 꽤 특별하다. 구글은 클라우드 제품과 동시에 쿠버네티스와 텐서플로 같은 기술을 만들어냈기 때문이다. 이번 장에서는 구글 클라우드 플랫폼에서 MLOps를 수행하는 방법을 살펴볼 것이다.

9.1 구글 클라우드 플랫폼 둘러보기

모든 플랫폼에는 장단점이 있는 법이다. 먼저 구글 클라우드 플랫폼의 단점 세 가지를 살펴보자. 첫째, 구글은 AWS와 마이크로소프트 애저보다 시장 점유율이 낮아서 이 플랫폼을 잘 다루는 사용자 수가 적다. [그림 9-1]을 보면 2020년에 AWS와 애저는 전체 시장의 50% 이상을 점유하고 있지만, 구글 클라우드의 점유율은 9% 이하임을 알 수 있다. 이는 구글 클라우드 플랫폼에 능숙한 인재를 고용하는 것이 더 어렵다는 것을 의미한다.

둘째, 구글은 개인정보 보호에 대한 기술 규제가 가해질 경우 시장 점유율에 영향을 받을 수

---

1   옮긴이_ 나무나 풀을 화분에 심어 작게 가꾸는 취미 활동으로 가꾸어진 나무를 의미한다(출처: 위키백과).

있다. 하버드 교수인 쇼샤나 주보프Shoshana Zuboff는 '실리콘밸리나 다른 IT기업들이 사용자의 행동을 예측하고 구체화하기 위해 사용자 정보를 추적하고 있다'라고 말했다. 이는 추가적인 규제가 적용될 수 있다는 것을 암시한다.

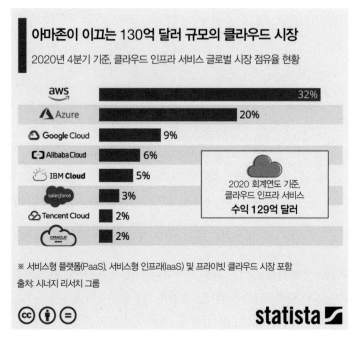

아마존이 이끄는 130억 달러 규모의 클라우드 시장

2020년 4분기 기준, 클라우드 인프라 서비스 글로벌 시장 점유율 현황

aws	32%
Azure	20%
Google Cloud	9%
Alibaba Cloud	6%
IBM Cloud	5%
salesforce	3%
Tencent Cloud	2%
ORACLE	2%

2020 회계연도 기준, 클라우드 인프라 서비스 **수익 129억 달러**

※ 서비스형 플랫폼(PaaS), 서비스형 인프라(IaaS) 및 프라이빗 클라우드 시장 포함
출처: 시너지 리서치 그룹

그림 9-1 클라우드 시장 점유율

마지막으로, 구글 클라우드 플랫폼은 사용자 경험User eXperience (UX)이 아쉽다는 평이 있으며, 구글은 구글 행아웃이나 구글 플러스와 같이 이용이 저조한 서비스를 일방적으로 종료해버리기도 한다. 시간이 지난 후에도 구글 클라우드의 시장 점유율이 3위 수준에 머무른다면 구글 서비스를 계속 이용할 수 있을까라는 의구심이 든다.

이러한 단점들을 극복하는 것은 구글에게도 상당한 도전이겠지만, 구글이기에 이러한 문제를 현명하게 다룰 것이라고 기대한다. 물론 구글 플랫폼만이 갖는 강력한 장점도 많다.

특히 구글은 전 지구적planet-scale으로 해결해야 하는 복잡한 솔루션에 대한 연구 개발을 활발히 진행하고 있다. 쿠버네티스, Go, 딥러닝 프레임워크 텐서플로와 같은 구글의 성공적인 오픈 소스 프로젝트는 구글의 문화적 강점을 잘 보여준다.

구글 클라우드의 최고 장점은 멀티 클라우드multicloud 활용에 가장 이상적인 기술이라는 점이다. 쿠버네티스와 텐서플로 프레임워크와 같은 기술은 어떤 클라우드에서도 잘 작동하며, 주요 클라우드와 관련 서비스에서 널리 활용되고 있다. 즉, 구글 클라우드를 활용하는 것은 주요 클라우드 서비스와의 계약 조건 이슈 등에 대한 대비책이 될 수 있다. 또한 구글의 오픈 소스들이 많이 활용되고 있어서 텐서플로의 전문지식을 요구하는 포지션을 고용하는 데 상대적으로 수월하다.

[그림 9-2]를 통해 구글 클라우드의 핵심 제품을 컴퓨팅, 저장소, 빅데이터, 머신러닝 이 네 가지 카테고리로 나눈 것을 볼 수 있다.

그림 9-2 GCP 클라우드 서비스

컴퓨팅 요소부터 살펴보자.

컴퓨팅 엔진

구글 클라우드 플랫폼은 다른 클라우드 서비스(AWS, 애저 등)처럼 가상 머신virtual machine을 제공한다. 컴퓨팅 엔진은 구글의 인프라에서 가상 머신을 만들고 실행할 수 있는 서비스이다. 컴퓨팅 엔진의 가장 큰 장점은 수평적 워크로드 확장, 범용 워크로드, 메모리 최적화 머신, 컴퓨팅 최적화 머신, 가속기 최적화 머신 및 배치 작업에 적합한 머신 등 다양한 선택 옵션이 있다는 점이다. 또한 옵션에 따라 저장 용량 비용을 최대 80%까지 절약할 수 있다.

MLOps 실무자는 자신이 수행하는 작업에 가장 적합한 유형의 머신을 사용해야 한다. 예를 들어 딥러닝을 사용한다면 NVIDIA GPU를 활용한 대용량 병렬처리가 가능하므로 가속기 최적화 인스턴스를 사용하는 것이 최적의 방법일 것이다. 반면, GPU를 사용하는 것이 큰 이점이 없는 머신러닝 학습의 경우 이러한 인스턴스 사용은 낭비라고 볼 수 있다. 배치 머신러닝에서는 선점 가능한 가상 머신을 기반으로 구축함으로써 비용을 최대 80% 줄일 수 있다.

쿠버네티스 엔진과 클라우드 런

쿠버네티스를 만들고 운영하는 기업이 구글인 만큼, GCP에는 구글 쿠버네티스 엔진Google Kubernetes Engine(GKE)를 통해 쿠버네티스를 지원한다. 클라우드 런Cloud Run은 실행 중인 컨테이너의 복잡성을 일반화하는 높은 추상화 수준의 서비스이다. 간단한 컨테이너 기반의 머신러닝 어플리케이션을 배포하고자 하는 상황이라면 클라우드 런은 구글 클라우드 플랫폼을 사용하는 데 좋은 시작점이 되어줄 것이다.

앱 엔진

구글 앱 엔진은 서비스형 플랫폼Platform as a Service(PaaS)이다. Node.js, 자바, 루비, C#, Go, 파이썬, PHP 등 어떤 언어로든 애플리케이션 프로그램을 작성할 수 있다.

클라우드 함수

구글 클라우드 함수는 서비스형 함수Function as a Service(FaaS)이다. 이 제품은 이벤트 기반 구조를 갖는 기능을 구현할 때 적합하다. 예를 들어 배치 머신러닝 학습 작업이나 이벤트 반응에 대한 머신러닝 예측을 전달하는 트리거 역할에 클라우드 함수를 활용할 수 있다.

다음으로 구글 클라우드의 저장소 기능에 대해 알아보자. 구글 플랫폼상에서 MLOps를 구축할 때 클라우드 스토리지Cloud Storage를 사용하게 될 경우가 많다. 구글 클라우드 스토리지는 머신러닝 학습 작업의 배치 처리를 위한 정형/비정형 데이터가 저장되어 있는 데이터 레이크 역할을 수행한다. 이 서비스는 무한한 저장 공간, 전 세계적인 접근성, 저지연low latency, 지역 중복 저장geo-redundancy 및 높은 내구성을 제공한다.

이러한 스토리지는 구글 클라우드 플랫폼에서 사용 가능한 빅데이터 툴과 유기적으로 연결되어 DataOps 구축에 사용된다. 그중 구글 빅쿼리Google BigQuery는 SQL 인터페이스, 서버리스 구조, 플랫폼에서 머신러닝을 할 수 있는 기능을 제공하여 많이 사용되고 있다. 구글 빅쿼리 하나로 MLOps의 밸류 체인 전체를 다룰 수 있어서 구글 클라우드 플랫폼에서 머신러닝 작업을 시작하고자 할 때 추천한다.

마지막으로, 머신러닝과 AI 작업은 버텍스 AI^Vertex AI라는 제품에서 수행된다. 버텍스 AI는 MLOps 솔루션이 되는 것을 목표로 설계되어 머신러닝 작업을 보다 체계적으로 수행할 수 있는 기능을 제공한다.

- 데이터셋 생성과 저장
- ML 모델 학습
- 버텍스 AI에 모델 저장
- 예측을 위해 엔드포인트에 모델 배포
- 테스트 진행 및 예측 요청 생성
- 엔드포인트간 트래픽 분할
- 머신러닝 모델과 엔드포인트의 라이프 사이클 관리

이러한 기능들이 버텍스 AI의 MLOps를 구현하는 요소들이다(그림 9-3). [그림 9-3]에서 보여주는 일곱 가지 요소 한가운데에는 MLOps의 핵심 요소인 데이터와 모델 관리가 있다.

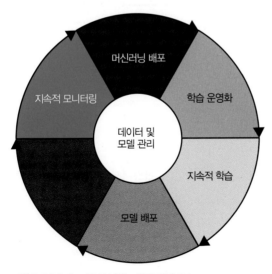

그림 9-3 MLOps를 구성하는 일곱 가지 요소

[그림 9-4]를 통해 엔드투엔드end-to-end MLOps에 대한 구글의 아이디어를 볼 수 있다. 버텍스 AI와 같은 플랫폼은 MLOps 수행이 하나의 플랫폼에서 집약적으로 가능하도록 돕는다. 다음 으로는, 구글 클라우드 플랫폼에서 MLOps의 필수 기본 구성 요소인 지속적 통합(CI)과 지속 적 배포(CD)를 좀 더 살펴보자.

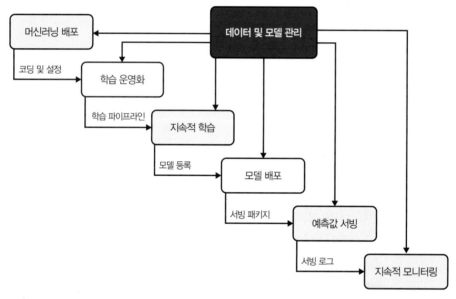

그림 9-4 구글 클라우드 플랫폼의 엔드투엔드 MLOps

9.1.1 지속적 통합과 지속적 배포

지속적 통합(CI)은 대부분의 프로젝트에서 가장 중요한 부분 중 하나지만 종종 간과되곤 한 다. 테스트는 DevOps와 MLOps 모두에서 필수적인 요소이다. 실습에서 자주 사용했던 것처 럼 깃허브 액션과 같은 서비스형 소프트웨어(SaaS)를 활용할 수도 있고 클라우드 네이티브 솔 루션인 구글 클라우드 빌드Google Cloud Build를 사용할 수도 있다.

우선 클라우드 빌드를 살펴보자. 다음은 클라우드 빌드에서 사용되는 설정 파일configuration file cloudbuild.yaml이다.

```
steps:
-   name: python:3.7
    id: INSTALL
    entrypoint: python3
    args:
    - '-m'
    - 'pip'
    - 'install'
    - '-t'
    - '.'
    - '-r'
    - 'requirements.txt'
-   name: python:3.7
    entrypoint: ./pylint_runner
    id: LINT
    waitFor:
    - INSTALL
-   name: "gcr.io/cloud-builders/gcloud"
args: ["app", "deploy"]
    timeout: "1600s"
    images: ['gcr.io/$PROJECT_ID/pylint']
```

구글 클라우드로 작업할 때는 [그림 9–5]처럼 터미널 옆에 있는 내장된 에디터를 사용하는 것을 추천한다. 이때 파이썬의 가상 환경이 활성화되었는지 확인하는 것을 잊지 말자.

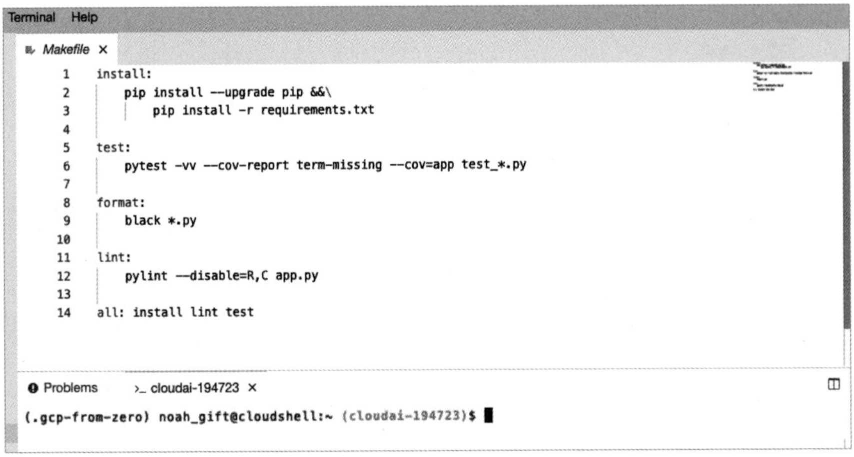

그림 9-5 구글 클라우드 플랫폼 에디터

구글 클라우드 빌드를 이용하면 구글 앱 엔진과 같은 서비스에 애플리케이션을 쉽게 배포할 수 있다. 이와 비교하여 깃허브 액션이 어떻게 작동하는지 알아보자. 링크된 python-publish. yml 설정 파일을 참고하면 된다.

```yaml
name: Python application test with GitHub Actions

on: [push]

jobs:
    build:

        runs-on: ubuntu-latest

        steps:
        - uses: actions/checkout@v2
        - name: Set up Python 3.8
          uses: actions/setup-python@v1
          with:
            python-version: 3.8
        - name: Install dependencies
          run: |
            make install
        - name: Lint with pylint
          run: |
           make lint
        - name: Test with pytest
          run: |
           make test
        - name: Format code
          run: |
           make format
```

어느 방법을 이용하더라도 비슷한 목적을 달성할 수 있지만 구글 클라우드 플랫폼은 클라우드 경험에 초점을 맞추고, 깃허브는 개발자 환경에 초점을 맞추고 있음을 인지해 보자. 코드 린팅, 테스트, 피드백을 위해서는 깃허브 액션을 쓰고, 배포에는 구글 클라우드 빌드를 사용하는 것도 좋은 방법이 될 수 있다.

9.1.2 hello world 쿠버네티스

구글 컴퓨팅의 핵심 기술 중 하나인 쿠버네티스에 대해 알아보자. 쿠버네티스는 컨테이너 오케스트레이션 플랫폼으로, 마이크로 서비스 아키텍처와 연관이 깊다. 마이크로서비스 아키텍처는 애플리케이션을 최대한 작은 단위로 분리하여 개발 및 운영하는 소프트웨어 설계 방법론이다. 작은 단위란 주로 컨테이너를 의미한다. 하나의 거대한 서비스를 여러 개의 컨테이너가 상호 작용하는 방식으로 개발하고 운영하는 데 있어 쿠버네티스의 자동화된 복구, 컨테이너 상태 정상화, 롤아웃과 롤백 같은 기능들이 애플리케이션의 배포와 관리를 돕는다.

이러한 쿠버네티스는 MLOps에도 유용하다. 쿠버네티스는 머신러닝 모델을 효율적으로 개발, 배포, 운영하기 위한 플랫폼으로 사용될 수 있다. 예를 들어 책의 앞부분에서 개발했던 머신러닝 모델을 포함한 플라스크 백엔드 컨테이너를 서비스에서 모종의 이유(메모리 사용량 초과, 권한이 없는 파일에 접근, 디스크 사용량 초과 등)에 의해 종료되는 경우를 상상해보자. 쿠버네티스는 이 컨테이너의 종료를 감지하고 컨테이너를 다시 실행해 줄 수 있다. 또한 해당 API에 많은 요청이 발생해 부하가 생길 경우 동일한 이미지로부터 생성된 컨테이너를 여러 개 추가로 생성하여 부하를 분산해 주는 역할을 수행할 수 있다.

하지만 머신러닝 모델을 개발하는 상황에서 어떻게 쿠버네티스를 이용할 수 있는지를 고민한다면 정말 막막할 것이다. 이런 복잡성을 줄이고 쿠버네티스를 기반으로 MLOps를 조금 더 쉽게 구현할 수 있게 도움을 주는 도구들이 있다. 예를 들어 쿠브플로는 쿠버네티스를 추상화하여 머신러닝 모델을 개발하고 배포하는 다양한 시나리오들을 관리할 수 있는 도구를 제공한다. 쿠브플로 사용자들은 미리 잘 만들어진 다양한 기능들을 불러와 머신러닝 개발을 더욱 효율적으로 할 수 있다. 이를 그림으로 표현하면 [그림 9-6]과 같다.

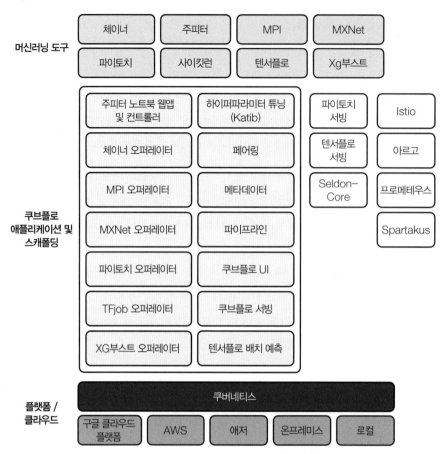

머신러닝 도구

체이너 | 주피터 | MPI | MXNet
파이토치 | 사이킷런 | 텐서플로 | Xg부스트

쿠브플로 애플리케이션 및 스캐폴딩

주피터 노트북 웹앱 및 컨트롤러 | 하이퍼파라미터 튜닝 (Katib) | 파이토치 서빙 | Istio
체이너 오퍼레이터 | 페어링 | 텐서플로 서빙 | 아르고
MPI 오퍼레이터 | 메타데이터 | Seldon-Core | 프로메테우스
MXNet 오퍼레이터 | 파이프라인 | | Spartakus
파이토치 오퍼레이터 | 쿠브플로 UI
TFjob 오퍼레이터 | 쿠브플로 서빙
XG부스트 오퍼레이터 | 텐서플로 배치 예측

플랫폼 / 클라우드

쿠버네티스

구글 클라우드 플랫폼 | AWS | 애저 | 온프레미스 | 로컬

그림 9-6 쿠버네티스 위의 쿠브플로 아키텍처

쿠버네티스는 마스터 노드와 워커 노드의 유기적인 상호작용으로 동작한다. 마스터 노드는 쿠버네티스의 컨트롤 플레인으로 중앙 관리자 역할을 하고, 워커 노드에서 실제 파드pod가 배포된다. 파드에는 애플리케이션을 구성 하는 하나 이상의 컨테이너를 포함하고 있다.

[그림 9-7]은 쿠버네티스를 기반으로 실행되는 애플리케이션의 구조를 표현한 것이다. 마스터 노드의 주요 컴포넌트인 Kubernetes API와 워커 노드에 파드가 포함되어 있는 모습을 볼 수 있다. 파드에는 애플리케이션 구성을 위한 컨테이너가 들어 있다.

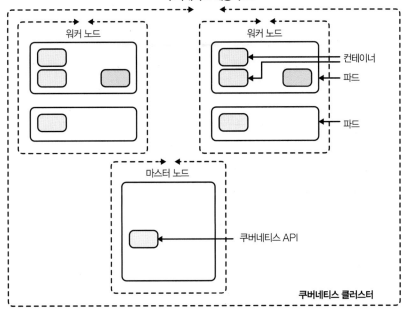

그림 9-7 쿠버네티스 계층 구조

> **NOTE_** 로컬 클러스터를 설정하거나 (도커 데스크탑을 사용하는 것을 권장) 클라우드 클러스터를 프로비저
> 닝하는 주요 방법에는 아마존 EKS, 구글 쿠버네티스 엔진(GKE), 애저 쿠버네티스 서비스(AKS)가 있다.

쿠버네티스의 훌륭한 기능 중 하나는 HPA^{Horizontal Pod Autoscaler}를 통한 오토스케일링이다. 쿠버네티스 HPA는 레플리케이션 컨트롤러^{replication controller}, 배포, 레플리카셋^{replica set}에서 자동으로 파드(다수의 컨테이너를 포함할 수 있다는 점을 명심해야 한다)의 수를 조정한다. 스케일링은 쿠버네티스 측정항목 서버에서 정의된 CPU, 메모리, 커스텀 측정항목을 사용한다.

[그림 9-8]을 보면 쿠버네티스는 클러스터의 메트릭을 감시하고 수신된 측정항목에 기반한 활동을 수행하기 위해 컨트롤 루프를 사용하고 있다.

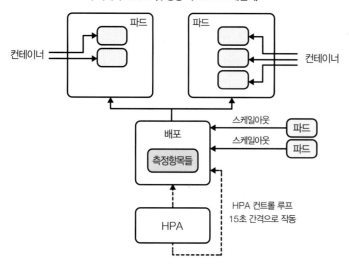

그림 9-8 쿠버네티스와 로드밸런서

쿠버네티스는 파드 자동 복구 기능을 통해 애플리케이션이 안정적으로 운영될 수 있도록 지원한다. 파드가 비정상적으로 종료될 경우, 실행 중인 컨테이너를 지정된 복제 개수만큼 유지하기 위해 컨테이너를 다시 실행한다. 파드의 가용성을 보장하기 위해서는 파드 배포 시에는 적어도 복제 수를 1 이상 지정하는 것을 권장한다.

아래는 디플로이먼트를 사용하여 애플리케이션을 배포하는 mlapp 예제다.

이 프로젝트는 플라스크 기반으로 머신러닝 예측값을 반환한다. 파드 배포 시에 복제할 수를 3으로 명시하여 3개의 파드를 실행하고, 그중 하나의 파드가 비정상적으로 종료될 경우의 시나리오를 통해 쿠버네티스가 해당 파드를 자동으로 재시작하여 3개의 파드를 유지하는지 확인한다.

1. 도커 데스크톱 환경에서 쿠버네티스가 잘 작동하는지 확인한다.

```
$ kubectl get nodes

NAME             STATUS   ROLES    AGE  VERSION
docker-desktop   Ready    master   30d  v1.19.3
```

2. 쿠버네티스에 mlapp이라는 이름의 디플로이먼트를 생성하고, 파드의 복제 수를 3개로 설정한다.

```
$ kubectl create deployment mlapp --image=protossdragoon/flask-docker-x86_64:v1 --
replicas=3

deployment.apps/mlapp created
```

3. 앞서 생성한 파드를 외부로 노출시키기 위해 NodePort 타입의 서비스를 생성한다.

```
$ kubectl expose deployment mlapp --port=5000 --type=NodePort

service/mlapp exposed
```

4. 아래 명령어를 통해 디플로이먼트를 조회한다. 앞서 --replicas 옵션을 통해 지정했기 때문에 파드
   는 3개의 복제본을 갖는다.

```
$ kubectl get deployments

NAME    READY   UP-TO-DATE   AVAILABLE AGE
mlapp   3/3     3            3         6m27s
```

5. mlapp의 서비스를 조회하여 파드에 접근하기 위한 포트를 확인한다. mlapp 서비스의 포트 5000이
   30948 포트 맵핑 되어 있는 것을 확인할 수 있다.

```
$ kubectl get service mlapp

NAME    TYPE       CLUSTER-IP      E XTERNAL-IP  PORT(S)       AGE
mlapp   NodePort10.96.153.230 <none>            5000:30948/TCP  4m5s
```

6. 파드 목록을 조회한다.

```
$ kubectl get pods

NAME                     READY   STATUS   RESTARTS AGE
mlapp-69cbb7476d-646c6   1/1     Running 0        17m
mlapp-69cbb7476d-8xt6w   1/1     Running 0        17m
mlapp-69cbb7476d-hsh9x   1/1     Running 0        17m
```

7. 위에서 조회한 파드 중 하나의 파드의 컨테이너에 접속하여 프로세스를 강제로 종료한다.

```
$ kubectl exec -it mlapp-69cbb7476d-646c6 -- /bin/bash

# ps aux | grep python
root 1  39.5 8.1 1537232 317412 ?    Ssl 10:48 0:05 python3 app.py
root 16 48.6 8.2 1611044 320596 ?    Sl 10:48 0:03 /usr/local/bin/python3 /ws/app.py
root 33 0.0  0.0 5132    704    pts/0 S+ 10:48 0:00   grep python

# kill 16
```

8. 파드 목록을 조회하여, 강제 종료한 파드의 상태를 확인한다.

```
$ kubectl get pods

NAME                     READY  STATUS             RESTARTS  AGE
mlapp-69cbb7476d-646c6   0/1    CrashLoopBackOff 0           27m
mlapp-69cbb7476d-8xt6w   1/1    Running          0           27m
mlapp-69cbb7476d-hsh9x   1/1    Running          0           27m
```

9. 잠시 후 파드 목록을 다시 조회하여, 애플리케이션의 디플로이먼트에서 명시한 대로 파드가 3개 유지되어 정상적으로 실행되는 것을 확인한다.

```
$ kubectl get pods

NAME                     READY  STATUS   RESTARTS  AGE
mlapp-69cbb7476d-646c6   1/1    Running  1         27m
mlapp-69cbb7476d-8xt6w   1/1    Running  0         27m
mlapp-69cbb7476d-hsh9x   1/1    Running  0         27m
```

배포를 정리하려면 kubectl delete service mlapp과 kubectl delete deployments mlapp을 실행한다.

엔드포인트에 머신러닝 산출물을 배포하기 위해 구글 쿠버네티스 엔진과 구글 클라우드 런, 버텍스 AI를 함께 사용해보자. 쿠버네티스 기술은 머신러닝 API를 구축하는 훌륭한 기반이 될 것이다.

우리가 앞서 만든 mlapp 애플리케이션에 부하가 발생하면 어떻게 될지 생각해보자. 제한된 컴퓨팅 리소스만으로 요청을 순차적으로 처리하다 보면 대기시간이 늘어나고 응답 속도가 느려진다. 이로 인해 다양한 문제가 발생할 수 있다. 일부 추론 요청에 대해 예측 값을 반환하지 못하거나 클라이언트에게 타임아웃 오류를 발생시킬 수 있다. 심한 경우에는 애플리케이션이 완전히 중단되는 장애 상황을 겪을지도 모른다. 실제로 운영되는 서비스에서 이런 문제를 손으로 직접 해결할 수는 없다. 요청되는 양에 따라 컴퓨팅 리소스를 적절히 조절하는 작업을 자동화할 방법을 고민해야 한다.

쿠버네티스의 HPA 기능을 사용하면 위와 같은 문제를 완화할 수 있다. HPA는 부하에 따라 자동으로 파드 수를 조정하여 이러한 문제를 해결한다. HPA는 애플리케이션의 현재 CPU 사용량과 같은 지표를 기반으로 오토 스케일링을 지원하여 애플리케이션의 가용성과 성능을 유지할 수 있도록 돕는다. HPA를 사용하려면 메트릭 서버가 설치되어 있어야 한다. 메트릭 서버는 클러스터 내의 파드 및 노드의 리소스 사용량 메트릭을 수집해준다.

다음은 HPA의 실습 코드 예시이다. 실습을 통해 CPU 사용량 기준으로 HPA를 체험해보자.

1. 쿠버네티스 클러스터에 mlapp이라는 이름의 디플로이먼트를 생성하고, NodePort 타입의 서비스를 통해 파드를 외부로 노출시킨다.

```
$ kubectl create deployment mlapp --image=protossdragoon/flask-docker-x86_64:v1
deployment.apps/mlapp created

$ kubectl expose deployment mlapp --port=5000 --type=NodePort
service/mlapp exposed
```

2. hpa.yaml 파일을 생성하고 다음 내용을 추가한다. 아래 예제는 CPU 사용률이 평균 10%를 초과하면 HPA가 파드 수를 늘리게 된다. 최소 파드 수는 1개이고, 최대 파드 수는 10개이다.

```
apiVersion: autoscaling/v2beta2
kind: HorizontalPodAutoscaler
metadata:
  name: mlapp
spec:
  scaleTargetRef:
    apiVersion: apps/v1
    kind: Deployment
    name: mlapp
```

```
  minReplicas: 1
  maxReplicas: 10
  metrics:
  - type: Resource
    resource:
    name: cpu
    target:
    type: Utilization
    averageUtilization: 10
```

3. 명령어를 사용하여 hpa.yaml 파일에 정의된 HPA를 생성한다.

```
$ kubectl apply -f hpa.yaml
horizontalpodautoscaler.autoscaling/mlapp configured
```

4. mlapp 애플리케이션에 강제로 부하를 준다. 아래 명령어는 Apache Bench를 이용하여 10명 동시
   사용자로 1,000개의 요청을 보내는 것이다.

```
$ ab -n 1000 -c 10 http://127.0.0.1:30433/predict
Benchmarking 127.0.0.1 (be patient)
Completed 100 requests
Completed 200 requests
Completed 300 requests
Completed 400 requests
Completed 500 requests
Completed 600 requests
Completed 700 requests
Completed 800 requests
Completed 900 requests
Completed 1000 requests
Finished 1000 requests
```

5. 잠시 후, mlapp의 HPA 기능이 작동했는지 확인해보자. HPA 기능이 작동하여 부하가 증가함에 따라
   파드가 오토 스케일링되어 파드 수가 3개가 된 것을 확인할 수 있다.

```
$ kubectl get hpa
NAME      REFERENCE          TARGETS    MINPODS   MAXPDS   REPLICAS   AGE
mlapp     Deployment/mlapp  70%/10%    1         10       3          20m
```

지금까지 쿠버네티스에서 HPA를 설정하고, 이를 통해 오토 스케일링이 적용되는 모습을 확인했다. HPA는 설정된 지표를 주기적으로 확인하고 필요에 따라 파드의 수를 조정하여 애플리케이션의 가용성을 보장하는 유용한 기능이다. 쿠버네티스의 HPA 기능을 통해 머신러닝 애플리케이션이 부하를 적절히 처리하고 가용성을 확보하여 안정적인 머신러닝 서비스를 구축하자.

9.1.3 클라우드 네이티브 데이터베이스 선택과 설계

구글 빅쿼리와 같은 클라우드 기반 데이터 웨어하우스 플랫폼이 어떻게 MLOps와 관련되는지, 어떻게 유용한지에 대해 다루어보자. [그림 9-9]를 보면 구글 빅쿼리는 버텍스 AI를 포함하여, 비즈니스 인텔리전스와 머신러닝 엔지니어링 모두에게 서비스를 내보낼 수 있는 MLOps 파이프라인의 중심이라는 것을 알 수 있다. 구글 빅쿼리는 대중적으로 사용하기 좋은 플랫폼이라서 누구나 쉽게 입문할 수 있다. 또한 MLOps의 관점에서 봤을 때 구글 빅쿼리의 장점은 플랫폼 내에서 머신러닝 모델을 학습시키고 호스팅할 수 있다는 것이다.

공개 데이터셋, 스트리밍 API, 구글 데이터플로 서비스와 같은 DataOps[operationalization of Data] 기반으로 MLOps 워크플로 구현이 가능하다. 구글 빅쿼리는 머신러닝을 인라인으로 처리하고 대규모 데이터셋의 처리 과정을 간소화한다.

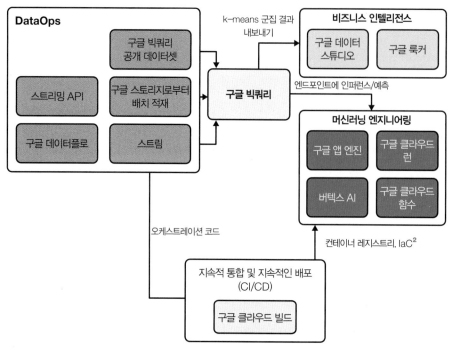

그림 9-9 구글 빅쿼리 MLOps 워크플로

구글 빅쿼리에서 머신러닝 모델링을 수행한 후 결과물을 구글 데이터 스튜디오로 내보내면 모델의 결과를 시각적으로 표현할 수 있다. 빅쿼리에서 생성된 K-means 군집분석 결과를 확인하고 공유 가능한 형태로 시각화할 수 있다.

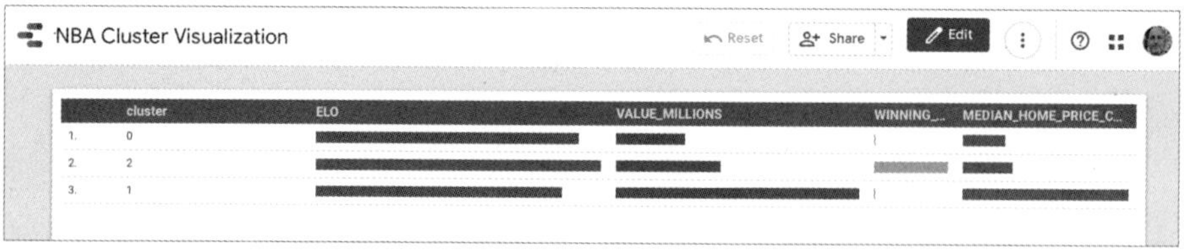

그림 9-10 구글 데이터 스튜디오 K-means 군집분석

---

2   옮긴이_ 코드형 인프라(IaC)는 코드를 통해 인프라를 구성, 프로비저닝, 관리하는 것을 의미한다.

9.2 구글 클라우드 플랫폼에서의 DataOps

책의 서두에서도 언급했듯 데이터가 머신러닝 시스템에서 필수적인 요소인 만큼 데이터를 운영하는 일은 MLOps에서 필수적이다.

구글 클라우드 함수Cloud Function를 사용해서 데이터 엔지니어링에 서버리스 아이디어를 적용해보자. 이를 위해 우리는 구글 클라우드 함수가 어떻게 작동하며, AI API 호출을 통해 머신러닝 솔루션으로 어떻게 쓰이는지, 구글 Pub/Sub과 통신하는 MLOps 파이프라인으로는 또 어떻게 쓰일 수 있는지 알아볼 것이다.

간단한 값을 반환하는 클라우드 함수를 예제를 살펴보자. 예제는 링크에서 확인할 수 있다.

예제를 실행하기 위해 [그림 9-11]과 같이 구글 클라우드 콘솔을 열고 새로운 클라우드 함수를 생성한다. 그리고 아래 소스 코드를 붙여넣는다. [그림 9-11]의 인증 항목에서 '인증 필요require authentication'를 '인증되지 않은 호출 허용untoggle'으로 변경할 수 있다.

```python
import json

def hello_world(request):
        request_json = request.get_json()
        print(f"This is my payload: {request_json}")
        if request_json and "amount" in request_json:
            raw_amount = request_json["amount"]
            print(f"This is my amount: {raw_amount}")
            amount = float(raw_amount)
            print(f"This is my float amount: {amount}")
        res = []
        coins = [1, 5, 10, 25]
        coin_lookup = {25: "quarters", 10: "dimes", 5: "nickels", 1: "pennies"}
        coin = coins.pop()
        num, rem = divmod(int(amount * 100), coin)
        res.append({num: coin_lookup[coin]})
        while rem > 0:
            coin = coins.pop()
            num, rem = divmod(rem, coin)
            if num:
                if coin in coin_lookup:
                    res.append({num: coin_lookup[coin]})
        result = f"This is the res: {res}"
        return result
```

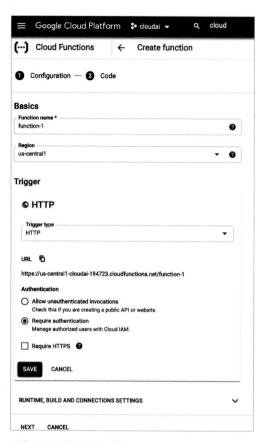

그림 9-11 구글 클라우드 함수

구글 클라우드 명령줄 도구에 다음과 같이 입력한 다음 실행한다.

```
gcloud functions call changemachine --data '{"amount":"1.34"}'
```

아래와 같은 curl 명령어를 실행할 수 있다.

```
curl -d '{
    "amount":"1.34"
}'      -H "Content-Type: application/json" -X POST <trigger>/function-3
```

엔드포인트를 불러오기 위해 명령줄 도구를 활용할 수도 있다.

```python
#!/usr/bin/env python
import click
import requests

@click.group()
@click.version_option("1.0")
def cli():
    """Invoker"""
@cli.command("http")
@click.option("--amount", default=1.34, help="Change to Make")
@click.option(
    "--host",
    default="https://us-central1-cloudai-194723.cloudfunctions.net/change722",
    help="Host to invoke",
)
def mkrequest(amount, host):
    """Asks a web service to make change"""

click.echo(
    click.style(
        f"Querying host {host} with amount: {amount}", bg="green", fg="white"
        )
    )
    payload = {"amount": amount}
    result = requests.post(url=host, json=payload)
    click.echo(click.style(f"result: {result.text}", bg="red", fg="white"))

if __name__ == "__main__":
    cli()
```

다른 접근 방식으로는 버텍스 AI를 통해 머신러닝 모델을 업로드하거나, 컴퓨터 비전computer vision, 자연어 처리(NLP), 혹은 다른 머신러닝 관련 작업을 수행하는 기존 API를 활용하는 방법이 있다. 깃허브에서 전체 예시를 찾아볼 수 있다. 다음 예시를 통해 기존의 자연어 처리 API를 사용해보자. 구글 클라우드 플랫폼에서 제공하는 requirements.txt 파일을 수정해서 서드파티 라이브러리 2개를 추가한다(그림 9-12).

그림 9-12 요구사항 추가

구글 클라우드 셸 콘솔에서 main.py에 다음 코드를 붙여넣는다.

```python
import wikipedia

from google.cloud import translate

def sample_translate_text(
    text="YOUR_TEXT_TO_TRANSLATE", project_id="YOUR_PROJECT_ID", language="fr"
):
    """Translating Text."""

    client = translate.TranslationServiceClient()

    parent = client.location_path(project_id, "global")

    # Detail on supported types can be found here:
    # https://cloud.google.com/translate/docs/supported-formats
    response = client.translate_text(
        parent=parent,
        contents=[text],
        mime_type="text/plain", # mime types: text/plain, text/html
        source_language_code="en-US",
        target_language_code=language,
    )
    print(f"You passed in this language {language}")
    # Display the translation for each input text provided
    for translation in response.translations:
```

```
        print("Translated text: {}".format(translation.translated_text))
        return "Translated text: {}".format(translation.translated_text)
def translate_test(request):
    """Takes JSON Payload {"entity": "google"}"""
    request_json = request.get_json()
    print(f"This is my payload: {request_json}")
    if request_json and "entity" in request_json:
        entity = request_json["entity"]
        language = request_json["language"]
        sentences = request_json["sentences"]
        print(entity)
        res = wikipedia.summary(entity, sentences=sentences)
        trans = sample_translate_text(
            text=res, project_id="cloudai-194723", language=language
        )
        return trans
    else:
        return f"No Payload"
```

기능을 불러오기 위해 구글 클라우드 셸에서 요청할 수 있다.

```
gcloud functions call translate-wikipedia —data\
    '{"entity":"facebook", "sentences": "20", "language":"ru"}'
```

[그림 9-13]처럼 구글 클라우드 셸 터미널의 러시아어 번역 결괏값을 확인할 수 있다.

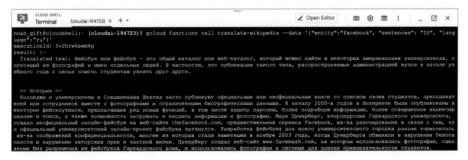

그림 9-13 번역 결과

간단한 데이터 엔지니어링 소스 코드를 작성할 때 7장에서 배웠던 람다 함수나 방금 학습한 구글 클라우드 함수와 같은 서버리스 제품군을 우선적으로 고려하라. 초기 데이터 엔지니어링 워크플로는 서버리스 방식으로 구축하고, 추후에 필요한 기능이 추가 될 경우 다른 플랫폼으로 확장하는 것을 추천한다.

만약 더 많은 기능이 필요한 경우, 버텍스 AI 플랫폼을 이용하면 더 큰 프로젝트를 위한 데이터 및 머신러닝 엔지니어링 요소를 활용할 수 있다. 특히 피처 스토어Feature Stores, 설명 가능한 AIExplainable AI, 모델 품질 추적tracking model quality 등은 MLOps 솔루션의 중요한 구성 요소이다.

9.3 머신러닝 모델 운영

모든 주요 클라우드 플랫폼에는 이제 MLOps 기능이 포함되어 있다. 구글 클라우드 플랫폼의 MLOps인 버텍스 AI는 AutoML 기술을 포함한 많은 개별 서비스를 통합하여 제공한다. MLOps 플랫폼들의 필수 요소로는 피처 스토어, 설명 가능한 AI, 모델 품질 추적 등이 있다. 만약 큰 규모의 MLOps 프로젝트를 진행한다면 구글 클라우드 플랫폼에서는 버텍스 AI, AWS에서는 세이지메이커, 애저에서는 애저 머신러닝 스튜디오에서 시작하면 된다.

구글 클라우드 플랫폼에서는 독립적인 솔루션으로 구성 요소를 조합하여 머신러닝을 운영하는 것도 또 다른 옵션이 될 수 있다. 예를 들어 모델을 배포하여 예측을 수행할 경우 다음과 같은 코드를 사용하여 로컬 환경에서 사이킷런 모델을 활용할 수 있다.[3]

```
gcloud ai-platform local predict --model-dir\ LOCAL_OR_CLOUD_STORAGE_PATH_TO_MODEL_
DIRECTORY/ \
--json-instances LOCAL_PATH_TO_PREDICTION_INPUT.JSON \
--framework NAME_OF_FRAMEWORK
```

이어서 구글 클라우드 함수, 클라우드 런 또는 앱 엔진을 통해 엔드포인트를 생성하거나 9장 앞부분에 나온 예시처럼 엔드포인트를 연결할 수 있다.

깃허브에 있는 내용[4]을 참고하여 구글 클라우드 플랫폼에서 구글 앱 엔진 프로젝트가 어떻게 진행되는지 살펴보자. 먼저, 플랫폼의 지속적 배포의 핵심 구조를 확인하고 [그림 9-14]의

---

3   https://oreil.ly/7cWEV
4   https://oreil.ly/2vC8t

'가벼운' 워크플로를 따라 구글 앱 엔진 프로젝트를 생성하자.

> **NOTE_** 가벼운 워크플로는 머신러닝 모델을 쉽고 간단하게 배포하는 방법이다. 프로젝트에 설명 가능한 AI 와 같이 부가적인 기능이 필요하다면 '무거운' 워크플로를 통해 전문성을 더할 수 있다.

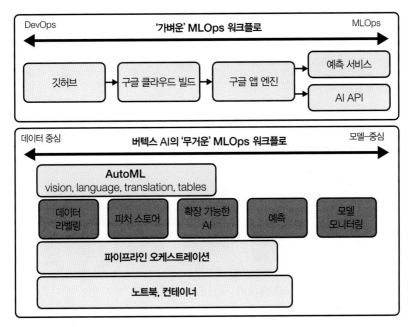

그림 9-14 MLOps 워크플로 비교

다음으로, [그림 9–15]와 같이 클라우드 빌드 API를 활성화한다.

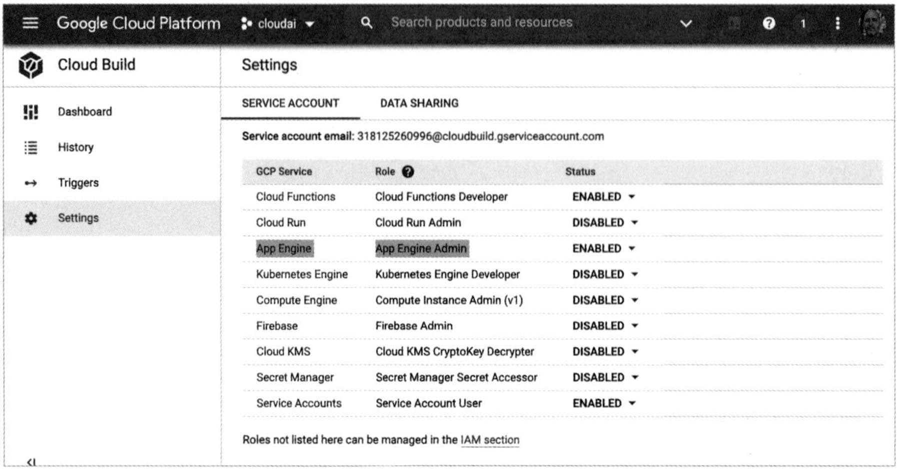

그림 9-15 클라우드 빌드

`cloudbuild.yml` 파일은 배포 명령만 하면 된다.

```
steps:
- name: "gcr.io/cloud-builders/gcloud"
  args: ["app", "deploy"]
  timeout: "1600s"
```

필요한 파일들은 `app.yaml`, `requirements.txt`, `main.py`이며, 깃허브 저장소[5]에서 확인할 수 있다. 마지막 단계로 이 애플리케이션이 머신러닝을 수행할 수 있도록 ML/AI API를 호출하거나 AI 플랫폼 엔드포인트에 호스팅하면 프로세스가 완성된다.

이 간단한 접근법의 가장 큰 장점은 1~2시간이면 MLOps 파이프라인을 설정할 수 있다는 것이다. 또한 AI API들과 예측 서비스, Auto ML 엔드포인트 등을 적절히 선택하고 활용할 수 있다.

구글 클라우드 플랫폼에서 MLOps를 수행하는 데는 '가벼운light' 접근법과 '무거운heavy' 접근법이 있다. 이 예시는 '가벼운' 접근법에 대해 알아보았으나, 버텍스 AI에는 MLOps를 수행하는 기업에게 필요한 심화 기능이 포함되어 있어서 플랫폼을 통해 더 큰 가치를 얻을 수 있을 것이다.

---

5 https://oreil.ly/YAy6c

이 장은 여기서 마무리를 짓고, 다음 장에서 MLOps를 구현하기 위해 구글 클라우드 플랫폼을 사용하는 다음 단계를 논의해보자.

9.4 마치며

마지막으로 한 번 더 강조하자면, 버텍스 AI와 같은 MLOps 서비스들의 장점은 기업들이 직접 MLOps 솔루션을 구축하는 것보다 복잡한 문제를 더 쉽고 빠르게 해결한다는 점이다. 필자가 만난 한 연구원은 기업 내에 자체적으로 대규모 GPU를 구축한 것에 대해 자부심을 느끼고 클라우드가 과대평가 되었다고 주장하는 경우도 있었다. 하지만 자체적으로 구축한 인프라에서는 클라우드 플랫폼의 서비스들이 제공되지 않는다. 클라우드의 활용이 자체적으로 시스템을 꾸릴 만한 자원이 부족한 스타트업만의 일이라고 생각하는 것은 오해다. MLOps 구축을 통한 비교 우위 확보는 대기업과 스타트업에 모두 중요한 과제이다. 합리적 비용으로 이용할 수 있는 클라우드 MLOps 제품보다 나쁜 것을 더 비싼 돈을 들여가며 굳이 직접 구축할 필요는 없다.

이 장에서 언급된 내용을 바탕으로, 구글 클라우드 플랫폼에서 클라우드 네이티브 머신러닝 애플리케이션을 만들고 프로젝트를 실제 실행해보는 것을 추천한다. 프로젝트를 시작하기에 앞서, 시스템의 기술 부채를 고려하기 위해 스컬리^{Sculley}의 논문을 읽어 보는 것도 좋다. 프로젝트를 진행할 때 구글 빅쿼리의 공개된 데이터셋을 활용할 수 있다는 점이나 AutoML 등의 기술을 이용해 모델링을 할 수 있다는 점 등을 잊지 말아야 한다.

구글 클라우드에서 머신러닝 엔지니어링을 포함하는 프로젝트를 진행할 때 포트폴리오 구성에 도움이 될 만한 요구 사항들을 제안하면 아래와 같다.

- 깃허브에 저장된 소스 코드 업로드
- 지속적 배포 플랫폼을 활용한 지속적 배포
- 빅쿼리, 구글 클라우드 스토리지 등에서 데이터 상호작용
- AutoML, 빅쿼리 등을 이용한 모델링 및 머신러닝 추론 결과 생성
- 클라우드 기반 모니터링
- 구글 앱 엔진을 이용하여 HTTP 요청을 처리
- 구글 클라우드 빌드를 사용하여 작업 환경을 배포

아래는 프로젝트 체크리스트에 추가해볼 수 있을 만한 사항들이다.

- 애플리케이션의 머신러닝이 인퍼런스를 생성하는가?
- 환경이 독립적이고 재현가능한가?
- 포괄적인 모니터링과 알림 기능이 있는가?
- 정확한 데이터 저장소를 사용하는가?
- 적절한 보안 원칙이 적용되었는가?
- 데이터가 암호화되어 전송되고 있는가?

공식 코드 저장소[6]를 통해 다른 우수한 데이터 사이언스 프로젝트나 최신 코드들을 확인할 수 있다. 따라서 이러한 자료를 인용하여 여러분의 프로젝트에 추가하거나 활용할 수 있다. 아래와 같은 토이프로젝트들의 소스 코드를 참고하자.

- 감정 분석
- 실시간 이미지 분류
- 스니커즈 가격 예측
- 코로나 바이러스 예측

---

6 https://oreil.ly/hJkDx

연습해보기

- 구글 클라우드 셸 에디터를 사용하여 새로운 깃허브 저장소를 만들어보자. 저장소는 메이크파일, 린팅, 테스팅을 포함하여 파이썬 스캐폴드를 구성하고, 메이크파일에는 코드 포맷팅 단계를 추가해보자.
- 'hello world'를 JSON 타입으로 응답하는 파이썬 기반 구글 앱 엔진 애플리케이션을 호출하는 파이프라인을 생성해보자.
- CSV 파일과 구글 빅쿼리를 사용하여 ETL 파이프라인에 연결해보자. 그리고 데이터를 배치 업데이트하는 크론 작업을 스케줄링하자.
- 구글 AutoML vision에서 다중 분류 모델을 학습시키고 엣지 디바이스에 배포해보자.
- 개발 환경과 프로덕션 환경을 생성하고 구글 클라우드 빌드를 사용하여 이 두 가지 환경 모두에 프로젝트를 배포해보자.

생각해보기

- 지속적 통합 시스템이 해결할 수 있는 문제는 무엇인가?
- 왜 클라우드 플랫폼이 머신러닝 애플리케이션의 이상적인 구조이며, 클라우드에서 딥러닝을 수행할 때 얻을 수 있는 장점은 무엇인가?
- 구글 빅쿼리와 같은 관리형 PaaS의 장점은 무엇이며, 전통적인 데이터베이스와 빅쿼리가 어떻게 다른가?
- 빅쿼리의 머신러닝은 구글 클라우드 플랫폼에 어떤 가치를 더하며, 데이터 분석 애플리케이션에 어떤 장점을 가지고 있는가?
- TCO가 무엇인가? 어떻게 하면 AutoML이 낮은 TCO을 가질 수 있고 어떤 상황에서 TCO가 높아지는가?

## CHAPTER 10

머신러닝 상호운용성

포유류의 뇌는 일반적인 계산에는 능숙하지만, 주체성을 형성하는 것과 같은 특수한 작업에는 특별한 구조가 필요하다. 이러한 주체성을 갖게 만드는 구조는 마르셀 킨스부르Marcel Kinsbourne에 의해 '주체성 펌프'라는 익살스러운 이름으로 불리게 되었다. 이거야말로 우리가 찾던 것이었다. 반구절제술의 성공을 통해 해부학에서 확인된 것처럼 주체성의 구조는 이중적이다.

– 조셉 보겐 박사

만약 남미(특히 페루)에 방문할 기회가 있다면 길거리 시장을 가보길 추천한다. 수십 개의 감자 품종을 포함한 신선하고 다양한 야채들은 여러분에게 새로운 경험이 될 것이다. 필자는 페루에서 자랐기 때문에 시장에 수십 가지 품종의 감자가 있다는 것이 놀라운 일이라는 사실을 나중에야 알게 되었다.

필자는 더 이상 페루에 살지는 않지만, 다양한 종류의 감자가 그리울 때가 있다. 미국의 동네 슈퍼마켓에서 사 온 흔한 감자로는 페루에서의 요리와 같은 맛을 낼 수 없기 때문이다. 다양한 맛과 향미를 제공하는 지역의 특산물은 페루 요리의 정체성을 형성하는 매우 중요한 부분이라고 생각한다. 여러분은 아무 감자나 집어 요리해도 괜찮으리라 생각할지도 모르지만 말이다.

앞서 언급한 감자 예시처럼, 다양한 선택지가 있을 때 목적에 맞는 더 적합한 것을 선택한다면 더 좋은 결과를 만들어 낼 수 있다. 이러한 측면은 머신러닝에서 학습된 모델을 엔드포인트에 적용할 때에도 마찬가지다. 목적에 맞는 감자를 이용하면 더 좋은 결과를 만들어 낼 수 있는 것처럼, 모델은 적용될 환경에 맞추어 구축된다면 더 좋은 효과를 기대할 수 있다.

하지만 머신러닝 모델은 이미 특정 환경에 맞춰져 학습되어서 다른 환경에서는 대부분의 모델이 제대로 작동하지 않는다. 모델 상호운용성의 핵심은 특정 플랫폼에서 작성된 모델이 다른 여러 플랫폼에서도 작동되도록 변환하는 것이다. 클라우드가 제공하는 즉시 사용 가능한out-of-the-box 모델을 이용할 때 발생하는 종속성을 염려할 필요가 없다는 주장도 있지만, 이 장에서는 다른 플랫폼에서도 작동할 수 있는 형태로 모델을 변환하여 출력하는 것의 중요성에 대해 다루고자 한다.

컨테이너로 실행되는 애플리케이션 또는 서비스가 대부분의 시스템에서 원활하게 작동하듯 (3장에서 설명한 바와 같이) 머신러닝 모델의 경우, 모델을 가장 적합한 형태로 출력하여 유연성과 모델 상호운용성을 확보하는 것이 모델 활용의 핵심 요소이다. 운영 시스템이나 모바일 등 엣지 디바이스edge device에 모델을 배포하기 위해서는 머신러닝 프레임워크에서 학습된 결과를 운영 환경에 맞게 변환해야 한다. [그림 10-1]은 이러한 상호 운용성에 대한 개요를 나타내고 있다.

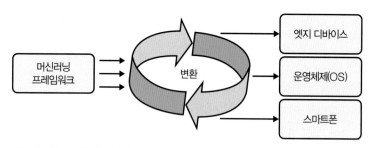

그림 10-1 모델 상호운용성 개요

이것을 공구에 비유하자면 특정 공구점에서만 구할 수 있는 드라이버에 맞도록 나사를 만드는 것이 아닌, 어떤 드라이버에도 호환될 수 있는 나사를 만드는 것과 같다. 앞서 3장의 엣지 디바이스 부분에서 엣지 TPU가 작동하지 않음에 따라 문제가 발생했었고, 결국 변환이 필요했었다. 모델 상호운용성을 위한 몇 가지 옵션 중 ONNXOpen Neural Network Exchange를 주목할 만하다. ONNX는 커뮤니티가 주도하는 프로젝트로 툴체인toolchain의 복잡성을 줄여 모델과 쉽게 상호작용 되도록 개방형 표준을 만들고 개선해가고 있다. 이 장에서는 많은 클라우드에서 지원되고 있는 ONNX와 그에 대한 세부 사항에 대해 다루고자 한다.

10.1 상호운용성이 중요한 이유

복잡한 프로세스와 상호작용을 추상화하여 간결하고 이해하기 쉬운 형태로 만드는 것은 소프트웨어 엔지니어링에서 일반적으로 사용되는 패턴이다. 그러나 때로는 적절한 추상화가 이루어 지지 않아, 추상화를 했음에도 되려 더 복잡해질 수도 있다. 이에 대한 적절한 예로 오픈 소스 기반 인프라 구축 및 관리를 위한 플랫폼인 오픈스택openstack과 그 설치 프로그램을 들 수 있다. 오픈스택을 설치하고 구성하는 것은 복잡하고 기술적 도전을 요구하는 일이다. 서로 다른 시스템 유형과 네트워크 구성이 적용되기 때문에 올바른 구성과 연동을 위해 전문 지식이 필요하다.

오픈스택의 새로운 설치 도구이자 자동 배포 도구인 TripleO는 오픈스택의 배포 도구로서, 오픈스택을 자동화된 방식으로 더 쉽게 사용하기 위해 만들어졌다. 즉, 오픈스택 위의 오픈스택이라고 할 수 있다. TripleO는 임시 인스턴스를 만든 후, 오픈스택을 설치하는 방식으로 작동한다. TripleO는 프로젝트 설치 및 환경설정과 관련된 부분을 간편하게 하였다. 그런데도 완전히 해결되지 않은 복잡도 문제를 해결하기 위해 보다 높은 수준의 추상화 계층이 필요하다고 여겨졌고, 이에 QuintupleO가 만들어졌다(오픈스택 위의 오픈스택 위의 오픈스택 구조). 오픈스택 엔지니어링 팀이 복잡도와 관련된 문제를 해결하려고 노력하고 있겠지만 다른 레이어를 추가하는 것이 해결책이 될 수 있을지 의심스럽다.

추상화 계층을 추가하여 시스템을 더 추상화하는 것이 언제나 성능 향상을 보장하고, 모든 요구사항을 만족 시키는 방법이 아닐 수 있다. 필자가 시스템을 설계할 때 스스로 던지는 질문이 있다. 유연하지는 않지만 명확하고 간결한 시스템을 구축할 것인가? 아니면 유연하지만 복잡해지기 쉬운 시스템을 구축할 것인가? 물론 모두가 간결하면서 유연한 설계를 바랄 것이다. 하지만 그런 시스템을 설계하고 구축하는 작업은 설사 가능하다고 하더라도 매우 어렵고 많은 시간이 소요되는 작업일 것이다.

> **NOTE_** 추상화가 도움이 되지 않을 수도 있으며, 추상화는 복잡도 해소와 성능 사이의 Trade-Off를 내포한다.

여러분이 머신러닝 모델 모델 학습을 위해 사용하는 다양한 플랫폼 혹은 클라우드 서비스들은 각자만의 학습 환경을 가지고 있다. 각각의 환경에서 학습된 모델이 학습에 사용된 환경과 동일한 환경에서만 활용된다면 상호운용성을 고려할 필요가 없을 것이다. 그러나 학습된 모델을 다른 환경에서 실행하기를 원한다면 예기치 못한 문제가 발생할 가능성이 높아진다.

최근 필자는 애저 클라우드 플랫폼에서 AutoML을 사용하여 학습시킨 모델을 로컬 환경에서 실행할 때 몇 가지 문제가 발생했다. 애저 AutoML은 배포 방식으로 'No-Code'를 선택할 수 있다. 이는 작업자가 직접 소스 코드를 작성하지 않고도 추론 값을 생성하고 응답받는 과정을 수행할 수 있다는 것을 의미한다. 이를 위해 애저는 입력값과 예상 출력값의 구조에 대한 API 문서를 제공한다. 그러나 로컬 환경에서 실행할 때 참고할 수 있는 문서는 찾을 수 없다. 즉, 모델을 어떻게 불러오고 다른 프로그램과 상호작용하도록 만들 수 있는지에 대한 명확한 방법을 이해할 수 있는 정보가 부족한 것이다. 'No-Code'를 통해 복잡도를 낮출 수는 있었지만, 유연성이 제한되는 문제가 발생한 것이다.

또한 의존성 문제도 있었다. 애저의 AutoML은 모델 학습에 사용된 라이브러리의 정확한 버전을 공개하지 않는다. 짐작건대 모델 학습 시점 기준으로 애저 SDK의 최신 버전이 사용된 것으로 보이나 확실하지는 않다. 즉, 모델이 학습된 어느 시점 이후 새로운 버전의 SDK가 출시되는 경우, 최신 SDK를 통해 모델을 사용하려고 하면 버전 이슈가 발생할 수 있다. 이 문제를 해결하려면 애저가 모델을 학습한 시점과 동일한 버전의 SDK를 사용해야 한다. 하지만 이것도 약간의 문제가 있다. 당시 필자는 파이썬 3.8 버전을 쓰고 있었는데, 애저 SDK는 파이썬 3.7 버전만을 지원하던 상황이어서 SDK 자체를 시스템에 설치하는 것이 불가능하다는 문제도 있었다. 런타임 프로그램 설치를 위해 다른 버전의 파이썬을 설치해야만 했다.

애저 환경에서 작업된 머신러닝 모델을 로컬 환경에서 실행하고자 했던 필자처럼, AWS가 제공하는 환경에 모델을 배포해야 하는 경우 등 학습 환경과 추론 환경으로 다른 플랫폼이나 클라우드를 사용해야 하는 경우에도 동일한 문제가 일어날 수 있다. 코드를 직접 쓸 일이 거의 없는 환경이거나 코드리스 환경의 경우 관리 작업이 어려워진다. 이 환경은 속도 측면에서는 좋지만, 이식을 할 때는 문제를 야기시킬 수 있다. 애저의 AutoML에 대해 비판하려고 의도적으로 언급한 내용은 아니다. 다만, 플랫폼에서 사용된 버전이 무엇인지와 모델링 결과가 어떻게 상호작용 되는지 확인할 수 있다면 더 훌륭한 플랫폼이 될 것이라고 생각한다.

상호운용성과 관련한 또 다른 이슈는 데이터 과학자가 모델이 배포될 환경의 컴퓨팅 파워와 저장 용량 등을 미리 추정하여 모델을 제작해야 한다는 점이다. 예를 들어 클라우드 플랫폼에서 높은 컴퓨팅 자원으로 학습시킨 모델을 호환성이 낮은 저전력 TPU 디바이스에 배포하는 것을 생각해보라. 실제로 모델 추론 작업이 이루어질 환경인 엣지 디바이스의 성능을 고려하지 않는다면 이는 문제가 될 수 있다.

이러한 이유로 머신러닝 모델에 요구되는 제약사항을 미리 명시하여, 주요 클라우드 공급자의 환경이나 엣지 디바이스의 환경에서 쉽게 환경에 맞는 형식으로 변환될 수 있는 능력인 상호운용성이 중요하다. ONNX를 이용해 더 탁월한 상호운용성을 갖춘 프로젝트를 구축하고, 상호운용성을 확보하는 일을 자동화하는 방법에 대해 다루어 보도록 하자.

10.2 ONNX: Open Neural Network Exchange

ONNX는 모델 수준에서 배포환경과 관련된 복잡도를 낮추는 동시에 간결함, 높은 성능을 모두 갖추려는 접근 방식으로, 시스템 간의 상호운용성 확보를 위한 중요한 개념이다. ONNX를 이용하면 서로 다른 프레임워크 간에 모델을 서로 변환하고 공유할 수 있다. 이 프로젝트는 2017년에 페이스북과 마이크로소프트가 AI 모델 상호운용성을 위한 공개적인 생태계라는 개념을 제시하며 시작되었다. 그 이후 ONNX는 다양한 플랫폼을 지원하며 다양한 집단에서 사용하는 거대하고 중요한 오픈 소스 프로젝트로 성장하여 자리 잡아 가고 있다.

하드웨어 공급업체들은 상호운용성과 더불어 프레임워크 표준성을 통해 다양한 프레임워크에서 모델이 작동할 수 있도록 노력했다. 그러나 ONNX가 대표적으로 활용되면서 각 프레임워크에 맞춘 최적화의 필요성이 줄어들었다. ONNX라는 개념이 비교적 최근 확립되었음에도 불구하고 다양한 클라우드 플랫폼들은 모델 학습 및 배포에 사용되는 모델 형식으로 ONNX를 지원하고 있다.

ONNX의 기본적인 아이디어는 머신러닝 모델을 어떤 환경에서든 상관없이 실행할 수 있도록 만드는 것이다. 모델을 개발하는 사람이 선호하는 머신러닝 프레임워크에서 학습을 시킨 후 ONNX 포맷으로 변환하면, 변환된 모델을 다른 프레임워크에서 이용할 수 있다. 예를 들어 XGBoost, 사이킷런, 케라스, 텐서플로 등 다양한 딥러닝 프레임워크에서 학습한 모델을 서로 간에 쉽게 전환할 수 있도록 도와주는 툴이다. ONNX 형식으로 변환이 지원되는 머신러닝 프레임워크는 지속적으로 추가되고 있다(그림 10-2).

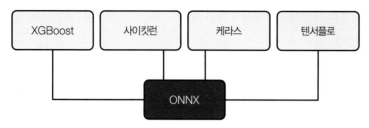

그림 10-2 ONNX로 변환

어떤 ONNX 모델을 다른 프레임워크의 런타임을 지원하도록 변환하는 것도 가능하다. 물론, 이러한 변환은 다양한 요소들을 고려해야 한다. 변환된 모델이 새로운 기능을 지원하지 않거나 오래된 버전의 프레임워크에서는 더 이상 실행되지 않는 문제가 발생할 수 있다. 그런데도 필자는 ONNX를 통해 다양한 프레임워크와 환경에서 모델을 유연하게 활용할 수 있도록 변환하는 것이 필요하며, 이를 통해 모델의 유연성과 범용성을 확보할 수 있다고 생각한다.

이어서 이렇게 다양한 환경에서 실행 가능한 ONNX 형식의 사전학습 모델을 어디에서 찾을 수 있는지 알아보자.

10.2.1 ONNX Model Zoo

ONNX 모델을 논할 때 종종 같이 언급되는 것으로 Model Zoo가 있다. Model Zoo에는 미리 학습된 다양한 ONNX 모델들이 포함되어 있다. 이 모델들은 깃허브 저장소[1]를 통해 지속적으로 커뮤니티 기여가 이루어지며, 라이브러리 형태로 제공되어 사용자들이 쉽게 활용할 수 있다. 이러한 모델들을 사용하면 사용자는 새로운 모델을 학습시키는 번거로움을 덜고, 기존에 학습된 모델을 활용하여 빠르고 효율적인 결과를 얻을 수 있다. Model Zoo[2]의 모델은 비전, 언어, 기타 항목 등 세 가지 범주로 구성되어 있다. 4장의 '머신러닝 모델 패키징'에서는 Model Zoo의 RoBERTa-SequenceClassification 모델을 사용했었다. 애저에서 모델을 사용하기 위해서는 ONNX 런타임 버전과 같은 몇 가지 추가 정보를 입력해야 한다. [그림 10-3]은 Model Zoo에서 특정 모델을 사용할 때 확인되는 세부 사항 및 성능을 보여준다.

---

1   https://oreil.ly/gX2PB
2   https://oreil.ly/ptOGC

Model

Model	Download	Download (with sample test data)	ONNX version	Opset version	Accuracy
RoBERTa-BASE	499 MB	295 MB	1.6	11	88.5
RoBERTa-SequenceClassification	499 MB	432 MB	1.6	9	MCC of 0.85

그림 10-3 Model Zoo

페이지에는 버전 및 용량 정보 외에도 모델이 작동하는 방법에 대한 범용적인 몇 가지 예시가 있으며, 이를 활용하면 여러분이 풀고자 하는 문제에 적합한 모델을 이용해 PoC[Proof of Concept]를 빠르게 수행할 수 있다. 또한 이 페이지에서는 RoBERTa-SequenceClassification 모델이 PyTorch RoBERTa 기반으로 구축되었으며, 이 모델을 Model Zoo를 통해 사용자가 활용할 수 있다는 정보를 확인할 수 있다.

모델의 경로 및 출처와 작업 흐름을 아는 것이 왜 필요한지 바로 와닿지 않을 수 있다. 그러나 모델의 변경 사항을 반영하거나 문제를 해결할 때 확신을 갖고 진행하려면 현재 상황에 대한 출처를 정확히 파악할 수 있는 것이 중요하다. 필자가 대형 오픈 소스 프로젝트의 출시 관리자로 근무했을 때, 다양한 리눅스 배포판을 지원하기 위해 RPM 및 기타 패키지 구성을 담당했었다. 당시 프로덕션 저장소가 손상되어 특정 패키지를 다시 빌드해야 되는 상황이 있었다. 다시 빌드하는 과정에서 수십 개의 저장소에 저장된 패키지 중, 특정 패키지를 생성하기 위한 스크립트, 파이프라인 및 지속적인 배포를 위한 부분을 찾을 수가 없었다.

해당 패키지의 정상적인 빌드를 위해 다양한 단계를 추적한 결과, 패키지 빌드와는 관련이 없는 서버의 디렉토리로부터 스크립트가 호출되도록 설정된 것을 발견할 수 있었다. 이렇듯 시스템과 무관한 디렉토리와 연결된 구조는 큰 문제를 야기시킬 수 있다. 또한 이 경우에는 패키지의 출처가 무엇인지, 왜 이러한 구조로 되어 있는지 확인할 수 없었다. 아마 이러한 상황이 드문 일은 아닐 것이다. 하지만 적어도 프로덕션 파이프라인의 단계별 구축 히스토리 정도는 쉽게 파악할 수 있어야 한다. 이러한 정보 중 일부는 실제로 사용되기도 한다. 예를 들어 3장에서 애저 모델 레지스트리에 모델을 등록할 때 요구했던 정보들도 마찬가지다. 일부 모델 변환기에는 메타데이터를 추가할 수 있다.

10.2.2 파이토치를 ONNX로 변환하기

이번 실습에서는 파이토치로 구현된 간단한 모델을 ONNX로 변환해본다. 의존성을 명시한 requirements.txt 파일은 아래와 같다. 가상환경을 생성하고 아래 패키지들을 설치한다.

```
numpy==1.20.1
onnx==1.8.1
Pillow==8.1.2
protobuf==3.15.6
six==1.15.0
torch==1.8.0
torchvision==0.9.0
typing-extensions==3.7.4.3
```

convert.py 파일을 통해 미리 구현되어 있는 파이토치 모델을 불러오고 이를 ONNX로 변환하여 저장한다.

```python
import torch
import torchvision

dummy_tensor = torch.randn(8, 3, 200, 200)

model = torchvision.models.resnet18(pretrained=True)

input_names = ["input_%d" % i for i in range(12)]
output_names = ["output_1"]

torch.onnx.export(
    model,
    dummy_tensor,
    "resnet18.onnx",
    input_names=input_names,
    output_names=output_names,
    opset_version=7,
    verbose=True
)
```

위 스크립트는 난수 dummy_tensor를 정의하며 랜덤한 데이터를 입력한 후, resnet18 모델을 실행한 다음, ONNX 형식으로 변환하여 저장한다.

convert.py 스크립트를 실행하면 아래와 같은 출력을 확인할 수 있다.

```
$ python convert.py
graph(%learned_0 : Float(8, 3, 200, 200, strides=[120000, 40000, 200, 1], requires_
grad=0, device=cpu),
%fc.weight : Float(1000, 512, strides=[512, 1], requires_grad=1, device=cpu),
%fc.bias : Float(1000, strides=[1], requires_grad=1, device=cpu),
%193 : Float(64, 3, 7, 7, strides=[147, 49, 7, 1], requires_grad=0,
```

ONNX 형식의 모델을 정상적으로 불러올 수 있는지 확인하기 위한 check.py라는 스크립트를 아래와 같이 생성한다.

```
import onnx

# 이전에 생성해둔 ONNX 모델을 불러온다
model = onnx.load("resnet18.onnx")
onnx.checker.check_model(model)

print(onnx.helper.printable_graph(model.graph))
```

ONNX 모델 파일이 존재하는 디렉토리에서 check.py 스크립트를 실행한 뒤 아래와 같은 출력값이 나오는지 확인한다.

```
$ python check.py
graph torch-jit-export (
%learned_0[FLOAT, 8x3x200x200]
) optional inputs with matching initializers (
%fc.weight[FLOAT, 1000x512] [...]
%189 = GlobalAveragePool(%188)
```

---

3 옮긴이_ 모델을 작성하는 머신러닝 프레임워크는 꾸준히 업데이트된다. 업데이트에 따라 기존에는 없던 연산이 생겨나기도 하고, 변경되기도 하고, 제거되기도 한다. 임의의 프레임워크에서 작성된 모델을 ONNX가 적절히 읽어 들이기 위해서는 ONNX도 업데이트가 이루어져야만 한다. 이 인자는 머신러닝 프레임워크와 ONNX 둘 사이의 관계를 추적하기 위한 정보를 담고 있기 때문에 상호운용성을 위해 중요하다고 할 수 있다.

```
%190 = Flatten[axis = 1](%189)
%output_1 = Gemm[alpha = 1, beta = 1, transB = 1](%190, %fc.weight, %fc.bias) return
%output_1
}
```

check_model() 함수에 대한 호출 검증 시에는 오류가 발생하지 않아야 하며, 변환이 정확히
되었는지 검증할 수 있어야 한다. 변환된 모델이 정상적으로 동작하는지를 확인하려면 테스트
를 작성하고 평가를 진행해야 한다. 모델을 변환하는 워크플로를 어떤 측정항목을 통해 평가하
고 일관된 기준으로 평가할 수 있을지 고민이 된다면 6장(모니터링과 로깅)을 참고하라.

10.2.3 텐서플로를 ONNX로 변환하기

ONNX의 tensorflow-ONNX 저장소에는 텐서플로 모델 변환을 위한 소스 코드가 존재한
다. 이 프로젝트를 사용하면 텐서플로1, 텐서플로2, 텐서플로 라이트tflite, 케라스tf.keras 프레임
워크로 작성된 모델들은 모두 변환을 시도할 수 있다.

tf2onnx 프로젝트는 파이썬 스크립트에서 모듈로써 사용할 수도 있지만, 명령 프롬프트에서
tf2onnx 관련 명령을 실행하여서도 원하는 작업을 수행할 수 있다. 새로운 가상 환경에 의존
패키지들을 설치한다. 마찬가지로 requirements.txt를 사용한다.

```
certifi==2020.12.5
chardet==4.0.0
flatbuffers==1.12
idna==2.10
numpy==1.20.1
onnx==1.8.1
protobuf==3.15.6
requests==2.25.1
six==1.15.0
tf2onnx==1.8.4
typing-extensions==3.7.4.3
urllib3==1.26.4
tensorflow==2.4.1
```

pip install 명령어로 requirements.txt 파일에 명세된 패키지들을 설치한다.

```
$ pip install -r requirements.txt
Collecting tf2onnx
[...]
Installing collected packages: six, protobuf, numpy, typing-extensions, onnx, certifi,
chardet, idna, urllib3, requests, flatbuffers, tf2onnx Successfully installed
numpy-1.20.1 onnx-1.8.1 tf2onnx-1.8.4 ...
```

어떻게 **tf2onnx**을 사용하는지 알아보기 위해 아래와 같이 도움말을 확인해보자.

```
$ python -m tf2onnx.convert --help
 usage: convert.py [...]
Convert tensorflow graphs to ONNX.

 [...]

Usage Examples:

python -m tf2onnx.convert --saved-model saved_model_dir --output model.onnx
 python -m tf2onnx.convert --input frozen_graph.pb --inputs X:0 \
--outputs output:0 --output model.onnx
python -m tf2onnx.convert --checkpoint checkpoint.meta --inputs X:0 \
--outputs output:0 --output model.onnx
```

출력된 도움말 중 변환 실습에 필요한 항목 세 가지만 예시로 남겨두었다. 도움말을 확인했다
면 사전학습된 텐서플로 모델을 ONNX 모델로 변환해보자. 아래와 같이 텐서플로 허브[4]에서
ssd_mobilenet_v2[5] 모델을 다운로드하여(tar.gz 압축파일) 압축을 푼다.

```
$ mkdir ssd
$ cd ssd
$ mv ~/Downloads/ssd_mobilenet_v2_2.tar.gz .
$ tar xzvf ssd_mobilenet_v2_2.tar.gz x ./
x ./
x ./saved_model.pb
x ./variables/
x ./variables/variables.data-00000-of-00001
x ./variables/variables.index
```

----

4 https://oreil.ly/qNqml
5 https://oreil.ly/ytJk8

압축이 해제된 **ssd_mobilenet_v2** 모델 파일에 **tf2onnx**를 사용하여 ONNX 형식으로 변환한다. 아래와 같이 **--saved-model** 옵션으로 모델의 경로를 지정하고, 저장할 ONNX 모델 파일의 이름을 지정하여 변환 작업을 시작한다. 이 경우 명시적으로 **--opset** 옵션을 13으로 지정했다.

```
$ python -m tf2onnx.convert --opset 13 \
    --saved-model /Users/alfredo/models/ssd --output ssd.onnx
2021-03-24 - WARNING - '--tag' not specified for saved_model. Using --tag serve 2
021-03-24 - INFO - Signatures found in model: [serving_default].
2021-03-24 - INFO - Using tensorflow=2.4.1, onnx=1.8.1, tf2onnx=1.8.4/cd55bf
2021-03-24 - INFO - Using opset <onnx, 13>
2021-03-24 - INFO - Computed 2 values for constant folding
2021-03-24 - INFO - folding node using tf type=Select,
name=StatefulPartitionedCall/Postprocessor/.../Select_1
2021-03-24 - INFO - folding node using tf type=Select,
name=StatefulPartitionedCall/Postprocessor/.../Select_8
2021-03-24 - INFO - Optimizing ONNX model
2021-03-24 - INFO - After optimization: BatchNormalization -53 (60->7), ...
Successfully converted TensorFlow model /Users/alfredo/models/ssd to ONNX
2021-03-24 - INFO - Model inputs: ['input_tensor:0']
2021-03-24 - INFO - Model outputs: ['detection_anchor_indices', ...]
2021-03-24 - INFO - ONNX model is saved at ssd.onnx
```

혹시라도 위 명령어를 실행했을 때 아래와 같은 출력이 나타난다면 패키지 버전 문제를 의심해보아야 한다. 모든 ONNX 변환 작업에서 프레임워크를 비롯한 의존 패키지들의 버전 확인은 필수적이다.[6]

```
File "/.../.../tf2onnx/tfonnx.py", line 294, in tensorflow_onnx_mapping
    func(g, node, **kwargs, initialized_tables=initialized_tables, ...)
File "/.../.../tf2onnx/onnx_opset/tensor.py", line 1130, in version_1
    k = node.inputs[1].get_tensor_value()
File "/.../.../tf2onnx/graph.py", line 317, in get_tensor_value
    raise ValueError("get tensor value: '{}' must be Const".format(self.name))
ValueError: get tensor value:
    'StatefulPartitionedCall/.../SortByField/strided_slice__1738' must be Const
```

---

6   옮긴이_ 책의 앞부분에서도 언급했듯 책에서 제공되는 동일한 requirements.txt 파일을 사용했다고 하더라도 문제가 발생할 수 있다.

이번에는 텐서플로 라이트 모델을 변환해보자. 앞선 실습과 마찬가지로 사전학습된 텐서플로 라이트 모델을 사용한다. 텐서플로 허브에서 mobilenet 모델의 텐서플로 라이트 양자화 버전을 다운로드한다. 라이트 모델의 경우 호출 방식이 약간 다르다. 다운로드한 파일의 경로를 --tflite 옵션으로 지정해준다.

```
$ python -m tf2onnx.convert \
--tflite ~/Downloads/mobilenet_v2_1.0_224_quant.tflite \
--output mobilenet_v2_1.0_224_quant.onnx
```

명령어를 실행하면 변환을 위해 요구되는 opset이 기본 환경과 일치하지 않아 문제가 발생하는 것을 확인할 수 있다.

```
File "/.../.../tf2onnx/tfonnx.py", line 294, in tensorflow_onnx_mapping
      func(g, node, **kwargs, initialized_tables=initialized_tables, dequantize)
File "/.../.../tf2onnx/tflite_handlers/tfl_math.py", line 96, in version_1
      raise ValueError
ValueError: \
      Opset 10 is required for quantization.
      Consider using the --dequantize flag or --opset 10.
```

이는 텐서플로 버전마다 ONNX에 대한 지원이 다르기 때문에 발생하는 문제로, 오류 메시지를 통해 양자화 모델의 경우 10 이상의 opset을 사용해야 한다는 사실을 짐작해볼 수 있다. 이러한 오류를 해결하기 위해서 tf2onnx 지원 상태 페이지[7]를 활용하는 것이 좋다. 적절한 opset을 명시적으로 지정하고 다시 실행해본다.

```
$ python -m tf2onnx.convert --opset 13 \
--tflite ~/Downloads/mobilenet_v2_1.0_224_quant.tflite \
--output mobilenet_v2_1.0_224_quant.onnx

2021-03-23 INFO - Using tensorflow=2.4.1, onnx=1.8.1, tf2onnx=1.8.4/cd55bf
2021-03-23 INFO - Using opset <onnx, 13>
2021-03-23 INFO - Optimizing ONNX model
2021-03-23 INFO - After optimization: Cast -1 (1->0), Const -307 (596->289)...
2021-03-23 INFO - Successfully converted TensorFlow model \
              ~/Downloads/mobilenet_v2_1.0_224_quant.tflite to ONNX
```

---

7 https://oreil.ly/IJwxB

```
2021-03-23 INFO - Model inputs: ['input']
2021-03-23 INFO - Model outputs: ['output']
2021-03-23 INFO - ONNX model is saved at mobilenet_v2_1.0_224_quant.onnx
```

양자화된 텐서플로 라이트 모델의 ONNX 변환이 완료되었다. 얕은 깊이의 실습이었지만 모델의 생성, 변환, 입출력에 대해 이해할 수 있으면 된다. 다양한 프레임워크로 개발된 모델을 ONNX로 변환하는 과정에 이어서, 클라우드 환경에서 활용하는 방법에 대해 간단히 살펴보자.

10.2.4 애저에서 ONNX 모델 배포

애저에서 ONNX 모델을 배포하려면 애저 파이썬 SDK를 이용하면 좋다. 애저 파이썬 SDK는 애저의 머신러닝 서비스와 상호작용을 지원하기 때문에, 머신러닝 워크로드를 단순화하는 데 도움이 된다. 이번 실습에서는 애저 파이썬 SDK를 통해 ONNX 모델을 애저의 컴퓨팅 클러스터에 배포하는 것을 보여 주고자 한다.

앞서 4장에서 '머신러닝 모델 패키징'에서는 모델을 애저로 불러오고, 컨테이너에 패키징하는 것에 대한 내용을 다루었다. 코드 일부를 재사용하여 배포될 서비스에서 사용할 스코어링 파일을 만들어보자. 기본 구조는 동일하다. HTTP 요청을 통해 들어온 입력을 적절히 변환한 다음 머신러닝 모델의 추론값을 반환하는 내용이 스크립트에 담겨 있다.

> **NOTE_** 이 예제에서는 앞서 8장에서 'ws'로 정의한 애저 워크스페이스를 활용하므로, 예제 실습 전에 8장의 실습을 먼저 진행해야 한다.

아래의 score.py 파일을 작성하여 Roberta 모델을 모델 디렉토리로 불러오는 init() 함수를 정의한다. 해당 모델은 세션에 저장되며 모델을 실행할 수 있는 상태가 된다.

```
import torch
import os
import numpy as np
from transformers  import RobertaTokenizer
import onnxruntime
```

```
def init():
    global session
    model = os.path.join(
        os.getenv("AZUREML_MODEL_DIR"), "roberta-sequence-classification-9.onnx"
    )
    session = onnxruntime.InferenceSession(model)
```

이제 애저에서 모델을 실행하기 위한 run() 함수를 생성해야 한다. RoBERTa 분류 모델과 상호 작용할 수 있도록 score.py 파일에 아래의 run() 함수를 추가로 작성하여 위에서 준비한 Roberta 모델을 사용하여, 입력 데이터에 대해 예측 결과를 반환할 수 있도록 준비한다.

```
def run(input_data_json):
    try:
        tokenizer = RobertaTokenizer.from_pretrained("roberta-base")
        input_ids = torch.tensor(
            tokenizer.encode(input_data_json[0], add_special_tokens=True)
        ).unsqueeze(0)

        if input_ids.requires_grad:
            numpy_func = input_ids.detach().cpu().numpy()
        else:
            numpy_func = input_ids.cpu().numpy()
        inputs = {session.get_inputs()[0].name: numpy_func(input_ids)}
        out = session.run(None, inputs)

        return {"result": np.argmax(out)}
    except Exception as err:
        result = str(err)
        return {"error": result}
```

이제, 추론 환경을 구성할 수 있도록 Conda 환경 파일을 생성해보자. 아래 코드를 통해 Conda 환경을 YAML 형식으로 파일에 작성하여 추론 환경에 필요한 Conda 환경을 YAML 기반으로 정의할 수 있다.

```
from azureml.core.conda_dependencies import CondaDependencies

environ = CondaDependencies.create(
```

```
    pip_packages=[
        "numpy","onnxruntime","azureml-core", "azureml-defaults",
        "torch", "transformers"]
    )
with open("environ.yml","w") as f:
    f.write(environ.serialize_to_string())
```

앞에서 정의한 파일들을 기반으로 모델 추론을 위한 환경 설정 코드를 작성한다.

```
from azureml.core.model import InferenceConfig
from azureml.core.environment import Environment

environ = Environment.from_conda_specification(
    name="environ", file_path="environ.yml"
)
inference_config = InferenceConfig(
    entry_script="score.py", environment=environ
)
```

마지막으로, 애저 컨테이너 인스턴스ACI로 모델을 배포하는 데 필요한 설정을 정의한다. 여기에는 인스턴스에 할당할 CPU 코어의 수, 메모리 용량, 메타 데이터, 설명이 포함된다. 이제 이구성을 통해 모델을 배포할 수 있다. 마지막으로 SDK를 통해 모델을 배포한다.

```
from azureml.core.webservice import AciWebservice

aci_config = AciWebservice.deploy_configuration(
    cpu_cores=1,
    memory_gb=1,
    tags={"model": "onnx", "type": "language"},
    description="Container service for the RoBERTa ONNX model",
)
```

이제 실제 모델을 배포해본다.

```
from azureml.core.model import Model

# 모델 가져오기
model = Model(ws, 'roberta-sequence', version=1)
```

```
aci_service_name = "onnx-roberta-demo"
aci_service = Model.deploy(
        ws, aci_service_name,
        [model],
        inference_config,
        aci_config
)

aci_service.wait_for_deployment(True)
```

우리는 지금까지 애저 파이썬 SDK를 이용하여 애저 머신러닝 서비스에서 ONNX의 모델을 로드하고, 모델을 사용할 수 있도록 준비한 후, 모델이 입력에 대한 예측 결과를 반환할 수 있도록 작성하였고 최종적으로 애저에서 모델 추론을 위한 인스턴스를 세팅하여 모델을 배포했다. 이 장에서는 세부적인 사항을 다루진 않았다. 이러한 과정을 수행할 때 다른 라이브러리를 사용하게 된다면 예제에서 일부 수정이 필요할 것이다. 애저와 같은 플랫폼에서도 모델을 학습하고 ONNX 형식으로 모델을 저장하거나 배포하는 프로세스를 쉽게 진행할 수 있도록 지원한다는 점을 이야기하고 싶다.

10.3 애플의 Core ML과 ONNX

이 책의 5장에서 소개했던 애플의 머신러닝 프레임워크 Core ML의 모델 형식도 ONNX 형식으로 상호 변환할 수 있다. 현재 coremltools는 ONNX opset는 버전15 이상을 지원하고 있다. ONNX 지원 외에도 변환된 모델이 사용될 환경과 해당 환경이 iOS및 맥 OS의 최신 버전과 호환되는지 확인해 두어야 한다.

> **NOTE_** Core ML 공식 문서[8]에서 지원되는 환경과 지원 요구사항을 참고하라.

다음 링크를 따라 Model Zoo의 MNIST 폴더로 이동해서 최신 버전으로 다운로드한다(2022년 12월 MNIST-12 모델 요구사항: 1.9).

----

8 https://oreil.ly/aKJOK

애플의 CoreML 모델 형식은 애플 디바이스에서 모델 추론 작업을 위해 사용될 수 있다. 지금까지는 텐서플로와 파이토치 등으로 작성된 모델을 ONNX 형식으로 변환하는 실습을 진행했지만, 이번에는 ONNX 형식의 모델 파일을 CoreML 모델 형식으로 변환하는 실습을 진행해보자. 실습을 위해 가상환경을 생성하고 아래와 같이 coremltools이 포함된 requirements.txt 파일을 작성하고 의존 패키지들을 설치한다.

```
attr==0.3.1
attrs==20.3.0
coremltools==4.1
mpmath==1.2.1
numpy==1.19.5
onnx==1.8.1
packaging==20.9
protobuf==3.15.6
pyparsing==2.4.7
scipy==1.6.1
six==1.15.0
sympy==1.7.1
tqdm==4.59.0
typing-extensions==3.7.4.3
```

소스 코드에 사용자의 터미널 입력을 처리하기 위한 sys 모듈과 변환에 필요한 패키지를 불러온다. 터미널을 이용하여 파이썬 스크립트의 main() 함수를 실행할 수 있도록 아래와 같이 소스 코드를 작성한다.

```
import sys
from coremltools.converters.onnx import convert

def main(arguments):
    pass

if __name__ == ' main ':
    main(sys.argv)
```

스크립트는 아직 사용자가 터미널로 전달한 값을 읽는 것 외에는 아무 기능도 가지고 있지 않은 상태이다. 이제 main() 함수를 업데이트한다. arguments 파라미터로 전달된 리스트의 마지막 요소는 Core ML 모델 형식으로 변환하고자 하는 ONNX 모델의 경로를 담고 있다.

```
def main(arguments):
    model_path = arguments[-1]
    basename = model_path.split('.onnx')[0]
    model = convert(model_path, minimum_ios_deployment_target='13')
    model.short_description = "ONNX Model converted with coremltools"
    model.save(f"{basename}.mlmodel")
```

전달받은 파일 이름(예를 들어 mnist-8.onnx) .onnx 확장자를 제외한 파일의 이름 (mnist-8)만을 basename 변수에 저장한다. convert 함수를 이용해 변환을 수행한 후(Core ML Tools 6 기준, iOS 16), 모델에 대한 간단한 설명과 함께 CoreML 모델 파일을 저장한다.

앞서 다운로드해 두었던 MNIST 모델을 해당 스크립트에 입력하면 아래와 같은 결과를 얻을 수 있다.

```
$ python converter.py mnist-8.onnx
1/11: Converting Node Type Conv
2/11: Converting Node Type Add
3/11: Converting Node Type Relu
4/11: Converting Node Type MaxPool
5/11: Converting Node Type Conv
6/11: Converting Node Type Add
7/11: Converting Node Type Relu
8/11: Converting Node Type MaxPool
9/11: Converting Node Type Reshape
10/11: Converting Node Type MatMul
11/11: Converting Node Type Add
Translation to CoreML spec completed. Now compiling the CoreML model. Model Compilation
done.
```

Xcode가 설치된 맥 OS 환경에서, 앞서 설정한 Core ML 모델인 mnist-8.mlmodel로 결과를 생성할 수 있다. 맥에서 파인더를 사용하면 ONNX 파일로부터 변환된 Core ML 모델을 열 수 있다. 이 과정을 통해 [그림 10-4]와 같이 MNIST 모델을 변환 스크립트에 포함된 설명과 함께 확인할 수 있다.

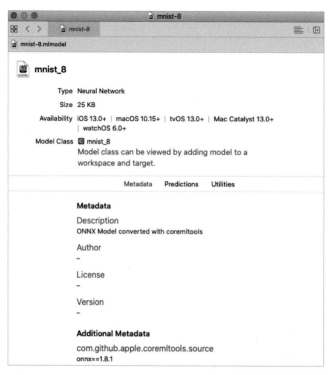

그림 10-4 ONNX에서 Core ML로 변환

변환 스크립트에 포함된 것처럼, 사용 가능한 iOS 최소 버전을 확인해야 한다. 예측Predictions 항목에서는 [그림 10-5]와 같이 모델과 호환되는 입출력에 대한 정보가 포함되어 있다.

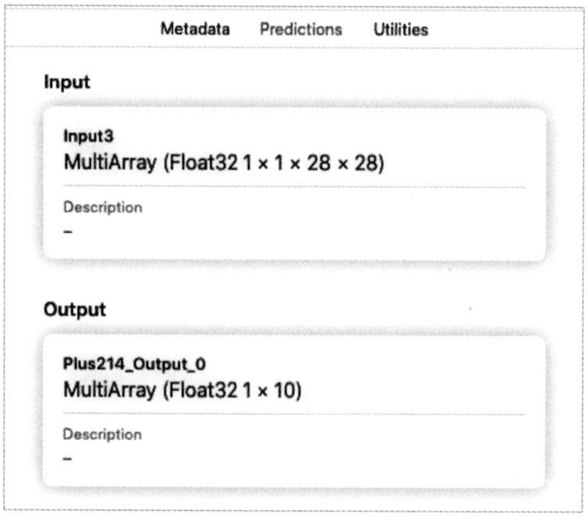

	Metadata	Predictions	Utilities

Input

Input3
MultiArray (Float32 1 × 1 × 28 × 28)

Description
–

Output

Plus214_Output_0
MultiArray (Float32 1 × 10)

Description
–

그림 10-5 ONNX에서 Core ML로 변환(예측 항목)

마지막으로 유틸리티^{Utilities} 섹션에서는 [그림 10-6]과 같이 클라우드 키트^{CloudKit} (iOS 애플리케이션 리소스를 위한 Apple의 환경)과 통합되는 모델 아카이브를 사용하여 해당 모델을 배포하는 도우미를 제공한다.

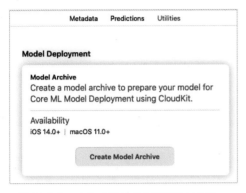

그림 10-6 Core ML 모델 아카이브에서의 ONNX

이 실습의 내용을 이해한다면, 여러분은 iOS 환경에서 개발이나 모델 배포를 해야 하는 상황에서도 텐서플로, 파이토치 등 익숙한 프레임워크로 모델 개발 작업을 마친 후 ONNX를 통해 iOS 환경에 적합한 형식으로 모델을 변환하여 배포할 수 있게 될 것이다.

이처럼 ONNX를 이용한 모델 변환 프로세스는 원하는 대상 환경으로 모델을 변환하고자 할 때 잘 정립된 프레임워크를 활용할 수 있다는 점에서 유용하다. 다음으로는 앞의 예제들보다 훨씬 더 열악한 환경인 엣지 디바이스에서 사용될 모델을 만드는 데 도움을 줄 수 있는 ONNX 프레임워크 관련 도구를 간단히 살펴본다.

10.4 엣지 통합

마이크로소프트에서는 ONNX 모델을 다양한 디바이스에서 최적화된 형태로 실행할 수 있도록 해 주는 오픈소스 런타임 엔진인 ORT^{ONNX Runtime}을 개발했다. ORT를 통해 ONNX 모델을 엣지 디바이스에서도 빠르게 실행할 수 있다. 보통 엣지 디바이스는 메모리 용량과 연산 속도가 제한적인 경우가 많아 일반적인 모델을 실행하고자 하는 경우 문제가 발생할 수 있는데,

ORT를 통해 해당 문제를 개선할 수 있다. ORT는 ONNX 모델을 다양한 하드웨어에서 실행하기 위해 지속적으로 개발되고 있어, 이전에 ONNX 기반으로 모델 배포가 불가능했던 환경에서도 배포 작업이 이뤄질 수 있고, 이에 따라 효율성과 상호운용성에 큰 도움이 될 수 있다. 이 책의 3장에서는 엣지 디바이스의 활용과 중요성에 대해 이미 다루었다. 따라서 이번 장에서는 ONNX 모델에서 ORT 포맷으로 변환하는 작업에 초점을 두고 설명하고자 한다.

아래는 ONNX 모델을 ORT 포맷으로 변환하여 저장하는 예시이다. 먼저, 아래 명령어를 통해 최신 버전의 ONNX Runtime을 설치한다.

```
pip install onnxruntime
```

이제, onnxruntime 라이브러리를 통해 ONNX 모델을 ORT로 변환할 수 있도록 한다. 아래 명령어를 통해 ONNX 형식의 모델을 로드 및 최적화하고, ORT 포맷으로 저장할 수 있다. 해당 명령어는 ONNX 모델 대상 혹은 모델이 들어 있는 폴더 경로 대상으로 실행할 수 있으며, 후자의 경우 실행 경로에서 자동으로 .onnx 파일을 재귀적으로 찾아내 실행 한다. 이후 ORT 포맷으로 최적화 된 .ort 확장자 파일은 .onnx와 같은 위치에 저장된다.

.onnx 모델 파일 혹은 .onnx 모델을 포함하는 폴더 경로 대상으로 아래 명령어를 실행한다.

```
python -m onnxruntime.tools.convert_onnx_models_to_ort <onnx model file or dir>
```

위의 명령어를 실행하는 과정에서 추가적인 인수 옵션을 사용하여 ORT 모델 변환에 대한 추가 설정을 지정할 수 있다. 옵션은 ONNX Runtime 버전마다 약간씩 다르며, 아래 --help 명령어를 통해 인수에 대한 도움말을 얻을 수 있다.

```
python -m onnxruntime.tools.convert_onnx_models_to_ort --help
```

지금까지 ONNX 모델을 어떻게 ORT 포맷으로 저장하는지 확인했다. ORT를 통해 엣지 디바이스뿐만 아니라 다양한 디바이스, 플랫폼에서 최적화된 형태로 모델을 실행할 수 있다.

10.5 마치며

이 책의 목표 중 하나는 재현 가능하고 신뢰할 수 있는 방식으로 모델을 실제 환경에 반영하기 위해 필요한 재료들을 소개하는 것이다. ONNX 프레임워크는 머신러닝 모델에 범용성을 제공한다는 큰 이점이 있다. 머신러닝 모델이 개발 환경에 덜 종속되어 있을수록, 더 쉽게 모델링을 시도하고 그 결과를 충분히 활용할 수 있을 것이다. 이 장의 내용을 바탕으로 모델의 환경 종속성과 배포의 어려움이 개선되었기를 바란다.

연습해보기

- 클릭 프레임워크를 사용하여 애플의 Core ML 변환기 스크립트를 수정해보자.
- tf2onnx 변환기를 개선하여 일반적인 오류를 잡아내고, 사용자 친화적인 메시지로 보고하도록 스크립트를 작성해보자.
- 다른 ONNX 모델을 사용하여 애저 환경에 배포해보자.

생각해보기

- ONNX가 중요한 이유는 무엇인가?
- 명령줄 도구 프레임워크를 사용하여 스크립트를 작성할 때 장단점은 무엇인가?
- ORT 형식 머신러닝 모델의 장점은 무엇인가? 어떤 상황에서 사용할 수 있는가?
- 상호운용성이 없는 머신러닝 시스템은 어떤 문제를 야기시킬 수 있는가?

MLOps 명령줄 도구와
마이크로서비스 구축

1941년 12월 7일, 일본이 진주만을 폭격하면서 캘리포니아로 장거리 여행을 가기 위해 필요했던 타이어를 구매할 수 없게 되었다. 그로 인해 아버지는 오래된 포드 자동차의 타이어와 가족 여행에 사용했던 소형 트레일러를 구하기 위해 전국을 샅샅이 뒤졌다. 1942년 2월, 우리는 22개의 타이어를 트레일러와 차 지붕에 묶고 신시내티를 출발했으나 캘리포니아에 도착하기도 전에 타이어를 모두 사용해 버렸다.

– 조셉 보겐 박사

필자는 명령줄 도구를 구축하기 위해 파이썬을 처음으로 사용하기 시작하였는데, 파이썬이 소프트웨어 개발과 머신러닝에 모두 적합하다는 인상을 받았다. 한동안 시스템 관리자로 일하면서 파이썬의 새로운 컨셉인 함수, 클래스, 로깅 및 테스트를 배우느라 애썼던 기억도 있다. 물론 셸shell 스크립트 작성에도 익숙해졌어야 했다.

셸 스크립트에 발생한 문제를 해결할 때 여러 어려움이 있지만, 파이썬과 같은 언어에서는 직관적인 리포팅, 로깅 및 디버깅으로 오류를 처리하는 것에 큰 어려움은 없을 것이다. 셸 스크립트 방식은 단 몇 줄로 작업을 완료할 수 있을 때 사용하는 것을 추천한다. 예를 들어, 아래 셸 함수는 공공 SSH[1] 키를 통해 원격 서버에 계정 암호 요청 없이 접근할 수 있도록 해준다.

```
ssh-copy-key() {
    if [ $2 ]; then
        key=$2
    else
```

---

1   Secure SHell Key

```
        key="$HOME/.ssh/id_rsa.pub"
    fi
    cat "$key" | ssh ${1} \
        'umask 0077; mkdir -p .ssh; cat >> .ssh/authorized_keys
}'
```

NOTE_ 배시 함수 예제는 사용자의 시스템 환경에 따라 구동되지 않을 수 있다. 예제가 실행되려면 경로와 구성 파일이 사용자의 환경과 일치하는지 확인해야 한다. 나아가 프로덕션 환경에서 코드를 실행하기 전에는 항상 코드를 꼼꼼히 검토하고 테스트하는 것이 좋다.

파이썬과 같은 언어로 동일한 작업을 수행한다면, 더 많은 코드와 추가 작업을 해야 하는 번거로움 때문에 효율적이지 않다. 셸 함수는 한 번에 한 가지 작업만 해서 매우 간단하고 유동적이다. 물론 여러 가지 방법으로 수행하는 작업일 경우 셸 스크립트 외에 다른 방법도 검토해보기를 추천한다.

NOTE_ 셸 명령의 작은 코드 조각을 자주 생성하는 경우 이를 수집할 저장소 만드는 것이 좋다. 참조를 위한 별칭, 기능 및 구성을 위한 저장소를 만드는 것부터 시작해보자.

필자는 지루하고 반복적인 작업을 명령줄 도구로 자동화하는 과정을 통해 파이썬을 배우고 익힐 수 있었다. 이처럼 학습할 때 자신에게 도움이 될 수 있는 흥미로운 문제로 학습을 시작하는 것을 추천한다. 물론 이 방법은 우리가 학교에서 배우는 것과는 완전히 다르며 항상 적용될 수 있는 것은 아니지만 이 장을 이해함에 있어서는 적합할 것이다.

명령줄 도구는 만드는 방법에 따라 적용이 복잡하지 않을 수 있다. 예시로, 모든 유닉스 환경에서 쉽게 작동하는 셸 명령은 컨테이너 및 마이크로서비스와 유사한 점이 있다. 컨테이너 번들은 상호 의존적이기 때문에 런타임이 활성화되면 모든 시스템에서 작동한다. 3장의 컨테이너 부분에서 마이크로서비스의 일부 구성 요소를 살펴보며 모놀리식monolithic 애플리케이션과의 몇 가지 중요한 차이점을 다루었다.

대부분의 클라우드 플랫폼은 서버리스serverless 솔루션을 제공한다. 서버리스를 활용하면 개발자가 기본 운영체제, 의존성 및 런타임에 대해 걱정하지 않고 소규모 애플리케이션 개발에 집중할 수 있다. 서버리스 구조는 다소 과하게 단순해 보일 수 있지만, 제공되는 기능을 통해 API를 활용하거나 파이프라인을 구축할 수도 있다. 나아가 모든 구성 요소와 기능을 클라우드 플랫폼을 통해 명령줄 도구와 머신러닝에 연결할 수 있다. 이러한 기능의 융합으로 엔지니어는 아주 적은 양의 코드로도 까다로운 문제에 대한 창의적인 솔루션을 만들 수 있게 되었다.

11.1 파이썬 패키징

대부분의 유용한 파이썬 명령줄 도구는 단일 스크립트 파일로 시작하여 여러 종속 관계로 인해 복잡해지는 경향이 있다. 라이브러리 추가가 필요한 상황에서는 스크립트를 패키지화하지 않으면 실행할 수 없을 것이다. 파이썬 패키징은 효율적이지는 않다. 10년이 넘게 파이썬을 써봤지만, 패키징에 대한 까다로움은 여전하다.

외부에 종속되는 사항 없이 자동화를 하는 경우 패키징하지 않고 단일 파이썬 스크립트로도 충분하다. 반면 스크립트에 외부 종속성이 있고 두 개 이상의 파일로 구성된 경우 패키징을 고려해야 한다. 적절히 패키징된 파이썬 애플리케이션의 또 다른 유용한 점은, 파이썬 패키지 인덱스[2]에 배포하여 pip와 같은 방법으로 다른 사람들에게 제공할 수 있다는 점이다.

지금 시대에는 믿기 어렵겠지만, 몇 년 전에는 파이썬 패키지를 설치하는 것이 어려웠고, 설치된 패키지를 제거하는 것은 불가능하였다. 이는 '가상 환경'이 떠오르게 된 많은 이유 중 하나이기도 하다. 가상 환경에서는 시스템 패키지를 그대로 유지하면서 의존성을 수정하는 것이 디렉토리를 제거하는 것만큼 쉬웠다. 요즘에는 파이썬 패키지를 제거하는 것이 쉽지만 의존성에 대한 문제는 아직 완전히 해결되지 못하였다. 파이썬 프로젝트에서는 환경 설정 문제가 중요하므로 의존성 문제가 해결 가능한 새로운 가상 환경을 만들어 진행하는 것을 추천한다.

이 책과 파이썬 생태계와 관련된 자료들에서 virtualenv 모듈을 권장하는 것을 쉽게 볼 수 있을 것이다. 파이썬 3.x 버전 이후 가상 환경을 만들고 활성화하는 일반적인 방법은 파이썬 실행 파일을 사용하는 것이다.

---

2   https://pypi.org/

```
$ python -m venv venv
$ source venv/bin/activate
```

가상 환경이 활성화되었다면, 파이썬 실행 파일이 시스템 파이썬의 실행 파일과 달라야 한다.

```
$ which python
/tmp/venv/bin/python
```

파이썬 패키징 기술을 제대로 익혀서 필요할 때 사용하는 것을 추천하고 싶다. 명령줄 도구에 의존성이 필요한 시점부터는 파이썬 패키징 기술을 사용해야만 할 것이다. 의존성 문제를 해결해 줄 수 있는 명령줄 도구를 사용하면 사용자 입장에서도 작업이 수월하다.

11.2 Requirements 파일

의존성을 정의하는 데 일반적으로 사용되는 두 가지 방법이 있다. 먼저 requirements.txt 파일을 사용하는 것이다. 파이썬 패키지를 pip로 관리하는 경우에 이 설정 파일을 사용하면, 패키지에 필요한 요소를 한꺼번에 설치하고 관리할 수 있다. requirements.txt 파일에서 의존성은 별도 주석으로 선언되며, 버전에 따라 일부 제약이 있을 수 있다. 아래 예제의 Click 프레임워크에는 별도 제약이 없으므로 pip는 항상 최신 버전을 사용하는 것으로 이해하면 된다. 반면에 Pytest의 경우 특정 버전으로 지정되어 있으므로, 설치 시 해당 버전으로만 진행해야 한다.

```
# requirements.txt
click
pytest==5.1.0
```

requirements.txt 파일에 정의된 종속성에 맞춰 필요한 사항을 설치하기 위해 pip를 사용한다.

```
$ pip install -r requirements.txt
```

네이밍 규칙이 엄격히 있는 것은 아니지만 일반적으로 설정 파일은 requirements.txt라는 이름으로 되어 있으며, 텍스트 파일에서 의존성을 확인할 수 있다. 또한, 프로젝트 관리자는 이 설정 파일에 필요한 사항을 정의할 수 있다. 이러한 경우는 개발 의존성이 실제 환경에 배포될 때 흔하게 볼 수 있다. 의존성을 설치할 수 있는 `setup.py` 파일도 있으며, 이는 이 장의 뒷부분에서 다뤄질 것이다. 이렇게 두 가지로 나눠있는 것은 파이썬 패키징 및 의존성 관리의 단점으로 볼 수도 있다. 두 파일 모두 파이썬 프로젝트에 대한 의존성을 다루는 용도이지만, 의존성 관리뿐만 아니라 메타데이터를 포함하는 경우의 파이썬 프로젝트 패키징에는 `setup.py`를 사용해야 한다. `setup.py`는 파이썬 코드로 작동되기에, 의존성에 필요한 설치 작업뿐만 아니라 다른 기능을 포함할 수 있다. 물론 애플리케이션을 배포할 때 생기는 발생될 수 있는 문제를 최소화하기 위해 패키징 관련 작업만 포함되도록 `setup.py` 활용을 권장한다.

일부 프로젝트에서는 `requirements.txt` 파일에서 의존성을 정의한 다음, 해당 파일의 내용을 `setup.py` 파일에 포함하여 재사용하는 것을 선호한다. 이렇게 하면 `requirements.txt`를 읽어 의존성 변수를 확인할 수 있다.

```python
with open("requirements.txt", "r") as _f: dependencies = _f.readlines()
```

이러한 패키징 파일의 용도와 활용 방법을 알면 혼선을 줄이고 적절히 사용할 수 있다. 이제 프로젝트에 배포나 `setup.py` 설치 필요 여부를 구별할 수 있을 것이다.

11.3 명령줄 도구

파이썬의 특징 중 하나는 애플리케이션을 빠르게 개발할 수 있다는 점이다. 또한 HTTP 요청의 전송부터 파일 및 텍스트 처리, 데이터 스트림 관리에 이르기까지 모든 작업을 가능케 하며 방대한 규모의 범용 라이브러리 생태계가 있다. 이러한 장점들을 보면 파이썬이 학계에서 머신 러닝을 포함한 워크로드를 처리에 최고의 언어 중 하나로 채택된 것은 놀라운 일이 아니다.

명령줄 도구 개발에 접근하기 위한 좋은 방법은 먼저 해결이 필요한 특정 상황을 판별하는 것이다. 앞으로 반복적인 업무를 맡게 된다면 명령줄 도구를 통해 결과를 생성하는 단계를 자동화해보자. 단일 파이썬 파일 생성도 명령줄 도구로 가능하지만, 이 장의 예제에서는 필요한 의존성을 정의하고 `pip`로 설치까지 할 수 있도록 적합하게 패키징 해보고자 한다. 첫 번째 예제에서는 이 장의 나머지 부분에 적용할 수 있는 명령줄 도구의 요점을 파악할 수 있는 패턴들을 살펴보자.

11.3.1 데이터셋 린터 생성

와인 데이터셋을 예제로 설명하겠다. 데이터가 충분히 수집된 후 시각화하여 데이터의 신뢰성을 판단하는 작업을 했다. 초기 데이터는 항상 그렇듯 이상치를 포함하고 있었고 이를 전처리하여 보정하였다.

판다스Pandas 데이터 프레임으로 데이터를 불러오고 탐색적 데이터 분석을 수행하였다. 여러 변수 중 전체가 NaN이나 불용 값으로 된 변수가 발견되었다. 데이터셋을 애저 머신러닝 올리고 AutoML을 진행하였는데 변수의 개수가 와인 데이터에 포함된 6개가 아닌 40개로 나오는 이상한 현상도 있었다.

또한 판다스로 데이터를 로컬 환경에 저장했을 때 이름 없는 열이 추가되는 이슈도 있었는데, 이 문제를 설명하기 위해 데이터셋을 판다스로 불러오겠다.

```python
import pandas as pd
csv_url = (
    "https://raw.githubusercontent.com/paiml/wine-ratings/main/wine-ratings.csv"
)
# 첫 번째 열이 인덱스임을 지정
df = pd.read_csv(csv_url, index_col=0)
df.head(-10)
```

판다스로 데이터를 출력해보면 'grape' 변수가 NaN임을 확인할 수 있다.

```
              name   grape         region      variety   rating   notes
...                    ...    ...              ...        ...      ...
32765   Lewis Cella...   NaN    Napa Valley...  White Wine   92.0   Neil Young'..
32766   Lewis Cella...   NaN    Napa Valley...  White Wine   93.0   From the lo..
32767   Lewis Cella...   NaN    Napa Valley...  White Wine   93.0   Think of ou..
32768   Lewis Cella...   NaN    Napa Valley...    Red Wine   92.0   When asked ..
32769   Lewis Cella...   NaN    Napa Valley...  White Wine   90.0   The warm, v..

[32770 rows x 6 columns]
```

앞서 언급한 문제를 확인하고자 describe()로 데이터 구조를 정확히 확인해보면 'grape' 열에는 값이 없다.

```
In [13]: df.describe()
Out[13]:
        grape        rating
count   0.0     32780.000000
mean    NaN        91.186608
std     NaN         2.190391
min     NaN        85.000000
25%     NaN        90.000000
50%     NaN        91.000000
75%     NaN        92.000000
max     NaN        99.000000
```

문제가 있는 변수를 제거하고, 데이터셋을 CSV 파일로 새롭게 저장하면, 매번 파일을 업로드하지 않고도 데이터를 조작할 수 있다.

```
df.drop(['grape'], axis=1, inplace=True)
df.to_csv("wine.csv")
```

파일을 다시 읽으면 판다스에서 처리한 열을 볼 수 있다. 이러한 변수 처리가 잘 되었는지 확인하려면, 새로 생성된 파일의 첫 번째 줄을 확인하면 된다.

```
df = pd.read_csv('wine.csv')
df.to_csv('wine2.csv')
```

wine2.csv 파일의 첫 줄을 보면 'grape'가 사라졌음을 볼 수 있다.

```
$ head -1 wine2.csv
,Unnamed: 0,name,region,variety,rating,notes
```

애저에서 발생한 변수 증가 현상은 이유를 찾기가 더 복잡하고 어려웠다. 애저 머신러닝은 파일의 빈 공간을 변수로 잡았고, 혹시 포함되어 있을 파일 내의 특수문자나 스페이스 공백 등을 제거하도록 해야 했다.

파일 내에 불필요하거나 변수명이 없는 열을 지우면 데이터가 더 정확해진다. 이러한 문제를 자동으로 처리하기 위해 명령줄 도구로 CSV 파일을 수집하고 이슈를 표시한다.

새로운 csv-linter 디렉토리를 만들고, 아래와 같이 setup.py를 추가한다.

```python
from setuptools import setup, find_packages
setup(
    name = 'csv-linter',
    description = 'lint csv files',
    packages = find_packages(),
    author = 'Alfredo Deza',
    entry_points="""
    [console_scripts]
    csv-linter=csv_linter:main """,
    install_requires = ['click==7.1.2', 'pandas==1.2.0'],
    version = '0.0.1',
    url = 'https://github.com/paiml/practical-mlops-book',
)
```

setup.py를 통해 파이썬 설치 프로그램 의존성 등 모든 패키지 세부 정보를 확인할 수 있으며, 이 경우 csv- linter라는 명령줄 도구의 기능도 확인할 수 있다. 설정의 모든 항목은 간단하지만, entry_points 값의 세부 정보는 특히 주목해야 한다. 이것은 setuptools 라이브러리의 기능으로 파이썬 파일 내에서 함수를 정의하여 명령줄 도구 이름에 다시 적용할 수 있다. 이 경우 명령줄 도구의 이름을 csv-linter로 지정하고, 다음에 생성할 main() 함수를 csv_linter.py라는 파일에 매핑한다. 도구 이름으로 csv-linter를 선택했지만 이름은 무엇으로든 지정할 수 있다. 내부적으로 setuptools 라이브러리는 여기에 선언된 내용으로 실행 파일을 생성해보자. 파이썬 파일과 동일한 이름으로 지정해도 무관하다.

새로운 파일인 csv_linter.py를 열고 Click 프레임워크를 사용하는 함수를 추가해보자.

```python
import click


@click.command()
def main():
    return
```

현재로서, 셸 경로에서 사용 가능한 실행 파일을 만들기 위해 이 두 파일만 필요하다. 이 두 파일은 명령줄 도구를 만들어 실행하는 것 외에 다른 기능은 없다. 다음으로 가상 환경을 생성하고 활성화하여 새로 생성된 도구를 설치해보자.

```
$ python3 -m venv venv
$ source venv/bin/activate
$ python setup.py develop running develop
running egg_info
...
csv-linter 0.0.1 is already the active version in easy-install.pth
...
Using /Users/alfredo/.virtualenvs/practical-mlops/lib/python3.8/site-packages Finished
processing dependencies for csv-linter==0.0.1
```

setup.py 스크립트를 호출하는 방법에는 여러 가지가 있지만, 주로 install/argument이나 예제에서 사용한 develop을 사용한다. develop을 사용하면 스크립트의 소스 코드를 변경하고 스크립트에서 자동으로 사용할 수 있게 하는 반면, install은 소스 코드에 다시 연결되지 않는 별도의(또는 독립 실행형) 스크립트를 생성한다. 명령줄 도구를 개발할 때 develop을 사용하여 빠르게 진행하면서 변경 사항을 테스트하는 것이 좋다. setup.py 스크립트를 호출한 후 다음을 전달하여 새로 사용 가능한 도구를 테스트한다.

–help flag (도움말 플래그)

```
$ csv-linter --help
Usage: csv-linter [OPTIONS]

Options:
--help Show this message and exit.
```

도움말 메뉴를 작성하지 않고도 해당 메뉴가 생기면 좋으며 이는 다른 명령줄 도구 프레임워크에서도 마찬가지다. 이제 터미널에서 도구를 스크립트로 사용할 수 있으므로 유용한 기능을 추가해보자. 간단하게 하기 위해 이 스크립트는 CSV 파일을 단일 인수single argument로 읽는다. Click 프레임워크에는 빌트인 헬퍼bult in helper가 있어, 파일을 인수로 읽고 파일이 존재하는지 확인하며 조건에 안 맞는 경우 오류라고 표시한다. helper를 사용하기 위해 csv_linter.py 파일을 업데이트해보자.

```python
import click

@click.command()
@click.argument('filename', type=click.Path(exists=True))
def main():
    return
```

아직 스크립트는 파일에 어떤 작업도 하진 않지만 옵션을 반영하도록 도움말 메뉴가 업데이트 되었다.

```
$ csv-linter --help
Usage: csv-linter [OPTIONS] FILENAME
```

존재하지 않는 CSV 파일을 전달하면 어떻게 되는지 확인해보자.

```
$ csv-linter bogus-dataset.csv
Usage: csv-linter [OPTIONS] FILENAME
Try 'csv-linter --help' for help.

Error: Invalid value for 'FILENAME': Path 'bogus-dataset.csv' does not exist.
```

다음으로 판다스에서 main() 함수에 전달되는 파일 이름 인수를 사용하여 데이터셋을 설명한다.

```python
import click
import pandas as pd


@click.command()
@click.argument('filename', type=click.Path(exists=True))
def main(filename):
    df = pd.read_csv(filename)
    click.echo(df.describe())
```

이 스크립트는 판다스와 echo라는 클릭 도우미를 사용하여 터미널에 쉽게 출력할 수 있도록 해준다. 이를 활용하여 앞서 작성해둔 wine.csv 파일을 입력해보자.

```
$ csv-linter wine.csv
           Unnamed: 0    grape       rating
count    32780.000000      0.0  32780.000000
mean     16389.500000      NaN     91.186608
std       9462.915248      NaN      2.190391
min          0.000000      NaN     85.000000
25%       8194.750000      NaN     90.000000
50%      16389.500000      NaN     91.000000
75%      24584.250000      NaN     92.000000
max      32779.000000      NaN     99.000000
```

이제 판다스를 사용하여 모든 csv 파일을 쉽게 설명할 수 있지만 여전히 많은 도움이 되지 않는다. 여기서 풀어야 될 문제에 대해서 세 가지로 파악할 수 있다.

- 제로 카운트zero-count 열 파악
- 이름 없는 열이 존재할 때 경고
- 필드에 캐리지 리턴이 있는지 확인

먼저 판다스로 데이터셋에 결측값을 파악해보자.

```
In [10]: for key in df.keys():
    ...:     print(df[key].count())
    ...:
    ...:
32780
0
32777
32422
32780
32780
```

csv_linter.py 파일에서 Loop를 main() 함수와 별도로 분리하여 아래와 같이 가독성 있게 수정해보자.

```
def zero_count_columns(df):
    bad_columns = []
    for key in df.keys():
        if df[key].count() == 0:
            bad_columns.append(key)
    return bad_columns
```

zero_count_columns() 함수는 판다스의 데이터 프레임을 입력으로 받아, 결측치가 포함된 열을 모두 찾아 그 변수명을 반환한다. 이 함수는 현재 main() 함수와는 독립적으로 작동한다. 따라서 이 함수에서 반환된 열 이름들은 반복문을 활용하여 main() 함수에서 처리해야 한다.

```
@click.command()
@click.argument('filename', type=click.Path(exists=True))
def main(filename):
    df = pd.read_csv(filename)
    #칼럼별 결측치 확인
    for column in zero_count_columns(df):
        click.echo(f"Warning: Column '{column}' has no items in it")
```

같은 CSV 파일로 스크립트를 실행해보자(describe() 함수 제외).

```
$ csv-linter wine-ratings.csv
Warning: Column 'grape' has no items in it
```

19번째 줄에서 이 스크립트 데이터를 머신러닝 플랫폼으로 보내기 전에 사용했다면 시간이 많이 절약됐을 것이다. 다음으로 다음과 같은 반복 작업을 하는 기능을 만들어 이름 없는 열을 확인해보자.

```
def unnamed_columns(df):
    bad_columns = []
    for key in df.keys():
        if "Unnamed" in key: bad_columns.append(key)
return len(bad_columns)
```

이 경우 함수는 이름에 '이름 없음'(모두 비슷하거나 심지어 동일하다고 가정하기 때문에) 문자열이 있어도 이를 반환하지 않고 총 개수를 반환한다. 해당 정보를 사용하여 개수를 포함시키기 위해 `main()` 함수를 확장해보자.

```python
@click.command()
@click.argument('filename', type=click.Path(exists=True))
def main(filename):
    df = pd.read_csv(filename)
    for column in zero_count_columns(df):
        click.echo(f"Warning: Column '{column}' has no items in it")
    unnamed = unnamed_columns(df)

    if unnamed:
        click.echo(f"Warning: found {unnamed} columns that are Unnamed")

    carriage_field = carriage_returns(df)
    if carriage_field:
        index, column, field = carriage_field
        click.echo((
            f"Warning: found carriage returns at index {index}"
            f" of column '{column}':")
        )
        click.echo(f"        '{field[:50]}'")
```

툴을 한번 더 실행하여 같은 CSV 파일과 결과를 확인해보자.

```
$ csv-linter wine.csv
Warning: Column 'grape' has no items in it
Warning: found 1 column that is Unnamed
```

마지막으로, 아마도 가장 찾기 어려운 것은 큰 텍스트 필드 내에서 캐리지 리턴을 찾는 것이다. 이 작업은 데이터셋 크기에 따라 비용이 많이 들 수 있다. 반복적으로 수행하는 더 효율적인 방법이 있지만 다음 예제에서는 가장 간단한 방식을 사용해보자. 판다스 데이터 프레임 작업을 수행하는 다른 함수를 만들어보자.

```python
def carriage_returns(df):
    for index, row in df.iterrows():
        for column, field in row.iteritems():
            try:
                if "\r\n" in field:
```

```
        return index, column, field
    except TypeError:
        continue
```

루프는 TypeError가 발생하는 것을 방지하는 역할을 한다. 함수가 정수와 같은 다른 유형에 대해 문자열 검사를 수행하면 TypeError가 발생한다. 운영에 많은 비용이 들 수 있으므로 함수는 캐리지 리턴의 첫 번째 기호에서 루프를 벗어난다. 마지막으로 루프는 main() 함수가 보고할 인덱스, 칼럼 및 전체 필드를 반환한다. 이제 스크립트를 업데이트하여 캐리지 리턴 보고를 포함하도록 해보자.

```
@click.command()
@click.argument('filename', type=click.Path(exists=True))
def main(filename):
    df = pd.read_csv(filename)
    for column in zero_count_columns(df):
        click.echo(f"Warning: Column '{column}' has no items in it")
    unnamed = unnamed_columns(df)

if unnamed:
    click.echo(f"Warning: found {unnamed} columns that are Unnamed")

carriage_field = carriage_returns(df)
if carriage_field:
    index, column, field = carriage_field
    click.echo((
        f"Warning: found carriage returns at index {index}"
        f" of column '{column}':")
    )
    click.echo(f"    '{field[:50]}'")
```

데이터셋에 캐리지 리턴이 더 이상 없기 때문에 마지막 검사를 테스트하는 것은 까다로울 것이다 이 장의 레포지토리에는[3] 캐리지 리턴이 포함된 예제 CSV 파일이 있다. 해당 파일을 로컬로 다운로드하고 csv-linter 도구와 해당 파일을 연결해보자.

```
$ csv-linter carriage.csv
Warning: found carriage returns at index 0 of column 'notes':
```

---

3 https://oreil.ly/aaevY

```
'Aged in French, Hungarian, and American Oak barrel'
```

출력되는 결과가 너무나 길어지는 것을 방지하기 위해 경고 메시지는 최대 50자까지만 보여진다. 이 명령줄 도구는 명령줄 도구 기능을 위한 Click 프레임워크와 CSV 검사를 위한 판다스를 활용한다. 비록 세 가지 검사만 수행해서 결과는 만족스럽진 못하지만 데이터셋을 사용할 때 오류가 없도록 방지하는 것은 중요하다. 데이터셋을 탐색하는 방법은 다양하겠지만, 이 예제는 문제들을 자동화하여 찾는 적합한 방법이다. 자동화는 데브옵스의 중요한 요소이며 명령줄 도구는 자동화 구조를 만드는 핵심이다.

11.3.2 명령줄 도구 모듈화

이전 명령줄 도구는 파이썬의 내부 라이브러리를 사용하여 단일 파이썬 파일에서 스크립트를 만드는 방법을 보여주었다. 그러나 단일 명령줄 도구를 구성하는 여러 파일이 있는 디렉토리를 사용하는 것도 가능하다. 이 방식은 단일 스크립트의 내용이 읽기 어려워지기 시작할 때 선호된다. 긴 파일을 여러 파일로 분할해야 하는 규칙은 없으나 특히 코드의 재사용이 필요한 경우, 공통 책임이 있는 공유 코드들은 그룹화하고 분리하는 것이 좋다. 모든 상황에서는 코드를 재사용 하진 않지만 코드를 분할하는 것은 가독성과 유지 관리 향상을 위해 합리적이다.

단일 파일 스크립트를 디렉토리의 여러 파일에 적용하기 위해 **csv-linter** 도구의 예를 재사용해보자. 첫 번째로 **__init__.py** 파일로 디렉토리를 만들고 **csv_linter.py** 파일을 디렉토리로 옮길 것이다. **__init__.py** 파일을 사용함으로서 파이썬은 디렉토리를 모듈로 인식한다. 구조는 다음과 같다.

```
$ tree .
.
├── csv_linter
|   ├── init .py
|   └── csv_linter.py
├── requirements.txt
└── setup.py
1 directory, 4 files
```

이 부분에서는 파이썬 파일의 도구 이름을 반복할 필요가 없어 모듈화된 도구 이름에 크게 읽매이지 않은 이름으로 바꾸도록 하자. 필자는 주로 파일 이름을 변경할 때 mv 명령어를 사용하는 것을 권장한다.

```
$ mv csv_linter.py main.py
$ ls
  __init__.py main.py
```

csv_linter 명령을 다시 한번 사용해보자. 파일이 이동했기 때문에 도구는 더 이상 하지 못할 것이다.

```
$ csv-linter
Traceback (most recent call last):
File ".../site-packages/pkg_resources/ init .py", line 2451, in resolve return
functools.reduce(getattr,
self.attrs, module)
AttributeError: module 'csv_linter' has no attribute 'main'
```

이는 setup.py 파일이 더 이상 존재하지 않는 모듈을 가리키고 있기 때문이다. main.py 파일 내에서 main() 함수를 찾도록 해당 파일을 업데이트해보자.

```
from setuptools import setup, find_packages
setup(
    name = 'csv-linter',
    description = 'lint csv files',
    packages = find_packages(),
    author =
    'Alfredo Deza',
    entry_points="""
    [console_scripts]
    csv-linter=csv_linter.main:main """,
    install_requires = ['click==7.1.2', 'pandas==1.2.0'],
    version = '0.0.1',
    url = 'https://github.com/paiml/practical-mlops-book',
)
```

변경 사항을 찾기 어려울 수 있지만 csv-linter에 대한 엔트리 포인트는 csv_linter.main:main이다. 변경 사항이 있었으므로 setuptools는 main() 함수가 포함된 메인 모듈이 있는 csv-linter 패키지를 찾아야 한다. 문법을 외우기는 쉽지 않지만, 세부적인 변경 사항을 파악하면 전체 흐름을 이해하는 데 도움이 될 것이다. 설치 프로세스에는 이전 내용들이 남아 있기 때문에 setup.py를 다시 실행하여 새로고침한다.

```
$ python setup.py develop running
develop
Installing csv-linter script to /Users/alfredo/.virtualenvs/practical-mlops/bin
...
Finished processing dependencies for csv-linter==0.0.1
```

이제 csv-linter 도구가 다시 작동하므로 main.py 모듈을 두 개의 파일로 만들어보자. 하나는 검사용이고, 다른 하나는 명령줄 도구 작업용이다. checks.py라는 새 파일을 만들고 검사를 수행하는 함수를 main.py에서 다음과 같은 새 파일로 이동해보자.

```python
# in checks.py
def carriage_returns(df):
    for index, row in df.iterrows():
        for column, field in row.iteritems():
            try:
                if "\r\n" in field:
                    return index, column, field
            except TypeError:
                continue


def unnamed_columns(df):
    bad_columns = []
    for key in df.keys():
        if "Unnamed" in key:
            bad_columns.append(key)
    return len(bad_columns)


def zero_count_columns(df):
    bad_columns = []
    for key in df.keys():
        if df[key].count() == 0:
            bad_columns.append(key)
    return bad_columns
```

이제 checks.py 파일에서 검사 기능을 가져오도록 main.py를 업데이트하자. 새로 업데이트된 기본 모듈은 다음과 같아야 한다.

```python
import click
import pandas as pd
from csv_linter.checks import (
        carriage_returns,
        unnamed_columns,
        zero_count_columns
)

@click.command()
@click.argument('filename', type=click.Path(exists=True))
def main(filename):
    df = pd.read_csv(filename)
    for column in zero_count_columns(df):
        click.echo(f"Warning: Column '{column}' has no items in it")
    unnamed = unnamed_columns(df)
    if unnamed:
        click.echo(f"Warning: found {unnamed} columns that are Unnamed")
    carriage_field = carriage_returns(df)
    if carriage_field:
        index, column, field = carriage_field
        click.echo((
            f"Warning: found carriage returns at index {index}"
            f" of column '{column}':")
        )
        click.echo(f"    '{field[:50]}'")
```

모듈화는 작업을 단축시키고 가독성을 높이는 좋은 방법이다. 또한 모듈화로 문제를 분리하여 볼 수 있기에 작업에도 용이하다. 스크립트가 잘 정리되었으므로 MLOps 파이프라인에서 선택지를 더 다양하게 만들어 줄 마이크로서비스에 대해 다루어 보겠다.

11.4 마이크로서비스

11장 초반에 언급했듯, 마이크로서비스는 애플리케이션 구조의 새로운 패러다임이며, 이전 모놀리식 애플리케이션과 완전히 다른 형태이다. 머신러닝 작업에서는 모델을 프로덕션 환경으로 가져올 때 다른 요소에 영향을 주지 않도록 프로세스를 관리하는 것이 매우 중요하다. 이렇게 구성 요소를 분리해두면, 모델을 특정 프로세스에 연결하는 것뿐만 아니라 다른 곳에서도 재사용할 수 있다.

마이크로서비스와 모놀리식 구성은 퍼즐과 젠가 게임으로 비유하면 적절할 것이다. 모놀리식 애플리케이션은 여러 조각이 쌓여 높게 세워진 젠가 타워인 셈이다. 이는 타워에 영향을 줄 수 있는 핵심 조각을 건드리지 말아야 한다는 주의사항이 있다. 반면에 퍼즐 게임은 조각들을 견고하게 맞춰두면, 한 조각을 빼서 다른 위치에 재배치해도 문제가 없으며, 조각을 다른 곳에 사용하는 것도 가능하다.

소프트웨어 엔지니어는 주어진 업무에 맞는 기능을 신속하게 만드는 것이 일반적이다. 이런 경우, 이미 검증된 코드를 기반으로 재사용하는 것이 유용하다. 필자 역시 코드를 모듈로 작성하여, 동일하거나 유사한 기능을 제공하는 코드를 작성할 때 유용하게 활용하고 있다.

마이크로서비스 구조는 프로덕션 환경과의 호환성 같은 외부 이슈보다 기능과 코드에 더 집중할 수 있도록 해준다. 이러한 마이크로서비스 구축을 위한 솔루션 중 하나는 서버리스 기술을 사용하는 것이다.

클라우드 플랫폼의 서버리스 제품은 다양한 이름을 사용하지만(예시: AWS 람다, 구글 클라우드 함수) 사용 방법은 유사하다. 일부 코드로 단일 파일을 생성하고 클라우드에 즉시 배포하면 되며, 기본 운영체제나 의존성에 대해 염려할 필요가 없다. 대부분의 클라우드 플랫폼은 브라우저에서 직접 기능을 생성할 수 있도록 제공하고 있다. 이러한 유형의 개발 및 프로비저닝은 상당히 혁신적이며, 이전에는 매우 복잡하고 흥미로운 애플리케이션 패턴을 구현할 수 있게 한다.

서버리스의 또 다른 주요 장점은 큰 노력 없이 대부분의 클라우드 플랫폼 기능들에 접근할 수 있다는 점이다. 이는 머신러닝을 활용함에 있어 매우 중요할 것이다. 만약 컴퓨터 비전 작업을 해야 한다면, 서버리스 환경에서는 코드 몇 줄로 이 작업을 수행할 수 있고, 솔루션을 활용하면 대부분의 경우 자체 모델을 처음부터 만들 필요가 없다. 또한 클라우드에서 머신러닝 작업을 실행하면 속도와 견고함, 재현성 같은 데브옵스의 주요 기능까지 받을 수 있다. "거인의 어깨 위에 서다"라는 말처럼 플랫폼 위에서 수월하게 작업을 진행할 수 있다. 몇 년 전, 필자는 디지털 미디어 에이전시에서 이메일 서버의 직접 운영을 위해 12명의 IT 동료와 협업한 적이 있다. 이메일 운영은 쉬운 일이 아니기에 서버를 올바르게 구축하려면 많은 양의 지식과 지속적인 작업이 필요하다. 사내에서 이메일 서버를 운영하면서 매번 문제가 발생한 것은 아니지만, 한 달에 한 번꼴로 큰 문제가 생겨 많은 작업이 필요했다.

마지막으로 클라우드 플랫폼에서 머신러닝 기반 마이크로서비스를 구축할 수 있는 다른 옵션들도 살펴보자면, IaaS^Infrastructure-as-a-service에서 PaaS^Platform-as-a-service에 이르기까지 [그림 11-1]처럼 다양하다. 가장 좌측의 쿠버네티스는 마이크로서비스 배포의 복잡도를 줄여주는 IaaS이다. 가장 우측의 AWS 앱러너를 이용하면 깃허브 레포지토리에서 몇 번의 버튼 클릭으로도 지속적인 배포가 가능한 서비스를 구축할 수 있다.

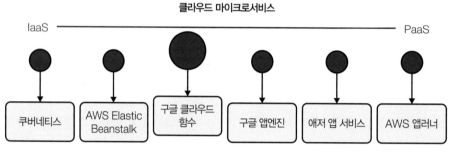

그림 11-1 클라우드 마이크로서비스

회사의 핵심 역량이 최신 컴퓨터 비전 모델과 같은 딥러닝 모델링이 아니라면 직접 만들지 않아도 된다. 열심히 하는 것보다 똑똑하게 일하는 것이 중요하다. AWS 앱러너나 구글 클라우드 런과 같은 서비스 활용을 추천하며, 더불어 처음부터 개발하기보다 클라우드 마이크로서비스를 활용해 보길 바란다.

11.4.1 서버리스 기능 만들기

대부분의 클라우드 플랫폼은 서버리스 환경에서의 머신러닝 서비스를 제공한다. 컴퓨터 비전, 자연어 처리 및 추천 시스템은 그 일부에 불과하다. 이번에는 자연어 처리 API를 활용한 예제를 다뤄본다.

구글 클라우드 플랫폼에 로그인한 후, 컴퓨트 영역 아래 왼쪽 사이드바에서 [그림 11-2]와 같이 클라우드 함수를 선택해라.

그림 11-2 구글 클라우드 함수 사이드바

이전에 구글 클라우드 함수를 이용해보지 않았다면 인사말 메시지에 신규 생성 링크가 보일 것이며, 이미 기능을 사용하여 배포했다면 생성 버튼이 바로 보일 것이다. 인터페이스에서 함수를 만들고 배포하는 것은 몇 단계만 거치면 된다. 다음 [그림 11-3]처럼 양식을 작성해보자.

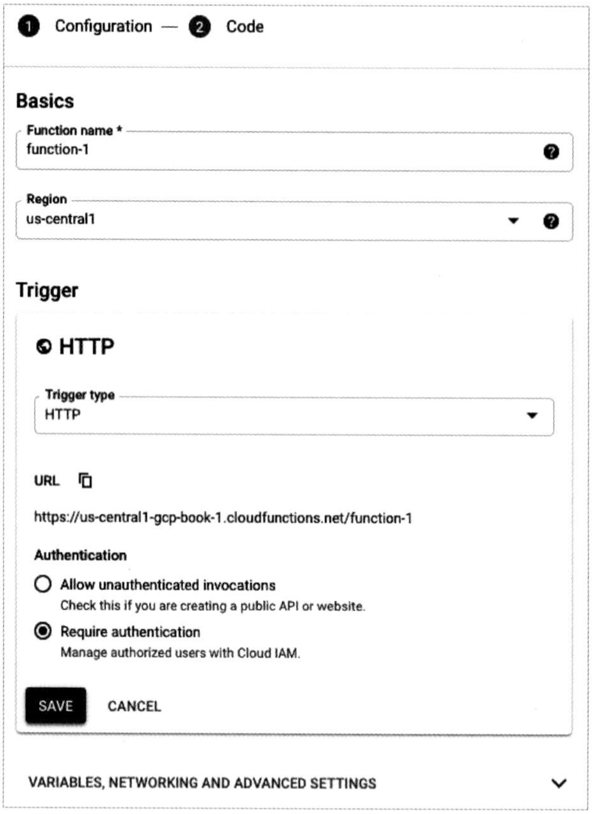

그림 11-3 클라우드 함수 생성

기본 설정 페이지에서 이름을 'function-1'로, 지역은 'us-central1'로[4] 설정되어 있음을 볼 수 있다. 트리거 유형을 HTTP로 설정했는지 확인하고, 다음 인증 과정을 진행한다. 인증을 마쳤으면 저장하여 다음 단계로 넘어간다.

> **NOTE_** 인증되지 않은 함수도 호출할 수는 있지만, HTTP 환경에서는 보안 이슈가 있으므로 인증 없이 클라우드 함수 서비스 사용을 권하진 않는다. 또한 클라우드 사용은 비용과 연관되어 있기 때문에 인증 없는 사용은 예상치 못한 비용이 발생할 수 있다.

---

4 옮긴이_ 지역은 사용자의 접속환경에 맞추어 지정하면 된다

다음 과정인 코드 항목에서 런타임과 엔트리 포인트entry point를[5] 설정한다. 본 예제에서는 [그림 11-4]와 같이 파이썬 3.8과 main을 사용하도록 변경한 다음 함수 이름을 hello_world() 대신 main()을 사용하도록 업데이트한다.

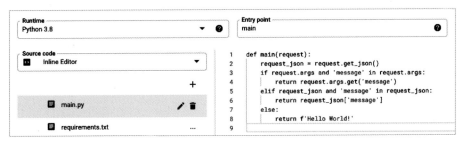

그림 11-4 클라우드 함수 코드

애플리케이션 엔트리 포인트 설정은 주요 기능을 지원하고, 다른 기능을 추가하여 연결할 수 있는 중요한 작업이다. 빌드에서 유연성도 중요하지만, 기본과 규칙을 준수하는 것도 범용성을 위해 중요하다. 설정을 완료했으면 기능을 실제 환경에 배포한다. 배포가 완료되면 기능이 구글 클라우드 함수 대시보드에 표시된다.

배포 후, 웹과 상호작용하도록 HTTP 요청을 전송한다. 이를 수행하는 방법에는 여러 가지가 있다. 먼저, 선택한 기능에 대해 'Actions'를 클릭하고 '기능 테스트'를 선택하자. 로드된 새로운 페이지는 '트리거 이벤트' 항목은 전송 요청을 보낼 메시지를 추가하는 페이지이다. 아래와 같이 본문을 업데이트하여 [그림 11-5]와 같은 메시지가 표시되면, [기능 테스트] 버튼을 클릭한다.

그림 11-5 클라우드 함수 코드 – 이벤트 트리거

---

5 옮긴이_ 엔트리 포인트는 프로그램이 시작하는 점을 의미하며, 많은 프로그래밍 언어에서 main() 함수를 기본으로 한다.

"message"키 값과 몇 가지 로그가 출력될 것이다. 이는 함수와 상호작용하는 가장 간단한 방법이다. 함수는 인증이 활성화된 상태로 만들어졌다.

이 기능은 JSON을 입력값으로 한다. 구글 클라우드 함수에서 테스트할 때 HTTP를 사용하는지는 명확하지 않지만, 입력값이 클라우드 함수에 전달되는 방식이다. JSON은 프로그래밍 언어, 기타 서비스 및 구현에 기본으로 쓰이기 때문에 웹 개발의 공용어라고 불린다.

HTTP API를 사용할 때 별도의 요청 유형 및 양식을 지정할 수도 있지만, JSON을 사용하여 통신하는 것이 비교적 일반적이다. 파이썬에서는 리스트와 딕셔너리 같은 데이터 구조를 JSON으로 변환할 수 있어 용이하다.

인증을 포함하여 기능과 상호작용하는 다른 방법을 알아보기 전에, 구글 머신러닝 서비스 중 번역을 활용해보겠다. 기본적으로 구글 클라우드 플랫폼의 모든 API는 비활성화되어 있다. 따라서 번역 API를 사용하려면 먼저 활성화해야 한다. 클라우드에서 기능이 작동하지 않더라도, 결과 로그에서 오류를 확인할 수 있다. 번역 API를 활성화하지 않고 시도할 경우, 아래와 같은 메시지를 로그에서 볼 수 있다.

```
google.api_core.exceptions.PermissionDenied: 403 Cloud Translation API has not been
used in project 555212177956 before or it is disabled.
Enable it by visiting:
https://console.developers.google.com/apis/api/translate.googleapis.com/
then retry. If you enabled this API recently, wait a few minutes for the action to
propagate to our systems and retry."
```

기능을 활용해보기 전에 먼저 구글 클라우드 번역 API로 접속하여 확인해보자. 구글 클라우드 플랫폼에서 제공하는 대부분의 API는[6] 유사한 방법으로 활용할 수 있다.[7]

> 구글 클라우드 플랫폼의 관리자 계정으로 접속한게 아니면 사용 가능한 API가 안보이거나 API 사용 권한이 없을 수도 있다. 이럴 경우 관리자 계정에서 특정 사용자에게 권한을 부여해야 한다.

API를 활성화한 후, 이름을 클릭하여 대시보드를 불러온다. 대시보드 페이지 상단의 편집 버튼을 찾아 소스 코드를 변경한다. 변경 항목은 기능을 먼저 구성하고 코드를 변경할 수 있게 되어

---

6 https://oreil.ly/eV8sr
7 https://oreil.ly/6SFRs

있다. 배포 구성은 변경할 필요가 없으므로 다음 페이지로 이동한다.

requirements.txt 링크를 클릭하여 번역 API와 연결하는 데 필요한 API 라이브러리를 추가한다.

```
google-cloud-translate==3.0.2
```

다음으로, main.py를 클릭하고, 번역 API를 가져올 import문을 추가한다.

```
rom google.cloud import translate

def translator(text="YOUR_TEXT_TO_TRANSLATE",
    project_id="YOUR_PROJECT_ID", language="fr"):

    client = translate.TranslationServiceClient()
    parent = f"projects/{project_id}/locations/global"

    response = client.translate_text(
        request={
            "parent": parent,
            "contents": [text],
            "mime_type": "text/plain",
            "source_language_code":"en-US",
            "target_language_code":language,
        }
    )
    #입력된 텍스트에 대한 번역 결과를 출력하여라
    for translation in response.translations:
        print(u"Translated text: {}".format(translation.translated_text))
    return u"Translated text: {}".format(translation.translated_text)
```

이 새로운 기능은 입력 텍스트, 프로젝트 ID, 번역 대상 언어 등 세 가지 인수로 번역 API와 상호작용 된다. 번역 입출력 값은 기본값이 영어로 설정되어 있지만, API에서 지원하는 언어로 자유롭게 조합하여 사용할 수 있다.

번역은 반복하여 입출력이 발생할 수 있으므로, 번역이 완료된 후 반복에 대한 반영이 필요하다. "message"에서 translator()로 값을 전달하도록 main()을 수정한다. "gcp-book-1"는 필자의 프로젝트 ID이며, 이는 사용자가 자유롭게 설정하면 된다.

```
def main(request):
    request_json = request.get_json()
    if request_json and 'message' in request_json:
        return translator(
            text=request_json['message'],
            project_id="gcp-book-1"
        )
    else:
        return f'No message was provided to translate'
```

main()에 들어오는 JSON 요청에 할당된 "message"에 대해 작업을 수행할 것이다. 샘플 JSON을 입력하여 콘솔에서 테스트해보자.

```
{"message": "a message that has been translated!"}
```

테스트 페이지의 결과는 [그림 11-6]과 같이 바로 확인되어야 한다.

그림 11-6 번역 결과 테스트

11.4.2 클라우드 기능 인증

필자는 HTTP가 다른 시스템과 언어에 대해 원격 환경에서 서비스를 구현하고 상호작용하는 엄청난 유연성을 제공한다고 생각한다. 모든 주요 프로그래밍 언어는 HTTP로 서비스를 구성하고 서버의 응답을 처리할 수 있게 되어 있다. 이러한 HTTP를 통해 인터넷에 연결된 모든 확장 프로그램과 상호작용하는 것은 강력한 기능이지만, 인터넷 연결 시 인증되지 않은 요청에 대한 접근 제어 등의 보안 사항이 필요하다.

앞서 살펴보았듯 클라우드와 원격으로 상호작용하기 위해 curl 명령어를 먼저 사용해보자. 시스템에 구글 클라우드 SDK[8]를 설치한 다음, 아래와 같이 앞서 배포한 프로젝트의 ID와 기능 이름을 입력한다. 본 예제에서는 SDK에 curl로 인증할 것이다.

```
$ curl -X POST --data '{"message": "from the terminal!"}' \
-H "Content-Type: application/json" \
-H "Authorization: bearer $(gcloud auth print-identity-token)" \
https://us-central1-gcp-book-1.cloudfunctions.net/function-1
```

시스템에서 function-1 URL을 사용하면 아래와 같은 응답이 확인되어야 한다.

```
Translated text: du terminal!
```

이 명령은 다소 복잡해 보이지만 성공적인 요청 처리를 위해 필요한 요소들을 보여준다. 먼저 요청에서 POST 메소드를 선언하였다. 이 방법은 일반적인 페이로드 요청과 연결될 때 사용되며, 이 경우 curl은 인수에서 --data 플래그로 JSON을 전송한다. 다음으로 이 명령은 두 개의 헤더를 포함하는데, 하나는 전송 중인 내용의 유형(JSON)을 나타내고, 다른 하나는 요청에 대한 토큰 정보를 제공하고 있음을 나타낸다. SDK가 작동할 때 토큰을 만들어 요청하는데, 이 토큰은 클라우드 서비스에서 요청을 인증하는 데 필요하다. 마지막으로 클라우드 기능의 URL은 JSON을 전송하는 인증된 POST 요청의 대상으로 사용된다.

SDK에 명령을 실행하여 수행되는 작업을 확인해보자.

```
$ gcloud auth print-identity-token
aIWQo6IClq5fNylHWPHJRtoMu4IG0QmP84tnzY5Ats_4XQvClne-A9coqEciMu_WI4Tjnias3fJjali
[...]
```

이제 요청에 필요한 구성 객체를 이해했으므로 SDK에 배포된 클라우드 기능이 작동하도록 해본다.

```
$ gcloud --project=gcp-book-1 functions call function-1 \
--data '{"message":"I like coffee shops in Paris"}'
executionId: 1jgd75feo29o
result: "Translated text: J'aime les cafés à Paris"
```

----

8 https://oreil.ly/2l7tA

구글을 비롯한 주요 클라우드 플랫폼에서는 클라우드 서비스 간 상호작용되도록 구성되어 있다. 만약 사용자가 클라우드 기능과 상호작용하기 위한 SDK 명령만 알고 있다면, 파이썬과 같은 프로그래밍 언어를 사용하여 요청을 구성하는 것은 어렵게 느껴질 것이다. 따라서 사용자가 더 쉽게 다룰 수 있는 형태로 작업을 진행하고 클라우드 서비스에 적용할 수 있는 옵션은 사용자에게 유연성을 제공할 것이다. 이제 파이썬을 사용하여 번역기와 상호작용 되도록 해보겠다.

> **NOTE_** 다음 예제에서는 파이썬을 사용하여 **gcloud** 명령을 직접 호출하고, 클라우드 기능과 상호작용하는 파이썬 코드를 만드는 방법을 간략히 다룰 것이다. 그러나 이 방법은 인증을 위한 최선의 방법은 아니다. 인증 프로세스를 제대로 보호하려면 서비스 계정을 만들고 **google-api-python-client**를 사용해야 한다

trigger.py라는 파이썬 파일을 만들고, 다음 코드를 추가하여 **gcloud** 명령어에서 토큰을 검색한다.

```
import subprocess


def token():
    proc = subprocess.Popen(
        ["gcloud", "auth", "print-identity-token"], stdout=subprocess.PIPE)
    out, err = proc.communicate()
    return out.decode('utf-8').strip('\n')
```

token() 기능은 명령어를 호출하고, 요청을 위한 출력을 처리한다. 이것은 파이썬에서 기능을 트리거하기 위한 요청을 만드는 작업이다. 실제 환경에서 이를 구현할 경우 **google-api-python-client**에서 서비스 계정 및 **OAuth2**를 만드는 것을 고려하면 좋다.

이제 해당 토큰을 사용하여 클라우드 기능과 상호작용하도록 요청을 만들어보자.

```
import subprocess
import requests
import click
url = 'https://us-central1-gcp-book-1.cloudfunctions.net/function-2'

def token():
    proc = subprocess.Popen(
```

```
        ["gcloud", "auth", "print-identity-token"],
            stdout=subprocess.PIPE)
    out, err = proc.communicate()
    return out.decode('utf-8').strip('\n')



@click.command()
@click.argument('text', type=click.STRING)
def main(text):
    resp = requests.post(
        url,
        json={"message": text},
        headers={"Authorization": f"Bearer {token()}"})
    click.echo(f"{resp.text}")
```

요청 라이브러리(필자 기준 버전: 2.25.1)를 스크립트에 추가하고 설치해야 한다. 스크립트에
프로젝트 ID를 업데이트했는지 확인하고, 이제 trigger.py 파일을 실행하여 테스트해보자.

11.4.3 클라우드 기반 명령줄 인터페이스 구축

앞서 명령줄 도구를 구축하고 패키징하여 클라우드 플랫폼에서 머신러닝을 수행하는 방법을
다루었다. 이어서 코드들을 재사용해서 하나의 명령줄 인터페이스를 만들어본다. 새 디렉토리
를 만들고 setup.py 파일에 아래 코드를 추가하여 패키징한다.

```
from setuptools import setup, find_packages
setup(
    name = 'cloud-translate',
    description = "translate text with Google's cloud",
    packages = find_packages(),
    author = 'Alfredo Deza',
    entry_points="""  [console_scripts]
    cloud-translate=trigger:main
    """,
    install_requires = ['click==7.1.2', 'requests==2.25.1'],
    version = '0.0.1',
    url = 'https://github.com/paiml/practical-mlops-book',
)
```

setup.py 파일은 trigger.py 파일 내의 main() 기능과 연결된 클라우드에 번역 가능한 파일을 생성한다. 아직 해당 기능을 생성하지 않았으므로 본 장의 앞부분에서 생성한 trigger.py 파일을 추가하고, 기능을 더한다.

```python
import subprocess
import requests
import click
url = 'https://us-central1-gcp-book-1.cloudfunctions.net/function-2'

def token():
    proc = subprocess.Popen(
        ["gcloud", "auth", "print-identity-token"],
         stdout=subprocess.PIPE)
    out, err = proc.communicate()
    return out.decode('utf-8').strip('\n')

@click.command()
@click.argument('text', type=click.STRING)
def main(text):
        resp = requests.post(
        url,
        json={"message": text},
        headers={"Authorization": f"Bearer {token()}"})
    click.echo(f"{resp.text}")
```

파일은 파이썬으로 직접 실행되는 초기 버전의 trigger.py와 크게 다르지 않다. Click 프레임워크를 사용하면 텍스트 입력을 정의한 다음터미널에 결과값을 출력할 수 있다. 의존성을 포함하여 모든 코드가 함께 연결되도록 python setup.py develop을 실행한다. 프레임워크는 도움말 메뉴를 제공한다.

```
$ cloud-translate --help
Usage: cloud-translate [OPTIONS] TEXT

Options:
--help Show this message and exit.
$ cloud-translate "today is a wonderful day"
Translated text: aujourd'hui est un jour merveilleux
```

11.5 머신러닝 명령줄 인터페이스 워크플로

먼저, [그림 11-7]과 같이 머신러닝 영역에는 다양한 유형이 있음을 알 수 있다. 비지도학습의 경우 별다른 사전학습 없이 진행할 수도 있겠지만, 다른 경우에는 훈련된 모델을 저장소에 넣어 사용해야 할 것이다. 또한 필요에 따라 AutoML, AI APIS 또는 타사에서 만든 모델을 활용할 수도 있다.

명령줄 도구와 머신러닝은 밀접하게 연관되어 있다. 작업 흐름에 머신러닝이 포함된 경우, 그에 따라 기능이 추가되어야 하거나 CLI의 목적이 바뀌는 다양한 문제가 생기는 것에 유의하길 바란다. 머신러닝의 유형에는 텍스트 분석, 컴퓨터 비전, 고객 및 로그 분석 등이 포함된다.

여기서 중요한 점은 머신러닝이 포함될 경우, 명령줄 도구를 배포해야 할 대상이 많다는 것이다. 머신러닝을 패키지화하는 명령줄 도구는 하나의 애플리케이션이기 때문에 마이크로서비스보다 훨씬 더 넓은 배포 대상을 갖게 된다.

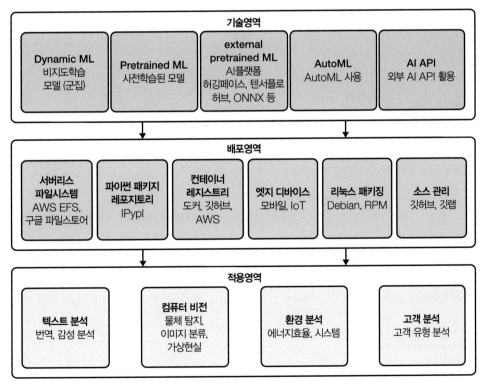

그림 11-7 머신러닝 명령줄 인터페이스 워크플로

CLI를 활용한 머신러닝 프로젝트를 진행하고자 할 때, 다음 자료들은 유용할 것이다.

DevML

DevML[9]은 깃허브를 분석하고 머신러닝 현업자가 자신의 노하우가 담긴 예측을 만들 수 있게 해주는 프로젝트다. 이 예측의 능률을 높이기 위해 스트림잇streamlit[10]에 연결하거나 아마존 퀵사이트의 클러스터링 리포트에 연결하면 된다.

파이썬 MLOps Cookbook

파이썬 MLOps Cookbook 깃허브 레포지토리[11]에는 간단한 머신러닝 모델이 포함되어 있으며 이 부분은 7장에서 자세히 다루었다.

Spot Price Machine Learning

또 다른 CLI를 활용한 머신러닝 프로젝트 예제로는 Spot Price Machine Learning Clustering가 있다. 해당 프로젝트는 깃허브 레포지토리[12]에서 확인할 수 있으며, AWS Spot 인스턴스의 속성인 메모리, CPU, 가격 등을 확인할 수 있다.

11.6 마치며

이 장에서는 명령줄 도구를 초기 단계부터 만드는 방법과 프레임워크를 통해 도구를 생성하고 자동화하는 방법을 살펴보았다. 예시가 개략적이더라도 세부 사항과 작동 방법을 이해하는 것은 중요하다. 일반적으로 모두가 어려워하는 새로운 개념이나 주제를 배우는 것은 (이 장에서 다룬 패키징처럼) 꺼려질 수도 있다. 패키징과 명령줄 도구를 이해했다는 것은 이제 다른 서비스들을 자동화할 준비가 된 것이다.

이 장에서는 구글의 강력한 번역 API와 같이 클라우드 플랫폼에서 제공하는 머신러닝 서비스들을 활용해보았다. 모든 모델을 처음부터 만들 필요는 없다. 특히 회사에서 모델을 직접 만들

---

9 https://oreil.ly/pMU53

10 https://streamlit.io/

11 https://oreil.ly/4jAUL

12 https://github.com/noahgift/spot_price_machine_learning

역량이 부족할 때는 플랫폼에서 제공하는 머신러닝 서비스를 활용하는 것을 추천한다.

마지막으로, 필자는 앞서 언급된 여러 서비스와 애플리케이션을 접목하는 방법을 바탕으로 까다로운 문제를 해결할 수 있다는 것이 MLOps의 강점이라고 강조하고 싶다. HTTP, 명령줄 도구, 그리고 SDK를 활용한 클라우드 서비스를 기반으로 애플리케이션을 구축한다면 실환경에서도 상당한 효과를 얻을 수 있을 것이다.

다음 장에서는 MLOps 실제 사례를 통해 디테일한 사항들과 실전에서 주의해야 할 점에 대해 보다 깊게 알아볼 것이다. 다음 장은 실제 사례를 기반으로 하였으니 필요한 정보를 얻어간다면 실제 적용이 가능할 것이다.

연습해보기

- 명령줄 도구로 클라우드 기능을 사용하는 옵션을 추가해보자(예: URL 설정 등).
- 서비스 계정과 OAuth2가 어떻게 구글 SDK와 작동하는지 알아보고 subprocess 모듈 사용하지 않도록 trigger.py에 통합해보자.
- 위키피디아와 같은 참고문서를 활용하여 클라우드 기능을 향상해보자.
- 이미지 인식을 수행하는 새로운 클라우드 기능을 생성하고, 명령줄 도구로 작동해보자.
- 파이썬 MLOps Cookbook 레포지토리를 포크하고, 명령줄 도구를 자유롭게 변형하여 도커 허브나 깃허브 컨테이너 레지스트리와 같은 퍼블릭에 게시해보자.

생각해보기

- 인증되지 않은 클라우드 기능이 발생시킬 수 있는 이슈는 무엇이 있는가?
- 가상 환경을 사용하지 않을 때의 단점은 무엇인가?
- 디버깅의 중요성에 대해 설명해보자.
- 패키징 활용의 장점은 무엇인가? 패키징의 단점은 무엇인가?
- 클라우드 플랫폼에서 기본적으로 제공하는 모델을 사용하면 무엇이 좋은가?
- 오픈 소스 명령줄 도구를 머신러닝에 활용할 때 공용 컨테이너 레포지토리와 파이썬 패키지 사용에 대한 장단점을 설명해보자.

## CHAPTER 12

MLOps 실사례 연구

> 뢰비 교수님의 수술이 성공적으로 끝난 뒤 교수님을 간병하는 동안 나는 많은 것을 배웠다. 교수님은 내가 가지고 있던 교수님의 책에 사인과 함께 '이론 없는 사실은 혼돈이고 사실 없는 이론은 환상이다'라는 말을 남겼다.
>
> – 조셉 보겐 박사

현실의 기술 분야에서 근본적인 문제는 누구의 조언을 따라야 하는지 확신하기 어렵다는 점이다. 특히 머신러닝같이 다양한 학문에 걸쳐 있는 주제는 더욱 어렵게 느껴질 수 있다. 그렇다면 머신러닝에서 실무 경험, 기술[1], 학습 능력 이 세 가지의 적절한 조화를 어떻게 찾을 수 있을 것인가? 이 장에서는 유니콘을 만나는 것처럼 쉽게 경험할 수 없다고 여겨지는 이 학습의 조화에 대해 다루고자 한다. 이 장의 목표는 [그림 12-1]과 같이 세 가지 관점을 고려한 머신러닝 프로젝트가 구축되도록 돕는 것이다.

다른 전문 분야 또한 마찬가지이다. 다양한 학문에 걸쳐있다면 복잡해질 수밖에 없다. 그 예로 영양학Nutritional Science, 기후학Climate Science, 종합격투기Mixed Martial 등이 있다. 각기 다른 영역이지만 개방형 시스템과 폐쇄형 시스템이 공존한다는 공통점이 있다. 폐쇄형 시스템의 예시로 보온병을 들어보자면, 보온병 내부는 외부 환경으로부터 크게 영향을 받지 않아서 차가운 액체의 움직임을 더 쉽게 모델링할 수 있다. 하지만 일반 용기로 옮겨진다면 모든 변수가 달라진다. 외부 공기의 온도, 습도, 바람, 햇빛에 쉽게 노출되므로 액체의 움직임을 모델링하는 것이 어려워질 것이다.

---

1   옮긴이_ 여기서 의미하는 '기술'은 머신러닝과 관련된 알고리즘, 접근방법론, 시스템 등을 총괄하여 의미한다.

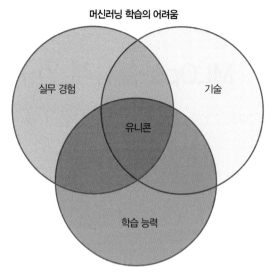

머신러닝 학습의 어려움

실무 경험

기술

유니콘

학습 능력

그림 12-1 유니콘처럼 어려운 학습

이 장에서는 다른 영역의 학습 방법론을 MLOps에 어떻게 접목할 수 있을지 다룰 것이다. 또한 머신러닝에 있어서 폐쇄형 시스템과 개방형 시스템이 가지는 특성에 대해 살펴보겠다.

12.1 머신러닝에서 무지함이 주는 뜻밖의 이점

무지함에는 뜻밖의 이점이 있다. 어려움을 미리 알았더라면 절대로 시도하지 않을 용기를 무지하기 때문에 갖기도 한다. 이러한 무지함은 2013년부터 필자가 동시에 진행하던 두 가지의 작업에서 아주 결정적인 역할을 했다. 하나는 100여 명 규모의 회사를 설립하여 수천만 달러의 값어치를 지닌 머신러닝 모델을 만드는 것이었고, 다른 하나는 레슬링과 유도 종목의 올림픽 선수들과 함께 브라질리언 주짓수를 배워서 대련하는 것이었다. 2010년부터 2013년까지 3년 동안 필자는 샌프란시스코의 스타트업에서 풀타임으로 일하면서 UC 데이비스University of California, Davis MBA 프로그램에서 진행하는 모든 통계, 확률, 모델링 수업을 들었고, 2017년부터는 UC 데이비스 경영대학원에서 머신러닝과 클라우드 컴퓨팅을 가르쳤다. 졸업 후에는 최고기술책임자Chief Technology Officer (CTO)와 제너럴 매니저general manager[2]에 오를 실력을 갖추게

---

2 옮긴이_ 기업이나 스포츠 구단에서 총감독을 의미한다.

되었다. 그렇게 스포츠 소셜 네트워크의 기술 직원을 통틀어 최초로 CTO와 제너럴 매니저를 동시에 하는 자리에 올랐다.

필자가 근무하던 회사에서는 직원들이 함께 운동하는 문화가 있었다. 그때 전문 파이터들이 맞붙는 모습을 보고 호기심이 생겨 브라질리언 주짓수를 시작하게 되었다. 막상 운동을 배우려니 두려움에 망설였지만, 망설임도 잠시 어느 순간부터 상대방에게 항복 유도기술을 배우는 나 자신을 보게 되었다. 그리고 스파링 도중 상대방의 실수로 숨이 막혀서 의식을 잃기도 했다. 한번은 '이번에는 머리와 팔이 조여지는 순간 반격해야겠다'라고 생각하고 스파링을 했지만, 행동을 하기도 전에 기절해서 필자가 어디에 있는지조차 기억이 안 난 적도 있었다. 기절을 했을 당시 체육관이 보이긴 했지만 그 짧은 순간에 지금이 몇 년도에 있는지, 여기가 남부 캘리포니아에서 졸업한 고등학교의 체육관인지, 지금 몇 살인지 기억이 나질 않았다. 그러다가 회복되면서 그제서야 내가 조르기를 당했고 캘리포니아 산타 로사^{California Santa Rosa}에 있는 종합격투기 체육관에 있다는 걸 인지했다.

훈련 초창기에 두 번의 토너먼트 대회에 출전했었다. 첫 번째 입문자 대회에서는 우승했지만 몇 년 뒤에 출전한 중급자 대회에서는 탈락했다. 나중에 생각해보니 그때 당시 필자가 무슨 마음으로 대회에 나갔는지 스스로도 이해할 수 없었고, 뒤늦게나마 심한 부상을 당할 수도 있었겠다는 생각이 들었다. 대회에서 참가자들이 머리를 다치거나 어깨가 부러지거나 무릎 인대가 찢어지는 등의 심한 부상을 입는 것을 많이 목격했다. 40세에 출전한 토너먼트에서는 20세의 100kg의 대학 미식축구 선수와 맞붙게 되었다. 상대 선수는 바로 전 경기에서 경기가 진짜 싸움으로 변질되면서 머리를 맞고 코피까지 났던 터라 굉장히 화가 난 상태였다. 그의 흥분 상태 때문에 매우 불안했고, '내가 대회에 왜 출전했을까'라는 생각이 들었다.

돌이켜보면 40대 이전에 종합격투기의 실질적 위험에 무지했다는 것을 축복이라고 생각한다. 여전히 브라질리언 주짓수를 즐기고 있지만 지금 알고 있는 위험성을 그때도 알았더라면 그 당시의 실력으로는 그 위험을 감수하지 않았을 것이다. 무지함은 바보 같은 시도를 할 수 있는 용기를 주기도 하고, 무언가를 더 빨리 배울 수 있도록 해준다.

주짓수를 처음 배울 때와 비슷하게, 2014년에 무지함으로 머신러닝 인프라를 구축하는 여정을 시작했다. 그때의 여정은 오늘날 MLOps로 불린다. 그 당시에는 머신러닝을 어떻게 운영하는지 정보가 많지 않았다. 브라질리언 주짓수를 배울 때와 비슷한 열정은 있었지만 실제 경기에서 어떤 위험이 있는지에 대해서는 무지했다. 그러나 주짓수의 공포는 1년에 수백만 달러를 투자하면서 예측 모델을 만들고 책임져야 하는 공포에 비하면 아무것도 아니었다.

회사를 세운 첫해인 2013년에 우리는 스포츠 소셜 네트워크와 모바일 애플리케이션을 개발했다. 하지만 많은 스타트업 직원이 잘 알고 있듯이 소프트웨어를 개발하는 것은 스타트업이 짊어져야 할 수많은 과제 중 하나였다. 정말 중요한 것은 사용자 확보와 수익 창출이었다. 2014년 초기에 자사 플랫폼을 구축하는 데 성공했지만 사용자도, 수입도 없었다. 파산을 피하기 위해서라도 하루빨리 사용자를 끌어들여야만 했다.

소프트웨어 플랫폼에서 트래픽을 늘리는 데는 입소문을 타는 방법과 광고를 활용하는 방법 두 가지가 있었다. 광고의 경우 한 번 시작하게 되면 비용이 지속적으로 발생한다. 그래서 가장 이상적인 시나리오를 선택했다. 광고를 하지 않고 사용자들이 우리 플랫폼에 오도록 하는 것이었다. 자사는 전직 내셔널 풋볼 리그National Football League (NFL) 쿼터백 브렛 파브르Brett Favre를 포함한 몇몇 스포츠 스타들과 관계가 있었다. 슈퍼스타이자 인플루언서인 파브르를 통해 우리 플랫폼이 바이럴되고 성장할 수 있었다.

어느 시점부터 머신러닝 피드백 루프로 매달 수백만 명의 사용자가 유입되었다. 우리가 어떻게 이런 성공을 할 수 있었는지 살펴보도록 하자.

12.2 스포츠 소셜 네트워크의 MLOps 프로젝트

직원, 사용자, 수입이 모두 없는 상태에서 스타트업을 구축하는 것은 매우 어렵다. 창업 초기인 2013년부터 2016년까지 필자는 사무실 바로 근처에 있는 트랜스아메리카 피라미드 건물 옆 트랜사메리카 레드우드 공원에서 기획하며 많은 시간을 보냈다. 불확실한 머신러닝 예측 모델에 수백만 달러를 걸어야 하는 사실은 다시 생각해봐도 아찔하다. 하지만 다른 측면으로 생각해보면 필자가 겪었던 정신적인 고통에 비하면 기술적인 어려움이 차라리 더 나았다.

먼저 스포츠 소셜 네트워크의 시스템을 소개하자면, 사용자가 원본 콘텐츠를 게시하면 그 콘텐츠를 트위터나 페이스북과 같은 SNS에 재공유 및 재게시한다. 그런 다음 자사 사이트에서 생성된 조회 수를 수집한다. 이렇게 생성된 조회 수는 머신러닝 예측 시스템의 타겟 값이 된다. [그림 12-2]는 스포츠 소셜 네트워크의 MLOps 파이프라인을 보여준다.

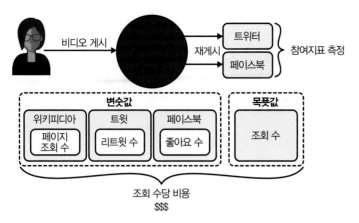

그림 12-2 스포츠 소셜 네트워크의 MLOps 파이프라인

이 파이프라인을 통해 사용자들의 리트윗 중앙값, 좋아요 중앙값, 위키피디아 페이지 뷰 같은 소셜 미디어 신호를 수집한다. 이 과정에서 허위 팔로워 같은 노이즈 데이터를 줄일 수 있었다. 이러한 우리의 플랫폼에 코너 맥그리거Conor McGregor, 브렛 파브르Brett Favre, 팀 맥그로Tim McGraw, 애슐린 해리스Ashlyn Harris와 같은 유명인들이 오리지널 콘텐츠를 업로드하는 활동 덕분에 사이트 이용이 활발해졌다.

회사를 운영하면서 가장 어려웠던 부분은 안정적으로 데이터를 수집한 다음, 그 데이터를 기반으로 한 예측의 결괏값에 수백만 달러를 투자하는 것이었다. 데이터 수집과 투자는 필자가 처음에 생각했던 것보다 훨씬 더 복잡했다. 이러한 시스템에 대해 더 자세히 살펴보자.

12.2.1 기계적인 반복 작업: 데이터 라벨링

소셜 미디어 데이터에서 얻은 예측 정보 덕분에 그로스 해킹growth hacking을 성공할 수 있었다. 하지만 더 큰 고비는 그 다음에 있었다.

소셜 미디어 데이터를 확보하기 위해 수천 명의 인플루언서 계정 데이터에 접근했지만 수집 난도가 높아 첫 도전은 실패로 끝났다. [그림 12-3]은 첫 시도의 과정을 보여준다.

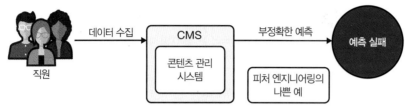

그림 12-3 피처 엔지니어링의 나쁜 예

우리가 예측하지 못했던 부분에서 문제가 발생했다. 일부 NFT 유명 선수들이 소셜 미디어 활용 방법에 익숙하지 않아 자신의 이름을 잘못 입력한 것이다. 그 결과 트위터 사용자명이 NFL 선수인 앤서니 데이비스^Anthony Davis를 NBA 선수인 앤서니 데이지^Anthony Dais로 잘못 인식했다. 이러한 일로 신뢰가 깨지면 모델링의 정확도가 낮아지므로 이를 해결하고자 아마존 메커니컬 터크^Amazon Mechanical Turk를 활용해보기로 했다. 이 시스템은 터커[3]들이 운동선수들의 소셜 미디어 계정을 직접 찾아서 작업에 참여하고 있는 터커 인원의 이 그 계정이 운동선수의 계정과 동일하다고 동의하면 해당 라벨링을 확정하는 구조로 진행한다. 이러한 방식으로 약 99.9999% 의 정확도로 라벨링할 수 있었다. [그림 12-4]에서 아마존 메커니컬 터크 라벨링 시스템의 원리를 설명한다.

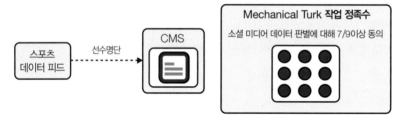

그림 12-4 메커니컬 터크 라벨링 시스템

> **NOTE_** 2014년만 해도 데이터 엔지니어링과 MLOps에 대해 많이 알려지지 않았다. 그래서 운동선수, 프로그래머, 데이비스 대학교의 졸업생 퍼넬 데이비스[4]와 함께 이 라벨링 시스템 프로젝트를 진행했다. 퍼넬은 점심시간이나 새벽에 약 136kg의 프로 MMA 파이터들과 같이 운동하면서 틈틈이 개발에 참여했었다.

---

3   옮긴이_ 온라인에서 일하는 사람을 의미한다.

4   https://oreil.ly/yc14S

12.2.2 인플루언서 등급

데이터 라벨링은 소셜 미디어 API로 데이터를 수집했다. 다음은 저장소에서 머신러닝 엔진[5]으로 데이터를 가져오는 데 필요한 코드다.

API를 통해 구체적으로 수집한 NBA 스타 르브론 제임스[LeBron James]의 트위터 통계는 다음과 같다.

Get status on Twitter

```
df = stats_df(user="KingJames")
In [34]: df.describe()
Out[34]:
          favorite_count    retweet_count
count     200.000000        200.000000
mean      11680.670000      4970.585000
std       20694.982228      9230.301069
min       0.000000          39.000000
25%       1589.500000       419.750000
50%       4659.500000       1157.500000
75%       13217.750000      4881.000000
max       128614.000000     70601.000000

In [35]: df.corr()
Out[35]:
                 favorite_count    retweet_count
favorite_count   1.000000          0.904623
retweet_count    0.904623          1.000000
```

> **NOTE_** HBO[6]의 〈The Shop〉을 봤다면 매버릭 카터와 르브론 제임스를 알 것이다. 공식적으로 그들과 함께 일할 뻔했지만 성사되지 못했다. 대신에 FC 바이에른 뮌헨과 파트너 관계가 되었다.

이렇게 수집된 데이터는 예측 모델링에 사용되었다. 인플루언서들을 찾기 위한 기존의 예측

---

5 https://oreil.ly/D6Wqb
6 옮긴이_ 미국의 유료 영화채널

알고리즘은 R의 caret 패키지[7]를 활용했고 2014년에 열린 샌프란시스코 R 밋업meetup[8]에서 이에 대해 설명했다. [그림 12-5]는 우리 모델의 예측 정확도가 상당히 높다는 것을 보여준다.

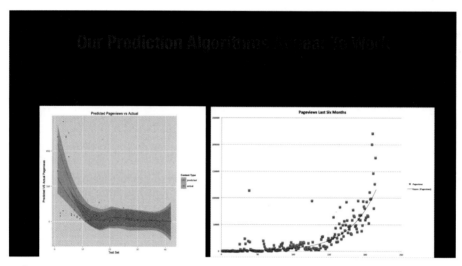

그림 12-5 소셜 미디어 인플루언서로부터 예측한 페이지 뷰와 실제 조회 수 비교

이러한 예측 모델을 바탕으로 페이지 뷰를 주요 측정지표로 삼아 결제시스템을 구축했다. 이는 곧 기하급수적으로 성장하면서 회사에 큰 성과를 가져다주었다. 하지만 앞서 언급했듯이, 이 예측 모델에 회사의 성패가 달린 정도의 큰 투자를 한다는 것은 밤잠을 설칠 정도로 매우 두려운 일이었다.

12.2.3 인공지능 프로덕트

거액의 광고 비용을 쓰지 않았음에도 MLOps 파이프라인의 만족스러운 예측과 결과 덕분에 회사가 성장할 수 있었다. 그리고 기존 프로덕트를 Athlete Intelligence라는 인공지능 프로 덕트로 발전시켰다. 이 인공지능 프로덕트를 풀타임으로 관리하는 관리자가 2명이 있었다. 이 프로덕트의 일반적인 아이디어는 '인플루언서'가 돈을 내고 대시보드를 사용하여 운동선수와 직접 제휴를 맺고 운동선수의 브랜드를 사용하는 것이었다.

---

7 https://oreil.ly/MtN0Z

8 https://oreil.ly/rI0Sw

[그림 12-6]처럼 비지도 학습unsupervised learning으로 운동선수들의 소셜 미디어 영향력을 포함하여 다양한 요소로 분류했다.

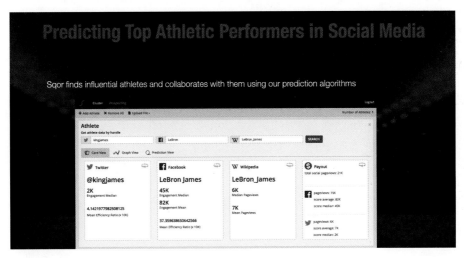

그림 12-6 Athlete Intelligence

추가로 비슷한 선수들의 프로필을 모으는 비지도 학습 기능도 있다. 이 기능을 활용해 다양한 운동선수를 모아 하나의 인플루언서 마케팅 번들로 사용할 수 있다(그림 12-7).

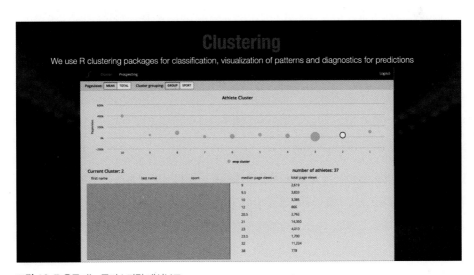

그림 12-7 운동지능 클러스터링 대시보드

이러한 성장 과정을 겪어온 회사의 경험을 바탕으로 마침내 우리는 두 가지 제품을 출시해 추가 수익을 거둘 수 있었다. 첫 번째는 쇼피파이Shopify에서 시작해 연간 50만 달러의 비즈니스로 전환된 상품 판매 플랫폼이었고, 두 번째는 수천만 달러 가치의 인플루언서와의 마케팅 비즈니스였다. 개별 브랜드에 직접 연락하여 플랫폼에서 활동하고 있는 인플루언서들과 브랜드를 연결시켜주었다. 선례로 머신 존Machine Zone과 코너 맥그리거Conor McGregor를 중개해서 파트너십으로 연결시키는 데 성공한 〈게임 오브 워〉[9] 광고가 있다.

간단히 말해서 효과적인 MLOps 파이프라인 덕분에 사용자들과 수익을 모두 얻을 수 있었다. 예측 모델이 없었다면 우리에게 사용자가 없었을 것이고, 사용자가 없었다면 수익이 없었을 것이다. 소득이 없었다면 결국 사업은 실패로 끝났을 것이다.

이어서 개방형 시스템과 폐쇄형 시스템에 대해 더 자세히 알아보자. 통제된 환경에서 이론적인 데이터 과학 방법론을 적용하는 것과 달리, 개방된 실전 환경에서 머신러닝을 운영하는 것은 다양한 변수에 영향을 받을 수밖에 없다.

12.3 현실 vs 완벽한 기술

도복을 입지 않은 주짓수 선수가 도복을 입은 주짓수 선수에게 암바[10]를 건다면 본인이 도복을 입었을 때와 동일한 효과가 있을 것인가? 마찬가지로 머신러닝에서는 무엇이 가장 중요할까? 정확도일까? 기술일까? 아니면 고객에게 가치 있는 무언가를 제공하는 능력 혹은 도메인에 대한 지식일까?

그러면 길거리 싸움과 전문 격투기를 비교했을 때는 어떠한가? 전문가가 아니더라도, 연마가 더 필요한 기술은 그렇지 않은 기술에 비해 적중률이 낮다는 것을 우리 모두가 알고 있다. 특히 현실에서는 더더욱 크게 적용할 것이다.

필자는 미국 전역으로 출장을 다닐 당시 곳곳에 체육관들을 다니면서 체육관마다 다른 새로운 교훈을 얻었다. 브라운벨트나 블랙벨트의 주짓수 고수가 자신의 등급을 숨기기 위해 도복을 입지 않고 필자와 스파링을 했고, 그들은 필자에게 암바 기술을 걸었다. 그로 인해 필자는 도복을

---

9 https://oreil.ly/G6JrI
10 팔꿈치 관절을 과도하게 꺾어서 상대방에게 고통을 주는 기술

입지 않은 고수들과 스파링하는 경험을 갖게 되었다. 그렇게 다양한 전문가들의 가르침을 연습하고 또 연습하여 결국 암바 기술에 걸렸을 때 빠져 나오는 방법을 터득할 수 있었다.

이로 인해 그들이 생각한 '완벽한 모델'은 필자에게 먹히지 않아서 그들의 세계관에서는 꽤나 충격적이었을 것이다. 필자가 암바 기술에서 빠져 나왔다고 해서 숙련자들보다 더 잘하는 걸까? 물론 아니다. 이들은 제한된 환경에서는 나보다 더 좋은 기술들을 가지고 있지만, 그렇지 않은 상대가 도복을 입지 않는 조건에서는 발휘될 수 없었던 것이다. 이와 같은 예시로 [그림 12-8]은 외부 환경에서 시스템을 제한하거나 규칙을 추가하면 관리는 더 쉬워지지만 현실성이 떨어지는 걸 보여준다.

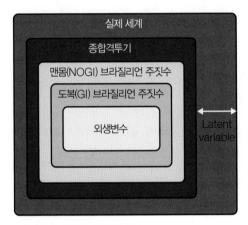

그림 12-8 실전에서의 무예 기술

조나단 하버는 『Critical Thinking』(MIT Press, 2020)에서 엘론 대학교의 앤 카힐과 스테판 블로흐슐먼이 고등학교 수업 시간에 무술을 언급했다며 아래와 같이 말했다.

이러한 무술의 승급 체계가 반영된 고등학교 시험에서는 이전 띠 단계에서 배웠던 기술을 구사할 수 있다는 걸 증명해야 한다. 여기서 선생님들은 그저 학생들의 노력에 따라 띠를 승급시켜서는 안 된다. 학생이 어떤 특정한 기술을 연마하기 위해 얼마나 노력했는지는 중요하지 않다. 중요한 건 과연 이 학생이 기술을 구사할 수 있는가이다.

NOTE_ 노스웨스턴의 데이터 과학 프로그램의 수업에서 종합격투기와 머신러닝 이론을 설명하다가 필자의 학생 중 한 명이 NFL에서 14년을 보냈다는 것을 알게 되었다. 이 학생은 최고의 종합격투기 선수들의 기술에는 형식이 없고 직면한 상황에 맞는 기술을 사용하는 것이기에 존경스럽다고 말했었다.

무술과 머신러닝 모델링에 관한 인터뷰

실제 무술과 머신러닝 모델링의 관련성에 대해 논의하기 위해 전직 최고의 종합격투기 선수와 인터뷰를 진행했다.

Q: 자기소개 부탁드립니다.

A: 제 이름은 제이콥 하드그로브입니다. 20년 동안 브라질리언 주짓수 선수로 활동했습니다. 서브미션 그래플링과 프로 종합격투기 종목에 모두 출전했었고, 종합격투기는 3승 0패의 기록을 가지고 있습니다. 주짓수 훈련 외에도 경기를 준비하기 위해 복싱, 무에타이, 레슬링과 같은 다양한 무술을 연구하고 훈련하는 데 많은 시간을 보냈습니다.

Q: 브라질리언 주짓수와 같은 기술들은 왜 길거리 싸움이나 격투기 경기에 적용하기 어려울까요?

A: 통제되지 않은 환경이나 상황에서 개념과 기법을 가르치는 것과 성공적으로 구현하는 것은 다릅니다.

초보자에게 기술이나 개념을 가르치기 위해서 강사는 기술을 사용할 때 생길 수 있는 많은 변수를 최대한 제거하고 쉽게 반복할 수 있는 기술만 전달합니다. 가능한 한 단순화하여 원하는 효과를 달성하는 데 필요한 요소에 집중하여 전달하게 되는데, 이를 '카타^Kata'라고 합니다.

주짓수 세계에 빠진 사람들은 그들의 상대가 훈련되지 않은 아마추어가 아닌 전문 무술가들을 상대로 기술을 연습하고 있다는 사실을 망각하는 경우가 있습니다. 이러한 사실을 망각한 채 숙련되지 않은 상대로 훈련이 진행된다면 심각한 상황으로까지 이어질 수 있습니다.

전직 프로 선수 제이콥이 무술에 대해 이야기한 것과 같이, 필자 또한 현실 세계를 기반으로 한 머신러닝에서 이와 유사한 문제점이 있다고 본다. 필자는 현업에 종사하면서 대학에서 머신러닝을 가르쳤기에 이 문제에 대해 더 깊게 공감했다. 주짓수와 비슷하게 머신러닝의 '카타'는 사

이킷런sklearn[11]과 판다스pandas[12]의 패키지이며, 캐글Kaggle에서 제공하는 데이터셋이다. 이 패키지와 데이터셋을 활용하여 학생들을 가르칠 때는 '복잡성'이 제거된다. 하지만 현실 세계에서의 머신러닝은 더 위험하고 복잡한 요소를 포함한다.

12.4 MLOps의 중요한 과제

머신러닝을 실전에 도입할 때 발생하는 몇 가지 어려움이 있다. 대표적인 세 가지 도전 과제로 윤리적 문제와 의도치 않은 결과, 운영 능력의 부족, 예측 정확도와 성능 목표 사이의 균형이 있다. 현실 세계에서 머신러닝을 도입할 때 운영 능력은 기술적인 부분보다 더 중요한 부분이다. 이에 대해서는 「Hidden Technical Debt in Machine Learning Systems」[13]에서 상세하게 설명한다. 이 논문의 저자들은 '머신러닝 시스템의 실제 운영에서 막대한 유지보수 비용이 발생되는 것은 일반적이다'라고 언급했다. 이에 앞서 언급한 세 가지 도전 과제에 대해 구체적으로 살펴보자.

12.4.1 윤리적 문제와 의도치 않은 결과

머신러닝 도입에 있어서 윤리적 문제를 대충 넘어가거나 신경 쓰지 않는 경우가 있다. 소셜 미디어나 소셜 네트워크 기업들은 허위 사실을 대량으로 유포하는 무기를 만들곤 한다. 트리스탄 해리스Tristan Harris는 '극단주의 단체에 가입한 사람 중 64%는 페이스북 추천 시스템' 때문이었으며, 유튜브의 추천 시스템 때문에 극우 음모론이자 가짜 뉴스 웹사이트인 〈InfoWars〉의 영상이 150억 뷰를 기록했다고 말했다. 이는 워싱턴포스트, BBC, 가디언, 폭스의 트래픽을 합친 뷰보다 많은 수치였다. 더불어 그는 유투브 전체 시청 시간의 70%는 추천 시스템에 의해 재생된다'라고 말했다.

소셜 네트워크와 빅테크는 이러한 문제에 대해 추천 시스템의 결과를 보다 면밀히 검토하여 고객에게 제공한다거나, 안면 인식 등의 이슈가 될 수 있는 사항을 제한하는 등 머신러닝을 활용

---

11 https://oreil.ly/sub5D
12 https://oreil.ly/uau1J
13 https://oreil.ly/3RjTA

하여 적극적으로 시스템을 개선해나가고 있다. 앞으로는 예측 모델이 잘 구현되었는지 여부를 넘어 윤리 문제도 MLOps 솔루션의 일부가 되어야 한다.

이미 이러한 문제에 대해 몇 가지 해결 방법이 나오고 있다. 예를 들어 미국 전기전자공학자협회Institute of Electrical and Electronics Engineers(IEEE)에서 발표한 「Smart Algorithm Bursts Social Networks Filter Bubbles」[14] 논문에 따르면 핀란드와 덴마크의 한 연구팀은 소셜 미디어 플랫폼에서 콘텐츠가 널리 공유되면서 다양성도 가질 수 있도록 하는 알고리즘을 개발했다.

기업이나 머신러닝 엔지니어가 고객 유입과 수익성에만 100% 집중한다면, ESG 관점의 가치에 대해 일말의 투자도 하고 싶지 않을 것이다. 다른 예시로, 원자력 발전소는 엄청난 에너지를 생산하여 우리 삶을 편리하게 하지만 폐기물 등으로 인한 방사성 노출로 무고한 피해자를 만들 수 있다. 이런 피해에 대한 윤리 기준을 마련하지 않으면 무고한 피해자들은 계속 발생할 것이다.

12.4.2 운영 능력의 부족

운영 능력의 부족과 관련된 예시로 가구 제조사의 관점에서 목재 가구 완제품을 만드는 것과 나무를 기르는 것을 비유할 수 있다. 목재로 완제품을 만드는 경우에는 한번 만들어진 가구는 재활용되지 않고 보통 재조립되거나 그대로 사용한다. 즉 제품이 완성되면 프로젝트 하나가 끝나는 것이다. 하지만 나무를 키우는 것은 열린 시스템과 같다. 나무를 보호하기 위해 주변 환경과 병해충으로부터 지속적으로 관리하며 영양분을 공급해야 한다. 시간이 지나면 나무가 튼튼하고 견고해지겠지만, 열매를 맺기 전까지는 꾸준하게 관리해야 한다. 머신러닝 시스템은 결코 가구처럼 완성되고 끝나는 게 아니다. 나무를 키우는 것처럼 다른 소프트웨어 시스템과 유기적으로 작동하며, 주변 환경 변화가 지속적으로 반영되어야 한다.

예를 들어 신규 가구점의 대금 연체를 확인하는 예측 모델을 2019년 1월에 개발했다고 가정해보자. 모델이 개발된 후 2020년과 2021년은 코로나19로 인해 소매업의 영업 환경을 크게 변화시켰다. 하지만 2019년에 개발된 모델이 변화된 환경을 반영하지 못한다면 데이터 드리프트를 야기할 것이다.

현명한 머신러닝 엔지니어라면 데이터 드리프트 여부를 모니터링할 수 있도록 체계화하고, 발생된 이슈가 개선되도록 모델을 지속적으로 업데이트해야 한다. 이러한 모니터링 방법으로는

---

14 https://oreil.ly/HD0w5

비즈니스 도메인에 대한 이해를 바탕으로 초기 모델링에서 정상 범위를 설정한다. 이를 벗어나는 이상치outlier에 대해서는 자동으로 탐색되도록 한다. 예를 들어 가구를 납품 받는 가구점 중 5%가 대금을 30일 늦게 지불한다고 가정해보자. 그러다 갑자기 고객의 10%가 30일 늦게 지불하는 경우가 발생한다면 기존 모델을 업데이트해야 할 것이다.

머신러닝을 위한 알림과 모니터링의 개념은 기존의 소프트웨어 엔지니어에게 생소한 일은 아니다. 예를 들어 이미 개별 서버의 CPU 사용량, 모바일 사용자의 대기 시간 및 기타 주요 성능 지표 등은 거의 모든 시스템에서 꾸준히 모니터링되고 있다. 이러한 개념들은 머신러닝 작업에서도 동일하게 적용된다.

12.4.3 기술력에 집중할 것인가, 비즈니스에 집중할 것인가

수준 높은 실무자들조차도 머신러닝 운영의 큰 그림을 보지 못한 채 기술에만 집중하는 경우가 있다. 이는 평소와 다른 상황에서는 제대로 먹히지 않는 '완벽한 암바perfect armbar'처럼 범용적이지 못한 모델링이 될 수 있다. 예측 전문가 네이트 실버Nate Silver와 나심 탈레브Nassim Taleb의 논쟁은 이 쟁점을 보여주는 좋은 예이다. 네이트 실버와 나심 탈레브의 논쟁은 선거가 모델링으로 예측될 수 있는지, 아니면 우리가 선거를 모델링 할 수 있다고 생각하는 것 자체가 환상인지에 대해 논했다. 스탠포드 대학교의 아이작 파버Issac Faber 교수는 미디엄Medium에 게시한 글[15]을 통해 이 논쟁에 대한 요점을 훌륭하게 짚어냈다. 아이작은 모든 모델이 현실 세계의 완벽한 복제품은 아니라고 지적하며, 이는 우리가 모르는 것의 불확실성, 모르는 위험성에 대해 측정할 수 없기 때문이라고 설명했다. 하지만 2020년의 선거에서 보여준 나심 탈레브의 모델링의 결과는 그의 손을 들어준 것으로 보인다.

같은 맥락에서 주짓수 선수 제이콥도 '카타'라는 훈련법은 현실의 단순화된 버전이라고 말한다. 현실 세계의 복잡성과 단순화된 훈련 방식의 효과성은 항상 논쟁의 대상이다. 모델이나 기술이 흠잡을 데가 없을지는 몰라도, 현실 세계에서는 다른 요소들로 인해 잘 작동되지 않을 수도 있다. 2020년 선거의 경우 머신러닝 최고전문가 조차도 일부 폭도들의 과격한 행동이나 공무원들이 투표를 포기하도록 압력이 가해질 가능성을 감안하지 못했다. 아이작은 이것을 내재적 불확실성aleatory uncertainty과 인식론적 불확실성epistemic uncertainty의 차이로 설명했다. 내재적 불확

---

15 https://oreil.ly/0sQhq

실성은 데이터가 가진 불확실성을 의미하고, 인식론적 불확실성은 모델에 관한 불확실성을 뜻한다. 즉, 데이터에 대한 불확실성은 동전의 앞뒤가 결정될 확률처럼 어떤 형태로든 측정할 수 있겠지만, 모델에 관한 불확실성은 대선 과정에서의 과격한 충돌처럼 정확한 매개변수를 확정할 수 없기에 모델과 현실의 괴리가 발생하게 된다.

캘리포니아 공과대학교에서 몇 년간 함께 일했던 스티븐 쿠닌 박사Dr. Steven Koonin는 그의 저서를 통해 기후 과학 분야에서 이러한 문제에 대해 언급했었다. '우리는 시간의 흐름에 따른 기후에 관한 큰 현상을 이해하는 것뿐만 아니라, 지구 자체에 대한 큰 변화도 이해하지 못할 수 있다'라고 하며, '현재 미래 기후와 날씨 예측이 그 목적에 적합하지 못한 모델에 의존하고 있다'라는 말을 덧붙였다. 그의 말을 믿지 않더라도 복잡한 현실 세계를 모델링 하는 것에 있어서 어떤 부분이 잘못될 수 있는지 고려해볼 필요는 있다.

즉 이러한 딜레마들로 인해 우리는 머신러닝 기술이나 예측 결과에 대한 무조건적인 신뢰를 경계해야 한다.

실제 머신러닝 활용보다 적합한 방법은 모델의 기술적 복잡성을 제한하여 인식론적 불확실성을 낮추고 설명력을 확보하는 것이다. 실제로 복잡한 모델보다 단순한 모델이 현실 세계를 보다 잘 설명하는 경향이 있다.

인터뷰 MLOps 실무자 피에로 몰리노

Q: 어떻게 머신러닝 분야에 종사하게 되었는지 말씀해주세요.

A: 저는 바리 대학교에서 컴퓨터 과학을 전공했고 자연어 처리, 머신러닝, 정보 검색이 융합된 연구로 박사 학위를 받았습니다. 대학원생 시절 제 연구가 프로토타입에 그치는 것이 아니라, 제가 만들고 있던 검색 시스템을 활용하여 현실 세계에서 사용할 수 있는 제품을 만들려고 했습니다. 야후, IBM 왓슨, 지오메트릭 인텔리전스, 우버와 같은 회사들과 함께 자연어 처리 응용 및 머신러닝 작업을 진행했습니다. 대부분 제가 직접 자료를 조사하고 애플리케이션을 작업했습니다. 이런 연구들은 사람들에게 새로운 아이디어로 효용을 제공할 수 있다는 점이 매우 흥미로웠습니다. 특히 우버와는 고객 지원, 목적지 도착 예상 시간 제공, 식당 및 음식 추천, 운전자 인터렉션 등의 많은 머신러닝 애플리케이션 작업을 했습니다. 그리고 코드 없이 딥러닝을 할 수 있는 루드윅Ludwig을 개발하여 데이터 전처리, 트레이닝 루프, 평가 함수로 이뤄지는 순환 패턴에 들어가는 시간을 줄이고 더 편하게 작업할 수 있도록 했습니다.

Q: 머신러닝 시스템을 효율적으로 적용하고 유지하는 데 있어 가장 중요한 것은 무엇이라고 생각하시나요?

A: 초기 모델링은 머신러닝 시스템 내에서 상대적으로 작은 부분입니다. 하지만 모델링 성능이 만족스럽지 못할 경우 나머지 부분들이 무의미해지므로, 가장 중요하고 다루기 복잡한 부분이기도 합니다. 또한 모델링은 데이터나 인프라, 모니터링 같은 작업은 나름의 기준을 갖고 구축되는 반면에 불확실성이 큰 영역입니다. 이러한 불확실성은 머신러닝 개발 과정에서 고려해야 하는 사항입니다.또 다른 사항으로 머신러닝 시스템을 운영할 때 사용자의 행동을 관찰하는 경우 시스템이 예상을 벗어나는 이슈가 반복적으로 발생할 수 있다는 것입니다. 예를 들어 시스템에 실시간으로 입력되는 데이터는 모델에 사용된 데이터와 매우 다를 수 있고, 입출력의 분포는 시간이 지남에 따라 달라질 수 있습니다. 또한 시스템이 다양한 경우에 사용될 경우 수집될 데이터의 구성과 분포에 영향을 미칠 수 있습니다. 또 다른 예로 추천 시스템으로 살펴볼 수 있습니다. 추천 시스템은 사용자에게 추천한 사항에 따라 편향된 데이터가 발생합니다. 이러한 이유들로 모니터링은 매우 중요한 역할을 합니다.

마지막으로 데이터 수집 과정도 매우 중요합니다. 저는 학습 라벨링을 통해 수집한 데이터로 진행한 프로젝트와 조직 내부에서 부수적으로 얻은 데이터로 진행한 프로젝트에 대한 경험이 모두 있습니다. 전자의 경우, 명확한 어노테이션annotation을 위해 데이터 수집 프로세스를 정확하게 정의하고 주석 작업에 정확한 지침을 제공하며 검수하는 과정에 집중했습니다. 후자의 경우, 데이터가 생성된 프로세스를 이해하는 것이 데이터를 이해할 수 있는 유일한 방법이었기에, 데이터를 탐색에 집중하여 이상치 식별과 모델 기대치 설정, 예측 성능 평가를 진행했습니다. 경험상 데이터 수집 과정을 이해하는 것은 예측 성능 개선과 함께 수집 프로세스 자체를 개선시킬 수 있는 방법입니다. 이는 데이터 노이즈를 감소시켜 모델 성능을 향상하는 선순환 구조라고 생각합니다.

Q: 머신러닝 분야에서 현재 가장 기대하는 것은 무엇인가요?

A: 두 가지 정도 기대하고 있습니다. 하나는 기존 자연과학 분야에서 머신러닝을 적용하는 것뿐만 아니라 그래픽과 비디오 게임과 같은 완전히 새로운 산업에서도 머신러닝(콘텐츠 생성, 랜더링, 애니메이션 등)을 적용한다는 것입니다. 또 다른 하나는 머신러닝에 익숙하지 않은 사람들도 목적에 맞게 머신러닝을 쉽게 사용할 수 있는 도구와 방법을 만들 수 있다는 것입니다. 이는 제가 최근에 가장 적극적으로 작업하고 있는 부분이며 꽤나 흥미롭습니다. 제가 언급한 이 두 가지는 서로 상당히 연관되어 있습니다. 기존 산업의 전문가들이 머신러닝에 쉽게 접근하고 잘 활용할 수 있다면 머신러닝이 보다 대중화될 수 있을 것입니다.

Q: MLOps 경력을 어떻게 쌓을 수 있을까요?

A: 지금 떠오르는 방법에는 다음 네 가지가 있는데, 이 방법 외에도 많은 방법이 있다는 걸 기억해주세요.

첫째, 머신러닝 개발 프로세스와 관련된 불확실성을 다루는 법을 배우기
둘째, 여러 협업 부서에서 머신러닝 전문 지식이 거의 또는 전혀 없는 사람들과 함께 일하는 법을 배우기
셋째, 반복 가능한 프로세스를 만들고 사용자의 입장에서 생각하는 법을 익히기
넷째, 기술 부채를 피하기 위해 노력하고 익히기

Q: 박사님과 연락할 수 있는 방법이 있을까요? 또는 박사님께서 작업하고 있는 작업물 중에서 공유하고 싶으신 것들이 있으실까요?

A: 저는 SNS 활동을 많이 하지는 않지만, 가끔 트위터(@w4nderus7)와 링크드인에 제 작업을 포스팅합니다. 현재 스탠포드 MLSys 세미나 시리즈를 공동 운영하고 있으며 대부분 독자가 관심을 가질 것이라고 생각합니다. 저의 프로젝트, 출판물, 강의를 업데이트 하는 개인 웹사이트[16]도 있습니다. 현재 주된 관심사는 머신러닝에 전문 지식이 없거나 적은 사람들이 머신러닝에 더 쉽게 접근할 수 있도록 도구와 방법론을 구축하는 것입니다. 그리고 그들이 자신들의 목표를 달성하기 위해 자기 분야의 전문성을 바탕으로 모델을 훈련하고 실제 사용할 수 있도록 돕고 싶습니다.

인터뷰 MLOps 실무자 프란체스카 라제리

Q: 어떻게 머신러닝 분야에 종사하게 되었는지 말씀해주세요.

A: 저는 경제학을 전공한 후 하버드 대학교에서 경영경제학 연구원으로서 통계와 계량경제 분석을 담당하였으며, 현재는 마이크로소프트에서 일하고 있습니다. 구체적으로는 특허와 출판, 인용 데이터를 기반으로 외부 지식 네트워크가 기업의 경쟁력과 혁신에 미치는 영향을 조사하고 측정하는 프로젝트를 수행했습니다. 이 과정에서 빅데이터에서 지식을 추출하고 제로 베이스에서 예측 모델을 구축하며 R과 파이썬으로 코딩하는 방법을 배웠습니다.

---

16 http://w4nderlu.st

이러한 경험들이 저를 환상적인 머신러닝 세계로 이끌었습니다.

마이크로소프트에서는 데이터 과학자로 근무하면서 AI와 머신러닝을 활용하여 기업들의 운영 방식을 혁신하도록 돕고 있습니다. 특히 강직하고 빠르며, 반복 가능한 방식으로 개발 환경에서 실제 환경으로 모델을 옮기는 일을 주로 담당했습니다.

Q: 머신러닝 시스템을 효율적으로 적용하고 유지하는 데 있어 가장 중요한 것은 무엇이라고 생각하시나요?

A: 많은 기업이 머신러닝을 기술적인 측면으로만 바라봅니다. 하지만 머신러닝 도입은 기업의 비즈니스 전략에 더 가깝다고 생각합니다. 데이터 중심 기업이 되기 위해서는 기업의 비즈니스를 성공적으로 운영하고 이해하는 협업 부서가 머신러닝 작업을 담당하는 조직과 긴밀하게 상호 협력하는 것이 중요합니다. 모델 배포 및 운영 단계와 더불어, 모델 실험 프로세스를 이해하기 위해서는 지속적으로 데이터 조직과 협력해야 합니다. 머신러닝 모델은 과거 데이터로 학습되어야 하기 때문에 예측 데이터 파이프라인을 구축해야 하고, 이를 위해 데이터 전처리 및 피처 엔지니어링 등을 포함한 여러 작업이 이루어져야 합니다. 더불어 이와 관련된 데이터 전처리 및 피처 엔지니어링 등을 포함한 여러 작업이 이루어져야 합니다. 라이브러리 버전 관리 및 결측치 처리 프로세스까지 각 작업은 개발 환경과 실제 환경이 모두 일치해야 합니다. 경우에 따라 개발과 실제 적용의 환경 차이로 머신러닝 모델 활용에 어려움이 생길 수 있습니다. 마지막으로, 데이터 과학에서 주로 사용되는 언어가 실제 환경 적용에는 제한될 수 있습니다. 파이썬은 데이터 과학에서 가장 인기 있는 언어 중 하나지만, 실제 환경 적용 시 속도 이슈 등으로 온전히 적용되지 않는 경우도 있습니다. 또한 파이썬 모델은 C++이나 자바와 같은 프로그래밍 언어와의 호환성이 떨어져서 학습된 모델의 성능을 저하시킬 수도 있다는 점을 항상 인지해야 합니다.

Q: 머신러닝 분야에서 현재 가장 기대하는 것은 무엇인가요?

A: 페어런Fairlean[17]이나 InterpretML[18]과 같은 오픈 소스 프레임워크를 활용하여 머신러닝 모델의 투명한 해석을 지원하고, 알고리즘의 공정성이 보완된 머신러닝 활용을 매우 기대하고 있습니다. 또한 머신러닝 모델을 개발할 때 성능뿐만 아니라 해석력과 공정성 모두 고려해야 한다는 점을 데이터 과학자들에게 당부하고 있습니다.

---

17 https://oreil.ly/imtPL
18 https://oreil.ly/1oNYI

머신러닝을 활용한 솔루션이 보다 공정하고 설명력을 갖추려면 데이터 과학자와 개발자들이 오픈 소스 도구를 활용하여 머신러닝 시스템의 공정성을 평가해야 하므로 불공정 이슈를 완화하는 과정은 필수라고 생각합니다.

Q: MLOps 관련 경력을 어떻게 쌓을 수 있을까요?

A: 여러분이 할 수 있는 일은 다음과 같습니다.

1. 재현 가능한 ML 파이프라인을 만든다.

2. 머신러닝 생애주기의 엔드투엔드 데이터를 수집한다.

3. 머신러닝 애플리케이션을 운영하며 머신러닝과 관련된 문제를 모니터링한다.

Q: 박사님과 연락할 수 있는 방법이 있을까요? 또는 박사님께서 작업하고 있는 작업물 중에서 공유하고 싶으신 것들이 있으실까요?

A: 트위터(@flazzeri)[19], 링크드인[20], 미디엄[21]에서 저를 팔로우하세요. 최근에 집필한 『Machine Learning for Time Series Forecasting with Python』(Wiley, 2020)에서 데이터를 탐색하고 변환하는 것과 실용적인 시계열 예측을 개발하기 위한 모범 사례, 리소스와 구체적인 전략을 다룹니다. 마이크로소프트에서는 미국, 캐나다, 영국, 러시아에서 온 엔지니어와 클라우드 디벨로퍼 애드보킷developer advocate으로 구성된 글로벌 팀을 이끌며, 대규모의 고객 포트폴리오도 관리합니다. 저희 팀은 IoT, 시계열 예측, 컴퓨터 비전, 자연어 처리 및 오픈 소스 프레임워크에 이르는 기술을 활용하여 애저Azure에서 기술 콘텐츠와 지능형 자동화 솔루션 구축을 담당합니다. 또한 현재 컬럼비아 대학교에서 '파이썬 AI 입문' 강의를 진행하고 있습니다. 저의 학습 철학과 경험에 대한 자세한 내용은 제가 쓴 『The Importance of Teaching Machine Learning』[22] 논문을 참고하길 바랍니다.

---

19 https://oreil.ly/Knbw0
20 https://oreil.ly/p6L5p
21 https://oreil.ly/XhSd2
22 https://oreil.ly/ELUNv

12.5 MLOps 구현을 위한 마지막 권장 사항

책을 마무리하기 전에 조직에서 MLOps를 구현하기 위한 몇 가지 팁을 소개한다. 먼저 전 세계적으로 적용해볼 수 있는 권장 사항을 살펴보자.

- 작은 단계부터 시작한다.

- 클라우드를 활용한다.

- 함께 협업하는 팀원이 클라우드 플랫폼 및 머신러닝에 대한 전문성을 갖도록 자료를 공유하며, 같이 공부한다.

- 프로젝트 시작부터 자동화를 염두하고 구축해야 한다. 초기 단계부터 자동화를 고려하여야 추후에도 지속적인 배포와 통합이 가능할 것이다.

- 파이프라인을 지속적으로 개선하는 카이젠Kaizen[23]을 실천하라. 지속적 개선을 통해 소프트웨어 품질, 데이터 품질, 모델 품질 및 고객의 불편 사항을 개선할 수 있다.

- 빅데이터나 대규모 팀의 작업을 다룰 때는 AWS 세이지메이커, 데이터브릭스, 아마존 EMR, 애저 ML 스튜디오 등의 플랫폼 기술을 활용하여 팀원들의 힘든 일을 플랫폼이 대신 진행하도록 한다.

- 간단한 도구로도 구현할 수 있는 비즈니스 문제를 꼭 딥러닝과 같은 복잡한 기술만으로 해결하려 하지 말아야 한다.

- 데이터 거버넌스와 사이버 보안 이슈를 중요하게 받아들여야 한다. 그리고 관련 정책과 내부 기준을 준수하기 위해 엔터프라이즈 지원을 받아 플랫폼을 관리하고, 아키텍처 및 프로세스에 대해서도 주기적으로 점검해야 한다.

- 마지막으로 다음은 MLOps와 관련된 세 가지 자동화 규칙이다.

  1. 자동화될 것이라고 말이 나오면 언젠가는 자동화가 될 것이다.

  2. 자동화가 안 되면 운영이 안 된다.

  3. 지금은 사람이 작업해도 결국 기계가 사람보다 더 잘할 것이다.

이제 보안 문제를 해결하기 위한 몇 가지 팁을 살펴보자.

12.5.1 데이터 거버넌스와 사이버보안

MLOps에는 두 가지 상반되는 문제가 있다. 하나는 사이버 보안에 대한 우려가 날로 커지고

---

23 옮긴이_ 조직의 모든 구성원이 비즈니스의 모든 프로세스와 아웃풋을 지속적으로 개선하기 위해 하는 활동을 의미한다.

있다는 것이고, 다른 하나는 머신러닝이 개발 과정에서 여러 제약을 받는다는 점이다. 개발 관점에선 너무 많은 제약이 존재하면 아무것도 할 수 없다고 여겨지기도 하지만, 느슨한 보안으로 인해 주요 인프라에 대한 랜섬웨어 등의 사이버 공격이 증가할 수도 있다. 이러한 상황에서 조직은 데이터 리소스를 관리하는 방법에 항상 주의를 기울여야 한다.

이러한 이슈를 다루는 한 가지 방법은 모범 사례에 대한 체크리스트를 작성하는 것이다. 다음은 MLOps 생산성 및 사이버 보안을 동시에 개선할 수 있는 데이터 거버넌스 모범 사례의 일부 항목이다.

- PLP Principle of Least Privilege (최소 권한의 원칙)를 적용한다.
- 저장 데이터 및 전송 중인 데이터를 암호화한다.
- 자동화되지 않은 시스템은 안전하지 않다고 가정한다.
- 공통된 보안 모델이 있는 클라우드 플랫폼을 사용한다.
- 엔터프라이즈를 활용하고 분기별로 아키텍처 및 보안 시스템을 정기적으로 감사한다.
- 사용하는 플랫폼에 대해 직원을 교육시키고 자격을 확보한다.
- 조직 구성원들에게 새로운 기술 및 모범 사례에 대해 분기별 또는 연간으로 교육한다.
- 우수하고 유능한 직원과 원칙적인 리더십을 갖춘 건강한 회사 문화를 조성한다.

다음은 조직에 유용할 수 있는 몇 가지 MLOps 설계 패턴을 요약해보았다.

12.5.2 MLOps 구축 시 자주 언급되는 개념과 도구들

다음 예시들은 MLOps 설계 패턴의 일부이다.

서비스형 컨테이너

서비스형 컨테이너 Container as a Service (CaaS)는 개발자가 데스크톱이나 클라우드 환경의 에디터에서 ML 마이크로 서비스를 작업하고, docker pull 명령으로 다른 개발자나 대중과 공유할 수 있어서 MLOps에서 매우 유용한 패턴이다. 더불어 클라우드 플랫폼들은 컨테이너형 프로젝트를 위해 높은 수준의 서비스형 플랫폼 Platform as a Service (PaaS)을 제공한다.

MLOps 플랫폼

주요 클라우드 플랫폼에서는 MLOps 플랫폼을 통합하여 제공하고 있다. AWS는 AWS 세이지메이커, 애저는 애저 ML 스튜디오, 구글은 버텍스 AI가 있다. 대규모 팀이나 프로젝트, 빅데이터 또는 위의 요소가 모두 적용된 경우에는 사용 중인 클라우드에서 MLOps 플랫폼을 같이 사용하면 머신러닝 애플리케이션의 구축과 관리에 소요되는 시간을 상당히 절약할 수 있다.

서버리스

AWS 람다는 머신러닝 마이크로서비스를 구축 시 빠르게 구축할 수 있도록 도와주는 이상적인 서버리스 기술이다. 마이크로서비스는 클라우드의 AI API를 호출하여 자연어 처리나 컴퓨터 비전, 다른 기타 작업을 수행하게 할 수 있다. 또한 외부에서 구현된 모델이나 직접 개발한 모델을 사용해서 수행할 수도 있다.

스파크 활용

빅데이터를 많이 다룬 조직이라면 이미 스파크를 많이 활용해봤을 것이다. 스파크를 경험해본 사람에게는 관리형 스파크 플랫폼 AWS EMR과 같은 클라우드 플랫폼을 기반으로 한 스파크의 빅데이터 처리 기능을 사용하는 것이 합리적이다.

쿠버네티스 활용

조직에서 이미 쿠버네티스 사용하고 있다면, 쿠브플로 혹은 MLflow와 같은 쿠버네티스 중심의 머신러닝 서비스를 사용하는 것이 합리적이다.

12.6 마치며

푸 캠프Foo Camp에서 팀 오라일리, 마이크 루키데스Mike Loukides와 함께 어떻게 하면 머신러닝을 더 효율적으로 운영할 수 있을지에 대해 논하다가 이 책을 집필하게 되었다. 전직 교수인 앤드류 하가돈Andrw Hargadon은 그의 저서 『How Breakthrough Happen』(Harvard Business Review Press, 2003)를 통해 혁신에서 중요한 것은 아이디어들의 재조합과 네트워크 효과라고 명료하게 정의하였다.

운영의 효율성을 높이고 싶다면 가용한 기술이나 접근 방식 중 어떤 것에도 편견을 가져서는 안 된다. AutoML이 프로토타이핑 속도를 높인다면 사용하라. 클라우드 컴퓨팅이 머신러닝 모델 구축 속도를 높인다면 구현하라. 코로나19 펜데믹 속 백신 개발과 같은 기술이 혁신을 보여주듯이 적절한 긴박함은 엄청난 일들을 할 수 있게 만든다. MLOps는 신속성에 질서를 더해주며, 머신러닝 모델을 사용하여 세상을 발전시키게 한다.

연습해보기

- 지속적으로 학습 및 배포가 가능한 머신러닝 애플리케이션을 구축해보자.
- 쿠버네티스 스택을 활용하여 머신러닝 모델을 배포해보자.
- 같은 머신러닝 모델을 지속적인 배포가 가능하도록 AWS, 애저, GCP를 사용하여 구현해보자.
- 클라우드 기반 AutoML 시스템과 Create ML, 루드윅과 같은 로컬 자동 머신러닝 시스템을 사용하여 모델을 학습시켜보자.

생각해보기

- 현재 소셜 미디어 추천 시스템이 가진 부정적인 요소를 제외한 추천 시스템을 만들려면 무엇을 개선해야 할까?
- 복잡한 시스템을 모델링할 때 그 정확성과 해석력을 향상하기 위해 무엇을 할 수 있는가?
- MLOps를 효율적으로 운영하는 것은 머신러닝을 통해 시장을 선도하고 싶어하는 기업에게 어떤 이점을 주는가?
- MLOps에 적합한 인재를 채용하기 위해 기업은 어떻게 해야 할까?
- MLOps를 클라우드 환경에서 구현할 때 효율적인 운영 방식을 생각해보고, 왜 그 방식이 효율적인지 간단히 설명해보자.

기술 자격증

기술 자격은 이전부터 전문가의 기술을 증명하는 역할을 했으며, 실제로 자격증을 보유한 직무자의 급여가 상대적으로 높은 것으로 나타났다. Zip Recruiter[1]에 따르면 2021년 2월, AWS 솔루션 아키텍트의 평균 임금은 1억 9천만 원 수준이었다.

농구에서 트리플 스렛Triple Theat은 득점, 리바운드, 어시스트를 모두 10 포인트 이상 달성한 훌륭한 선수를 의미한다. 필자는 MLOps 커리어를 준비하는 일에 트리플 스렛이라는 단어가 잘 어울린다고 생각한다. 포트폴리오, 자격증, 실무 경험 혹은 학위를 모두 갖춘 직무자가 되어보자.

AWS 자격증

AWS 관련 자격증에 대해 알아보자.

AWS 클라우드 전문가 및 AWS 솔루션 아키텍트

MLOps 전문가를 위한 인증으로 AWS 관련 자격증을 추천한다. AWS 클라우드 전문가는

---

1 https://oreil.ly/OuHfS

AWS 솔루션 아키텍트와 비슷하지만 조금 더 쉽다. 아래의 질문들은 머신러닝에 대한 기본적인 지식을 갖고 AWS 자격증을 준비할 때 답변할 수 있어야 하는 질문들이다. 물론 AWS 자격증을 위한 것이 아니더라도 아래 질문들은 MLOps 전문가에게 중요하다.

Q: 개발 환경이 AWS RDS[2]에 잘 연결되지 않으며 팀원들과의 공유도 상당히 어렵다. 더 간단한 방법이 없을까?

A: AWS 클라우드9을 개발 환경으로 사용해 보는 것을 추천한다. 훨씬 쉽고 간단하게 문제가 해결될 수 있다.[3]

Q: 엣지의 정확한 정의는 무엇인가?

A: AWS 엣지[4]는 서버의 실제 물리적 위치이다. 엣지 위치는 데이터 센터와 다르다. 왜냐하면 더 구체적인 목적으로 제공하기 때문이다. 콘텐츠 사용자가 서버의 물리적 위치에 가까울수록 요청의 지연 시간이 짧아진다. 이는 동영상과 음악 스트리밍, 게임 플레이와 같은 콘텐츠 전송에서 중요하다. AWS에서 일반적으로 가장 많이 언급되는 엣지 서비스는 CloudFront이다. CloudFront는 CDN(콘텐츠 전송 네트워크)이다. 캐시 또는 동일한 영화 파일의 사본이 이러한 위치에 전 세계적으로 CDN을 통해 존재한다. 이 상황은 사용자가 이 콘텐츠를 스트리밍하는 데 좋은 경험을 가질 수 있게 한다.

엣지 위치를 사용하는 다른 서비스로는 Amazon Route 53[5], AWS Shield[6], AWS 웹 애플리케이션 방화벽[7], Lambda@Edge[8]가 있다.

Q: 가용 영역의 데이터 센터 중 하나가 화재로 인해 영향을 받으면 어떻게 되는가? 자연재해나 기타 재해가 발생할 경우 데이터 센터는 어떻게 보호되는가? 유사시 데이터 백업을 위해 어떻게 해두면 좋은가?

---

2 https://oreil.ly/LbcbJ
3 https://oreil.ly/lzO0P
4 https://oreil.ly/IjPBi
5 https://oreil.ly/0gjiE
6 https://oreil.ly/FLjh4
7 https://oreil.ly/pcqz9
8 https://oreil.ly/XGKp9

A: 공유 보안 모델[9] 일부로, 아마존은 클라우드 자체를 책임지고 고객은 클라우드 안을 책임진다. 이 상황은 화재와 같은 우발적인 사고로부터 데이터가 안전함을 의미한다. 또한, 중단 발생 시 해당 지역에서 중단 기간에 데이터가 사용 불가능할 수는 있지만 결국 복구된다.

아키텍트로서 고객의 책임은 다중 AZ 아키텍처를 활용하는 것이다. 이에 대한 좋은 예는 Amazon RDS 다중 AZ 구성[10]이다. 한 지역에서 중단이 발생하면, 데이터가 복제된 보조 장애 조치용 데이터베이스에 요청을 처리할 것이다.

Q: HA란 무엇인가?

A: HA^Highly Available 서비스는 가용성을 고려하여 구축된다. 이는 오류가 예상될 때 데이터와 서비스의 복제를 지원함을 의미한다. HA 서비스의 좋은 예로는 Amazon RDS[11]가 있다. 또한 RDS 다중 AZ 설계는 가용 영역간 데이터베이스 다중 복제 버전을 허용함으로써 서비스 중단을 최소화한다.

Q: 스팟과 온디맨드 중 어떤 것을 선택해야 하는가?

A: 스팟 인스턴스와 온디맨드 인스턴스 모두 처음 1분 동안 고정 금액이 청구되고, 그 이후에는 초 단위로 청구된다. 스팟 인스턴스는 최대 90%까지 비용을 절감할 수 있어서 효율적이다. 작업이 언제 중단되어도 상관없는 경우엔 스팟 인스턴스[12]를 사용하면 된다. 스팟 인스턴스에 주요 케이스는 아래와 같다.

- AWS 서비스 실험하기
- 딥러닝/머신러닝 학습 수행

온디맨드 인스턴스는 작업의 안정성을 필요로 할 때 적합하다. 웹 서비스를 제작 중이라면 스팟 인스턴스만으로는 어려움이 있을 것이다. 이런 경우 온디맨드 인스턴스로 접근한 후, 서비스 사용량을 가늠하여 예약 인스턴스[13]를 활용하여 효율화 하는 방법이 있다.

---

9 https://oreil.ly/g6Lyp
10 https://oreil.ly/uM7sb
11 https://oreil.ly/UYOvl
12 https://oreil.ly/OmTPP
13 https://oreil.ly/tkDVZ

Q: 스팟 히버네이션은 어떻게 작동하는가?

A: 스팟 인스턴스가 중단되거나 절전모드로 전환되는 현상[14]에는 가격 및 용량 이슈 등을 포함한 몇 가지 이유가 있다. 히버네이션을 위해서는 EBS^Elastic Block Store 루트 볼륨이 있어야 한다.

Q: EC2에서 태그의 역할은 무엇인가?

A: [그림 A-1]를 보면 EC2 인스턴스 태그가 적용되어 있다. 이 태그는 '웹 서버'와 같은 논리적 요소로, 인스턴스 유형을 그룹화할 수 있다. 데이터에 메타데이터를 추가할 때 리소스 태그를 사용하면 유용하다. 예를 들어, 쇼핑 웹사이트를 운영하는 25개의 EC2 인스턴스가 있으나 태깅되지 않은 상황을 생각해보자. 그 상황에서 추후 사용자가 머신러닝 모델을 학습하는 등의 일시적인 작업을 위해 추가로 25개의 EC2 인스턴스를 생성한다면 어떤 변수가 머신러닝을 위한 학습용인지 분별하기 어려울 수 있다. 그 상황에서 변수를 판별하는 것보다는, 사용자가 빠르게 식별할 수 있도록 태그를 달아두는 것이 좋다. 이 역할은 Key="role", Value="ml"이거나 Key="role", Value="web" 등이 될 수 있다. 사용자는 EC2 콘솔에서 태그별로 쿼리할 수 있으며 이 과정을 통해 인스턴스 종료와 같은 큰 작업도 수행할 수 있다. 태그는 비용 분석에도 중요한 역할을 할 수 있다. 머신러닝 학습을 위한 태그가 포함되어 있다면, 비용 보고서를 통해 특정 유형에서 비용이 많이 들거나 리소스를 너무 많이 사용하는지 판단할 수 있을 것이다. 더욱 자세한 사항은 태그와 관련된 아마존의 공식 문서[15] 참조해라.

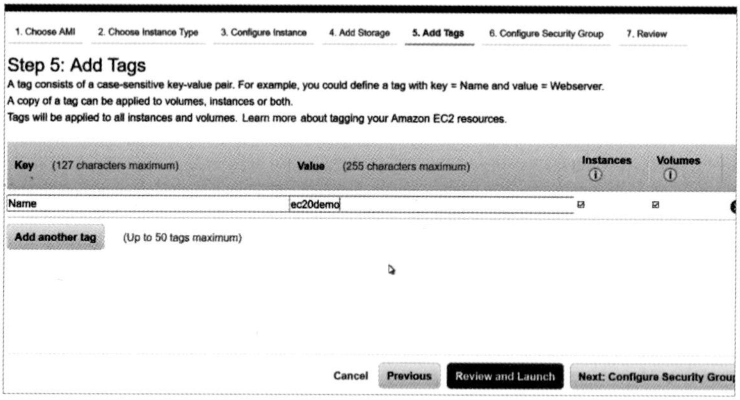

그림 A-1 EC2 태그

---

14 https://oreil.ly/w1UJD
15 https://oreil.ly/cDxyb

Q: *PuTTY란 무엇인가?*

A: PuTTY는 윈도우 운영 체제에서 사용되는 무료 SSH 클라이언트이다. [그림 A−2]를 보면, PuTTY SSH 도구는 윈도우에서 리눅스 가상 머신으로 원격 콘솔 액세스를 가능토록 한다. 맥 OS와 리눅스는 SSH에 대한 기본 지원을 갖추고 있다.

그렇다면 SSH란 무엇인가? SSH는 네트워크 작업을 수행하기 위한 암호화된 네트워크 프로토콜이다. SSH는 원격 머신에 로그인하고 터미널 명령을 통해 장치를 관리하기 위한 것이다. 더욱 자세한 사항은 PuTTY 공식 문서[16]에서 확인할 수 있다.

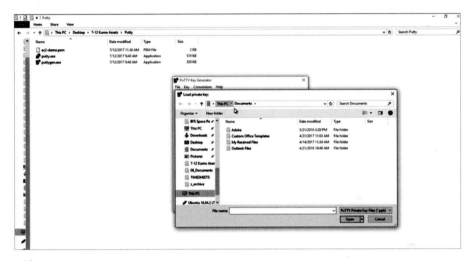

그림 A-2 PuTTY

Q: *Lightsail은 EC2 또는 다른 서비스와 어떻게 다른가?*

A: Lightsail은 PaaS로, 합리적인 가격으로 컨테이너와 같은 클라우드형 관리를 제공하는 프라이빗 서버이다. 이는 플랫폼 개발자가 애플리케이션을 구성하고 개발하는 것보다 집중할 수 있음을 의미한다. 유사한 EC2는 더 낮은 수준의 서비스인 IaaS이다. 클라우드 컴퓨팅에서 낮은 수준의 서비스를 이용하는 것은 코스트코에서 대용량 식자재를 사는 것과 같다. 이런 식자재는 더 다양한 요리를 가능케하지만, 그만큼 요리를 위한 기술도 요구된다. 반대로 높은 수준의 서비스는 배달 음식을 시켜먹는 것처럼 요리에 대한 기술이 필요하지 않은 것으로 생각할

---

16 https://oreil.ly/zw3fx

수 있다. PaaS는 배달 음식과 같으며, 사용자는 물론 높은 수준의 서비스에 대한 더 많은 비용을 지불해야 한다. AWS 외의 다른 PaaS 솔루션으로는 Heroku[17], 구글 앱엔진 등이 있다. 또한 『파이썬으로 하는 데브옵스』(에이콘, 2021)의 '클라우드 컴퓨팅' 내용에서도[18] 클라우드 서비스 유형에 대해 자세히 알아볼 수 있다.

Q: AMI 사용 사례에는 '머신 집합에(딥러닝 클러스터 등) 복제하여 사용해라.'라는 설명이 있다. 집합이란 무엇인가?

A: 집합Fleet은 렌터카 회사의 운영 방식과 동일하다고 생각하면 이해에 도움이 될 것이다. 렌터카 회사에 차량 예약을 요청하면 세단, 럭셔리, 트럭 등 여러 차종 중 하나를 선택하도록 할 것이다. 특정 모델에 대한 보장은 없지만, 차량 종류는 결정할 수 있다. 비슷하게, 스팟 인스턴스를 택하였을 때 c3.8xlarge 같은 특정 머신이 선택되진 않을 순 있지만, 유사한 조합으로 배치될 수 있다. 집합을 선택하면 CPU, 메모리 및 네트워크 등의 성능이 동일한 리소스 그룹으로 요청할 수 있다. 아마존의 블로그[19]에서 EC2 집합 작업에 대해 자세히 알아볼 수 있을 것이다.

Q: 온디맨드 인스턴스의 크기 조정에 있어 스파이키한 상황은 무엇을 의미하는가?

A: 스파이키한 워크로드란 갑작스럽게 트래픽이 급증한 경우를 말한다. 예를 들어, 어떤 제품을 판매하는 웹사이트의 트래픽은 대체로 일정하지만 연말의 경우 트래픽이 평소보다 10배가량 늘어날 수도 있다. 이러한 경우 온디맨드 인스턴스 확장을 통해 대응하는 것이 적합할 것이다. 예상되는 트래픽 패턴은 예약 인스턴스를 사용하고, 예상치 못하게 트래픽이 급증하는 경우에는 온디맨드를 사용하면 된다. 스파이키 트래픽[20] 및 예약 인스턴스[21]에 대해서는 아마존의 블로그에서 보다 자세히 확인할 수 있다.

---

17 https://heroku.com
18 https://oreil.ly/F3g78
19 https://oreil.ly/EDaGq
20 https://oreil.ly/7JhqV
21 https://oreil.ly/KHKy6

Q: *AWS S3에는 여러 스토리지 클래스가 있다. IA 저장소 계층에는 표준 IA와 One-Zone IA만 포함되어 있는가? 아니면 더 많은 유형이 있는가? AWS 웹사이트*[22]*의 IA 섹션에서는 표준 및 One-Zone IA만 확인할 수 있다.*

A: IA에는 두 가지 유형이 있다. 데이터를 저장할 시에 표준 IA는 세 개의 가용한 영역에 저장되고 One-Zone은 하나의 가용 영역에 저장된다. 이것이 표준 IA와 One-Zone의 주요 차이점이다. One-Zone은 가용성이 99.5%로, 세 개의 가용 영역에 저장되는 표준 IA보다는 낮은 가용성을 가지게 되지만, 이로 인해 더 낮은 비용으로 사용이 가능하다.

Q: *Elastic File System(EFS)은 어떻게 작동하는가?*

A: EFS는 개념적으로 구글 드라이브나 드롭박스와 비슷하게 작동한다. 드롭박스 계정을 만들고 여러 컴퓨터나 친구와 데이터를 공유할 수 있듯, EFS도 매우 유사한 방식으로 작동한다. 한 번에 하나의 인스턴스에 속하는 Elastic Block Storage와는 달리, 같은 파일 시스템이 마운트하는 머신에 사용 가능하다.

Q: *Elastic Load Balancing(ELB)의 사용 사례에서 두 가지 사항이 난해하다. 첫째, 단일 지점 접근Single point of access이란 무엇을 의미하는가? 하나의 포트나 서버를 통해 트래픽을 제어할 수 있다면 더 안전하다는 의미인가? 둘째, 애플리케이션 환경 분리는 어떤 의미인가?*

A: '단일 접근'은 사용자들이 특정 서비스나 애플리케이션에 접근할 때 오직 하나의 경로만 통해 접근할 수 있음을 의미한다. 예를 들어, 웹사이트에 접속할 때 사용자들은 ELB를 통해서만 웹 서버에 연결된다. 이렇게 하면 트래픽을 관리하기 쉽고, 보안을 강화할 수 있다.

'애플리케이션 환경 분리'는 애플리케이션의 구성 요소들을 분리하여 독립적으로 관리할 수 있도록 한다. ELB를 사용하면 여러 개의 웹 서버가 있을 때, 각 서버에 대한 트래픽을 독립적으로 관리할 수 있다. 이렇게 하면 각 서버의 확장성과 유연성이 향상하며 장애 발생 시 빠르게 대처할 수 있다.

https://example.com이라는 이름의 웹사이트를 예로 들어보자. 웹사이트는 HTTPS 트래픽을 위한 포트 443에서 실행되고 있다. ELB는 외부 세계에 노출된 유일한 리소스로 웹 브라우저가 https://example.com에 연결하면 ELB와만 통신한다. 동시에 ELB는 백엔드 서버에

---

22 https://oreil.ly/plbG8

정보를 요청한다. 그런 다음 그 정보를 웹 브라우저로 다시 보낸다. 이는 현실 세계에서 드라이브스루로 된 은행의 직원과 같다. 차를 창가에 세우면 은행 직원과 연결된다. 은행 내부에는 많은 사람이 일하고 있지만, 당신은 한 사람과만 상호작용한다. ELB에 관한 AWS 블로그 게시물[23]도 참고 자료가 될 것이다.

Q: ELB를 사용해도 클래식 로드 밸런서와 같은가?

A: 두 선택지 모두 단일 지점 접근과 분리된 애플리케이션 환경을 제공하고, 높은 가용성과 장애 허용성을 갖고 있으며, 탄력성 및 확장성을 높인다는 특성을 공통으로 가지고 있다.

ELB는 애플리케이션 로드 밸런서, 네트워크 로드 밸런서, 클래식 로드 밸런서 등 다양한 종류가 있다. 클래식 로드 밸런서는 ELB 이전 세대의 로드 밸런서로, 기능이 더 적은 편이다. 오래된 EC2 인스턴스를 사용하는 경우 작동하며, 이러한 인스턴스를 EC2 클래식 인스턴스라고 한다. HTTP 웹서비스 등의 새로운 프로젝트에는 애플리케이션 로드 밸런서가 적합할 것이다. ELB 기능 비교에 대한 아마존 블로그[24]를 참고해라.

AWS Certified Machine Learning – Specialty

비즈니스 스쿨과 데이터 사이언스 스쿨에서도 자격증 과정을 활용하고 있다. 필자는 UC데이비스에서 머신러닝 학습과 클라우드 자격과 같은 내용을 가르치고 있으며, AWS와 관련된 여러 자격증도 교육에 반영하고 있다. AWS 머신러닝 자격증은 MLOps에도 초점이 맞춰져 있기에 추천하고 싶다. 권장 대상자는 머신러닝 및 딥러닝 주니어 개발자로 개발과 설계, 운영 경험 지식을 가지고 있으면 좋다.

AWS 머신러닝 자격증은 기본적인 머신러닝 알고리즘을 직관적으로 이해하고 있고, 하이퍼파라미터 최적화부터 머신러닝 프레임워크에 대한 이해를 요구한다. 나아가 모델을 학습하는 방법을 이해하고 배포 및 운영하는 방법까지 포함한다. 이 책의 본문에서 다루어진 내용들은 이 자격증을 시도함에 도움이 될 것으로 생각된다.

자격증은 데이터 엔지니어링, 탐색적 데이터 분석, 모델링 및 머신러닝 구현으로 구성되어 있

---

23 https://oreil.ly/nvYV4
24 https://oreil.ly/ASjxU

다. 이 중 데이터 엔지니어링과 머신러닝 구현 파트는 MLOps와도 상당히 밀접하기에 다음 사항은 직무 수행에 도움 될 것이다.

데이터 엔지니어링

AWS에서 데이터 분석 및 머신러닝을 할 때 데이터 레이크인 S3는 핵심 요소이다. 데이터 레이크를 사용하는 이유는 정형데이터와 비정형 데이터를 모두 다룰 수 있으며, 워크로드의 처리, 대용량 데이터의 추가적인 이동 없이 작업이 가능하다는 장점이 있기 때문이다. 나아가 비용도 저렴한 편이다.

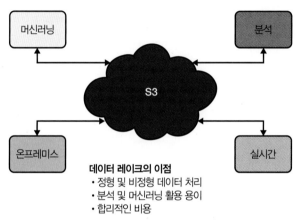

그림 A-3 AWS 데이터 레이크

AWS 데이터 엔지니어링에서 배치 처리와 실시간 처리는 중요한 요소이다. 먼저 실시간 처리는 로그나 시계열 데이터같이, 여러 데이터 소스로부터 다양한 데이터가 수집되는 경우에 적합하다. AWS에서 실시간 처리와 관련된 주요 서비스는 AWS 키네시스이다. 시계열 분석이나 실시간 대시보드나 지표 구축 같은 시나리오에는 AWS 키네시스가 적합할 것이다.

데이터 처리 방식은 머신러닝 파이프라인 개발에 상당한 영향을 미친다. 배치 처리에서는 머신러닝 모델 학습 주기를 결정할 수 있기 때문에 보다 잘 관리할 수 있다. 물론 모델을 지속적으로 학습시키면 예측 결과가 더욱 개선될 수 있지만, 그만큼 복잡성이 커질 수도 있다. 또한 새로운 모델의 효과를 측정하기 위해 세이지메이커 엔드포인트에서 A/B 테스트를 진행할 경우 아키텍처 전반을 고려해야 한다.

배치 처리에는 아마존 EMR/Spark, AWS 글루, 세이지메이커 등 여러 서비스를 활용하거나 AWS 배치[25] 서비스를 적용할 수 있다. 특히 AWS 배치를 이용하면 동시에 실행되어야 하는 머신러닝 작업에 용이하며, 파이썬 명령줄 도구를 작성하여 배치 처리 시스템에 간단히 적용할 수도 있는데 그 예시는 아래 코드와 같다.

```python
@cli.group()
    def run():
        """AWS Batch CLI"""
    @run.command("submit")
    @click.option("--queue", default="queue", help="Batch Queue")
    @click.option("--jobname", default="1", help="Name of Job")
    @click.option("--jobdef", default="test", help="Job Definition")
    @click.option("--cmd", default=["whoami"], help="Container Override Commands")
    def submit(queue, jobname, jobdef, cmd):
        """Submit a job to AWS Batch SErvice"""
        result = submit_job(
            job_name=jobname,
            job_queue=queue,
            job_definition=jobdef,
            command=cmd
        )
        click.echo(f"CLI:  Run Job Called {jobname}")
        return result
```

AWS 데이터 엔지니어링에서 또 다른 주요 측면은 AWS 람다를 사용한 이벤트 처리이다. AWS 람다는 대부분의 다른 AWS 서비스와 잘 결합된다.

AWS의 CTO는 "한 가지 유형의 데이터베이스는 보통의 경우 모든 요건을 충족할 수 없다."라고 언급하였다.[26] 이를 해결하기 위해 아래 [그림 A-4]의 데이터 구조와 그에 적합한 서비스를 잘 활용하는 것을 추천한다.

25 https://oreil.ly/tbu9g
26 https://oreil.ly/5LEz0

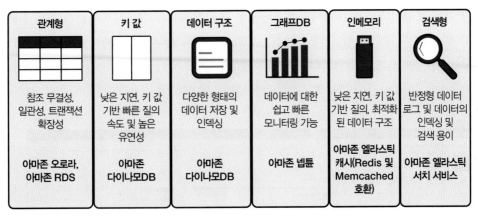

관계형	키 값	데이터 구조	그래프DB	인메모리	검색형
참조 무결성, 일관성, 트랜잭션 확장성	낮은 지연, 키 값 기반 빠른 질의 속도 및 높은 유연성	다양한 형태의 데이터 저장 및 인덱싱	데이터에 대한 쉽고 빠른 모니터링 가능	낮은 지연, 키 값 기반 질의, 최적화된 데이터 구조	반정형 데이터 로그 및 데이터의 인덱싱 및 검색 용이
아마존 오로라, 아마존 RDS	아마존 다이나모DB	아마존 다이나모DB	아마존 넵튠	아마존 엘라스틱 캐시(Redis 및 Memcached 호환)	아마존 엘라스틱 서치 서비스

그림 A-4 다양한 종류의 데이터베이스

아래 예제 코드는 파이썬에서 다이나모DB 기반 API가 어떻게 작동하는지 보여주는 간단한 예제이다.

```python
def query_police_department_record_by_guid(guid):
    """Gets one record in the PD table by guid
        In [5]: rec = query_police_department_record_by_guid(
            "7e607b82-9e18-49dc-a9d7-e9628a9147ad"
            )
        In [7]: rec
        Out[7]:
        {'PoliceDepartmentName': 'Hollister',
        'UpdateTime': 'Fri Mar  2 12:43:43 2018',
        'guid': '7e607b82-9e18-49dc-a9d7-e9628a9147ad'}
    """
    db = dynamodb_resource()
    extra_msg = {
        "region_name": REGION, "aws_service": "dynamodb",
        "police_department_table":POLICE_DEPARTMENTS_TABLE,
        "guid":guid
        }
    log.info(f"Get PD record by GUID", extra=extra_msg)
    pd_table = db.Table(POLICE_DEPARTMENTS_TABLE)
    response = pd_table.get_item(Key={'guid': guid})
    return response['Item']
```

마지막으로 데이터 엔지니어링에서 다루어야 할 세 가지 사항은 ETL, 데이터 보안, 데이터 백업 및 복구이다. ETL에 필수적인 서비스는 AWS 글루 AWS 데이터브루이다. AWS 데이터브루는 신규 서비스로 머신러닝 모델 구축에 효율성을 높이도록 데이터 처리 자동화를 지원한다. 예를 들어 [그림 A-5]와 같이 별도 코드 작성 없이도 데이터셋을 프로파일링할 수 있다.

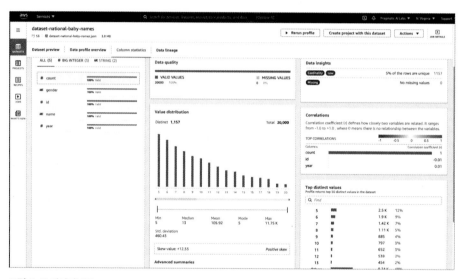

그림 A-5 데이터브루

데이터셋의 출처를 파악할 수 있는 기능은 추후 MLOps 프로젝트의 중요한 부분이 될 수 있는데, 이 역시 [그림 A-6]과 같이 데이터브루에서 확인할 수 있다.

데이터 거버넌스는 데이터 보안 및 백업과 복구에 관련된 사항을 잘 처리할 수 방법이다. AWS는 키 매니지먼트 시스템을 통해 암호화를 제공하여 데이터가 안전하게 저장 및 전송되는 것을 지원한다. 이 시스템에는 최소 권한 원칙도 적용할 수 있다.

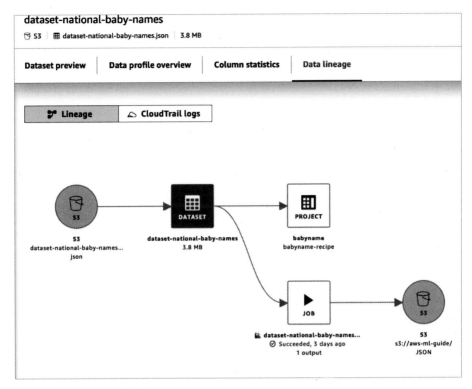

그림 A-6 데이터브루 데이터 계보

데이터 보안을 위한 데이터 접근 로그 관리 및 모니터링 기능도 중요하다. 데이터 접근에 대한 정기적인 모니터링은 위험을 파악하고 대비하는 방법 중 하나다. 예를 들어 특정 사용자가 본인의 직무와 무관한 AWS 버킷을 정기적으로 사용하고 있음을 감지하여 사전에 알람을 보냄으로써 데이터의 오남용을 차단할 수 있다.

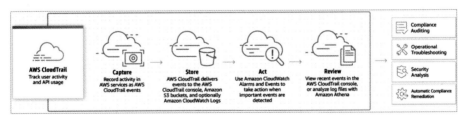

그림 A-7 AWS 클라우드 트레일

마지막으로 데이터 백업과 복구는 데이터 거버넌스에서 중요한 측면 중 하나일 것이다. RDS, S3 및 다이나모DB를 포함한 AWS 서비스에는 스냅샷 기능이 있다. 데이터를 아마존 글래시어Glacier에 백업하여 복구 및 데이터 주기를 관리하는 것은 완벽한 데이터 엔지니어링 구축을 가능케 할 것이다.

머신러닝 구현 및 운영

머신러닝을 구현하고 운영함에 핵심 개념은 아래와 같이 정리해 볼 수 있다.

- 모니터링
- 보안
- 지속적인 학습
- A/B 테스트
- 총 운영 비용(TOC, Cost of Ownership)

MLOps에 대해 다음과 같은 사항을 고려하는 것은 중요하다.

- 충분히 간단한 모델을 사용 중인가?
- 데이터 레이크 혹은 데이터베이스에 직접 연결되어 있는가?
- 모델 적용 시 이상치에 대한 경보가 설정되어 있는가?
- 개발환경과 실제 환경이 별도로 있는가?

모델 배포 시 발생하는 문제 해결과 머신러닝 시스템 효율성에 대한 사항도 있다. AWS 머신러닝 자격증에는 배포에 관한 부분은 클라우드워치 사용 및 로그 검색, 중요 이벤트에 대한 경보 설정, 오토 스케일링 및 엔터프라이즈 지원 사용 등에 대한 부분이 모두 포함된다. 머신러닝 시스템의 비용 및 효율성에 대해서는 시험뿐만 아니라 실환경 반영을 위해서도 아래의 항목들을 이해하는 것이 중요하다.

- 스팟 인스턴스
- CPU와 GPU 자원의 적절한 사용
- 스케일링
- 도메인에 따른 시간대별 이슈 대응
- AI API를 활용할지, 아니면 직접 구현할지에 대한 결정

그 외 클라우드 자격증

AWS 외에도 애저 및 구글 클라우드 플랫폼과 관련된 자격증이 있다.

애저 데이터 사이언티스트 및 AI 엔지니어

애저에는 Azure Associate Data Scientist 및 Azure AI Engineer Associate를 비롯한 몇 가지 자격증이 있다. 이러한 자격증은 전문성에 따라 기본fundamentals, 중급associate, 전문가expert 등의 세 가지 수준으로 구체화되어 있으며, 자격시험 프로세스는 아래와 같다.

- 시작 가이드
- 머신러닝 모델 생성
- 애저 머신러닝을 사용한 노 코드 예측 모델 생성
- 애저 머신러닝을 사용한 AI 솔루션 구축

공부를 시작할 때 교육 안내서를 먼저 참고하는 것을 추천한다. 이 안내서에는 Azure AI Fundamentals[27]와 같은 사항이 포함되어 유용할 것이며, 그에 맞추어 커리어에 무엇이 도움이 될지 참고할 수 있다

또한, 학생이나 교직원인 경우 무료(혹은 무료 수준으로)로 애저가 제공되고 있으며 (서비스 정책에 따라 변동됨) 교육과 관련한 추가적인 도움도 받을 수 있다.

구글 클라우드 플랫폼 관련 자격증

MLOps 실무자를 위한 구글 클라우드 플랫폼 관련한 대표적인 자격증으로는 Professional Machine Learning Engineer와 Professional Cloud Architect가 있다. 또한 텐서플로 인증 프로그램은 텐서플로를 활용한 딥러닝 및 머신러닝 문제 해결 능력을 입증함에 도움 될 것이다.

---

27 https://oreil.ly/atHVw

SQL 관련 자격증

기본적인 MLOps 수행을 위해선 최소한의 SQL 지식으로도 가능하겠지만, SQL을 보다 잘 다룰 수 있다면 이는 큰 도움이 될 것이다. 다음은 SQL과 관련된 추천 자료이다.

- Databricks Certified Associate Developer for Apache Spark 3.0(`https://oreil.ly/qI1k7`)
  - 공부 자료: Databricks 웹사이트 및 O'Reilly Learning Platform
    - O'Reilly Learning Platform: Learning Spark(`https://oreil.ly/MYX1d`)
    - O'Reilly Learning Platform: Spark: The Definitive Guide(`https://oreil.ly/48PNO`)
- Microsoft Certified: Azure Data Fundamentals(`https://oreil.ly/F8SgJ`)
  - 공부 자료: Coursera, Microsoft Learn 및 O'Reilly Learning Platform
    - Coursera 코스: Microsoft Azure DP-900 Data Fundamentals Exam Prep(`https://oreil.ly/WlLuC`)
    - O'Reilly Learning Platform: Exam Ref DP-900(`https://oreil.ly/vivnp`)
- Oracle Database SQL Certified Associate Certification(`https://oreil.ly/bV6l5`)
  - 공부 자료: O'Reilly Learning Platform 및 Oracle
    - O'Reilly Learning Platform: OCA Oracle Database SQL Exam Guide(`https://oreil.ly/HStDe`)
    - Oracle: Oracle Database SQL Certified Associate Certification(`https://oreil.ly/Pfpgh`)
- Google Data Analytics Professional(`https://oreil.ly/YeGPd`)
  - 공부 자료: Coursera 및 O'Reilly Learning Platform
    - O'Reilly Learning Platform: Data Governance: The Definitive Guide(`https://oreil.ly/9FLfc`)
    - O'Reilly Learning Platform: Data Science on the Google Cloud Platform(`https://oreil.ly/0qnAW`)
    - O'Reilly Learning Platform: Google BigQuery: The Definitive Guide(`https://oreil.ly/hr9jL`)
    - Coursera: Google Data Analytics Professional(`https://oreil.ly/AtOBK`)

추가 자료는 코세라[28]에서 찾을 수 있다.

---

28 `https://oreil.ly/BZF5P`

MLOps를 위한
기술 포트폴리오 작성 Tip

모두에게 추천하는 것은 트리플 쓰렛Triple Threat이 되는 것이다. 농구에서 트리플 쓰렛 포지션은 득점, 리바운드 또는 패스를 할 수 있는 선수를 의미한다. 반대로 수비수 입장에선 이 세 가지에 대해 모두에 대해 방어해야 한다. 직업적인 측면에서도 트리플 쓰렛이 될 수 있다. 이는 기술 포트폴리오, 관련 자격 및 경력, 그리고 관련 학위 등 세 가지의 역량을 보유함으로써 채용 담당자들을 넘어가는 것으로 생각할 수 있다. 클라우드 자격증에 대한 조언은 부록A에서 다루었으며, 이어서 기술 포트폴리오에 대해 자세히 알아보겠다. 포트폴리오에 잘 정리된 소스 코드와 영상 등을 통한 프로덕트 시현 사례를 포함함으로써 이력서를 구성할 수 있을 것이다. 포트폴리오를 구성할 때 아래 사항들을 고려하길 바란다.

- 소스 코드와 프로젝트를 설명하는 README.md를 포함한 깃허브 프로젝트. README.md는 전문적인 품질이어야 하며 비즈니스 문체를 사용해야 한다.
- 100% 반복 가능한 노트북 또는 소스 코드
- 직접 구축한 작업의 결과물(캐글 프로젝트 사례 등, 다른 사람이 한 것의 재현이 아닌)
- 열정적인 태도
- 프로덕트 실제 시연(5분 이내의 최종 데모 비디오 등)
- 데모는 매우 기술적이어야 하며, 작업을 단계별로 가르쳐야 한다.(쇼핑이나 요리 프로그램에서 셰프가 만드는 방법을 보여주는 것과 같이 자세한 설명이 필요)
- 충분한 화질과 음질(외부 마이크 권장)

주피터 노트북을 작성할 때 고려해야 할 사항은 데이터과학 프로젝트의 단계를 나누는 것이다. 일반적인 단계는 다음과 같다.

- 수집
- EDA(탐색적 데이터 분석)
- 모델링
- 결론

이러한 포트폴리오는 머신러닝 엔지니어, 데이터 엔지니어, 데이터 과학자로서 취업하는데 도움이 될 것이다.

프로젝트 Flask/FastAPI 데이터의 지속적인 배포

다음 프로젝트는 API 구축에 대한 지식을 보여주는 좋은 방법이 될 것이다.

- 클라우드 플랫폼에서 Flask 또는 Fast 애플리케이션을 생성하고 소스 코드를 깃허브에 푸시한다.
- 클라우드 네이티브 빌드 서버(AWS App Runner, AWS Code Build 등)를 구성하여 깃허브에 변경 사항을 배포한다.
- 현실적인 데이터 엔지니어링 API를 생성한다.

더 많은 아이디어를 위해 이 오라일리 사이트를[1] 참조하여 FastAPI와 함께 기능을 사용하여 마이크로서비스를 빌드하거나 샘플 깃허브 프로젝트[2]를 참조하여 FastAPI를 사용한 AWS 앱 러너 스타터 프로젝트를 완성할 수 있을 것이다.

----

1   https://oreil.ly/29gnT
2   https://oreil.ly/D1eYf

프로젝트 도커 및 쿠버네티스 컨테이너

많은 클라우드 솔루션에서는 도커 형식의 컨테이너를 사용한다. 다음 프로젝트에서는 도커를 활용해보자.

1. 파이썬 머신러닝 애플리케이션을 배포하는 사용자 정의 도커 컨테이너를 생성한다.

2. 이미지를 도커허브, 아마존ECR, 구글 컨테이너 레지스트리 또는 기타 클라우드 컨테이너 레지스트리에 푸시한다.

3. 이미지를 내려받고 구글 클라우드 셸 또는 AWS 클라우드9와 같은 클라우드 플랫폼 클라우드 셸에서 실행한다.

4. 구글 클라우드 엔진 또는 EKS와 같은 클라우드 관리 쿠버네티스 클러스터에 애플리케이션을 배포한다.

프로젝트 서버리스 AI 데이터 엔지니어링 파이프라인

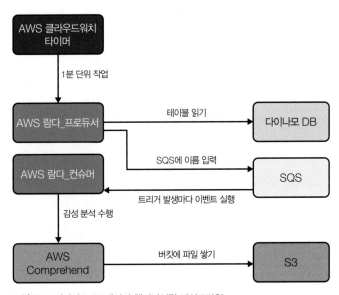

그림 B-1 서버리스 AI 데이터 엔지니어링 파이프라인

프로젝트 엣지 머신러닝 솔루션 구축

책에서 다룬 기술 중 하나를 사용하여 엣지 기반 컴퓨터 비전 솔루션을 구축하고 배포하자.

- 인텔 Movidius Neural Compute Stick2
- AWS DeepLens
- Coral AI
- 스마트폰(iOS, 안드로이드)
- 라즈베리 파이

다음은 프로젝트의 결과물이다.

- 깃허브 저장소에서 주피터 노트북, 콜랩 노트북 폴더 또는 둘다로 결과물을 게시한다.
- PDF 형식의 2장짜리 요약 보고서를 작성한다.
- 작성된 작업물의 링크를 2장짜리 요약 보고서에 포함한다.
- 잘 작동되는 컴퓨터 비전 프로젝트를 영상으로 담는다.
- 프로젝트를 인텔 또는 AWS 커뮤니티 프로젝트에 공유한다.

프로젝트 클라우드 네이티브 머신러닝 애플리케이션 및 API 구축

구글 클라우드 플랫폼, AWS, 애저 또는 다른 클라우드 또는 기술(쿠버네티스 등)에서 호스팅되는 클라우드 네이티브 분석 애플리케이션을 구축해보자. 이 프로젝트는 최신 기술과 함께 작동하는 실제 작동 솔루션 빌드 능력을 표현할 수 있을 것이다. 시작하기 전에 「Hidden Technical Debt in Machine Learning Systems」 논문을 읽어보길 권한다. 또한 프로젝트의 복잡성을 제한하기 위해 공개된 데이터셋을 사용하는 것을 추천한다. 구글 클라우드 플랫폼을 사용하는 경우 구글 빅쿼리 데이터셋에 공개된 데이터를 사용할 수 있다. AutoML을 사용하는 경우에도 튜토리얼 데이터나 사용자 지정 데이터를 사용할 수 있다. 다음은 구글 클라우드 플랫폼에서 프로젝트를 시작하기 위한 요구 사항으로, 다른 클라우드에서 적용할 때도 일부 기술 스택만 수정하여 사용할 수 있을 것이다.

- 깃허브에 소스 코드 저장

- CircleCI에서 지속적인 배포

- 구글 클라우드 플랫폼에 데이터 저장(빅쿼리, 구글 클라우드 저장소 등)

- ML 예측 생성 및 제공(AutoML, 빅쿼리 등)

- 모니터링을 위해 Stackdriver 설치

- 구글 앱 엔진을 통해 REST API를 통해 HTTP 요청 제공(JSON 페이로드)

- 구글 클라우드 플랫폼 환경에 배포

- 수행 결과를 컨설턴트가 고객에게 전달하는 단계에서 설명하는 것과 같은 2장짜리, 1.5줄 간격의 논문 작성

다음은 최종 프로젝트 체크리스트의 예시다.

- 머신러닝 예측/추론이 수행되는가?

- 별도의 환경이 있는가?

- 포괄적인 모니터링과 경고가 있는가?

- 올바른 데이터스토어가 사용되었는가?(관계형, 그래프, 키/값 등)

- 최소 권한 원칙이 적용되었는가?

- 데이터가 이동 및 저장 중에 암호화되었는가?

- 성능 검증을 위해 응용 프로그램을 테스트했는가?

학습하는 방법과 태도

테크니션은 꿈의 직업으로 여겨지기도 한다. 예를 들어, 유닉스 시스템 관리자, 네트워크 관리자, 웹마스터, 웹 개발자, 모바일 개발자, 데이터 과학자 등이 있다. 하지만 기업들은 이러한 직무자를 채용하는 것에 대해 어려움이 크며 어쩌면 무지함도 있다. 기술이 1년밖에 되지 않았는데 10년의 경험을 요구하는 경우도 이에 해당된다. 또한 직무를 수행하는 과정에도 다음과 같은 사항은 중요할 것이다.

학습 방법

소프트웨어 관련 직업은 다른 사무직과는 다르며, 끊임없이 학습하고 숙련되어야 한다는 점에서 오히려 프로 스포츠 선수, 무술가 또는 음악가와 아주 비슷하다. 숙련하는 과정은 고통을 받아들이고, 실수를 좋아하는 것이다.

학습 시간 20% 만들기

직무자에게 필요한 모든 사항을 회사에서 제공하기는 어려우므로 독자들은 자신만의 학습 방법과 시간을 확보해야 한다. 이를 위해서 자신의 업무 시간 중 20% 정도는 학습에 사용할 것을 권장한다.

INDEX

INDEX

INDEX

INDEX